민족의 영웅 **안중근**

민족의 영웅 안중근

전우용 지음

한길사

장부가 세상에 처함이여 그 뜻이 크도다
때가 영웅을 지음이여, 영웅이 때를 지으리로다
천하를 웅시함이여 어느 날에 업을 이룰고
동풍이 점점 차가워짐이여 장사의 의기는 뜨겁도다
분개히 한 번 감이여 반드시 목적을 이루리로다
쥐 도적 이등(伊藤)이여 어찌 즐겨 목숨을 비길고
어찌 이에 이를 줄 헤아렸으리오 세상일이 본래 그러하도다
동포 동포여 어서 빨리 대업을 이룰지어다
만세 만세여 대한독립이로다
만세 만세여 대한동포로다.

•안중근

약자를 억압하지 않는 세계를 꿈꾸다

• 책머리에

안중근은 뤼순 감옥에서 사형 집행을 기다리는 동안 먼저 『안응칠역사』를, 이어 『동양평화론』을 지었다. 우리나라에서 '역사'라는 제목을 붙인 자서전은 『안응칠역사』가 처음이었다. 그는 동양평화론을 완성하지 못하고 세상을 떠났으나, 그가 구상한 동양평화체제의 윤곽은 일본인 판사와 나눈 대화 기록인 「청취서」를 통해서 알 수 있다.

안중근은 제국주의적 사회진화론이 지배하던 시대, 적자생존과 우승열패가 자연과 인간사회에 통용되는 철칙으로 간주되던 시대에 정의와 인도에 기반한 평화 체제를 구상했다. 강자가 약자를 억압하지 않는 세계, 서로 싸우기보다는 서로 돕는 세계를 꿈꾼 그의 이상은 제1차 세계대전 이후 전 세계적인 '인도주의' 고조(高潮)로 일차 꽃을 피웠으며, 20세기 말 유럽연합 성립으로 결실을 맺었다. 그는 당대를 지배한 논리의 모순을 정확히 인식했으며, 그를 토대로 더 나은 시대를 만들어

갈 전망을 세웠다. 그의 자아(自我)는 민족 전체를 품을 정도로
컸고, 그랬기에 피압박 민족의 일원으로서 제국주의 침략 논리
를 비판적으로 해석할 수 있었다. 안중근 사상의 선구성은 일
차적으로 그가 제국주의 시대에 살면서 제국주의 시대 이후를
상상했던 데에서 연유한다.

안중근이 동양평화, 나아가 세계평화에 대한 생각을 정리하
는 데 사용한 핵심 개념들은 대개 19세기 말에 이르러서야 사
용되기 시작한 것들이었다. 일단 안중근이 태극기에 혈서(血
書)한 '대한독립' 자체가 당시로서는 신생의 개념이었다. '대
한'이라는 국호는 왕국이 제국으로 바뀐 1897년에 생겼으니,
한국인들이 '만세'라는 말을 입에 올릴 수 있게 된 것도 이때
부터였다. '독립'이라는 말의 뜻이 고립(孤立)에서 자립(自立)
쪽으로 이동한 것도 1880년대 중반 이후였다. 한국인들이 자
기 땅이 '동양'에 있다고 생각하고 동양이라는 권역을 상상
하기 시작한 것은 1876년 개항 이후의 일이었으며, 한국인들
이 '만국공법'이라는 말을 처음 들은 것도 강화도조약 체결 때
의 일이었다. '민족'이라는 단어는 1900년에야 처음 등장했다.
민권(民權)과 국민이라는 단어도 거의 같은 시점부터 사용되
었다.

당대의 정보 유통 속도를 고려하면, 안중근은 최신의 개념들
로 자기 사상을 이룩한 셈이다. 학교라곤 다녀본 적 없는 안중
근이 시대의 한계를 뛰어넘는 사상을 정립할 수 있었던 이유는
무엇일까? 안중근의 의거와 사상에 관해서는 이미 수많은 저
서와 논문이 나와 있지만, 내가 세상에 안중근에 관한 책 한 권

을 추가하기로 마음먹은 것은 이 의문에 나름의 답을 제시하기 위해서였다.

이 책을 집필하기 전에 나는 19세기 말 이 땅에 전래된 뒤 빠른 속도로 한국인들의 의식에 침투해 들어간 '근대적 개념어'들에 관해 연구했다. 그 '근대적 개념어'들을 사용하여 시대를 뛰어넘는 선구적 사상을 정립한 사람이 안중근이라는 데 생각이 미쳤다. 사상이 하나의 건축물이라면, 개념어는 그 사상을 구성하는 기둥들에 해당한다. 안중근이 동양평화론을 세우는 데 사용한 기둥 하나하나를 세밀히 분석하고 싶었다. 그래서 이 책의 제2부를 먼저 썼다.

그런데 '안중근의 사상'만을 책으로 내는 것은 다소 불친절한 일이라는 생각이 들었다. 사람의 생각과 삶은 서로 떼어놓을 수 있는 것이 아니다. 한 사람의 삶을 모르고서는 그의 생각을 알 수 없다. 안중근의 생애와 의거를 다룬 저작 중에는 신화(神話)와 사실이 섞여 있는 것도 적지 않았다. 물론 이를 논저자들의 책임으로만 돌릴 수는 없다. 중세가 순교자와 성인(聖人)들의 시대였다면, 근대는 애국자와 위인들의 시대였다. 순교자에게 성인 칭호를 붙이고 신의 사도(使徒)로 추앙했던 중세의 관행은 애국자를 신격화하려는 현대인의 의지로 이어졌다. 신화는 본래 어떤 사람을 신격화하려는 집단 의지의 산물이다. 인간은 본래 신화를 만드는 동물이다. 하지만 불과 한 세기 전에 살았던 인물을 신화 속에 가두어서는 안 된다는 생각이 들었다. 신화를 걷어내고, 논란의 여지가 있는 것은 있는 것대로 소개하면서, 그의 일대기를 가급적 충실히 정리해보고자 했다. 그 내용이 이 책의 제1부에 해당한다.

오늘날 안중근의 모습과 글씨, 장인(掌印) 등이 인쇄된 현수막이나 티셔츠는 한일 스포츠 경기의 응원 도구로, 일제 불매운동의 홍보 도구로 흔히 사용된다. 안중근이라는 이름, 또는 그가 남긴 휘호의 글귀로 정치적 메시지를 전달하려는 행위도 자주 눈에 띈다. 한국인 다수에게 안중근이라는 이름이 표상하는 것은 일차적으로 '반일 민족주의'다. 하지만 그의 평화론은 동양 제국(諸國)의 대립과 갈등을 넘어 항구적 연대의 전망을 제시하려는 것이었다.

안중근은 민족주의자인 동시에 동아시아연대론자였고, 군인인 동시에 평화주의자였다. 우리에게 익숙한 20세기적 통념에 따르면, 그는 모순된 정체성을 가진 사람이었다. 그리고 이를 모순으로 인식하는 사람들의 태도가, 안중근을 '분열을 내재한 통합의 상징'으로 만들었다. 오늘날 안중근을 위인이나 영웅으로 인정하지 않는 한국인은 거의 없다. 그러나 그를 추앙하는 이유는 사람마다 제각각이다. 안중근이 자신에 대한 분열적 사고를 용납하면서도 '국민 통합의 상징'으로 자리 잡은 이유는 무엇이며, 그 과정은 어땠을까? 이에 대한 답을 찾으려 한 것이 제3부의 내용이다.

이 책을 쓰면서 교양서와 학술서의 경계를 허물고 싶었지만, 막상 작업을 마치고 나니 이도저도 아닌 책이 되었다는 생각이 든다. 꿈을 꾸면서도 이루지 못하는 필자의 한계이니, 독자 여러분의 너그러운 양해를 바란다. 이미 많은 책이 나와 있는 주제인데다가 상품성도 떨어지는 책의 출판을 흔쾌히 맡아주신

한길사 김언호 대표님, 2,000매 가까운 원고 뭉치를 깔끔한 책으로 묶어주신 한길사 편집부의 백은숙 주간님과 직원 여러분께 깊이 감사드린다. 30년 동안 한결같이 내 옆을 지켜준 아내 인애와 함께, 작년과 올해 잇달아 돌아가신 부모님 영전에 이 책을 바친다.

2022년 1월 1일
전우용

1부
안중근의 삶

안중근의 아버지 안태훈(1862-1905)

황해도 해주 출생. 향리에서 무반(武班)으로 승격한 가문에서 출생하여 문과에
급제했다. 대한민국임시정부 제2대 대통령을 지낸 박은식과 함께 황해도의 두
신동(神童)으로 꼽혔으며, 황해도의 한시(漢詩) 대가 8인을 지칭하는
'삼비팔주'(三飛八走)의 1인에도 속했다. 1882년 박영효가 모집한 일본 유학생단의
일원으로 선정되었으나, 갑신정변이 일어나 일본에 가지는 못했다. 1894년
동학농민혁명 때에는 '갑오의려'를 결성하여 동학군과 싸웠다. 의려 활동 중 노획한
곡식 문제로 정부 고관들의 핍박을 받는 상황에서 천주교에 입교했고, 귀향한 뒤
일가친척과 마을 사람들을 개종시켰다. 문과 급제자였으나 늘 병서(兵書)를 가까이에
두었고, 스스로 '의'(義)라고 믿는 일에 앞장서는 데 주저하지 않았다. 안중근은
의협심과 무인 기질뿐 아니라, 시 짓는 '문재'(文才)까지도 아버지에게 물려받았다.

안중근의 모친 조마리아(1862–1927)

배천 조씨 선(熯)과 원주 원씨의 3남 2녀 중 둘째 딸로 황해도 해주에서 출생. 마리아는
천주교 세례명이다. 동갑내기 남편인 안태훈과 마찬가지로 황해도 무반 가문 출신이다.
안중근 의거 이후 일본 경찰과 헌병들에게 아들의 애국심을 당당하게 설명했으며, 사형
직전의 안중근에게는 항소하지 말고 대의(大義)에 죽는 것이 어미에 대한 효도라는
말을 다른 두 아들을 통해 전했다. 안중근이 사형당한 후 연해주로 망명해 만주와
시베리아 일대를 돌며 동포들에게 아들의 유지(遺志)를 전파했다. 대한민국임시정부가
수립된 뒤에는 상하이에서 임시정부 지원활동을 벌였다. 독립운동가들은 그녀를
'여걸'(女傑) 또는 '여중군자'(女中君子)라고 불렀다. 1927년 7월 15일 상하이에서
위암으로 별세했다.

안중근의 아버지와 두 동생

안중근의 아버지 안태훈과 두 동생 정근, 공근. 셋 다 단발한 것으로 보아 천주교 입교
직후인 1890년대 말의 사진으로 추정된다. 안중근도 이 무렵 단발했을 것이다.
백범 김구는 안태훈이 정근과 공근의 공부는 엄히 단속했으나, 중근은 마음껏 놀게
놔두었다고 회고했다. 안중근 의거 이후 두 동생은 만주, 연해주, 상하이 등지를
전전하며 독립운동에 헌신했다. 정근은 해방 이후에도 남북의 분단 상황을
안타까워하며 상하이에서 활동하다 1949년에 사망했고, 공근은 김구의 최측근으로
활동하다가 1939년경에 실종되었다. 이봉창과 윤봉길 의거를 추진한 한인애국단
본부는 안공근의 집이었고, 두 의사 최후의 사진도 안공근의 아들 안낙생이 찍었다.
정근의 딸 미생은 김구의 며느리가 되었다. 안중근에게는 누시아라는 세례명을 가진
여동생도 있었는데, 그녀의 존재는 2005년에야 알려졌다.

연해주 시절의 안중근

양복을 입고 넥타이를 맨 안중근. 러시아 연해주에서 활동할 때 찍은 사진으로
추정된다. 의거 직후 러시아에서 발행된 신문인 「달료카야 오크라이나」는 오른쪽에
'한국독립군참모중장', 왼쪽에 '안공 응칠'이라는 한자가 적힌 이 사진을 싣고,
그 아래에 '올해 3월 13일에 포르투 아르투르에서 사형당한 이토를 죽인 한국의 애국자
안응칠'이라는 설명을 덧붙였다. 안중근 의거 직후 연해주 독립운동가들이 제작하여
동포들에게 판매했던 '안중근 사진' 중 하나를 실은 것으로 추정된다.

안중근의 유가족 김아려, 안준생, 안현생

막내 준생은 안중근 순국 당시 태중(胎中)에 있었으니, 1912-1913년경의 사진으로
추정된다. 김아려는 황해도 재령 출생으로 16세 때 한 살 아래의 안중근과 결혼하여
현생, 분도, 준생의 2남 1녀를 낳았다. 장남 분도는 준생이 태어난 지
얼마 되지 않아 홍역으로 죽었다. 남편이 순국한 뒤 김아려는 자녀들을 데리고
망명하여 시어머니, 시동생들과 함께 연해주, 상하이 등지로 떠돌았다.
1937년 일본군이 중국 상하이를 점령한 뒤에는 일본군의 포로와 다를 바 없는
처지가 되었다. 해방 이듬해 상하이에서 사망했다. 준생과 현생은 일본군의 강요에
의해 이토 히로부미를 기리는 사찰인 서울 남산의 박문사에 참배하는 굴욕을 겪었다.
준생은 한국전쟁 중 덴마크 병원선에서 사망했으며, 현생은 해방 후 귀국하여
효성여자대학교 교수, 민주당 중앙위원 등을 역임하고
1960년 아현동 자택에서 사망했다.

안중근의 동의단지회 동지들

사진 왼쪽부터 이종만, 백규삼, 왕헌정, 황병길, 엄인섭. 이종만은 대한제국기 내장원경,
군부대신 서리 등을 지냈던 고종의 측근 이용익의 손자로서 일제의 한국 강점 이후
형 이종호와 함께 연해주에서 독립운동을 벌였다. 이들 형제의 자금은 연해주 지역
독립운동에 큰 보탬이 되었다. 백규삼은 1908년 최재형의 집에서 조직된 동의회의
서기였고, 왕헌정은 가명일 가능성이 크나 상세한 활동 내역은 알 수 없다. 황병길은
안중근과 함께 국내진공작전을 펼쳤던 의병 동지로서, 후일 '훈춘 호랑이'라는
별명으로도 불렸다. 이들은 안중근 의거 이후 유족들을 돕기 위해
'안중근유족구제회'를 결성하기도 했다. 엄인섭은 안중근의 의형제였으나,
일본이 한국을 강점한 후 변절하여 일본군 밀정이 되었다.

의거 직후의 안중근

네 장의 사진은 같은 날, 같은 장소에서 촬영된 것으로 추정된다. 안중근은 의거
현장에서 러시아 헌병에게 체포되었다. 중국 영토 내 러시아 관할 지역에서 일어난
사건이었지만, 일본과 외교적 마찰을 우려한 러시아군은 안중근을 즉각 일본군에게
넘겼다. 하얼빈에서 뤼순까지 직선거리로 90킬로미터를 이동하는 동안, 안중근은 일본
헌병들에게 모진 학대를 당했다. 그러나 안중근은 그에 굴하지 않고 오히려 자기에게
'대신(大臣)의 예의'를 갖추라고 꾸짖었다. 사진 속 안중근이 죄수복이 아니라 의거
당시의 옷을 입고 있는 것으로 보아, 러시아군에게 안중근을 인계받은 일본군이 하얼빈
유치장에서 촬영한 것으로 추정된다.

쇠사슬에 묶인 안중근

안중근은 의거 당시 이미 죽기로 작정했지만, 혹시 살 수 있을지도 모른다는 생각을 완전히 버리지 않았다. 그는 만국공법에 따라 재판이 진행된다면 자신이 사형당할 리 없다고 믿었다. 그러나 일본 검찰의 구형량은 사형이었다. 안중근이 이해한 사형 구형의 요지는 "이런 사람이 만약 이 세상에 살아 있으면 허다한 한국인이 그 행동을 본뜰 것이므로, 일본인들이 두렵고 겁이 나서 보전할 수 없는 것이 이유"였다.

안중근은 사형을 당하든 안 당하든 이미 허다한 한국인들의 본보기였다.

쇠사슬에 묶여 꿇어앉은 안중근

항소를 포기해 사형이 확정된 안중근은 감옥에서 글을 쓰기 시작했다. 재판장은 글을 완성할 수 있도록 형 집행 일자를 늦춰주겠다고 했지만, 그 시간은 아무리 길어도 몇 달이었을 것이다. 그는 시시각각으로 다가오는 죽음에 대한 공포에 맞서면서 생각을 가다듬어야 했다. 안중근은 먼저 자기 일대기를 적고 표제를 『안응칠역사』로 정했다. 이어 『동양평화론』을 쓰기 시작했다. 안중근은 아마도 검찰의 심문을 받으면서 이토가 주장한 '동양평화론'의 논리를 부수는 것이 이토를 처단하는 것보다 더 중요하다고 판단했던 듯하다.

옥중의 안중근
안중근은 마지막까지 『동양평화론』 집필에 전념하며 휘호를 남겼다.
그는 이러한 작업을 통해 자기 생각을 더 단단하고 간결하게 벼릴 수 있었을
것이다. 안중근은 『논어』『통감』『명심보감』『중용』『당시』 등 어려서
배운 한문 고전의 글귀를 옮겨 쓰거나 자기 신념을 표현하는 글귀를 직접
만들어 적었다. 한 젊은 남자가 죽음 앞에서 떠올린 글귀들은
죽음을 넘어 세상을 비추는 등불이 되었다. 안중근의사기념관 소장.

사형 집행 5분 전의 안중근

사형 집행 전날인 3월 25일, 안중근은 두 동생 정근, 공근과 마지막 면회를 했다. 두 동생은 어머니 조마리아가 직접 만든 한복 한 벌을 가져와 안중근에게 전달했다. 흰색 저고리와 두루마기, 검은색 바지였다. 사형 당일 어머니가 만든 한복을 단정히 차려 입은 안중근은 형장으로 떠나기 전 붓을 들어 휘호 한 점을 썼다. '장부수사심여철 의사임위기사운'(丈夫雖死心如鐵 義士臨危氣似雲). 장부는 죽음 앞에서도 그 마음이 강철과 같고, 의사는 위기에 처해도 그 기세가 구름과 같다. 『대한매일신보』는 이 휘호를 그의 마지막 '유시'(遺詩)로 소개했다. 안중근은 자기가 쓴 글귀 그대로 강철 같은 심지와 구름 같은 기세로 죽음을 맞이했다.

●安重根の最後

兌行後一百五十二日

平和の...

안중근 사형집행 장면을 보도한 『만주일일신문』 기사

"전옥(典獄)은 다시 안중근에게 따로 남길 말은 없느냐고 물었다. 안은 아무것도 남길 말은 없지만 자기의 행위는 동양평화를 위한 것이었기 때문에 자기가 죽은 뒤에라도 일한 양국인이 서로 일치협력하여 동양평화의 유지를 도모하기를 바란다고 말했다. 이에 간수는 반쪽짜리 종이 두 장을 잘라 안중근의 눈 위에 덮고 그 위에 흰 천을 드리워 눈을 가렸다."

1 『안응칠역사』

31세. 새파랗게 젊은 나이. 집에는 홀로 된 어머니와 임신한 아내, 겨우 말귀를 알아듣는 딸과 갓 걸음마를 배운 아들이 있다. 사형선고를 받았다. 남은 시간은 길어야 몇 달. 독방에 갇힌 신세라 함께 이야기 나눌 사람도 없다.

무엇을 할 수 있을까? 무엇을 해야 할까? 하루하루 다가오는 죽음의 순간을 생각하며 두려움에 떨어야 할까? 처자식 앞날을 걱정하며 밤을 지새워야 할까? 아니면 밤낮으로 기도하며 신의 은총을 빌어야 할까? 이 시대의 평범한 사람들이 사형선고를 받고 집행일을 기다리던 100여 년 전 젊은이의 마음을 온전히 이해할 수 있을까?

안중근에 관한 책을 쓰기로 한 이래, 하루하루 죽음을 향해 걸어가던 그의 마음에 닿아보려고 애썼다. '어떻게 죽을 것인가'가 '어떻게 살 것인가'와 사실상 같은 질문일진대, 죽음을 앞둔 그의 마음가짐과 행동거지를 이해하지 못하면서 그의 삶과 결단을 평할 수는 없기 때문이었다. 어떤 때는 따를 수 있을 것 같기도 했고 또 어떤 때는 미칠 수 없을 것 같기도 했다. 하지만 결국 온전한 이해는 포기했다. 죽음을 두려워하는 사람이 죽음 앞에 초연했던 사람을 감히 어떻게 평하겠는가? 다만 그가 살아낸 경로를 묘사하는 데에 그칠 수밖에 없었다.

사형선고를 받은 안중근은 먼저 그리 길지 않은 자기 일생을 기록하기로 마음먹었다. 우리 역사상 사형선고를 받은 사람은 이루 헤아릴 수 없을 정도로 많지만, 선고일부터 집행일까지 짧은 기간에 자서전을 쓴 사람은 거의 없다. 시시각각 죽음이 다가오는 엄청난 공포 앞에서 차분하게 자기 일생을 기록할 수 있는 사람이 과연 얼마나 될까?

보통 사람은 어쩌다 작은 손해만 입어도 며칠씩 밤잠을 설치는데, 난치병 판정을 받아도 절망과 희망, 체념과 원망 사이에서 마음이 오락가락하기 마련인데, 그는 어떻게 평정을 유지하며 책을 쓸 수 있었을까? 아마 그는 자기의 죽음이 삶 자체의 소멸을 의미하는 것은 아니라고 믿었을 것이다.

그에게 삶과 죽음, 개인과 민족, 역사와 미래는 서로 분리되지 않았다. 그는 자기 삶에 다른 이들의 삶이 들어 있으며, 자기 삶이 다른 이들의 삶에 들어가리라고 확신했을 것이다. 나는 안중근 이야기는 여기에서 시작해야 한다고 본다.

역사란 수많은 사람의 삶과 죽음, 행위와 생각의 연속과 단절에 관한 기록이기도 하다. 안중근은 죽음으로써 현실 세계와 단절되었으나, 그의 행위와 생각은 그 자신의 기록과 그에 관한 기록들에 의해 역사적 연속성을 얻었다. 그가 이토 히로부미를 처단한 것은 사사로운 원한이나 이해관계 때문이 아니었다. 그는 대한의군 참모중장으로서, 한민족의 일원으로서, 평화를 갈망하는 인류의 대표로서 정의를 실천했다. 그에게는 개인의 삶이 곧 민족의 역사이자 인류의 역사였다.

감옥에 갇힌 지 한 달 반 정도 지난 1909년 12월 13일, 그는 첫 글자를 썼다. 그 글이 자기 가족에게 곧바로 전달되지 않으리라는 것을 알면서도, 기억을 더듬어 가며 꼼꼼히 적었다. 언젠가는 제 자식과 동포들에게 전달될 것이라는 희망을 품고 적었다. 죽음을 앞둔 사람의 희망은 비장하고 처절하다. 그는 석 달에 걸쳐 비장미 넘치는 글로 30년 인생을 정리하고 『안응칠역사』라는 제목을 붙였다. 탈고 일자는 1910년 3월 15일이었다.

뤼순감옥 관리들은 『안응칠역사』를 유족에게 전달하지 않고 본국으로 보냈다. 안중근이 감옥에서 자서전을 집필 중이라는 사실은 신문을 통해 알려졌으나 그 때문에 연해주의 민족운동가들은 물론 유족들조차 자서전 내용을 알지 못했다. 일본 군국주의자들은 이 책을 깊이 숨겨 보관하면서 조선 독립운동을 탄압하는 자료로만 활용했다. 안중근 의거 60주년, 사후 59년인 1969년, 일본 도쿄에서 『안응칠역사』의 일본어 번역본이 발견되었다. 그로부터 9년 후인 1978년 2월, 일본 나가사키에서 한문 필사본이 발견되었는데, 일부 내용이 누락된 상태였다. 이듬해인 1979년, 안중근 탄생 100주년 기념식이 열린 9월 2일, 일본 도쿄 국회도서관 헌정자료실에서 누락 부분이 없는 필사본이 또 발견되었다. 이로써 안중근이 쓴 안중근 이야기

전체를 알 수 있게 되었다.

주목할 점은 안중근이 자기 일대기에 '역사'라는 제목을 붙였다는 사실이다. 한자 문화권에서는 본래 왕의 일대기를 기(紀), 특출한 업적을 남긴 개인의 일대기를 전(傳)이라 했다. 옛사람의 뜻을 현재에, 또는 현대인의 뜻을 후세인에게 전하는 글이 전(傳)이다.[1] 개인이 자기 평생의 뜻을 후세에 전하기 위해 쓰는 것은 자서전(自敍傳)이다. 그런데 그는 왜『안응칠자서전』이 아니라『안응칠역사』라고 제목을 붙였을까? 한학(漢學)을 배운 그가 '전'(傳)의 의미를 몰라서 그랬을 리는 없다. 그는 이 제목에서부터 시대를 앞선 의식을 보여주었다.

국가 또는 왕조를 단위로 사건들을 기록하는 일 또는 그렇게 기록한 문서를 한자 문화권에서는 사(史) 또는 사기(史記)라고 했다. 사람이 손에 붓을 쥐고 글씨를 쓰는 모습을 형상화한 문자가 사(史)다. '과거에 있었던 일'을 기록하는 것은 현재에 귀감(龜鑑)으로 삼기 위해서였다. 사(史)의 기본 의미는 '교훈'에 있었다. 영어 history도 story, 즉 이야기에서 온 말이다. 기독교가 지배했던 중세 유럽에서 history는 '신의 뜻'이 관철되는 과정이었다. history의 핵심 가치 역시 '교훈'이었다.

'역사의 발전'이라는 관념은 근대 세계가 만든 대표적 발명품이다. 중세 기독교 세계에서는 태초의 에덴동산이 이상향이었고, 유교 세계에서는 요순(堯舜)이 다스리던 세상이 이상향이었다. 머나먼 과거가 현재의 모범이었고, 인간의 타락한 심

---

1) 盧鏞弼,「章炳麟의 韓安重根傳」,『한국근현대사연구』87, 2018, 189쪽.

성을 원시(元始) 상태로 되돌리는 것이 정치의 목적이었다. 중세인들에게는 현재가 과거보다 나으며 미래는 현재보다 더 나을 것이라는 믿음이 없었다. 그러나 근대 이후의 팽창하는 세계는 시간에 방향성을 부여했다. 사람들은 나날이 늘어나는 인구, 1인당 생산량과 소비량, 지역 간 연결의 확대 등을 겪으며 시간이 모든 것을 쌓아 올리거나 늘린다고 믿게 되었다. 현재가 과거보다 나으며 미래는 현재보다 더 나을 것이라는 보편적 믿음 속에서 시간관념은 발전, 진보, 성장 등의 개념과 굳게 결합했다. 역사가 더 나은 미래를 향해 나아가는 '법칙성'을 가진다는 믿음은, 역사에 과거와 현재의 모든 일을 심판하는 권위를 부여했다.

18세기 중엽 이후 독일어에서는 게쉬히테(Geschichte)가 히스토리(Historie) 대신 쓰이면서 '자체의 운동 원리와 지향점을 가지면서 개개인의 행위를 심판하는 절대자'라는 의미에 가까워졌다. '역사를 창조하다'나 '내 행위는 역사가 심판할 것이다'라는 현대의 상투어는 이런 변화의 산물이다. 히스토리가 게쉬히테로 바뀜에 따라 과거 사실을 기록하는 방식도 달라졌다. 역사가들은 '있었던 일들'을 기록하는 것을 넘어 그 일들의 배경, 발단, 전개, 결과를 기승전결(起承轉結)의 형식으로 정리하는 '서사적(敍事的) 통일성'을 추구하기 시작했다.[2]

독일어 게쉬히테를 '역사'(歷史)라는 한자어로 번역한 것은

---

2) 도면회, 「한국에서 근대적 역사 개념의 탄생」, 『한국사학사학보』 27, 2013, 326쪽.

일본인들이었고,[3] 우리나라에 이 개념을 처음 소개한 이는 박영효(朴泳孝)였다. 그가 1884년 갑신정변 이후 일본에서 올린 상소문에는 "본국의 역사를 가르치지 않고…"라는 문구가 있었다. 이후 이 단어를 쓰는 사례가 조금씩 늘어났다. 1886년 고종이 미국인 교사들을 초빙하여 왕립학교로 설립한 육영공원은 교과목에 『각국역사』를 넣었다. 1894년 「교육입국조서」가 발표된 이후 학부(學部)는 교과서를 여러 종 발행했는데, 그중에도 『본국역사』『각국역사』『태서역사』(泰西歷史) 등이 있었다. '역사'가 주로 신식 학교의 교과서 제목으로 사용됨으로써 여기에는 '신학문'이라는 이미지가 따라붙었다. 또 본국, 각국, 태서(泰西) 등의 구분은 역사를 국사(國史)와 동의어처럼 만들었다. 신학문인 역사, 특히 본국역사의 목적은 단일한 통치영역 내에 거주하는 사람들을 기억 공동체, 즉 '국민'으로 통합하는 데에 있었다. 1906년 장지연(張志淵)은 "책 상자를 열 때 반드시 본국역사를 주어 조국정신을 불러일으키고 동족이라는 느낌과 관념을 고동치게 하며 이로써 애국하는 뜨거운 성품을 배양하고 그럼으로써 그 발전의 정신력을 공고하게 만든다"라고 썼다.[4] 을사늑약 이후 『황성신문』『대한매일신보』 등도 역사라는 단어를 '애국하는 뜨거운 성품을 배양하는 신학문'이라

---

3) 니시 아마네(西周)는 『백학연환』(百學連環, 1870~1871)에서 "역사라는 것은 주로 고금 세상의 연혁 및 이력을 기록한 것을 말한다"라고 적었다. 도면회, 앞의 글, 333쪽.

4) 원영의·유근, 『新訂 東國歷史』, 1906, 서문 중; 도면회, 앞의 글, 346쪽.

는 의미로 사용했다.

　우리나라에서 한 사람의 일생에 '역사'라는 이름을 붙인 것은 『대한매일신보』 1906년 10월 17일자 논설 「이씨역사」(李氏歷史)가 처음이다.[5] 당시 군부대신 이근택(李根澤)의 30여 년간 정계 생활을 '역사'라고 표현한 것인데, 안중근보다 먼저 자서전에 '역사'라는 제목을 붙인 사람이 있는지는 확인할 수 없었다.

　안중근이 자서전에 『안응칠역사』라는 선구적 제목을 붙인 것은 『대한매일신보』 등의 신문으로 보급된 근대적 역사 개념을 정확히 이해한 결과였다. 그가 『동양평화론』의 목차를 전감(前鑑), 현상(現狀), 복선(伏線), 문답(問答)으로 잡은 것도 역사의 방향성과 진보를 믿었기 때문이다.[6] 전감은 과거, 현상은 현재, 복선은 예상되는 미래를 의미한다. 안중근은 자기 일대기가 개인사를 넘어 '동포들의 애국하는 뜨거운 성품'을 배양하고 끝내 한국 독립과 동양평화로 이어지는 '역사'가 되기를 바라는 마음으로 이런 제목을 붙였을 것이다.

　『안응칠역사』를 쓰는 동안 안중근은 역사가, 그것도 아주 선구적인 역사가였다. 그는 자기 생애를 기록하면서 어떤 일은 상세하게, 어떤 일은 소략하게 적었고, 어떤 일은 아예 적지 않았다. 일본 관리들이 먼저 읽을 것을 뻔히 알았기에, 동지들에게 화가 미칠 일까지 적을 수는 없었다. 그가 후손과 동포에게

---

5) 『대한매일신보』, 1906. 10. 17.
6) 김수태, 「안중근의 독립운동과 신문」, 『진단학보』 119, 2013, 138쪽.

남기고자 한 것은 자기의 '애국하는 뜨거운 성품'이었지, 시시콜콜한 일상의 기록이 아니었다. 그래서 이 책만으로는 안중근의 삶을 온전히 알 수 없다. 하지만 그 누구라도 자기 인생에서 겪었던 사건들, 만났던 사람들을 다 기억하지는 못한다. 한 사람의 역사를 온전히 기록하는 일은 애당초 불가능하다. 그저 본인이 남긴 기록에서 빠진 부분을 다른 사람의 기록과 증언으로 일부나마 채울 수 있을 뿐이다. 첫째 장에서는 그런 한계를 전제로, 안중근의 삶 전체를 정리해본다.

2 소년 안중근, 동학군과 싸우다

안중근은 조일수호조규 체결 3년 뒤인 1879년 양력 9월 2일, 황해도 해주부 광석동에서 안태훈(安泰勳)과 조씨(趙氏, 세례명 마리아)의 장남으로 태어났다. 유럽 산업혁명 이후 일기 시작한 근대 제국주의의 물결이 동아시아의 중국과 일본을 거쳐 조선 해안에 닿은 직후였다. 태어날 때부터 가슴과 배에 검은 점 일곱 개가 있어 그의 조부는 아명(兒名)을 응칠(應七)이라 지었다. 북두칠성에 감응했다는 뜻이다.

유교에서 '감응'(感應)은 대단히 중요한 개념이다. 옛사람들은 하늘을 완벽한 조화와 질서의 공간으로, 땅을 예측할 수 없는 혼돈의 공간으로 나누어 인식했다. 공자는 '정자정야'(政者正也), 즉 '정치란 바로잡는 것'이라고 했는데, 여기에서 '바로잡음'은 하늘의 질서를 지상에 구현하는 것을 의미했다. 뭇 인간을 다스리는 최고 통치자인 황제를 다른 말로 천자(天子＝하늘의 아들)라고 한 것도 이런 인식 때문이다. 천자를 보필하여 하늘의 뜻이 지상에 구현되도록 돕는 것이 제후와 사대부의 의무였다.

해와 달이 바뀌고 계절이 변하는 것은 하늘의 운행에 따른 것이고, 꽃이 피고 곡식이 여물며 잎이 지는 것은 땅의 기운에 의한 것이다. 하늘이 주재하는 시간에 맞춰 땅에 씨 뿌리고 김 매고 추수하는 것은 인간의 일이다. 인간이 하늘의 뜻에 맞추어 반응하는 것이 곧 '감응'이다. '태산북두'(泰山北斗)라는 말에서 보듯, 산 중의 산이 태산이고 별 중의 별이 북두칠성이다. 응칠은 북두칠성에 감응한 '사람 중의 사람'이라는 뜻이었다.

얼마 후 그의 부친은 가문의 항렬자인 근(根)자를 써서 '중근'(重根)이라는 새 이름을 지어주었다. 동생들의 이름은 정근(定根)과 공근(恭根)이고, 사촌 중에는 명근(明根)과 경근(敬根) 등이 있다. 안중근은 이에 대해 '자기 성질이 가볍고 급해서' 아버지가 무거울 중(重)자를 썼다고 했다. 아이의 성질이 어떤지를 안 뒤에야 비로소 정식 이름을 지은 것이다.

조선시대 한국의 양반집 남자들은 이름을 적어도 세 개 가졌다. 첫째는 명(名)이니 족보에 오르는 정식 이름이다. 둘째는 자(字)이니 성인식인 관례(冠禮)를 치를 때 새로 짓는 이름이다. 유교의 5경 중 하나인 『예기』(禮記) 주석서는 남의 '명'(名)을 귀하게 여겨 공경하라고 했다. 그래서 사내아이가 성인이 되면 남이 편하게 부를 수 있도록 부모나 스승, 친척 어른이 자(字)를 따로 지어주었다. 셋째는 호(號)이니 고향, 외모, 가치관 등 정체성을 표현하는 이름으로, 스스로 짓기도 하고 남이 지어주기도 했다. 명과 자는 하나씩만 가져야 했지만, 호는 여러 개를 지을 수 있었다. 조선 말기 실학자이자 서예가인 김정희(金正喜)의 경우 추사(秋史), 완당(阮堂), 시암(詩庵), 과파(果坡), 노과(老果) 등 200여 개 호를 썼다. 안중근은 성인이 된 뒤 아명인 응칠을 자(字)로 삼았고, 호는 따로 짓지 않았다. 천주교에 입교한 뒤에는 토마스 또는 도마, 한자로 다묵(多黙)이라는 이름을 함께 썼다. 러시아로 망명한 뒤에는 자(字)인 응칠을 이름으로 썼다. 일본인들은 공소장과 판결문에 안중근이라는 이름을 썼지만, 정작 본인은 자서전에 『안응칠역사』라는 제목을 붙였다. 죽은 뒤 밤하늘의 북두칠성처럼 민족의 길잡이가 되기를 바랐는지도 모른다.

안중근은 자기 조부 안인수(安仁壽)가 명예직 진해현감을 지냈다고 썼다. 조선시대에는 명예직을 '차함'(借銜)이라고 했는데, '직함을 빌린다'는 뜻이었다. 차함직을 가진다고 직무와 녹봉이 생기는 것은 아니었으나, 다른 사람들 앞에서 양반 행세를 할 수 있었고 양인(良人)이라면 의무적으로 부담해야 했던 군역(軍役)과 요역(徭役)에서 벗어날 수 있었다. 당연히 나라에 공을 세웠거나 돈을 내고 공명첩(空名帖)을 산 사람만 차함을 가질 수 있었다.

공명첩이란 받는 사람의 이름을 쓰지 않고 직함만 써넣은 관리 임명 문서를 말한다. 공명첩을 사는 것이 부정한 신분 상승 방법은 아니었다. 공명첩은 왕조 정부가 어려운 나라 살림을 도운 공을 인정해서 발급해주는 공식 문서였다. 훗날 안중근의 성장 과정을 조사한 일본 경찰은 그의 조부가 미곡상을 경영하면서 외상값을 억지로 받아내곤 해서 별명이 '안억지'였으며,

억지를 잘 써서 큰 부자가 되었다고 기록했다.[1] 큰돈을 벌면 일단 공명첩을 사서 사족 행세를 하는 것이 당대의 관행이었으니, 안인수도 이런 경로를 거쳐 '명예직 진해현감'이 되었을 것이다.

안중근 가문이 지방 양반으로 행세하기 시작한 것은 5대조 안기옥(安起玉)이 무과에 급제하면서부터였다. 가문의 시조는 고려 말 주자성리학을 도입한 안향(安珦)이지만, 안중근의 13대 조 안효신(安孝信)이 해주로 이주한 뒤 그 후손들은 대대로 향리(鄕吏)를 지냈다.[2] 조선 초기만 해도 향리의 권력은 중앙정부의 말단 관리보다 강했다. 그러나 왕조 정부의 지속적인 중앙집권화 정책으로 향리 세력은 시간이 흐를수록 약해졌으며, 조선 후기에는 지방 수령과 양반들의 심부름꾼 같은 처지가 되었다. 이런 상황에서 많은 향리가 공명첩 매입이나 과거 응시로 신분 상승을 도모했다.

안중근 가문에서는 5대조 안기옥 이후 조부 안인수에 이르기까지 4대에 걸쳐 7명이 무과에 급제했다. 본래 조선시대의 '양반'이란 문반과 무반을 합쳐 부르는 것이었지만, 문관과 무관 사이에는 상당한 차별이 있었다. 미곡상으로 큰돈을 번 안인수는 가문의 지위를 한 계단 더 높일 목적으로 자식들에게 한학을 가르치고 문과 시험을 치르게 했다. 큰아들 안태진(安泰鎭)

---

1) 『한국독립운동사 자료』 7, 「안중근편」 Ⅱ, '이등박문 피격사건 진상조사 및 혐의자 수사에 관한 건.'
2) 오영섭, 「개화기 안태훈(1862-1905)의 생애와 활동」, 『한국근현대사연구』 40, 2007, 10쪽.

은 무관인 해주부 군사마(軍司馬)가 되었으나, 둘째 안태현(安泰鉉)과 안중근의 아버지인 셋째 안태훈은 문과 초시(初試)에 합격했다. 안태훈은 1891년에 급제했는데, 당시 지방에서는 진사 자격만으로도 사대부 대접을 받았다. 조선 말기에는 과거제도 운영이 극도로 문란해서 지방 선비들은 아무리 학문 수준이 높아도 급제를 기대하기 어려웠다. 안태훈은 진사에 머물렀지만, 이로써 안씨 가문의 사회적 지위는 한 계단 더 높아졌다. 더욱이 그의 학식은 황해도 전역에 이름이 알려질 정도였다. 황해도 황주 출신으로 대한민국임시정부 2대 대통령을 지낸 박은식(朴殷植)은 본인과 안태훈이 '황해도의 두 신동'이라는 평을 들었다고 회고했으며,[3] 안중근의 제자 이전(李全)은 당시 황해도에 삼비팔주(三飛八走, 세 명의 나는 자와 8명의 뛰는 자)로 불리는 한시(漢詩) 대가들이 있었는데 안태훈은 삼비 중 1인으로 꼽혔다고 기록했다.[4]

안태훈은 1862년생으로 강화도조약이 체결되던 해에 14세, 임오군란이 나던 해에 20세였다. 임오군란 직후 철종의 사위이자 젊은 개화파의 대표 격이었던 박영효는 전국의 영재들을 모아 일본에 유학시킬 계획을 세웠다. 갓 20세를 넘긴 안태훈도 유학생으로 선발되었는데, 황해도 관찰사의 천거를 받았던 것으로 보인다. 그 무렵 중앙정부가 신지식을 배울 영재를 모집

---

3) 오영섭, 「안중근 가문의 독립운동」, 『한국민족운동사연구』 30, 한국민족운동사학회, 2002, 24–25쪽.
4) 같은 글, 18쪽.

할 때에는 지방관의 천거를 받는 것이 일반적이었다. 안태훈은 이때 서울로 갔으나, 그 직후 갑신정변이 일어나고 박영효가 일본에 망명함으로써 일본행을 포기하고 고향으로 돌아왔다.

안태훈이 유학생단에 선발되었다고 해서 개화사상을 받아들였다고 볼 수는 없다. 오히려 개화사상을 멀리하는 것이 안전하다고 판단했을 가능성이 크다. 아들이 역적의 패당(牌黨)으로 몰릴 위험에 처했다고 판단한 안인수는 재산 일부를 친척들에게 나눠주고 300석 추수 토지만 남긴 채 가솔을 이끌고 신천군 두라면 청계동으로 이주했다. 안중근이 다섯 살 때의 일이었다.

안태훈은 1880년대 후반 다시 상경하여 한동안 김종한(金宗漢)의 문객으로 생활했다.[5] 김종한은 병자호란 때 강화도에서 자결한 안동 김씨 김상용(金尙鎔)의 봉사손(奉祀孫)으로서 당대의 세도가 중 한 명이었다. 그는 왕실과 가까웠으며, 신문물과 상업 활동에도 관심이 많았다. 개항 이후 이조참판, 사헌부 대사헌을 거쳐 1894년 갑오개혁 때에는 군국기무처 회의원으로 활동했다. 1896년에는 독립협회 창립에 참여했고, 이후 대조선은행, 대한제국인공양잠합자회사, 대한국내철도용달회사 등의 근대적 기업 설립도 주도했다.[6] 김종한은 안태훈이 급제한 소과(小科)의 시험관이었는데,[7] 이로 미루어 보면 안인수

5) 장석흥, 「안중근의 대일본 인식과 하얼빈 의거」, 『교회사연구』 16, 2001, 35쪽.
6) 전우용, 『한국 회사의 탄생』, 서울대학교 출판문화원, 2011, 193쪽.
7) 오영섭, 2007 앞의 글, 16-17쪽.

일가는 1890년 전후부터 김종한과 친분을 쌓았을 것이다.

다섯 살 되던 해에 아버지를 따라 해주에서 청계동으로 이사한 안중근은 다른 양반집 아이들과 마찬가지로 한문을 배웠다. 열서너 살 무렵부터는 승마와 사냥을 즐겼다. 집안 형편이 넉넉했던 덕에 성능 좋은 외국산 총으로 사격술을 익혔다.[8] 열다섯 살 때인 1894년 봄, 김씨와 결혼했다. 상투를 틀고 어른 행세를 할 수 있게 된 직후에 동학농민혁명이 일어났다.

동학농민혁명이 일어나자 신천군의 유력자였던 안태훈은 격문을 뿌려 유생과 지주들의 동조를 구하고 사비로 포수들을 모집해 농민군에 맞설 사병대(私兵隊)를 조직했다. 사회체제와 경제구조를 개혁하려는 농민군에 맞서 당대의 '기득권자'였던 유생과 지주들이 의병을 모은 것은 전국적인 현상이었는데, 이들을 일러 '갑오의려'(甲午義旅)라고 한다. 전주화약 이후 농민군이 제시한 폐정개혁안 12개 조 중에는 '횡포한 부호를 엄히 징벌한다', '불량한 유림과 양반 무리를 징벌한다', '공사채를 막론하고 기왕의 것은 모두 무효로 한다', '토지는 공평하게 나누어 경작한다' 등 양반 지주들로서는 용납할 수 없는 것이 많았다.

양반 지주들은 이 폐정개혁안이 공개되기 전에도 농민군이 승리할 경우 자기들의 생존 기반이 송두리째 무너지리라는 것을 알았다. 안태훈이 사병대를 조직한 것은 일차적으로 자기

---

8) 『한국독립운동사 자료』 7, 「안중근편」 II, '이등박문 피격사건 진상조사 및 혐의자 수사에 관한 건.'

가문의 이익을 지키기 위해서였으나 황해감사 정현석(鄭顯奭)의 요청에 따른 것이기도 했다. 정현석은 1883년 원산항 감리로 재직하면서 우리나라 최초의 근대적 사립학교인 원산학사 설립을 지원한 사람으로, 박영효 등 개화파 인사들과 가까웠다.[9]

안태훈이 모은 사병대는 70여 명에 달했다.[10] 안태훈은 이들을 3개 부대로 편제했는데, 그중 노제석이 이끈 40여 명의 부대가 11월 14일 청계동 북방 박석골에서 동학군을 급습하여 18명을 사살했다. 신천군수는 이 사실을 중앙정부에 보고하고 노제석에 대한 포상을 상신했다. 당시 새신랑이던 안중근도 부친의 만류를 무릅쓰고 이 전투에 참여했다. 그는 동지 6명과 함께 선봉을 자원, 야음을 틈타 선제공격을 감행했다가 포위되어 죽음 직전까지 내몰렸다. 아직 어린 나이에 사선(死線)에서 겨우 살아 돌아온 충격 때문인지 이후 큰 병에 걸려 두 달 동안이나 앓아누웠다.[11]

동학농민혁명의 불꽃이 사그라든 뒤, 10대 후반의 안중근은 그 또래의 부잣집 아들답게 말을 타고, 사냥을 하고, 술을 마시며 친구를 사귀고, 기생집에도 출입하면서 세월을 보냈다. 과거제도가 폐지되었으니 딱히 할 일도 없었다. 신분제가 폐지되고 조세제도가 바뀌는 등 한 시대가 끝나는 건 분명했으나, 새

---

9) 오영섭, 2007, 앞의 글, 20쪽.
10) 안중근, 『안응칠역사』, 26-27쪽.
11) 오영섭, 2007, 앞의 글, 21-22쪽.

시대가 어떤 지식과 경륜을 요구할지는 분명하지 않았다. 젊은 안중근 앞에 놓인 미래는 혼돈의 망망대해였다.

3 천주교 입교와 복사(服事) 생활

농민군과 몇 차례 전투를 벌여 연전연승한 안태훈의 사병대는 동학 접주 원용일(元容馹) 휘하의 농민군에게서 곡식 1,000여 포대를 빼앗았다.[1] 안태훈은 이를 전리품으로 간주하여 부대원들과 나눠 가졌다. 물론 농민군이 보관하던 곡식도 황해도 일대의 관청과 대지주 농토에서 빼앗은 것이었다. 동학농민혁명의 불꽃이 사그라든 뒤 새로 수립된 개화파 정권의 유력자 어윤중(魚允中)과 왕후의 친척으로서 당대의 세력가이던 민영준(閔泳駿)—후에 민영휘(閔泳徽)로 개명(改名)—이 이 곡식에 대한 소유권을 주장하며 안태훈을 도적으로 몰았다.

1895년 4월 1일, 탁지부(度支部)는 신천군수에게 안태훈이 의병 군량미라 칭하고 빼앗아 사용한 탁지부 공무미(公貿米)

---

1) 차기진, 「안중근의 천주교 신앙과 그 영향」, 『교회사연구』 16, 2001, 12쪽.

500석을 되돌려받으라고 훈령했고, 4월 11일에는 황해도 관찰부에도 같은 내용의 공문을 보냈다. 당시 탁지부대신은 어윤중이었다. 5월 18일, 어윤중은 다시 황해도 관찰사 조희일(趙熙一)에게 공문을 보내 곡식을 환수하고 안태훈 부대를 해산하라고 지시했다.[2] 하지만 지방관들은 안태훈이 거느린 병력이 두려워 함부로 움직이지 못했다. 지방관에게 의지해서는 곡식을 되찾기 어렵겠다고 판단한 어윤중과 민영준은 고종에게 안태훈이 곡식 1,000여 포대를 도둑질해 쌓아놓고 군사 수천 명을 기르고 있으니 군대를 보내 진압하자고 주청했다. 사태가 이에 이르자 일찍이 그를 문객으로 거두었던 궁내부 협판 김종한(金宗漢)은 안태훈에게 속히 상경하여 문제를 해결하라고 권유했다.

6월 24일, 중앙정부는 훈련대 병사 12명을 청계동으로 급파하여 안태훈을 잡아들이게 했다. 안태훈이 자기 권유에 따라 상경했다는 사실이 밝혀지는 것은 김종한에게도 위험한 일이었다. 김종한은 즉시 어윤중을 찾아가 병사를 되돌리라고 부탁하는 한편, 안태훈을 명동성당으로 피신시켰다.[3] 이어 고종 앞에서 "의병을 일으켜 국가를 도운 공신을 표창하기는커녕 모함하는 것은 도리에 맞지 않는다"며 안태훈을 변호했다.[4] 다음 달에 탁지부 대신이 심상훈(沈相薰)으로 교체됨으로써 정부의

2) 오영섭, 2007, 앞의 글, 24-25쪽.
3) 같은 글, 26-27쪽.
4) 『안응칠역사』, 26쪽.

환수 시도는 중단되었으나, 어윤중과 민영준의 핍박은 계속되었다. 안태훈은 1896년 2월 아관파천(俄館播遷)으로 어윤중이 피살된 뒤에야 패가망신의 위험에서 벗어날 수 있었다.

체포를 면하기 위해 명동성당에 숨었던 안태훈은 그곳에서 천주교 교리를 배우는 한편, 국왕도 함부로 하지 못하는 프랑스 신부의 힘을 절감했다. 그는 천주교에 입교해야 자신과 가족의 안전을 지킬 수 있으리라고 판단했던 듯하다. 이에 대해 1897년 4월 29일 황해도 관찰사 민영철(閔泳喆)은 의정부 찬정 이완용(李完用)에게 "동학란 때 안태훈이 포군(砲軍)을 모집하여 의병이라 칭하고 작은 원한을 맺은 이들도 살육하고 나약한 이들에게까지 행패를 부렸으며, 그러한 사실을 황해도 경내가 모두 알고 있기에 자기 죄과를 면하기 위한 궁여지책으로 천주교에 투탁(投托)했고, 서울에서 천주교 책자를 몇 상자 가지고 와서 사람들에게 억지로 나눠주고 도당을 모았다"고 보고했다.[5] 베네딕트 수도회의 베버(Norbert Weber) 신부 역시 "동학란이 끝나자 전사자 가족들이 대부분의 책임을 안태훈에게 돌렸다. 항간에 떠도는 것 이상의 악평이 안태훈을 괴롭혔다. 안태훈은 자신을 보호해야겠다는 생각에 천주교에 발을 들여놓게 되었다"고 기록했다.[6]

천주교 입교에 '세속적 동기'가 얼마나 작용했든 간에, 죽을 고비를 넘긴 안태훈은 『교리문답』『12단』 등 천주교 책자

---

5)『黃海道來去案』, 1897. 5. 14.

6) 오영섭, 2007, 앞의 글, 27쪽.

120여 권을 가지고 고향에 돌아와 친척과 마을 주민들에게 나눠 주었다.[7] 이들 중 조상의 제사를 모셔야 했던 큰형 안태진과 몇몇 친지, 머슴 1인을 제외한 모두가 입교했다. 안태훈은 곧 자기 집 인근에 성당을 지어 빌렘(Joseph Willhelm, 한국식 이름 洪錫九)을 주임신부로 초빙했다.

빌렘은 1860년 알자스로렌의 슈피헤른에서 독일인 아버지와 프랑스인 어머니 사이에서 출생했다. 23세 때인 1883년에 사제 서품을 받고[8] 1886년 조선에 들어온 그는 제물포 주임신부와 용산신학교 교사를 거쳐 1896년부터 황해도 안악군 문산면 마렴(痲簾) 천주교 본당에서 황해도 전역을 총괄하는 주임신부로 활동했다. 빌렘은 1897년 여름 황해도 본당을 용문면 매화동으로 이전했는데, 반년 남짓 지나 안태훈의 요청을 받고 다시 청계동으로 옮긴 것이다.[9]

19세기 말 천주교 신부들이 '치외법권'에 기대어 조선 국법을 무시하는 것은 보편적인 현상이었으나, 빌렘은 그들 중에서도 특히 심해 전국적으로 유명했던 듯하다. 1903년 8월 21일, 의정부 참정 김규홍(金奎弘)은 어전(御前)에서 빌렘의 행위를 다음과 같이 고발했다.

---

7) 같은 글, 29쪽.

8) 윤선자,「'한일합병' 전후 황해도 천주교회와 빌렘 신부」,『한국근현대사연구』4, 1996, 110쪽.

9) 오경환,「안중근과 인천천주교 초대 주임 빌렘신부」,『황해문화』2, 1994, 166쪽.

"홍 교사라는 자는 프랑스 사람인데 청계동에서 살고 있습니다. 8, 9개 군읍(郡邑)이 모두 그의 소굴이 되고 6, 7명의 교사가 그의 날개가 되어 있습니다. 전도(傳道)를 핑계로 인연을 맺고 폐단이 자라나며 행정에 간여하지 않는 바가 없습니다. 소송을 스스로 재판하고 손을 묶고 발에 형틀을 채워 매달거나 무릎을 꿇리는 형벌을 평민에게 함부로 시행했습니다. 이는 천하의 법률을 남용하는 것일 뿐 아니라 양국 간의 조약에도 실려 있지 않은 일입니다."[10]

미국 공사 알렌(Horace Newton Allen)도 빌렘을 "자기가 관찰사나 되는 것처럼 함부로 행동하는 무서운 사람"이라고 평했다.[11] 안태훈이 상당히 많은 사람을 개종시켰을 뿐 아니라 그의 세력이 황해도 전역에 미친다는 사실을 확인한 빌렘은 마렴에 있던 황해도 본당을 청계동으로 옮겼다. 1897년 1월, 빌렘 신부는 청계동 성당에서 안태훈 일가와 청계동 주민 등 33명에게 세례를 베풀었다.[12] 빌렘을 자기 곁으로 끌어들인 안태훈은 그가 가진 치외법권을 활용해 한편으로는 교인을 늘리고 다른 한편으로는 자기와 교인들의 이익을 지키려 했다. 안태훈과 빌렘의 적극적인 선교 활동으로 황해도 지방의

---

10) 『고종실록』 권 43, 고종 40년 8월 21일.
11) 윤경로, 「안중근 의거 배경과 동양평화론의 현대사적 의의: 동아시아의 평화와 미래를 전망하며」, 『한국독립운동사연구』 36, 2010, 140쪽.
12) 노길명, 「安重根의 가톨릭 신앙」, 『교회사연구』 9, 1994, 10–11쪽.

천주교 교세는 다른 어떤 지역보다 급속히 늘어났다. 1899년 1,806명이던 황해도의 천주교 신자는 1900년 4,185명, 1901년 5,433명, 1902년 7천여 명, 1903년 11,888명으로 늘어났다. 전국 신자 총수 60,554명의 20%에 육박하는 수치였다.[13]

당시 천주교와 개신교를 막론하고 서양인 선교사들은 통상 조약상의 치외법권 규정을 이용해 지방관의 명령을 무시하는 행태를 보이곤 했다. 그래서 조선 사람들은 그들을 '특권을 가진 서양인'이라는 뜻에서 '양대인'(洋大人)이라고 불렀다. 지방에 선교 거점을 만든 양대인들은 한국인 어학 선생과 심부름꾼을 고용했는데,[14] 심부름꾼은 물론 일반 교인들에게까지 치외법권을 확장하려고 했다. 첫째는 교인과 심부름꾼이 처벌받으면 당장 선교 활동에 지장이 생기기 때문이었고, 둘째는 선교사들과 가까이 지내면 지방관의 억압을 면할 수 있다는 증거를 보여줌으로써 교세를 확장하기 위해서였다. 선교사들이 교인과 관련된 송사(訟事)에 개입해 지방관을 압박하는 것은 흔한 일이었으며, 심할 경우 교인과 비교인(非敎人) 사이의 분쟁 사건을 교당에서 재판하기도 했다. 많은 선교사가 외교관처럼 행세했고, 교당은 영사관과 비슷한 구실을 했다. 이런 상황에서 많은 사람이 선교사들의 세력에 의지하기 위해 입교하곤 했다. 이를 '양대인자세'(洋大人藉勢)라고 했다. 양대인의 세력에

---

13) 박찬식, 「한말 천주교회의 성격과 '敎案'」, 『교회사연구』 11, 1996, 239쪽; 윤선자, 1996, 앞의 글, 115쪽.
14) 이만열, 「한말 기독교와 관련된 외세의존의 문제(1)」, 『東方學志』 61, 1989, 142쪽.

빌붙는다는 뜻이다. 1899년 8월, 『독립신문』에는 서도(西道＝평안, 황해도) 백성 명의로 "지방 관장(官長)들의 보호를 받다가는 큰 낭패를 보게 되겠으니 다시는 관장을 믿지 말고 외국교에나 들어서 각기 생명과 재산을 보호받게 하자"라는 글이 실렸다.[15] 1897년의 『독립신문』은 1897년에는 '양대인자세'를 부끄러운 일이라 질타했으나[16] 2년 새 태도가 바뀐 것이다. 지방관의 탐학이 '양대인자세'를 부추긴다는 생각은 시간이 흐를수록 확산했다.

안태훈이 일가를 모두 천주교에 입교시키고 황해도 선교 책임자인 빌렘을 청계동으로 초청한 이유 중 하나도 '양대인'의 힘을 빌리는 데에 있었다. 명동성당에서 목숨을 구한 경험이 이런 태도를 부추겼을 것이다. 천주교 조선교구 처지에서도 안태훈 같은 지방 유력자의 도움은 불감청이언정 고소원이었다. 안태훈은 천주교 세력에 의지해 황해도 일대에서 일어나는 관민(官民) 사이의 여러 분쟁에 적극적으로 개입했다. 빌렘은 한국 정부가 탄압하면 본국 정부에 군함을 요청해서 모든 교인을 프랑스로 실어가겠다고까지 하며 이를 지원했다.[17]

1897년 5월, 안태훈은 천주교 신자들을 이끌고 신천(信川) 군아(郡衙)에 쳐들어가 갇혀 있던 신자를 구출하고 향장(鄕長)

---

15) 『독립신문』, 1899. 8. 14.

16) "성교에 탁명하고 외국 사람의 세력만 빙자하면 협잡하여도 지방관이 감히 어찌 못하여 점점 악기를 양성하고 기강을 문란케 하니 분하고 부끄럽도다." 『독립신문』, 1897. 3. 4.

17) 윤경로, 2010, 앞의 글, 143쪽.

유만현을 붙잡은 뒤 말꼬리에 매달아 청계동으로 끌고 가서는 마구 때렸다.[18] 신천군수는 즉각 순검을 보내 안태훈을 체포했으나 빌렘의 항의를 받고 풀어주었다.[19] 1899년 2월, 황해도 안악군수는 천주교도 세 사람을 도둑 혐의로 체포하여 옥에 가뒀다. 안태훈의 동생이자 안중근의 숙부인 안태건(安泰健)은 교도 100여 명을 이끌고 군아(郡衙)로 돌입해 이들을 탈옥시켰다. 이 일로 안태건이 체포되자 빌렘은 안악군수에게 항의해 석방시키고 군수의 한 달 치 녹봉을 배상금 조로 받아냈다.[20]

1903년 1월에도 해주의 천주교도 6명이 군아에 난입해 군수를 협박하고 행패를 부렸다. 군수는 이들을 잡아오라고 순검을 보냈으나, 청계동의 천주교도들은 오히려 이들을 포박하고 무수히 구타했다. 1903년 3월에는 안태훈이 천주교도들의 불법 행위를 단속하는 순검을 잡아 사사로이 형벌을 가했다.[21] 당시 정부는 천주교 신자들이 외국인 신부의 위세를 빌려 관의 지시를 무시하는 일들을 '교안'(敎案)으로 분류했다.[22] 종교 문제로 말미암아 일어난 사건들이라는 뜻이다. 천주교인들의 '양대인 자세'는 1899년 3월 대한제국 내부 지방국장과 뮈텔(Gustave

---

18) 장석흥, 「19세기 말 안태훈 서한의 자료적 성격」, 『한국학논총』 26, 국민대 한국학연구소, 2004, 161쪽.

19) 『內部來去文』, 建陽 2년 5월 6일.

20) 윤선자, 1996, 앞의 글, 118쪽.

21) 『外部日記』 「交涉局 關聯 安泰勳等 逮捕에 關한 照覆」, 光武 7년 3월 22일.

22) 박찬식, 「한말 천주교회의 성격과 '敎案'」, 『교회사연구』 11, 1996, 228쪽.

Mutel) 주교 사이에 교민조약(敎民條約)이 체결된 이후 한층 심해졌다.[23] 교민조약 제1조는 '교민 보호와 징계 사건은 지방 국장과 주교가 타협하여 결정한다'였으나,[24] 당시의 국제관계 에서는 천주교인과 관련한 사건 처리 권한을 프랑스인 주교에 게 위임한 것과 마찬가지였다.

안태훈 일가의 '양대인자세'는 갑오개혁 때의 조세 금납화 와 깊이 관련되어 있었다. 1894년 개화파 정부는 농민의 세금 을 지세(地稅)로 단일화하고 돈으로만 내게 했다. 한편으로는 19세기 내내 농촌 사회를 파탄시켰던 삼정문란(三政紊亂)을 해소하고, 다른 한편으로는 자본주의 세계 체제에 편입된 조선 경제에 걸맞은 조세제도를 확립하기 위해서였다. 그때까지 농 민들은 지세 외에 대동법(大同法)에 따른 공물과 균역법에 따 른 군포(軍布)를 바쳐야 했다. 환곡(換穀) 이자도 세금과 다를 바 없다. 농민들은 거주지역과 항목에 따라 쌀, 돈, 포목 중 어느 하나로 내거나, 셋을 섞어서 냈다. 세목을 지세로 단일화 하고 모든 세금을 돈으로만 내게 한 조세 금납화는 농민들의 생활을 크게 변화시켰다. 군포와 대동미 등의 세목이 사라진 대신 지세가 크게 올랐으며, 세금으로 낼 돈을 구하기 위해서 는 어떤 것이든 시장에 내다 팔아야 했다. 조세 부담률이 실제 로 높아졌든 낮아졌든 간에, 이런 변화는 그 자체로 사람들의

---

23) 신광철, 「개항기 한국천주교와 개신교의 관계: 海西敎案을 중심으 로」, 『종교연구』 11, 1995, 359쪽.
24) 이원순, 「朝鮮末期 社會의 對正西敎問題硏究」, 『歷史敎育』 15, 1973, 130쪽.

저항과 반발을 초래하기 마련이다.

게다가 개화파 정부는 황해도 사람들에게 봄에 납부한 지세 외에 결전(結錢)을 더 내라고 했다. 결전이란 영조 대 균역법 시행으로 매호(每戶) 2필이던 군포를 1필로 줄임에 따라 부족해진 세수(稅收)를 보충하기 위해 토지에 부과한 일종의 특별세인데, 이후 각종 세목(稅目)이 토지에 부과되는 현상이 진행되어 이 무렵에는 세금과 거의 같은 뜻으로 쓰였다.[25] 세목을 지세로 단일화한 마당에 결전을 추가 징수하는 것은 부당한 조치였으나, 개화파 정부는 황해도의 지세가 너무 적다고 판단했던 듯하다. 그러나 주민들이 이 조치에 승복할 리 없었다.

주민들은 즉각 해주관찰부에 이 조치가 부당하다고 호소했고, 관찰부는 결(結)당 엽전 16냥 5전 7푼을 1895년 과세분에서 감면해주겠다고 답했다. 하지만 주민들은 이에 승복하지 않았고, 중앙정부도 막중한 국세(國稅)를 지방관 임의로 감면하지 말라고 지시했다. 중앙정부가 강경한 태도를 고수하자 주민들은 납세 거부로 맞섰다. 납세 거부가 시작된 직후 명동성당으로 피신했던 안태훈은 고향에 돌아온 뒤 자기가 거느린 포수들과 빌렘 신부의 힘에 기대어 이 문제에 개입했다. 그는 신천군수의 동의도 받지 않고 주민들이 내지 않은 결전을 대신 걷으면서 부비(浮費=일종의 수수료)로 결당 3냥씩을 추가 징수했다. 이에 분노한 신천군수는 안태훈과 가까운 천주교도 여러 명을 체포했다. 1897년 이후 안태훈 형제와 빌렘이 관청과 대

25) 『結戶貨法稅則』, 1895.

립한 것은 모두 여기에서 연유했다.[26]

그런데 이를 안태훈 일가의 일방적인 불법행위로 단정할 수는 없다. 지방관과 향리들이 부비(浮費)라는 이름의 수수료를 징수하는 것은 일반적 관행이었기 때문이다. 안태훈이 징수한 부비가 향리들이 징수하던 액수보다 적었을 수도 있다. 조선 후기 이래 향촌사회에서 늘 그랬던 것처럼, 이 문제의 본질은 부비 징수권을 둘러싸고 벌어진 지방관-향리와 유력자 사이의 다툼이었다. 이에 대해 1899년 『황성신문』은 "천주교에 투신하여 행패를 부리는 백성들이 늘어나는 것은 관리들의 탐학(貪虐)이 심하기 때문"이라며 "관리들이 탐학을 그치지 않으면 온 백성이 다 천주교도라 칭할 수도 있다"고 경고했다.[27]

황해도에서 천주교도들이 빌렘의 위세를 빌려 국법을 무시하고 조세 징수에 개입하는 일이 빈번해지자, 정부는 이응익(李應翼)을 사핵사(査覈使)로 파견해 사건의 경위를 조사하도록 했다. 그는 다음과 같은 보고서를 작성해 중앙정부에 보냈다.

"이번 교도들의 소요는 옛날에 없던 변고로 무리를 모아 각각 교파를 세우기도 하고 관청에서 하는 것처럼 송사(訟事)를 처리 결정하기도 하며, 형구(刑具)를 만들어놓고 평민들을 못살게 굴기도 하고, 사사로이 사람들을 잡아들여 남의 재산을 빼앗기도 하

---

26) 오영섭, 2007, 앞의 글, 32-33쪽.
27) 『皇城新聞』, 1899. 11. 12, 論說.

고, 심지어 땅 주인을 위협하고 관청에서 보낸 사람을 쫓아내기까지 하는 등 극도에 달했습니다. 안태훈은 청계동 주인이라는 말을 듣는 자로 황해도의 두목으로 지목받는데, 아직도 잡히지 않았으니 끝내 관대히 용서해주기 어렵습니다. 홍 교사라는 자는 프랑스 사람인데 청계동에 삽니다. 8-9개 고을이 모두 그의 소굴이 되고 6-7명의 교사가 그의 손발이 되었습니다. 전도를 핑계로 연줄을 맺고 폐단을 키우며 행정에 간섭하지 않는 것이 없습니다. 소송도 그가 직접 판결해 손을 묶고 발에 형틀을 끼우거나 무릎을 꿇리는 형벌을 평민에게 함부로 시행했습니다. 외부로 하여금 프랑스공사관에 공문을 보내 두 사람을 잡아다 조사하고 그 나라의 법률과 규례에 따라 심리하고 판결하게 하는 것이 진실로 사리에 부합할 것입니다."[28]

반면 빌렘의 상황 인식은 이와 정반대였다. 그는 조선교구장 뮈텔에게 황해도에서는 군수나 관찰사가 아니라 몇몇 양반과 연장자들이 타협을 권유하는 식으로 재판이 진행되기 때문에 선교사의 판결이 가장 객관적인 것으로 인정된다고 보고했다. 그는 또 자기를 도와 헌신적으로 봉사한 인물로 안중근의 숙부 안태건을 꼽았다.[29] 정부 관리와 선교사의 주장이 엇갈리는 상황에서 중앙정부는 프랑스공사관에 공문을 보내 프랑스

---

28)『承政院日記』, 1903년(음) 6월 30일.
29) 신광철, 앞의 글, 363쪽.

인 신부를 불러들이라고 요청했다.[30] 황해도 교안이 심각한 외교 문제로 비화하자 뮈텔 주교는 1903년 3월 빌렘을 서울로 불러들였다. 그해 11월, 귀국을 앞둔 프랑스 공사 플랑시(Collin de Plancy)는 한국 외부대신에게 자기 재임 중에 발생한 외교 문제들을 일괄 타결하자고 제안했다. 이에 따라 프랑스 공사는 대한제국 평리원 판결을 수용하되 프랑스인 신부는 처벌하지 않기로 하는 최종 합의가 이루어졌다.[31]

빌렘이 떠난 뒤 황해도의 천주교 교세는 급속히 위축됐고 안태훈의 처지도 위험해졌다. 해주 관찰사 민영철과 사핵사 이응익은 모두 안태훈이 "사병을 동원해 국가의 조세 징수에 개입했다"고 주장했다. 목숨을 건지기 어려운 죄목이었다. 이에 안태훈은 평안남도 강서군 함종면의 곽정학(郭廷學) 집으로 피신, 반년 남짓 머물다가 병든 몸으로 귀향했다.[32] 안중근은 자기 아버지가 관리들의 악행에 통분하여 밤낮으로 술을 마셨기 때문에 중병을 얻었다고 회고했다.[33]

빌렘의 복사(服事, 가톨릭 미사 때 신부의 시중을 드는 사람)였던 안중근은 빌렘이 개입한 모든 일에 앞장섰으며, 사안에 대한 관점도 빌렘과 같았다. 그는 황해도 일대에서 지방관과 천주교도 사이에 심각한 다툼이 일어났던 이유를 『안응칠역사』

---

30) 김삼웅, 앞의 책, 94쪽.
31) 이원순, 「朝鮮末期 社會의 對正西敎問題硏究」, 『歷史敎育』 15, 1973, 95쪽.
32) 오영섭, 2007, 앞의 글, 38쪽.
33) 『안응칠역사』, 51쪽.

에 다음과 같이 요약했다.

"그때 각 지방 관리들은 학정을 남용하여 백성의 고혈을 빨아 관민 간에 원수처럼 보고 도적처럼 대했다. 다만 천주교인들은 포악한 명령에 항거하고 토색질을 받지 않았기 때문에 관리들은 교인을 외적과 같이 미워했다. 난동 부리는 패들이 교인을 청탁하고 협잡하는 일이 간혹 있었으므로, 관리들이 이 틈을 타 정부 대관과 함께 비밀히 상의하여 교인들을 무함하기를, 황해도에서 교인들의 행패로 행정, 사법 업무를 할 수 없다고 하여 정부에서 사핵사 이용익을 특파해 해주부에 이르러서 순검과 병정을 각 군에 보내 천주교의 우두머리 되는 이들을 불문곡직하고 모두 상부로 잡아 올려서 교회 안이 크게 어지러워졌다."[34]

안중근은 빌렘의 복사로 활동하는 중에도 서울과 청계동을 오가며 몇 가지 일을 겪었다. 천주교에 입교한 직후인 1898년 봄, 서울에 있던 그는 한 일본인이 한국인의 말을 빼앗아 타려는 장면을 목격했다. 그는 곧바로 달려가 일본인의 얼굴을 치고 배에 권총을 들이대고는 크게 꾸짖어 사과를 받아냈다.[35] 안중근이 언제 처음 일본인과 접촉했는지는 알 수 없으나, 동학농민혁명 때만 해도 일본인에게 싫은 감정을 갖지는 않았다. 당시 안태훈 부대에게 일본군은 적이 아니었다. 게다가 빌렘의

---

34) 같은 책, 49-50쪽.
35) 박은식, 『안중근전』.

복사였던 안중근은 '양대인자세'를 직접 실행하는 처지였기 때문에 문명과 위력의 문제를 인종 문제로 치환해서 바라보는 데에 익숙한 상태였다.

빌렘이 한국인을 교당으로 잡아와 심문했을 때 그는 어떤 심정이었을까? 외국인들이 국법을 무시하고 한국인들을 함부로 대하는 것은 당시의 일반적 현상이었다. 안중근은 그 일본인이 같은 황인종을 차별하는 데에 분노했을지도 모른다. 이때는 '민족'이라는 단어가 생기기도 전이었으나 안중근은 이 사건으로 인종과 민족을 구분하게 되었을 것이다.

천주교와 구미 문물에 대한 이해가 깊어진 1899년, 안중근은 한국인들을 문명세계로 이끌기 위해서는 천주교 대학을 세울 필요가 있다고 판단하기에 이르렀다. 물론 구미식 교육기관 설립을 개화와 구국의 지름길로 생각한 사람이 안중근만은 아니었다. 개항 이후 조선 정부도 육영공원과 제중원 의학당을 세웠고, 왕실도 외국인 선교사들의 신식학교 설립을 지원했다. 갑오개혁 당시 군국기무처에서는 성균관을 폐지하고 대학을 설립하는 안건을 논의했다. 당시에는 소학교도 없는 상황에서 대학을 설립하는 것은 시기상조라는 의견이 많아 일단 보류되었으나, 왕실은 이와 별도로 선교사를 활용한 왕립대학 설립을 추진했다. 그러나 일본은 이 계획을 좌절시키고 대신 관비유학생을 선발하여 일본에 보내도록 했다.

왕립대학 설립 계획이 좌절된 상황에서 1895년 고종은 「교육입국조서」를 공표해 소학교, 중학교, 대학교를 차례로 설립하겠다는 뜻을 밝혔다. 또 같은 해 법관양성소를, 1896년에 무관학교를, 1899년에 의학교를 각각 대학교에 준(準)하는 교육 기관으로 설립했다. 1890년대 말 대학 설립은 국가의 핵심 과제였다. 안중근은 천주교단의 힘을 빌려 이 국가적 과제를 해결하고자 했다. 그가 보기에 천주교단에는 한국에 대학을 설립하고도 남을 재원과 인력이 있었다.

1899년 어느 날, 안중근은 빌렘에게 천주교 대학 설립을 제안했다.

"지금 한국 교인들이 학문에 몽매하여 전교하는 데 손해가 적지 않은데, 하물며 다가올 앞날의 국가 대세야 말하지 않아도 상상할 만합니다. 민(閔) 주교[=뮈텔]에게 여쭈어 서양 수사회 중에서 박학한 수사 몇 사람을 청해와서 대학교를 설립한 후에 국내의 영민하고 준수한 자제들을 교육하면 몇십 년이 안 가서 반드시 큰 효과가 있을 것입니다."[36]

제안이 합당하다고 여긴 빌렘은 안중근과 함께 상경하여 뮈텔 주교를 만났다. 그러나 뮈텔은 "만약 한국인에게 학문이 있으면 교 믿는 일에 좋지 않을 것이니, 다시는 이런 의논을 제출하지 마시오"라며 단박에 거절했다. 과학 지식이 확산함에 따라 종교의 영역이 축소되었던 유럽의 역사적 경험도 영향을 미쳤겠으나, 그가 안중근에게 표출한 것은 인종주의적 멸시감이었다. '모든 인간을 똑같이 사랑하라'는 천주교의 가르침과는

---

36) 『안응칠역사』, 35쪽.

달리 프랑스인 주교는 한국인과 프랑스인을 '같은 인간'으로 대하지 않았다. 한국인의 한 사람으로서 심한 모욕감을 느낀 안중근은 '교의 진리는 믿을지언정 외국인의 마음은 믿을 것이 못된다'고 맹세하고, 천주교 입교 이래 몰두했던 프랑스어 공부까지 중단했다. 천주교 교리의 보편성과는 별개로, 선교사들의 의식은 제국주의와 굳게 결합해 있음을 간파한 것이다.

1900년경에는 안태훈이 창설한 만인계(萬人契)의 사장을 맡았다. 지방관을 무시할 수 있을 정도의 세력을 유지하기 위해서는 많은 돈이 필요했다.[37] 안태훈이 만인계를 창설한 것도 돈을 벌기 위해서였다. 만인계는 18세기에 출현한 사행성 조직으로서 작박계 또는 채표회사라고도 했으며 오늘날의 복권(福券) 발행업체와 같은 기능을 했다. 돈을 낸 사람들의 이름 또는 번호를 적은 산가지나 종잇조각을 통에 넣어 섞은 뒤 그중 몇 개를 뽑아 당첨자를 결정했는데, 간혹 추첨 과정에 문제가 발생하기도 해서 '산통 깨지다'라는 말이 이에서 유래했다. 19세기 말에는 이런 계가 전국적으로 성행하여 패가망신하는 사람이 속출했다. 만인계는 1894년 갑오개혁 때 전면 금지되었으나 곧 부활하여 1899년에 결성된 만희사(萬喜社) 채회국(彩會局)은 아예 정부에 세금을 내고 경무사를 불러 추첨을 맡기기까지 했다. 이와 별도로 청나라에서 발행된 복권이 국내에서 팔리기도 했다.

---

37) 오영섭, 「안중근 가문의 독립운동 기반과 성격」, 『교회사연구』 35, 2010, 235쪽.

안중근은『안응칠역사』에 자기가 언제 만인계 사장이 되었는지 정확히 기록하지 않았다. 다만 1900년 12월 황해도 관찰사가 "도내에 만인계의 폐해가 심하여 엄히 훈령을 내렸음에도 이를 개설하는 자들이 있어 단속에 나서고 있다"고 정부에 보고한 것으로 보아[38] 이 무렵이었던 것으로 추정된다. 안중근이 만인계 사장으로 출표식(=추첨)을 관장할 때 공교롭게도 '산통 깨지는' 일이 발생했다.

"나는 만인계(채표회사) 사장에 선출되었다. 출표식 거행일을 맞아 원근에서 와서 참석한 사람 수만여 명이 계장의 전후좌우에 늘어서니 인산인해와 다름없었다. 계소[=추첨 장소]는 중앙에 있어 각 임원과 일반인이 자리 잡고 있었으며, 네 문은 순검이 지키며 보호하였다. 그때 표 뽑는 기계가 불행히도 고장이 생겨 표인 대여섯 개가 한꺼번에 쏟아져 나왔다(표인은 매번 한 개씩 나오는 것이 규례이다). 이를 본 수만 명이 시비곡직은 가리지 않고 협잡이라고 하며, 고함 한마디에 돌덩이와 몽둥이가 비 오듯 날아왔다. 파수하던 순검들은 사방으로 흩어져 달아나고, 일반 임원들도 부상당한 사람이 무수하였다. 각자 살기 위해 도망가고, 다만 남아 있는 사람은 나 하나뿐이었다. 군중은 사장을 쳐 죽이라고 고함을 지르며 일제히 몽둥이로 치고 돌을 던지며 오므로, 매우 위급하여 목숨이 경각에 달렸다."[39]

38) 오영섭, 2007, 앞의 글, 40쪽.
39)『안응칠역사』, 36-37쪽.

만인계 운영은 복잡하지 않았다. 먼저 추첨표를 다량 인쇄한 뒤 좌우 상단에는 같은 일련번호를, 하단에는 사장 직인을 찍는다. 추첨표를 판매할 때 반으로 나누어 한쪽은 구매자에게 주고 다른 한쪽은 말아서 '산통'에 넣는다. 추첨표에는 추첨 일시와 장소도 표기한다. 정해진 시각이 되면 구매자들이 모여 추첨 장면을 감시한다. 만인계에서 지명한 사람이 통에서 표를 몇 장 뽑아 일련번호를 불러준다. 같은 번호의 반쪽을 가진 당첨자에게 약속한 액수를 지급하면 나머지 돈은 발행자 몫이 된다. 처음에는 사람이 통에 손을 넣어 표를 뽑았으나, 공정성 시비가 거듭된 탓에 1890년대 말부터는 '표 뽑는 기계'를 사용하기 시작했다. 그런데 마침 안중근이 사장 노릇을 할 때 이 기계가 고장이 나서 한 장씩 나와야 할 추첨표가 한꺼번에 대여섯 장 쏟아진 것이다. 협잡이라고 의심한 사람들은 흥분할 수밖에 없었다. 회사 측 사람들은 물론 질서 유지를 위해 참석했던 순검들까지 모두 달아났으나 안중근은 죽을 위험에 처해서도 제자리를 지켰다. 그가 책임을 얼마나 중히 여겼는지 엿볼 수 있는 대목이다.

　'교안'으로 황해도 전역이 시끄럽던 1902년, 23세의 안중근은 아버지가 되었다. 딸이었지만 가문의 항렬자를 따서 '현생' (賢生)이라 이름 지었고, 얼마 후 빌렘은 '테레사'라는 세례명을 주었다. 현생이 태어나기 전인지 후인지는 정확히 알 수 없으나, 이 무렵 안중근은 억울한 일을 당한 천주교도 두 사람을 돕기 위해 서울에 갔다. 신도들이 그를 교회 대표로 뽑았기 때문이다. 한 명은 서울 사는 전 참판 김중환(金仲煥)에게 5천 냥을 빌려주고 받지 못한 옹진군 사람이었고, 또 한 명은 진위대 장교 한원교에게 부인과 재산을 빼앗긴 해주 의원(醫員) 이경 주였다.

안중근은 먼저 김중환을 찾아갔다. 마침 그의 사랑방에는 쟁 쟁한 사람들이 모여 있었다. 안중근은 그에게 "서울에서 이처 럼 풍족히 살면서 돈 몇천 냥이 없어 못 갚는다니 말이 되느 냐"고 따졌다. 그러자 옆에 있던 한성부재판소 검사 정명섭(丁 明燮)이 "젊은 시골 백성 주제에 연로한 고관에게 버릇없이 대 든다"고 나무랐다. 안중근은 이렇게 대답했다.

"공은 고서를 읽지 않으셨나 봅니다. 예부터 지금까지 현명한 임금과 훌륭한 재상은 백성을 하늘같이 여겼고, 어리석은 임금과 탐관(貪官)은 백성을 밥으로 알았습니다. 그렇기 때문에 백성이 부(富)하면 나라가 부하고, 백성이 약하면 나라가 약해지는 것입 니다. 이처럼 어지러운 시대를 당하여 공들은 국가를 위하여 보필 하는 신하로서 황제의 큰 은혜를 받아들이지 않고 이같이 백성을 학대하니, 국가의 장래가 어찌 통탄스럽지 않겠습니까?"[40]

정명섭은 반박하지 못했고, 김중환은 며칠 내로 빚을 갚겠다 고 약속했다.

---

40) 정명섭은 1902년 7월 한성부재판소 검사관에서 평리원 검사관으 로 승진했다. 안중근은 『안응칠역사』에 이 사건의 발생 시기를 밝히 지 않았으나, 정명섭이 한성부재판소 검사로 있던 시기를 고려하면 1901년 하반기에서 1902년 상반기 사이의 일이었을 것이다.

이경주는 평안도 출신으로 천민(賤民) 출신과 결혼해 해주에 정착했다. 갑오개혁으로 신분제가 폐지되었다고 해서 신분 차별의식까지 사라지지는 않았다. 천민이었으나 부자였던 이경주의 장인 유수길은 딸을 의원과 혼인시켜 사회적 지위 상승을 도모했던 듯하다. 그는 사위 부부에게 상당한 재산을 증여했다.

이경주의 집안 형편을 안 진위대 장교 한원교는 그가 서울에 간 틈을 타 그 아내와 간통하여 살림을 차리고 유수길을 위협하여 그 집과 세간살이를 빼앗았다.[41] 이 소식을 듣고 서울에서 달려온 이경주는 오히려 한원교의 부하들에게 무수히 구타당했다. 간신히 목숨을 부지한 이경주는 즉시 서울로 달려가 육군법원에 호소했다. 그러나 법원은 한원교를 면직했을 뿐 이경주에게 처와 재산을 돌려주지는 않았다.

김중환과 담판을 마친 안중근은 곧 이경주와 함께 한원교의 집으로 찾아갔으나, 그와 이경주의 부인은 자취를 감춘 상태였다. 헛걸음하고 돌아온 두 사람은 곧 한성부재판소에 끌려갔다. 한원교가 두 사람이 자기 집에 함부로 난입하여 노모를 구타했다고 고소했기 때문이다. 검사관은 김중환의 집에서 안중근과 언쟁을 벌인 바로 그 정명섭이었다. 전날 안중근에게 모욕당했다고 느낀 정명섭은 노골적으로 한원교의 편을 들었다. 결국 이경주는 구금되었고 안중근은 정명섭과 다시 언쟁을 벌인 끝에 겨우 풀려났다.

---

41) 『안응칠역사』, 40쪽.

안중근은 후일『안응칠역사』에 이때의 생각을 적었다.

"어느 날에나 저같이 악한 정부를 일거에 타파하고 개혁한 후 난신적자(亂臣賊子)의 무리를 쓸어버리고 당당한 문명 독립국을 성립시켜 명쾌하게 민권과 자유를 얻을 것인가?"

관리들의 편에서 농민군과 맞섰던 10대의 안중근과 '민권과 자유'를 위해 악한 정부를 타파해야 한다고 생각한 20대의 안중근은 전혀 다른 사람이었다.

4 나라 구할 길을 찾다

안중근 집안이 황해도에서 3-4위를 다투는 부자였다는 이야기도 있으나, 의거 직후 일본 수사관의 조사에 따르면 안중근의 큰아버지 안태진, 당숙 안태국 등 친척이 모두 빈곤했다.[1] 안중근의 동생 안정근도 일본인 검사에게 "신천 부근에 100두락 정도의 토지가 있어 풍년이면 100석, 흉년이면 40-50석 정도 수확한다"고 진술했다.[2] 안중근의 조부 안인수가 차함으로 진해현감직을 얻은 것이나 아버지 안태훈이 문과에 급제한 것, 동학농민혁명 때 포수들을 모아 의려(義旅)를 조직한 것, 자비로 성당을 지어 빌렘을 초청한 것 등을 보면, 19세기 말까지 안태훈이 큰 부자였음은 분명하다. 해주를 여행한 베네딕토 수도

---

1) 『한국독립운동사 자료』 7, 「안중근편」 II, '이등박문 피격사건 진상조사 및 혐의자 수사에 관한 건.'
2) 『한국독립운동사 자료』 6, 「안중근편」 I, '參考人 訊問調書: 參考人 安定根.'

원의 베버 신부는 안인수와 그 아들 일가의 재산이 400석 토지에 달한다고 기록한 바 있다.[3]

그렇지만 안태훈이 피신처에서 돌아왔을 무렵, 그 일가의 재산은 크게 줄어든 상태였다. 노획한 곡식 문제로 국사범이 된 처지에서 벗어나기 위해 큰돈을 썼을 것이고, 청계동에 성당을 신축하는 비용도 만만치 않았을 것이며, 천주교도들과 지방 관리들 사이의 해묵은 원한을 해소하는 데에도 돈이 들었을 것이다. 게다가 안중근이 1904년 보안회에 찾아가 "나에게 결사의 부하 50명이 있다"고 한 것을 보면, 포수들도 계속 고용했을 가능성이 크다. 1903년 봄 빌렘이 서울로 떠난 뒤, 안태훈과 안중근은 '가문의 몰락'을 온몸으로 느꼈다. 안중근이 뒤이은 '국가의 몰락'을 자기 일로 생각한 것도 이런 느낌과 무관하지 않을 터이다.

황해도에서 안태훈 일가의 세력 기반이 무너진 이듬해인 1904년 2월, 일본군이 뤼순항과 인천항을 기습 공격함으로써 러일전쟁이 시작되었다. 한국 정부는 즉각 중립을 선언했으나, 일본군은 서울을 점령하고 「한일의정서」를 강제로 체결하여 한국을 명목상의 동맹국으로 편입시켰다. 일본군은 「한일의정서」 제4조, "일본 정부는 대한제국 내에서 군략(軍略)상 필요한 지점을 임의로 수용할 수 있다"는 조항을 빌미 삼아 서울, 평양, 의주 등지에서 1천만 평에 달하는 광대한 토지를 빼앗았다. 또 일본 군인과 군수물자를 전장(戰場)인 만주에 신속히 보

---

3) 오영섭, 2007, 앞의 글, 14쪽.

내기 위해 경부철도·경의철도 건설 공사를 서둘렀다. 당시 경부철도는 일본 민간회사인 경부철도주식회사가, 경의철도는 대한제국 궁내부 산하의 서북철도국이 각각 부설 중인 상태였다. 일본군은 경부철도주식회사의 부설권을 매입하고 한국 황실의 부설권을 빼앗은 뒤, 군대 내에 임시군용철도감부를 설치하여 공사를 전담시켰다. 일본군은 철도와 역사(驛舍) 건설에 필요하다는 명목으로도 광대한 토지를 빼앗았으며, 철도 노선 인근에 거주하는 한국 농민들을 강제로 동원하여 일을 시켰다. 한국 농민들은 총을 든 일본군에게 채찍으로 맞아가며 군수품을 운반하고 철도 침목을 깔았다. 경의철도 부설 공사는 당시 세계 최단기간 내 완공이라는 신기록을 달성했는데, 이는 전적으로 일본군이 한국인들을 세계에서 가장 가혹하게 다룬 결과였다.

경의철도 주변의 황해도 주민 다수도 혹심한 고통을 겪었다. 청계동 산골에 있었던 안태훈과 안중근도 일본군의 만행을 모르지 않았을 것이다. 안중근 일가는 지역 사회의 문제를 해결하기 위해 늘 앞장섰지만 이번에는 그럴 처지가 아니었다. 일본군의 노동력 강제동원과 군수품 징발로 해주 일대가 어수선하던 1904년 4월, 병을 앓던 안태훈은 인근 안악읍에 용한 청국인 의사가 있다는 소문을 듣고 그를 찾아갔다. 말이 통하지 않아 한문으로 대화를 나누던 중 무슨 오해가 있었던지 청국인 의사 서원훈(舒元勛)이 갑자기 일어나 안태훈의 가슴을 발로 찼다. 과거의 안태훈이었다면 참고 넘어갈 일이 아니었으나 이 때의 안태훈은 숨어 지내는 병자였을 뿐이다. 그 자리에서 대충 화해하고 물러나왔다.

그러나 20대 중반의 혈기방장한 안중근은 아버지가 겪은 모욕을 견디지 못했다. 빌렘이 떠나고 안태훈이 피신한 뒤, 그는 사실상의 가장(家長)이었다. 4월 29일, 그는 친지 이용일 등 10여 명과 함께 무기를 들고 서원훈을 찾아가 집 밖으로 끌어내서는 마구 때려 거동조차 어렵게 만들었다. 사흘 뒤, 청국인 7-8명이 이용일의 집에 들이닥쳐 같은 방식으로 복수했다. 사건이 두 나라 사람 사이의 대규모 충돌로 확대될까 우려한 삼화항(=진남포) 주재 청국 영사는 한국 정부에 속히 해결하라고 촉구했다. 삼화항 감리는 순검을 보내 안중근과 이용일을 체포하게 했다. 순검들이 두 사람을 압송(押送)하던 중 총을 든 안중근의 친지들이 길을 가로막았다. 그들은 순검 한 명에게 총을 쏘아 중상을 입히고 두 사람을 구출해 달아났다. 사태가 커지자 황해도 관찰사는 다시 안중근 체포령을 내렸다.

청계동과 진남포를 전전하며 한 달 가까이 숨어 지내던 안중근은 서울에 가서 7월 10일 외부에 청원서를 올렸다. 아버지가 청국인에게 억울하게 폭행당한 데에서 비롯된 일이니 선처를 바란다는 내용이었다.[4] 외부는 청원을 기각하고 황해도 관찰사에게 속히 체포하라고 독촉했으나 며칠 후 관찰사는 안중근의 행방이 묘연하여 체포하지 못했다고 보고했다.[5] 이 사건에 대한 안중근의 기록은 정부의 공문서 내용과는 사뭇 다르다.

---

4)『外部訴狀』, 奎18001, 1904. 7.

5)『黃海道來去案』, 奎117986, 1904. 7. 22.

그는 자기가 압송되던 도중 탈출했다는 사실은 기록하지 않았으며, 정부가 자기 청원을 받아들여 진남포 재판소에서 한국인 법관이 재판하도록 조치한 덕에 자기가 승소했다고 기록했다.[6] 안중근이 체포되었는지, 아니면 자진해서 재판에 임했는지는 알 수 없으나, 그가 진남포 재판소에서 재판받은 것은 외부가 청원을 받아들였기 때문이 아니었다. 1899년에 체결된「한청통상조약」은 개항 이후 한국이 외국과 맺은 유일한 '평등조약'으로 쌍방에 동등한 '치외법권'을 규정했다. 안중근이 피고였기 때문에 재판관할권은 한국에 있었다. 아마도 안중근은 이런 사실을 잘 몰랐던 듯하다. 다만 이 재판에 지역 사회 유지들의 입김이 영향을 미쳤으리라는 점은 충분히 짐작할 수 있다.

1904년 6월, 일본은 한국 정부에 황무지 개간권까지 요구했다. 당시 일본의 정치인과 지식인 대다수는 한국에 대한 근거 없는 우월감에 사로잡혀 있었다. 그들은 한국인들이 극히 야만적이라고 믿었으며, 농업기술도 보잘것없어 농사지을 수 있는 땅들이 방치되어 있다고 판단했다. 그들은 일본의 '선진 농업기술'을 한국에 이식하여 황무지를 개간하면, 한국의 농업 생산도 늘어나고 일본 농민의 수입도 늘어나니 서로가 좋은 일이라고 주장했다. 하지만 실제로 한국 땅에 농사지을 수 있는데도 방치된 황무지는 거의 없었다. 한국인들은 일본의 황무지 개간권 요구가 한국에서 더 많은 땅을 약탈하려는 시도일 뿐이라는 사실을 잘 알았다. 일본의 무리한 요구가 알려진 지 한 달

6)『안응칠역사』, 52쪽.

쯤 뒤, 전직 관료들과 상인들이 모여 보안회를 조직하고 반대 운동에 돌입했다.

보안회가 결성되었다는 소식을 들은 안중근은 곧 그 사무실로 찾아갔다. 그가 서원훈 사건으로 서울에 피신해 있을 때인지, 귀향했다가 다시 서울에 간 것인지는 확실치 않다. 보안회 간부들을 만난 안중근은 한국 침략에 앞장선 일본 관리들과 그에 빌붙은 한국인 관리들을 처단하자고 역설했다.[7]

"나에게 지금 결사의 부하 50명이 있다. 만약 보안회에서 결사대 20명을 모아 나와 일을 같이하게 된다면 경성에 있는 일본과 한국 관리를 도살하고 나아가 일본으로 건너가 일본 당무자를 암살하여 그 압박을 면케 하는 것은 손바닥을 뒤집는 것보다 쉽다."

보안회 간부들은 시골 청년의 말에 전혀 귀를 기울이지 않았다. 하지만 이로써 안중근이 러일전쟁 직후부터 한·일 양국의 거물급 정치인을 척살하여 일본의 한국 침략 시도를 좌절시키려 했다는 점은 알 수 있다. 1907년 나철(羅喆) 등의 '을사오적' 처단 시도를 의열투쟁의 효시로 삼는 것이 정설이지만, 안중근은 그보다 3년 먼저 의열투쟁을 계획했던 셈이다.[8] 아무런 소득 없이 귀향한 안중근은 다른 방도를 모색했다. 을사늑약이

---

7) 신운룡, 『안중근의 민족운동 연구』, 한국외국어대학교 박사학위논문, 2007, 26쪽.
8) 김삼웅, 2009, 앞의 책, 120쪽.

체결된 1905년, 첫째 아들 분도(芬道)가 태어났다. 가산이 기울었고 나라도 망해가는데 갓 태어난 아들의 앞날이 밝아 보일리 없었을 터, 그는 아버지와 앞일을 상의했다.

"일본과 러시아가 개전했을 때 일본의 선전서(宣戰書) 중에 동양의 평화를 유지하고 한국의 독립을 공고히 하겠다고 했습니다. 오늘날 일본이 이 같은 대의를 지키지 않고 야심적인 침략을 자행하고 있는데, 이것은 모두 일본의 대정치가인 이토의 정략입니다. 먼저 강제로 조약을 맺고, 다음에는 뜻있는 사람들의 모임을 없앤 다음 강토를 삼키려는 것이 나라를 망치는 지금의 새 법입니다. 만약 속히 도모하지 않으면 큰 화를 면하기 어려울 것인데, 어찌 이를 옳게 여기고 속수무책으로 앉아서 죽기만을 기다리겠습니까. 이제 의병을 일으켜 이토의 정책에 반대한들 강약(强弱)이 부동(不同)하니 부질없이 죽을 뿐 무익합니다. 지금 들으면 청나라 산동(山東)과 상해(上海) 등지에 한인이 다수 거류한다고 하니, 우리 집안도 그곳으로 거처를 옮겨 살다가 선후책을 도모하는 것이 어떻겠습니까? 그러면 제가 먼저 그곳으로 가서 시찰한 후돌아오겠습니다. 아버지께서는 그동안 비밀히 짐을 꾸린 후 식구들을 데리고 진남포로 가서 제가 돌아올 날을 기다리시다가 그때다시 의논해서 행하도록 하시지요."[9]

그해 말, 그는 병석에 누운 아버지와 어린 자식들을 두고 상

---

9) 『안응칠역사』, 54-55쪽.

하이행 기선에 몸을 실었다. 그가 왜 상하이를 선택했는지는 알 수 없으나, 진남포에는 상하이를 오가는 일본 선박회사의 정기 항로가 개설되어 있었기 때문에 안중근도 상하이 거주 한 인들에 대한 정보를 어렵지 않게 입수할 수 있었을 것이다.

당시 상하이에는 한때 여흥 민씨 세도가의 대표 격이던 민영익이 살고 있었다. 민영익(閔泳翊)은 명성황후의 친정 조카로서, 1881년에 설치된 별기군의 당상, 1883년 미국에 파견된 사절단인 보빙사(報聘使)의 정사(正使) 등을 역임했다. 1884년 갑신정변 때 칼에 맞아 크게 다쳤다가 회복된 뒤 여러 차례 중국을 오가며 외교와 재정 업무에 관여했다. 갑오개혁 이후 고종 폐위 음모 사건에 연루되어 중국으로 망명해 홍콩, 상하이 등지를 전전하며 살았는데, 고종이 해외에 숨겨둔 자금을 관리했다고 보는 견해도 있다. 당시 민영익은 해외에 거주하는 한국인 중 가장 부자였다. 안중근은 상하이에 도착하자마자 민영익을 찾아갔다. 그의 지위와 재산이 망명객들을 움직이는 데에 결정적 구실을 하리라 보았기 때문일 것이다. 그러나 문지기에게 "대감께서는 한국인을 만나지 않으신다"는 말만 듣고 발길을 되돌려야 했다. 그는 포기하지 않고 몇 차례 더 민영익의 집을 찾아갔으나 끝내 만나지 못했다.

안중근은 다시 상하이에 거주하는 한인 거상(巨商) 서상근을 찾아갔다. 나라가 위태로운 지경에 있으니 계획을 세워야 하지 않겠느냐는 안중근의 물음에 그는 "그대는 한국의 일을 나에게 말하지 마시오. 나는 일개 상인으로서 몇십만 원의 자금을 정부 대관들에게 빼앗기고 이렇게 피신하여 여기 와 있는데,

하물며 국가 정치가 백성들에게 무슨 관계가 있단 말이오?"라고 대답했다.[10] 안중근은 민족과 개인의 관계를 들어 거듭 설득했으나 '쇠귀에 경 읽기'였다. 황실의 친척과 거상(巨商)이 나랏일은 걱정하지 않고 제 한 몸의 부귀만을 탐하는 꼴을 본 안중근은 비분강개(悲憤慷慨)했으나 그들을 설득할 방도가 없었다.

낙담한 안중근은 상하이의 한 천주교당 앞에서 우연히 과거 친하게 지냈던 프랑스인 르각(한국명 곽원양) 신부를 만났다. 르각이 상하이에 온 연유를 묻자 안중근은 일단 식구들을 안전하게 외국으로 옮겨놓은 후 재외동포들과 함께 열강에 호소하고 기회를 보아 거사하기 위해서라고 대답했다. 르각은 다른 방안을 제시했다.

"식구들을 외국으로 옮기는 것은 잘못된 계획이오. 이천만 민족이 모두 그대 같으면 국내는 장차 텅 빌 것이오. 이것은 곧 적들이 원하는 바요. 재외동포로 말하면, 국내 동포에 비해서 사상이 배가(倍加)되어 서로 의논하지 않아도 같이 일할 수 있으니 걱정할 것 없소. 열강의 동정(動靜)으로 말하면, 만약 그대의 억울하고 원통한 설명을 들으면 모두 가엾다고 할 것이오. 그렇다고 반드시 한국을 위하여 군사를 일으켜 성토하지는 않을 것이 분명하오. 지금 각국이 이미 한국의 참상을 알고는 있지만 각자 자국의 일로 바빠서 전혀 타국을 돌보아줄 겨를이 없을 것이니, 만약 후일 운

---

10) 같은 책, 56쪽.

이 이르고 때가 오면 혹시 일본의 불법행위를 성토할 기회가 있을 것이나, 오늘 그대의 설명은 별로 효과가 없을 것이오. 옛글에 이르기를 '스스로 돕는 자를 하늘이 돕는다'고 했으니, 그대는 속히 귀국하여 먼저 그대가 할 일을 하시오. 첫째는 교육의 발달이요, 둘째는 사회의 확장이요, 셋째는 민의의 단합이요, 넷째는 실력의 양성이니, 이 네 가지를 확실히 이루어 세우면 이천만의 마음과 힘이 반석과 같아 비록 천만 문의 대포로 공격하여도 능히 파괴할 수 없을 것이오…. 이 방책은 만국에 두루 통하는 예이므로 이렇게 권유하는 것이니 잘 헤아려보시오."[11]

안중근은 크게 깨달은 바 있어 곧 행장을 수습하고 귀국길에 올랐다. 그가 돌아오는 길에 아버지 안태훈이 44세를 일기로 숨졌다. 가문을 다시 일으키고 나라를 되살려 보겠다며 외국에 나갔다가 아버지의 임종조차 지키지 못한 안중근의 자책감은 헤아리기 어려울 정도였다. 그는 독립이 이루어지는 날까지 술을 끊겠다고 결심했다. 명실상부한 가장이 된 안중근은 남은 재산을 정리한 뒤 이듬해 3월 일가를 이끌고 진남포로 이사했다. 청계동은 그가 평생 연고를 쌓아둔 곳이었으나 사람들을 모아 구국 운동을 펼치기에는 너무 좁았다.

평양에 인접한 진남포는 1897년에 개항한 후 항구도시로 급성장했다. 개항 후 10년도 안 되는 기간에 많은 일본인이 몰려온 데다가 한국인 상인과 하역 노동자 인구도 급증하여, 당시

---

11) 같은 책, 58-59쪽.

로서는 대도시의 면모를 갖추고 있었다. 르각의 제안을 받아들여 진남포에 정착한 안중근은 천주교단이 설립한 돈의학교(敦義學校)를 맡아 운영하는 한편, 따로 영어를 가르치는 중등 수준의 야학교인 삼흥학교(三興學校)를 설립했다. 르각이 첫째로 든 '교육의 확장'을 위해서였다. 이 중 돈의학교는 일본의 한국 병합과 동시에 폐교되었다가 1922년 비인가(非認可) 해성학원으로 부활, 1932년에는 해성학교로 공식 개교했다.[12] 삼흥학교는 북한의 남흥중학교로 이어졌으며, 1965년 삼흥학교 터에는 '애국렬사 안중근 선생 기념비'가 섰다.

1907년 봄, 안중근은 평안도와 황해도의 계몽 지식인들이 만든 교육운동 단체인 서우학회(西友學會)에 가입했다. 그 무렵 서울에서 활동하던 지식인들은 출신 지역별로 학회를 조직하여 학교 설립 자금을 모으는 한편, 회보를 발행하여 신지식을 전파했다. 1906년부터 1908년 사이에 평안도 사람들의 서우학회(1906), 함경도 사람들의 한북흥학회(1906), 전라도 사람들의 호남학회(1907), 서울과 충청도 사람들의 기호흥학회(1908), 경상도 사람들의 교남학회(1908), 강원도 사람들의 관북학회(1908)가 속속 설립되었는데, 서우학회와 한북흥학회는 1908년 통합하여 서북학회로 개칭했다. 이들 학회가 전국 각지에 설치한 지회(支會)는 민중에게 자주(自主) 자강(自强)의 독립의식을 전파하는 거점 구실을 했다. 서우학회 회원이 된 안중근은 아버지의 친구 김진사의 도움으로 다시 서울에 가서 몇

---

12) 『조선중앙일보』, 1933. 9. 23.

달간 머물렀다. 이해 5월, 안중근은 서울 삼선평(현재의 삼선교)에서 열린 서우학회 친목회에 참석해 안창호(安昌浩), 이갑(李甲), 유동열(柳東說), 노백린(盧伯麟), 이동휘(李東輝), 이종호(李鍾浩) 등 저명한 계몽운동가들을 만났다.

진남포로 돌아온 안중근은 곧바로 국채보상기성회 관서지부장을 맡았다. 1907년 2월 대구 사람 서상돈(徐相燉) 등은 우리나라가 주권을 제대로 행사하지 못하는 것은 일본에 진 국채(國債, 나라빚) 때문이라며, 백성들이 대신 빚을 갚아 일본의 간섭에서 벗어나자고 주장했다. 이 주장에 공감한 서울의 지식인들이 설립한 단체가 국채보상기성회이다. 대한매일신보사는 운동의 취지를 적극 홍보하는 한편, 의연금 모금도 담당했다. 국채보상기성회는 운동의 방법으로 '금주단연'(禁酒斷煙)을 제시했다. 한국 사람 모두가 술·담배를 끊으면, 그 돈으로 국채를 갚을 수 있다는 계산이었다. 여성들도 비녀나 가락지 등 금붙이를 처분하여 운동에 동참했다. 안중근은 진남포에서 의연금을 모아 대한매일신보사에 보내는 한편, 자기 가족들에게도 동참을 권유했다. 그의 어머니는 며느리들에게 시집올 때 가져온 패물까지 내놓게 했다.[13] 안중근은 얼마 남지 않은 재산을 학교 운영과 국채보상운동에 다 쏟아부었다. 서우학회와 국채보상기성회 가입은 '사회의 확장'과 '민심의 단합'을 위한 행동이었다.

당시 '실력의 양성'은 '식산흥업'(殖産興業)과 같은 뜻으로

---

13) 김삼웅, 『안중근 평전』, 시대의 창, 2009, 403쪽.

쓰였다. 을사늑약 이후 국권회복을 위해서는 무엇보다도 먼저 민족의 실력을 양성해야 한다는 생각이 들불처럼 번졌다. 평안도의 이승훈(李昇薰)은 일본의 경제 침탈에 맞서기 위해서는 한국인들끼리 자본을 모아 큰 회사를 설립해야 하는데, 먼저 본보기 삼아 평안도와 황해도 상인의 자본을 모으자고 주창했다(관서자문론[關西資門論]).

이에 호응한 전국 각지 상인과 지식인들은 자본을 모아 평양자기제조주식회사를 설립했다. 이 회사를 필두로 하여 1907년부터는 전국 각지에서 근대적 회사들이 속출했다.[14] 1907년 7월 안중근도 평양에 미곡상점을 여는 한편 한채호, 송병운 등과 함께 삼합의(三合義)라는 석탄 채굴업체를 차렸다. '실력의 양성'을 위해서뿐 아니라 가족의 생계를 위해서도 꼭 필요했기 때문일 것이다. 하지만 사업에 착수한 직후 고종이 폐위되고 대한제국 군대가 해산되는 등 망국(亡國)의 파도가 세상을 덮쳤다. 안중근은 이 파도에 맞서느라 사업에 신경 쓰지 못했고, 일본인 경쟁업체가 방해하기도 해서 결국 큰 손해만 보고 말았다.

---

14) 전우용, 『한국 회사의 탄생』, 서울대학교 출판문화원, 2012.

5 의병이 되어 총을 들다

1907년 7월 20일, 한국통감 이토 히로부미는 헤이그에 밀사를 파견한 책임을 물어 고종에게 황제 자리에서 물러나라고 강요했다. 양위(讓位)하지 않으면 군대를 동원할 수밖에 없다는 이토의 협박과 그에게 빌붙은 대신(大臣)들의 압력을 견디지 못한 고종은 당분간만 황태자에게 통치권을 이양하겠다고 했으나, 이토는 황태자 이척(李坧)의 즉위식을 거행케 했다.

20여 일 후 대한제국 군대가 해산되었다. 일제의 조종을 받은 군부(軍部)는 맨손체조 훈련을 한다는 명목으로 군인들에게 무기를 놓아두고 훈련원 광장으로 모이라고 지시했다. 군인들이 비무장 상태로 모이자 바로 군대해산 조칙을 발표하고 모두 귀가시켰다. 이 정보를 미리 입수한 시위 제1연대 제1대대장 참령(參領) 박승환(朴昇煥)은 분격하여 자결했고, 그 휘하의 부대원과 제2연대 제1대대 병사들은 무기를 들고 일본군과 맞서 싸웠다. 치열한 시가전 끝에 패퇴한 군인들은 각 지방으로 흩어져 의병 대열에 합류했다.

평양에 있던 안중근도 고종 폐위 소식을 들었다. 사태가 어떻게 전개될지 궁금하여 서울에 온 안중근은 남대문 밖 세브란스병원에 짐을 풀었다. 개신교 의료 선교사들이 지은 이 병원이 개신교계 계몽운동가들의 집합소처럼 되어 있었기 때문일 터이다. 그는 병원에 있다가 해산을 거부한 대한제국 군인과 일본군 사이의 전투를 목격했다. 그는 함께 있던 안창호, 김필순(金弼淳) 등과 함께 팔뚝에 적십자표를 달고 싸움터에 뛰어들어 부상자들을 병원으로 옮겼다.[1]

서울에서 해산군인들이 일본군에 맞서 싸우는 모습을 직접 본 안중근은 국내에서 할 수 있는 일이 없다고 판단하여 망명을 결심했다. 이보다 앞서 1907년 봄, 안중근은 서우학회 간부이자 아버지의 친구였던 김달하(金達河)에게 러시아령 연해주에 우리 동포가 많으니 그곳에 가서 의병투쟁을 벌이라는 권유를 받은 바 있었다.[2] 강영기(姜泳璣), 이종건(李鍾健) 등의 도움으로 여비를 마련한 안중근은 김달하의 아들 김동억(金東億)과 함께 길을 떠났다.[3] 그는 기차로 부산까지 간 뒤 거기에서 원산행 배로 갈아타는 길을 택했다.[4] 원산에 도착한 안중근은

---

1) 박은식, 「안중근전」, 윤병석 편, 『안중근 전기전집』, 국가보훈처, 1999, 289쪽.

2) 『안응칠역사』, 67쪽.

3) 오영섭, 2010, 앞의 글, 247쪽.

4) 박민영, 「안중근의 연해주 의병투쟁 연구」, 『한국독립운동사연구』 35, 2010, 192쪽.

8월 15일의 성모승천 대축일을 앞두고 천주교 원산 본당의 브레(Louis Bret) 신부를 예방했다. 브레 신부는 빌렘에게 안중근 이야기를 들었던 듯하다. 그는 안중근에게 "어떤 정치적 선동에도 가담하지 않겠다고 사람들 앞에서 확실하게 약속하라"고 요구했으나 안중근은 응하지 않았다. 그러자 브레는 안중근이 성사를 받지 못하게 했다.[5] 안중근은 하릴없이 원산을 떠날 수밖에 없었다.

원산을 떠난 안중근은 걸어서 두만강을 건너 8월 16일 간도 룽징(龍井)에 도착했다.[6] 이후 두 달가량 룽징의 천주교도 집에 머물며 이상설(李相卨), 이동녕(李東寧) 등이 설립한 서전서숙(瑞甸書塾)에 출입하는 등 한인 망명객들과 교분을 쌓았다. 그가 애초의 목적지인 블라디보스토크에 도착한 것은 10월 20일의 일이었다.[7] 안중근은 곧바로 청년회에 가입하여 임시 사찰의 직책을 맡았다.[8] 당시 함경도와 인접한 러시아 영내에는 국내에서 북상한 유인석(柳麟錫), 홍범도(洪範圖)가 이끄는 의병부대가 있었으며, 일찌감치 러시아로 이주한 동포 중에도 망국의 위기 앞에 의병을 조직하려는 사람이 많았다.

한국인이 러시아로 이주하기 시작한 것은 1860년경부터였

---

5) 조광, 「도마 안중근의 의거와 그에 대한 평가」, 『사목정보』 3(12), 2010, 70쪽.
6) 이명화, 「이강의 독립운동과 안중근 의거」, 『한국인물사연구』 11, 2009, 301쪽.
7) 박민영, 2010, 앞의 글, 192쪽.
8) 김삼웅, 2009, 앞의 책, 160쪽.

다. 그로부터 이태 뒤인 1862년에는 경상, 전라, 충청 전역에서 지방 수령과 향리들의 수탈에 항거하는 농민봉기가 일어났다. 농민들이 봉기한 데에는 유례없는 흉작의 영향도 컸다. 이 무렵 압록강·두만강 연안에 살던 농민들은 군병의 감시를 피해 몰래 강을 건너가 농사를 짓기 시작했다. 본래 압록강·두만강 건너편 땅은 여진족의 생활 무대였다. 중국을 정복하고 청나라를 세운 여진족은 이 땅을 봉금지(封禁地)로 정하여 사람의 거주를 금지했다. 이후 수백 년간 방치되면서 그 일대 토지는 아주 비옥해졌다. 조선 정부도 국경을 넘지 못하도록 단속했지만, 굶주린 농민들은 위험을 무릅쓰고 강을 건너 토지를 개간했다.

땅이 비옥한 데다가 소작료와 조세를 내지 않아도 되었으니, 거기에서 수확한 곡식은 전부 자기가 가질 수 있었다. 농민들은 처음 새벽에 강을 건너가 낮 동안 농사짓고 밤에 돌아오곤 했다. 하지만 오가다 발각되면 사형까지 당할 수 있는 위험한 일이었다. 그래서 택한 방식이 봄에 강을 건너가 추수할 때까지 머물렀다가 겨울에 돌아오는 것이었다. 그런데 이 방식도 불편하고 위험했다. 반년 동안 어디에 있었느냐고 추궁하는 수령과 향리들에게 변명하는 것도 쉬운 일이 아니었다. 당시 관행으로 보아 의심에서 벗어나기 위해서는 아마도 엄청난 뇌물이 필요했을 것이다. 마침내 그들은 아예 고향 땅을 떠나는 쪽을 택했다.

조선 농민들이 처음 자리 잡은 곳은 강폭이 좁고 수심이 얕은 압록강·두만강 상류 건너편 백두산 북쪽 기슭이었다. 당시 사람들은 이곳을 간도(間島)라고 불렀다. 조선과 청나라 사이에 있는 섬 모양의 땅이라는 뜻인데, 새로 개간한 땅이라는 의미에서 간도(墾島)라 쓰기도 했다. 사람들이 계속 모여들자 이 땅도 좁아졌다. 늦게 도착한 사람들은 간도를 기점으로 다시 사방으로 흩어졌다. 일부는 러시아 땅의 동쪽 끝, 함경도와 국경을 맞댄 지방으로까지 들어갔다. 1863년 겨울, 함경도 무산 출신 최운보(崔運寶)와 경흥 출신 양응범(梁應範) 등 15가구가 러시아 연해주의 항구도시 포시에트 구역에 정착해 지신허(地新墟)라는 마을을 만들었다. '땅이 새로운 터'라는 뜻이다. 이후 연해주에는 옌추(延秋, 안치혜), 상별리(上別里, 상부 안치혜), 중별리(中別里), 하별리(下別里), 추풍(秋風), 수청(水淸) 등 한국식 이름을 가진 마을들이 계속 생겨났다.

러시아가 시베리아 일대에 실질적인 지배력을 행사하기 시작한 것은 17세기 중반부터였다. 북만주와 시베리아 동쪽 지역을 지배했던 만주족이 청나라를 세우고 중국 땅으로 이주하자 러시아인들이 그 빈자리를 노리고 동진(東進)했다. 1651년 조선과 청나라 연합군이 러시아군과 전투를 벌인 것도 이 때문이었다. 1689년 청나라와 러시아는 네르친스크조약을 맺고 국경을 일차 확정했다. 하지만 19세기 제국주의 시대가 열리자 러시아는 다시 청나라 영토를 침탈하기 시작했다. 카자크 기병을 앞세워 흑룡강(러시아 이름 아무르강) 북쪽 시베리아 전역을 점령한 러시아는 1858년 아이혼조약으로 영유권을 확정했다. 2년 뒤인 1860년에는 베이징조약을 맺어 우수리강 동쪽 연해주 일대까지 영토로 삼았다.

태평양 연안 지역을 확보한 러시아는 블라디보스토크를 군항(軍港)으로 개발하는 한편, 페테르부르크-모스크바-우랄산맥-블라디보스토크로 이어지는 시베리아 철도를 부설하기 시작했다. 동시에 만주 전역에 영향력을 행사할 목적으로 시베리아 철도의 지선(支線)인 동청철도(東淸鐵道)도 건설했다. 하얼빈은 비록 중국 영토였으나 러시아가 소유한 동청철도의 중심 역이기도 했다.

1895년 삼국간섭을 주도하여 일본이 청나라로부터 빼앗은 랴오둥반도를 반환하게 한 러시아는 1900년 청나라에서 의화단(義和團)운동이 일어나자 만주에 군대를 보내 뤼순과 다롄을 점령해 조차지(租借地)로 삼았다. 이어 극동 함대의 거점으로 삼기 위해 뤼순에 군항(軍港)을 건설하는 한편 뤼순, 다롄, 창춘, 선양, 하얼빈을 잇는 동청철도 남부 지선을 건설하기 시작했다. 그러나 군항과 동청철도 건설이 완료되자마자 러일전쟁이 일어났고, 전쟁에서 패한 러시아는 뤼순항과 동청철도 남부 지선 예정지를 일본에 빼앗겼다.[9)]

러시아가 시베리아 일대를 경략(經略)하는 과정에서 부족을 느낀 것은 물자나 군대보다도 '주민'(住民)이었다. 그런 차에 조선인의 이주가 시작되었으니 러시아 정부로서는 무척이나 반가운 일이었다. 러시아 정부는 이주 조선인의 귀화를 권장하여 러시아 국적을 취득한 조선인 가족에게 15데샤티나(약

9) 윤병석, 「安重根 義士의 하얼빈 의거의 역사적 의의」, 『한국학연구』 21, 2009, 349-350쪽.

250마지기)의 토지를 분배해주었다. 고국에서는 꿈도 꾸지 못했을 정도로 넓은 땅을 받을 수 있었으니, 간도에 있던 조선인들까지 다투어 연해주로 몰려갔다. 러시아 정부가 더 나누어줄 땅이 없게 되자, 늦게 온 사람들은 먼저 와서 러시아 국적을 취득한 사람들의 소작인이 되었다. 러일전쟁 이후에는 동포의 힘을 빌리기 위해 연해주에 가는 사람들도 생겨났다. 연해주에 사는 한국인 대다수는 살기 어려워 제 나라를 떠난 사람들이었지만, 나라를 지키려는 의지에 불타는 사람도 많았다. 안중근이 블라디보스토크에 도착했을 무렵, 연해주는 이미 해외 구국운동의 중심 근거지 중 하나가 되어 있었다.

연해주에서 가장 먼저 무장부대를 이끈 사람은 대한제국의 북간도 관리를 지낸 이범윤(李範允)이었다. 1900년 중국에서 의화단운동이 일어나자 간도를 포함한 중국 동북 지방 일대는 무정부 상태가 되었다. 곳곳에서 비적(匪賊)이 횡행하여 1860년대부터 정착했던 한인 동포들을 괴롭혔다. 이에 간도 한인들은 대한제국 정부에 보호를 요청했다. 1901년 2월, 대한제국 정부는 함경북도와 간도 사이에 경무서를 설치했고, 8월에는 이범윤을 북간도 시찰원으로 파견하여 현지 상황을 조사하고 적절한 대응책을 강구하도록 했다. 간도가 사실상 무정부 상태임을 확인한 이범윤은 간도에 대한 영유권을 선포하고 진위대(鎭衛隊, 대한제국의 지방군)를 파견하라고 건의했다. 1903년 8월 11일, 정부는 이범윤을 북간도 관리로 임명하여 간도에 상주하게 했다. 이범윤은 간도 내 한인들의 호구를 면밀히 조사하여 조세(租稅)를 부과하는 한편, 사포대(私砲隊)라는

민병대를 조직하여 군사력까지 갖추었다.[10]

1904년 2월 러일전쟁이 일어나자 이범윤은 휘하 부대원을 이끌고 러시아 편에서 일본군과 싸웠다. 이듬해 대한제국 정부는 이범윤에게 귀국명령을 내렸으나 그는 응하지 않고 1906년 초 부하들과 함께 친척 형 이범진(李範晉)이 공사(公使)로 있던 러시아로 이동했다. 이범윤은 러시아령 옌추(煙秋)에 정착하여 창의회(倡義會)와 산하 무장부대 창의대(倡義隊)를 조직했으며,[11] 재러시아 한인사회의 유력한 지도자 최재형(崔在亨, 1858~1920)과 의형제를 맺었다. 최재형의 도움으로 그가 이끄는 무장부대는 3천 명으로까지 늘어났다. 주러시아 공사였던 이범진도 3만 루블을 지원했다.[12]

함경북도 경원 출생인 최재형은 9살 되던 해인 1868년, 부모를 따라 러시아령 포시에트로 이주하여 러시아 학교를 졸업하고 군에 입대, 러일전쟁에 참전했다. 종전 이후 러시아 지방 대의원이자 옌추 거주 한인 자치단체인 도회소의 도헌(都憲)으로서 재러 한인들을 대표했다. 러시아 정부로부터 여러 차례 훈장을 받았으며, 옌추 주둔 러시아 기병대에 쇠고기를 납품하면서 큰 재산을 모았다.[13] 그는 한인을 대표하여 러시아 정부와 교섭할 수 있었던 데다가 재산도 많았기 때문에 재러 한인사회에서 큰 신망을 얻었다. 한인들 사이에서 그는 페치카라는 별

10) 전우용, 『우리 역사는 깊다 2』, 푸른역사, 2015, 276쪽.

11) 박민영, 2010, 앞의 글, 196쪽.

12) 『독립신문』, 1920. 5. 15.

13) 박민영, 2010, 앞의 글, 199쪽.

명으로 불렸다. 사람을 따뜻하게 해주는 난로라는 뜻이다.

러시아 땅에 도착한 안중근은 곳곳에서 마음이 통하는 사람들을 만날 수 있었고, 그들 중 엄인섭(嚴仁燮), 김기룡(金基龍)과는 의형제를 맺었다. 최재형의 생질인 엄인섭은 맏형이 되었고,[14] 안중근이 둘째였다. 안중근은 각처로 다니며 사람들을 만나 망국을 막기 위해서는 계몽운동과 의병전쟁을 결합해야 한다고 역설했다. 개화 지식인들이 수행하던 계몽운동과 지방 유생들이 주도하던 의병전쟁을 결합하는 것은 안창호, 신채호(申采浩) 등이 1907년 국내에서 비밀리에 결성한 신민회(新民會)의 전략이었다. 안중근은 1908년 3월, 연해주에서 발행되던 한글 신문인 『해조신문』에 동포들의 단결과 국권회복운동을 촉구하는 글도 실었다. 『안응칠역사』와 『동양평화론』을 제외하면, 그가 남긴 유일한 글이다.

"여보시오 우리 동포 지금 이후 시작하여 불합(不合) 이자(二字) 파괴하고 단합(團合) 두 자 급성(急成)하여 유치자질(幼稚子姪) 교육하고 노인들은 뒷배 보며 청년 형제 결사하여 우리 국권 어서 빨리 회복하고 태극기를 높이 단 후 처자 권속 거느리고 독립관에 재회하여 대한제국 만만세를 육대부주(六大府洲) 혼동하게 일심단체 불러보세."[15]

---

14) 반병률, 「러시아에서의 안중근의 항일 독립운동에 대한 재해석」, 『한국독립운동사연구』 34, 2009, 12쪽.
15) 『海潮新聞』, 「긔서」, 1908. 3. 21.

안중근은 연해주 각지로 돌아다니며 동포들에게 함께 의병이 되자고 설득했다. 의병에 투신하겠다는 사람을 찾으면 최재형의 집으로 데리고 갔다. 의병이 늘어나자 이범진은 아들 이위종(李瑋鍾)에게 1만 루블을 주어 이들과 합류하게 했다.[16] 이위종은 이 돈으로 최재형과 함께 항일 구국운동 단체 동의회(同義會)를 조직했다. 총장은 최재형, 부총장은 이범윤, 회장은 이위종, 부회장은 엄인섭, 서기는 백규삼(白圭三)이었고, 안중근은 평의원 중 한 명이 되었다.[17] 취지는 "교육에 의한 조국정신의 배양, 지식 함양과 실력양성, 단체 조직에 의한 일심 동맹을 제일의 방침으로 함"으로써[18] 르각이 안중근에게 제시한 네 가지와 똑같았다.

두 달 뒤인 1908년 7월, 동의회 의병부대는 창의대와 함께 대규모 국내 진공(進攻) 작전을 개시했다. 국내에서 활동하던 홍범도 부대에게 무기를 전달하고 연합 전투를 수행할 목적이었다. 당시 국내로 진공한 연해주 의병의 규모는 대략 1천 명 정도로 추산된다. 안중근이 속한 동의회 부대의 도영장(都營將)은 대한제국 경무관 출신인 전제익(全濟益), 참모장은 오내범, 참모는 장봉한과 지운경이었으며, 안중근은 우영장(右營將), 엄인섭은 좌영장이었다. 50명씩으로 편제된 4개 소대, 총 200명의 부하를 인솔한 안중근은 7월 4일 지신허(地新墟)에서

---

16) 반병률, 2009, 앞의 글, 14쪽.
17) 같은 글, 17쪽.
18) 『海潮新聞』, 1908. 5. 10.

출발하여 7월 7일 두만강을 건너 함경북도 경흥군 홍의동에서 일본군 초소를 급습했다. 이 전투에서 일본군 4명을 사살했고, 이틀 뒤인 10일에는 경흥읍 남쪽 신아산(新阿山)의 헌병분견대를 습격, 일본군 1명을 사살하고 5명을 포로로 잡았다.

안중근은 이들 포로에게 한인과 일인이 서로 반목할 이유가 없는데 이처럼 목숨 걸고 싸우게 된 것은 모두 이토의 정책이 잘못된 탓이라고 말했다. 포로들은 연신 고개를 조아리며 안중근의 말이 옳다고 답했다. 물론 풀려나기 위한 몸짓이었을 뿐이다. 그러나 안중근은 나라를 어지럽히는 이토 같은 무리를 없애 버리라고 훈계한 후 그들을 풀어주었다. 대원들 사이에서 불평하는 소리가 터져나왔다. 적들은 우리 의병을 보기만 하면 죽이는데, 우리는 왜 저들을 풀어주느냐고 항의하는 대원들에게 안중근은 만국공법에 포로를 죽이는 법은 없으며, 적이 야만적인 행동을 한다고 해서 우리도 따라 할 수는 없다고 타일렀다. 의병의 목적은 충행(忠行)과 의거로써 이토의 포악한 정략을 성토하는 것인데, 포로를 학대하면 세계열강의 공감을 얻을 수 없다고도 말했다. 하지만 의병들의 불만을 잠재울 수는 없었다. 안중근의 의형제인 좌영장 엄인섭은 회군을 결정했고, 안중근의 부하 다수도 그를 따랐다. 안중근을 따르는 의병은 50여 명만 남았다.

풀려난 일본군 병사들은 만국공법을 준수하고 인도주의의 원칙을 따르려 했던 안중근의 이상을 곧바로 배신했다. 그들의 보고를 받은 일본군은 추격대를 편성해 안중근 부대의 뒤를 쫓았다. 안중근 부대는 도영장 전제익과 함께 영산까지 진출, 김영선이 이끄는 창의대 병사들과 합류했다가 7월 21일, 일본군 추격대의 기습을 받았다.[19] 의병들은 결사적으로 항전했으나 결국 참패하여 뿔뿔이 흩어졌다. 이들 중 우덕순(禹德淳)은 일본군에 체포되어 함흥 감옥으로 이송되었다.[20] 안중근은 홀로 포위망을 뚫고 탈출하다가 갈화춘, 김영선 등을 만났다. 이후 12일 동안 그들은 숲길로 옌추까지 걸었다. 행로는 고난의 연속이었다. 그들이 12일 동안 먹은 것은 패전 엿새째 되던 날 화전민 집에서 얻어먹은 두 끼가 전부였다. 굶주림이 너무나 고통스러워 동지 한 사람은 자결을 시도하기까지 했다. 그때 안중근은 "죽더라도 일본군과 한바탕 장쾌하게 싸워 대한국 2천만인 중의 한 사람 된 의무를 다한 후에 죽을 일이지 어찌 헛되이 목숨을 버리려 하느냐"며 만류했다.

천신만고 끝에 옌추로 돌아온 안중근을 기다린 것은 동포들의 비난 섞인 눈초리였다. 자기의 이상주의로 많은 동지가 목숨을 잃었으니 안중근의 마음도 편할 리 없었다. 게다가 이 일로 러시아 우수리 지역 국경수비위원회는 연해주 군정(軍政) 순무사에게 한인 의병 지도자들을 체포하거나 국경에서 먼 내지(內地)로 추방하라고 요구했다.[21] 러시아 지방 정부의 영향력 아래에 있었던 최재형도 의병을 공공연히 지원할 수 없게 되었다. 패전의 책임을 지기 위해서, 동지들에게 진 목숨 빚

19) 박민영, 2010, 앞의 글, 202-224쪽.
20) 우덕순은 함흥 감옥에서 탈출하여 1909년 봄 원산을 거쳐 블라디보스토크로 귀환했다. 반병률, 2009, 앞의 글, 25쪽.
21) 반병률, 2009, 앞의 글, 27쪽.

을 갚기 위해서 그는 다른 길을 찾아야 했다. 안중근은 옌추를 떠나 하바로브스크로 향했다. 기선을 타고 흑룡강 상류 수천 리를 지나면서 한인 유지가 있으면 그를 찾아 만나보곤 했으며, 기회가 닿으면 마을 주민들이 모인 곳에서 연설하기도 했다. 여행이라기보다는 방랑이었다. 방랑 도중 그는 일제의 앞잡이 노릇을 하던 일진회원들에게 잡혀 죽기 직전까지 맞기도 했다.[22] 1909년 1월, 안중근은 방랑을 끝내고 옌추로 되돌아왔다.

1909년 2월 15일, 최재형 등은 동의회를 일심회(一心會)로 개편했다. 러시아 관헌의 의심을 피하기 위해 단체의 표면적 목적은 '아편 금지와 상부상조'로 정했다.[23] 하지만 회원들은 여전히 '동의회'라는 이름을 마음에 새기고 있었다. 20일 뒤인 3월 5일, 안중근은 동지 11명과 함께 최재형의 집에서 '동의단지회'(同義斷指會)를 결성하고 '대한 독립 회복과 동양평화 유지'를 위해 목숨을 걸기로 맹세했다. 맹세의 표지는 왼손 약지를 자르고 태극기에 혈서(血書)하는 것이었다.

조선시대 혈서는 대체로 억울함을 호소하는 수단이었다. 예컨대 조선 정조 3년(1779), 충청도 청양군의 김씨녀(金氏女)는 실수로 살인한 아버지가 사형당하게 되자 손가락을 끊어 혈서로 관찰사에게 억울함을 호소했다.[24] 결의를 다지기 위해 혈

---

22) 『안응칠역사』, 31쪽.
23) 반병률, 2009, 앞의 글, 29쪽.
24) 『정조실록』 7권, 3년 2월 16일.

서를 쓰는 풍습이 생긴 것은 고종 강제양위와 군대해산 이후 나라가 망해가는 것을 누구나 피부로 느끼던 때의 일이었다. 1908년 5월, 함경도 길주군 수도학교 교사 권병희는 학교에서 건원절(乾元節＝순종 생일)을 축하하는 연설 도중, 자기 손가락을 끊어 '대한정신력'(大韓精神力)이라고 혈서했다. 이후 손가락을 잘라 혈서하는 '단지혈서'(斷指血書)는 전국으로 퍼져 나갔다.[25] 안중근과 동지들이 태극기에 혈서한 것은 '새로운 전통'을 정착시킨 일이기도 했다. 이후 많은 독립운동가가 혈서로 결의를 다지곤 했다. 물론 이 전통이 독립운동가들에게만 이어지지는 않았다. 중일전쟁 이후에는 소학교나 중등학교 학생들이 자기 피로 일장기를 그려 일본군 부대에 보내는 일이 유행했다. 이를 '혈염기'(血染旗)라고 했다.[26] 박정희는 만주군 관학교에 입학할 목적으로 '진충보국 멸사봉공'(盡忠報國 滅私奉公)이라는 글자를 혈서하여 보냈다.[27] 이런 행태는 해방 후까지 이어져 정치적 입신양명을 바라는 자들이 유력 정치인에게 혈서 편지를 쓰곤 했다.[28]

안중근은 회원들을 보호하기 위해 이 일에 대해 상세히 말하지도, 적지도 않았다. 동의단지회 회원은 안중근, 강기순, 정원식, 박봉석, 유치홍, 김해책, 김기룡, 백남규, 황병길, 조응순, 김

---

25) 강준만, 「한국 혈서의 역사: '안중근 혈서'에서 '히어로의 혈서'까지」, 『인물과사상』, 2009. 4, 175쪽.

26) 『每日申報』, 1938. 11. 11, 「發安小學生十三名 血染國旗를 献納」 외.

27) 강준만, 2009, 앞의 글, 178쪽.

28) 『東亞日報』, 1947. 7. 1, 「血書로 反託」 외.

천화, 강두찬의 12명이었다. 다만 이름의 앞뒤가 바뀌거나 다른 이름이 들어간 기록도 있어 명단을 확정하기는 어렵다.[29] 동의단지회의 취지문은 다음과 같았다.

"오늘날 우리 한국 인종이 국가가 위급하고 생민(生民)이 멸망할 지경에 당하여 어찌하였으면 좋은지 방법을 모르고 혹 왈(曰) 좋은 때가 되면 일이 없다 하고, 혹 왈 외국이 도와주면 된다거나, 이 말은 다 쓸데없는 말이니 이러한 사람은 다만 놀기를 좋아하고 남에게 의뢰하기만 즐겨 하는 까닭이라. 우리 이천만 동포가 일심단체하여 생사를 불고한 연후에야 국권을 회복하고 생명을 보전할지라. 그러나 우리 동포는 말로만 애국이니 일심단체니 하고 실지로 뜨거운 마음과 간절한 단체가 없으므로 특별히 한 회(會)를 조직하니 그 이름은 동의단지회(同義斷指會)라. 우리 일반 회우가 손가락 하나씩 끊음은 비록 조그마한 일이나 첫째는 국가를 위하여 몸을 바치는 빙거(憑據)요, 둘째는 일심단체하는 표(標)라. 오늘날 우리가 더운 피로써 청천백일하에 맹세하오니 자금위시(自今爲始)하여 아무쪼록 이전의 허물을 고치고 일심단체하여 마음을 변치 말고 목적을 도달한 후에 태평동락을 만만세로 누리옵시다."[30]

동의단지회 결성을 계기로 러시아 지역 한인 민족운동가들

---

29) 김삼웅, 2009, 앞의 책, 190쪽.
30) 계봉우, 『만고의사 안중근전』(9), 『권업신문』, 1914. 8. 23.

사이에서 비밀결사를 조직하는 관행이 생겼다.[31] 안중근은 이후 옌추에서 『대동공보』 탐방원 및 판매원으로 일하면서 때때로 블라디보스토크에 왕래했다.[32]

31) 반병률, 2009, 앞의 글, 46쪽.
32) 같은 글, 36쪽.

6 장부(丈夫), 영웅이 되다

안중근의 기록을 통해 본 의거

1909년 10월 19일, 옌추에서 포시에트를 거쳐 블라디보스토크로 이동한 안중근은 일본 추밀원 의장 이토 히로부미가 러시아 재무대신 코코프체프(V.N. Kokovsev)와 회담하기 위해 하얼빈에 온다는 소식을 들었다. 당시는 일본이 청국의 간도 영유권을 인정하는 대가로 남만주 철도 부설권과 무순탄광 개발권 등을 확보한 직후였다. 이토는 일본이 만주에서 획득한 새 권리를 러시아로부터 인정받고, 향후 한국 병합 일정에 관해 논의할 목적으로 코코프체프와 회담하려 했던 것으로 추정된다.[1]

당시 안중근은 일본군 포로들을 풀어주었다가 역습낭해 많

---

1) 윤병석, 2009, 앞의 글, 351-352쪽.

은 동지를 잃은 일로 큰 자책감을 느끼던 상태였다. 개인적으로는 자기 목숨을 던져서라도 동지들에게 진 빚을 갚아야 한다고 생각했을 것이다. 일본이 황무지 개간권을 요구했을 때도 그는 의열투쟁을 계획한 적이 있었다. 르각 신부의 이야기를 들은 이후 계몽운동으로 방향을 전환했지만, 연해주에 온 뒤에는 계몽운동과 의병전쟁을 결합하는 국권회복운동 방략에 동조했다. 한 해 전인 1908년 봄에 전명운(田明雲)과 장인환(張仁煥)이 미국 샌프란시스코에서 미국인 스티븐스(D.W. Stevens)를 처단한 사실도 잘 알고 있었다.

스티븐스는 이토가 대한제국 외교고문으로 초빙한 자로서, 일본의 한국 침략정책을 미화하여 국제사회에 홍보하는 나팔수 역할을 맡았다. 장인환과 전명운은 사전에 서로 모르는 상태에서 스티븐스를 저격했는데, 전명운이 먼저 쏘았으나 총알이 나가지 않았다. 이에 전명운은 스티븐스에게 달려들어 격투를 벌였고, 그 사이에 장인환이 세 발을 쏘아 첫 번째 탄환을 전명운에게, 나머지 두 개 탄환을 스티븐스에게 맞혔다. 미국 법원은 장인환에게는 금고 25년 형을, 전명운에게는 무죄를 선고했다. 풀려난 전명운은 1908년 12월 연해주로 이주했으며 안중근과도 교분을 쌓았다. '동의단지회' 회원이었다는 설도 있다. 안중근이 그때까지 구상했던 국권회복 방략에 비추어 보면, 이토 처단은 동포들의 민심을 단합하고 한국문제에 대한 열강의 관심을 환기하며, 일본의 침략 정책을 바꾸는 계기가 될 수 있었다.

안중근은 이토의 하얼빈 방문이 일을 도모할 절호의 기회라고 판단했으나 당장 거사 자금을 마련할 길이 없었다. 여비와 무기가 필요했고, 일본과 러시아 군경의 눈에 띄지 않을 만한 의복도 갖춰야 했다. 그는 가까운 곳에 고향인 황해도에서 의병을 일으켰던 이석산(李錫山)이 망명해 있다는 사실을 떠올렸다. 1907년 7월 헤이그에 밀사를 파견한 고종은 각도 유생들에게도 밀지를 보내 의병을 일으키라고 촉구했는데,[2] 이석산도 그 밀지를 받은 사람 중 하나였다.[3] 그는 이진룡이라는 가명도 썼다. 이석산을 찾아간 안중근은 자금 융통을 부탁했으나 이유를 밝히지는 않았다. 계획이 누설될 수도 있었기 때문이다. 이유도 밝히지 않고 다짜고짜 돈을 빌려달라고 요구하는 사람을 도둑 취급하는 것은 당연한 일이다. 이석산이 한마디로 거절하자 안중근은 강제로 빼앗았다. 액수는 100원이었다.

자금을 확보한 안중근은 곧바로 우덕순을 찾아가 자기 생각을 밝히고 함께 거사할 의향이 있는지 물었다. 충청도 제천 출신인 우덕순은 안중근과 의병전쟁을 함께 치렀고 동의단지회 동지이기도 했다. 그는 국내 진공작전 중 포로로 잡혀 함흥 감옥에 수감되었으나 탈옥한 뒤 블라디보스토크에 돌아와 대동

---

2) "선전관 이강년으로 도체찰사로 삼아 지방 4도의 양가 자제들이 각각 의병을 일으키도록 하며 소모장을 임명하되 인장과 병부를 새겨서 쓰도록 할 것. 만일 명령을 따르지 않는 자가 있으면 관찰사와 수령들을 먼저 베고 파직하여 내쫓을 것이며, 오직 경기 신영의 군사는 나와 함께 사직에 순절할 것이다."『독립운동사자료집』제1집, 223~224쪽.

3) 오영섭, 「안중근의 정치체제 구상」, 『한국독립운동사연구』31, 2008, 304쪽.

공보사 회계원을 맡고 있었다.[4] 우덕순은 자기 생각과 같다며 주저 없이 동의했다.

2019년 8월, KBS의 「탐사K」라는 프로그램은 우덕순이 일본군의 밀정이었다고 보도했으나, 그가 하얼빈 지회장을 맡았던 조선인민회를 친일 단체로 단정한 점, 1930년대까지 일본군이 그를 '배일사상이 농후한 조선인'으로 분류했다는 점, 만주국 감옥에 투옥된 상태에서 해방을 맞았던 점 등을 근거로 한 반론이 제기되었다. 하지만 우덕순이 안중근 사후 그 일가를 상대로 사기를 쳤고, 일본군의 밀정 노릇을 했다는 이야기는 일제강점기에도 안중근의 조카 안민생을 비롯한 국외의 여러 민족운동가에게서 나온 바 있다.[5]

10월 21일 오전, 안중근은 우덕순과 함께 블라디보스토크역에서 우편열차 3등칸을 타고 하얼빈으로 향했다. 안중근과 우덕순 모두 러시아어에 서툴렀기 때문에 통역이 필요했다. 그들은 도중 포그라니치나야에서 내려 동지 유경집의 집을 방문했다. 거사 계획은 밝히지 않고 하얼빈 가는 길에 통역해줄 사람이 필요해 왔다고 하니, 유경집의 아들 유동하(劉東夏)가 자기도 하얼빈에 약을 구하러 가야 하니 마침 잘되었다며 따라나섰다. 유동하의 동생들은 후일 자기 아버지의 이름이 유승렬이며 직업은 한의사였고, 유동하는 당시 철로고등학교 재학생이었다고 증언했다.[6]

---

4) 김삼웅, 2009, 앞의 책, 211쪽.
5) 정운현·정창현, 『안중근가 사람들』, 역사인, 2017, 279쪽.

다음 날인 22일 밤, 하얼빈에 도착한 안중근 일행은 곧바로 그곳 한인회 회장 김성백(金成白)의 집으로 가 숙식을 청했다. 김성백의 막냇동생 김성기와 유동하의 여동생 유안나는 약혼한 사이였다. 10월 23일 아침, 안중근은 자리에서 일어난 즉시 『원동보』(遠東報)를 구해 보고 이토를 태운 열차가 25일 밤 11시에 쿠안청쯔(寬城子)역을 출발하여 26일 오전 하얼빈역에 도착한다는 사실을 확인했다. 거사 장소를 확정하려면 여러 역의 형편을 알아야 하는데 유동하는 나이도 어리고 러시아어도 썩 잘하지 못했다. 통역을 바꿀 필요가 있었다.

안중근은 『대동공보』 편집장 이강(李剛)의 소개장을 들고 동사(同社) 통신원이자 하얼빈 한인회 총무인 김형재를 찾아갔다. 김형재는 마침 적당한 사람이 있다며 조도선(曺道先)을 소개했다. 함경도 홍원 출신으로 동학농민혁명에 가담했다가 연해주로 망명한 조도선은 하얼빈에서 김성옥의 집에 머물고 있었다. 안중근은 쿠안청쯔역에 가족을 마중하러 가야 하는데 러시아어가 서툴러 찾아왔다며 통역을 부탁했고, 개인 일정 때문에 난색을 표하던 조도선은 결국 이에 응했다. 밤에 김성백의 집에서 조도선과 만나기로 한 뒤 안중근, 우덕순, 유동하 세 사람은 양복을 말끔히 차려입고 중국인 사진관에 가서 함께 사진을 찍었다. 이 사진을 언제 찾았는지는 알 수 없다.

그날 저녁 안중근은 유동하에게 김성백이 근무하는 동흥학교에 가서 부족한 여비 50원을 빌려오라고 부탁했다. 유동하가

---

6) 『경향신문』, 1988. 8. 15.

주저하자 대동공보사 이강 앞으로 쓴 편지를 보여주었다.

"본월 6일(음력) 오후 이곳에 와서 『원동보』를 본즉 이토는 오는 12일에 쿠안청쯔를 출발하여 러시아철도국 총독 특별열차로 하얼빈에 도착한다 했으므로 우리들은 조도선과 함께 가족을 마중하는 것처럼 꾸며 쿠안청쯔역으로 향할 것입니다. 쿠안청쯔역과 앞뒤의 어느 역에서 이토를 기다렸다가 거사할 계획인데 일의 성공은 하늘에 있는지라. 요행히 동포들의 간절히 기도하는 마음에 도움받을 것을 바라나이다. 이곳 김성백 씨에게 돈 50원을 빌려서 여비에 사용했으니 갚아줄 것을 희망함. 대한독립만세!"[7]

유동하가 집을 나서자 안중근은 "홀로 등불 밑 차디찬 상 위에 앉아 잠깐 동안 장차 행할 일을 생각하며, 강개한 마음을 이길 길 없어"[8] 한시 「장부가」를 지었다.

유동하는 돈을 빌리지 못하고 밤늦게 빈손으로 돌아왔고, 조금 뒤 조도선도 도착했다. 모두 김성백의 집에서 밤을 보낸 후 다음 날인 24일 아침 네 사람은 하얼빈역으로 향했다. 조도선은 하얼빈에서 120킬로미터 떨어진 산샤허(三峽河)까지 가는 차표 석 장을 샀다. 안중근은 유동하에게 4원을 주고 일본 고관이 탄 열차에 관한 러시아 신문 기사를 보면 전보(電報)로 그 내용을 알려달라고 부탁했다. 안중근 일행이 머무는 곳 역시

---

7) 이명화, 「하얼빈 한인사회와 김성백의 독립운동: 안중근 의거를 전후하여」, 『역사와실학』 55, 2014, 341쪽.

8) 『안응칠역사』, 86쪽.

전보로 유동하에게 알리기로 했다. 유동하를 남겨두고 세 사람은 창춘행 열차를 탔다.

세 사람은 정오 무렵 지야이지스고(菜家溝)역에서 내렸다. 역 주변에 여관을 정한 뒤 조도선이 역무원에게 이 역에 기차가 매일 몇 번씩 왕래하느냐고 물었다. 역무원은 "매일 세 번씩 내왕하는데, 오늘 밤에는 특별기차가 하얼빈에서 창춘으로 떠나가서 일본 대신 이토를 영접해 모레 아침 여섯 시에 여기에 도착할 것입니다"라고 답했다. 안중근이 이토 동정에 관해 처음으로 들은 확실한 소식이었다. 안중근은 '모레 아침 여섯 시쯤이면 아직 날이 밝기 전이니 이토가 이 정거장에 내리지 않을지 모른다. 또 설령 차에서 내려 시찰한다고 해도 어둠 속이라 진짜인지 가짜인지를 분간할 수가 없을 것이다. 더구나 내가 이토의 모습을 모르는 데야 어찌 능히 일을 치를 수가 있을 것인가'라고 생각했다.[9] 창춘과 하얼빈 중 어디로 가야 할지 고민하던 안중근은 유동하에게 새로운 소식이 있는지 묻는 전보를 쳤다. 황혼 무렵 답신이 왔으나 뜻이 분명치 않아 행로를 정하는 데 도움이 되지 않았다.

다음 날 아침, 안중근은 우덕순과 상의하여 거사 장소를 확정했다. 우덕순과 조도선은 지야이지스고역에 남아 이토를 기다리기로 하고, 안중근은 이토의 목적지인 하얼빈으로 가는 기차에 탔다. 러시아 측 문서는 그들의 이별 장면에 대한 목격담을 다음과 같이 기록했다.

---

9) 『안응칠역사』, 87쪽.

"잠시 대화를 나눈 후 그들은 안중근과 작별을 고했다. 그들의 이별은 비장해 보였으며, 목격자들에게 강한 인상을 주었다. 안중근은 땅에 닿을 듯이 공손한 인사로 답했으며, 이에 그의 동료들도 역시 마찬가지로 답했다. 그들의 얼굴은 슬퍼 보였으며, 눈에는 눈물이 고였다. 안중근은 4번 열차를 타고 하얼빈으로 떠났다."[10]

그날 오후 다시 하얼빈의 김성백 집에 도착한 안중근은 유동하에게 전보의 뜻을 물었으나 그의 대답은 이번에도 불분명했다.

26일, 안중근은 새벽에 일어나 수수한 양복을 입은 후 하얼빈역으로 향했다. 도착한 시간은 오전 7시경. 역 구내는 한산했으나 곧 일본인 환영 인파가 모여들기 시작했다. 역 구내 찻집에서 시간을 보내던 안중근은 그들 틈에 끼어들었다. 9시가 되자 이토가 탑승한 특별 열차가 역 구내에 모습을 드러냈다. 열차가 멎자 이토 일행이 내렸다. 그들은 군악을 연주하는 러시아군 의장대 앞에서 미리 와 기다리던 코코프체프를 향해 걸음을 옮겼다. 안중근은 '누런 얼굴에 흰 수염이 있는 작은 늙은이'가 이토일 것이라 판단하고 큰 걸음으로 뛰어가면서 품 안에 숨겨두었던 총을 꺼냈다. 총알은 일곱 발이었다. 이토에게

---

10) 러시아국립역사문서보관소 '한국 테러리스트 체포에 관한 내용.' 홍웅호, 「안중근의 이토 사살 사건과 러일관계」, 『사학연구』 100, 2010, 680쪽.

서 열 걸음 정도[11] 떨어진 거리에 도달한 그는 세 발을 연속으로 쏘았다. 앞의 두 발은 가슴에, 나머지 한 발은 복부에 박혔다. 이토의 생김새는 신문 사진을 보고 눈에 익혀둔 상태였다. 하지만 혹시 이토가 아닐지도 모른다는 생각에 그 뒤의 세 명에게도 각각 한 발씩을 쏘았다. 총알은 하얼빈 주재 일본 총영사 가와카미 도시히코(川上俊彦), 일본 궁내부 비서관 모리 야스지로(森泰二郎), 남만주철도주식회사 이사 다나카 세이지로(田中淸太郎) 세 사람에게 명중했다.[12] 안중근은 죄 없는 사람을 다치게 했을지도 모른다는 생각에 마지막 한 발 남은 총을 들고 잠시 망설였다. 그 순간 러시아 헌병 장교 미치올클로프가 달려와 안중근을 붙잡았다. 시각은 9시 10분경. 그는 하늘을 향해 "코레아 후라(대한국 만세)"를 세 번 외친 후 헌병들에게 끌려갔다. 그는 애초 재판정을 담판장으로 활용할 계획이었기 때문에 피신할 생각은 하지 않았다.

안중근은 어려서부터 명사수였다. 그렇다 해도 단 한 발도 빗나가지 않은 것을 '재주' 덕이라고만 할 수는 없다. 의거 10여 일 후 홍콩에서 발행되는 『화자일보』(華字日報)는 사설에 이렇게 썼다. "생명을 버리려는 마음을 가졌기에 그의 마음이 안정되었다. 마음이 안정되었기에 손이 안정되었다. 손이 안정되었기에 탄알마다 명중했다."[13]

---

11) 『三千里』 제17호, 1931. 7. 1.

12) 박은식, 앞의 글, 86쪽.

13) 이목희 외, 「중국인 눈에 비친 안중근 의사 의거」, 『관훈저널』 112, 2009, 242쪽

이토는 안중근의 예상대로 지야이지스고에서도 내렸다. 그러나 우덕순과 조도선은 여관방에서 나오지 못했다. 그들을 수상히 여긴 러시아 헌병이 밖에서 문을 잠가버렸기 때문이다. 이토를 태운 열차가 하얼빈으로 출발한 다음에야 풀려난 그들은 안중근의 의거가 성공한 뒤 러시아 헌병에게 체포되었다.

안중근 기록의 의문점들

통감부와 일본 외무성은 처음 안중근 의거를 '조직 사건'이라고 판단했다.[14] 우덕순과 조도선이 안중근과 함께 움직였던 점, 안중근이 자기 신분을 대한의군 참모중장이라고 밝혔던 점 등의 사실만으로도 배후 조직의 존재를 의심하기에 충분했다. 당장 일본 검찰관도 안중근에게 "의병 참모중장으로 결행하였다고 하면 관계된 조직원이 많을 텐데, 사전에 상의한 사람은 우덕순밖에 없다는 것은 무슨 뜻이냐"고 질문했다.[15] 게다가 당시 러시아령 연해주는 한인 민족운동의 중심지로서 국내 및 미주의 항일운동가들도 이곳 사람들과 긴밀한 연락을 취하고 있었다. 일본으로서는 사건의 실체를 왜곡해서라도 의거 연루자를 가급적 많이 찾아내 처벌하는 것이 한민족의 저항을 줄이는 데에 유리할 수 있었다.

---

14) 신운룡, 「안중근의거와 대동공보사의 관계에 대한 재검토」, 『한국사연구』 150, 2010, 196쪽.
15) 이태진, 「안중근: 불의 불법을 쏜 의병장」, 『한국사 시민강좌』 30, 2002, 242쪽.

안중근 기소를 맡은 미조부치 다카오(淸淵孝雄) 검찰관은 통감부와 일본 외무성의 뜻에 따라 움직였다. 그는 안중근의 배후에 대동공보사가 있다고 판단했다.[16] 그러나 안중근은 심문 과정에서 자기 행위는 『대동공보』 인사들과 무관하다고 일관되게 주장했다.[17] 그는 사전에 상의한 사람은 우덕순뿐으로 동행했던 유동하와 조도선조차도 자기 목적을 몰랐다고 말했고, 『안응칠역사』에도 그렇게 적었다. 안중근의 이런 태도는 당연했다. 함께 준비한 동지들이 있더라도 그들을 보호해야 했다. 일제 검찰은 11월 1일 안중근, 우덕순, 조도선, 유동하, 김성옥, 김태식, 장수명, 탁공규, 김성화, 홍청담, 정태호, 김형재 등을 뤼순감옥에 가뒀으나,[18] 이들 중 안중근, 우덕순, 조도선, 유동하만 기소함으로써 최종적으로는 '조직 의거'가 아니라고 결론 내렸다. 애초 하얼빈 일대 한인 민족운동 세력이 조직적으로 관여한 사건으로 판단했던 일제 검찰조차 안중근과 몇몇 동지의 소규모 의거로 결론 내렸으니 이 문제는 더 논의할 필요가 없는 것일까?

문제는 그리 간단하지 않다. 안중근 의거를 대동공보사 관계자들의 '조직적 행위'로 보는 견해는 의거 직후 일제 당국에서 일차 제기했고, 해방 후 이강과 우덕순의 증언이 나온 뒤 두 번째로 제기되었으나, 단독 의거냐 조직 의거냐를 둘러싼 논쟁은

---

16) 신운룡, 2010, 앞의 글, 178쪽.
17) 반병률, 2009, 앞의 글, 38쪽.
18) 이명화, 2009, 앞의 글, 312쪽.

아직 진행 중이다.

의거 직후 일본 당국은 먼저 블라디보스토크 주재 일본 헌병대 대위 무라이 요루켄(村井因憲)과 한국 주재 헌병대 정위(正尉) 김태원에게 사건의 내막을 조사해 보고하라고 지시했다. 하얼빈 일대 한인들의 동향을 탐문한 그들은 대동공보 이강과 유진률(俞鎭律), 페테르부르그의 이범진, 미국인 헐버트, 스티븐스를 처단한 전명운 등이 교사한 것으로 판단된다고 보고했다.[19] 러시아령 연해주와 만주, 미국 내 한인 민족운동 세력을 하나로 엮으려는 큰 그림을 그린 것이다. 이 최초 보고와 일본 검찰관이 작성한 공소장 사이에는 큰 간격이 있다. 안중근이 『안응칠역사』에 기록한 사실도 검찰의 공소 내용과 큰 차이가 없다. 따라서 『안응칠역사』 기록의 의문점들을 살펴보면, 진상에 가까이 접근할 수 있을 것이다.

안중근은 1909년 9월 옌추에 있다가 갑자기 "마음에 번뇌가 일어"[20] 동지들의 만류를 뿌리치고 우수리스크를 거쳐 블라디보스토크에 도착, 그곳에서 이토의 하얼빈 방문 소식을 들었으며, 자세한 내막을 알기 위해 여러 신문을 사보았다고 적었다. 옌추를 떠난 안중근이 포시에트항에서 기선 우수리호를 타고 블라디보스토크에 도착한 날은 10월 19일이었다.[21] 1909년 10월 19일은 음력으로 9월 6일이었으니 날짜 기록에는 문제가

---

19) 『한국독립운동사자료』 7, 안중근편 2, 9, '이등박문 피격사건 진상조사 및 혐의자 수사에 관한 건', 憲機 제2634호.

20) 『안응칠역사』, 83쪽.

21) 김삼웅, 2009, 앞의 책, 206쪽.

없다. 하지만 블라디보스토크로 온 동기가 석연치 않으며, 그 날 바로 이석산에게 돈을 빼앗고 우덕순을 불러 거사를 상의했 다는 것도 납득하기 어렵다.

안중근은 과연 "갑자기 마음에 번뇌가 일어" 블라디보스토크 로 옮겼다가 우연히 이토의 만주 방문 소식을 들은 것일까? 해 방 후 이강과 우덕순은 10월 10일 대동공보사에서 이토의 만 주 시찰을 주제로 한 시국 좌담회를 열어 이토 암살 계획을 논 의했으며, 이 자리에서 우덕순이 안중근을 적임자로 추천하자 모두 동의하고 옌추에 있던 그에게 연락했다고 회고했다.[22]

이 회의를 주도한 이는 『대동공보』 주필 이강이었다. 1878년 평안남도 용강군에서 출생한 이강은 스무 살 무렵 기독교에 입 교한 후 안창호에게 감화를 받았으며, 1903년 하와이로 이주했 다. 사탕수수 농장에서 1년간 일하면서 영어를 배운 뒤 샌프란 시스코로 이주했는데, 노동 이민으로 하와이에 간 한인이 미국 본토로 이주한 것은 그가 두 번째였다. 이에 앞서 샌프란시스 코에서 유학 중이던 안창호는 1903년 9월 '상항(桑港) 한인 친 목회'를 결성했는데, 국내에서 안창호를 알았던 이강도 이 단 체에 가입했다.[23]

상항 한인 친목회를 모태로 하여 1905년 4월 공립협회(共立 協會)가 발족했다. 러일전쟁 이후 일본군이 한국 전역을 점령 하고 사실상의 계엄 통치를 하던 때였다. 을사늑약 이후 국내

22) 신운룡, 2010, 앞의 글, 180쪽.
23) 이명화, 2009, 앞의 글, 295쪽.

외 지식인들은 '보호국화'(保護國化)의 책임과 국권회복의 주체 문제를 고민하지 않을 수 없었다. 이른바 '보호조약'은 2천만 동포의 의지와 무관하게 몇몇 대신이 황제를 협박하여 체결한 것이었다. 이토가 "이처럼 중대한 일은 널리 백성들의 의견을 구한 뒤에야 결정할 수 있소"라며 책임을 미루는 고종에게 "귀국은 전제군주국이니 폐하 홀로 결정하면 그뿐, 백성들의 의견이 무슨 소용이 있소"라고 협박한 사실은 전제군주제의 문제를 여실히 드러냈다. 미국에서 민주공화정을 직접 경험한 한인들은 이 문제를 더 절실히 느꼈다. 국권회복의 주체는 황실이 아니라 2천만 동포여야 했고, 그러려면 민권을 신장하고 나아가 민족 전체를 주권자의 지위로 올려세워야 했다. 교육과 단체 활동으로 일반 민중의 의식을 각성시켜 국권회복의 주체를 양성하고, 향후 일본의 대외 팽창 과정에서 필연적으로 도래할 동아시아 전쟁에 대비하여 적당한 곳에 군대를 양성한다는 구상은 아마도 미주 동포들에게서 먼저 나왔을 것이다.

1907년 2월, 안창호는 국내로 돌아왔다. 그 얼마 후 국내에서 결성된 비밀결사 신민회도 공립협회와 같은 독립전쟁 방략을 채택했다. 이강은 같은 해 8월 귀국하여 서우학회에 가입했다. 안중근이 서울 삼선평에서 열린 서우학회 친목회에 참석하고 진남포로 돌아간 지 얼마 되지 않은 때의 일이다. 간접적이나마 안중근과 이강의 인연은 이때 맺어진 셈이다. 안중근이 연해주에 도착한 직후인 1908년 3월, 이강도 블라디보스토크로 이주했다. 그곳에서 『해조신문』(海潮新聞) 주필로 활동하면서 공립협회 지회 설립에 몰두했다. 1908년 5월 『해조신문』이

폐간된 뒤에는 그 후계 신문으로 『대동공보』를 창간하고 주필로 활동했다.[24] 이 무렵 안중근도 이강과 자주 접촉했다. 이에 대해 이강은 후일 이렇게 회고했다.

"내가 안중근을 안 것은 그가 의병을 일으키기 전에 해삼위에서 계동청년회(啓東靑年會) 사찰간부로 있을 때였다. 그에게는 평소부터 의걸(義傑)다운 기질이 엿보였다. 그 후 그는 해삼위를 떠나서 의병을 거느리고 왜병과 투쟁하였다. 그런데 그는 겨냥한 총알이 빗나가는 일이 거의 없을 정도의 명사수였다. 그야말로 백발백중이었다."[25]

이강은 진즉부터 안중근의 의걸 기질과 뛰어난 사격 솜씨에 주목했다. 의거를 실행하기에는 최적의 자질이었다. 게다가 1908년 스티븐스를 저격했던 전명운은 이강과 마찬가지로 공립협회 회원이었다. 당시 미국 밖에 있던 이강이 이 의거에 직접 관여했을 가능성은 없으나, 한국 침략의 원흉들을 처단함으로써 한국인들이 일본의 지배에 동의하지 않는다는 사실을 알리려는 공립협회의 운동 노선은 일찍부터 공유했을 것이다. 전명운은 1908년 12월 블라디보스토크로 건너와 공립협회의 원동(遠東) 조직 확대사업에 가담했고 안중근과도 교분을 쌓았다. 안중근도 연해주에서 장인환·전명운의 의거 소식을 듣고

---

24) 같은 글, 303쪽.
25) 이강, 「나의 망명생활 50년기」, 『國民報』, 1958. 9. 10.

"무릎을 치며 큰 소리로 환호"했다고 하니,[26] 공립협회 회원들과 의기투합했을 가능성이 크다.

블라디보스토크 공립협회 지부는 1909년 1월 7일에 결성되었고, 미주 국민회가 만든 명부에는 안중근, 우덕순, 조도선도 회원으로 기입되어 있다. 그 직후인 2월 1일, 북미 공립협회와 하와이 한인 협성협회가 통합하여 국민회가 되었다. 4월에는 이상설이 국민회 원동 전권위원에 추대되었다. 블라디보스토크 공립협회 지부도 국민회 지부로 개편되었으나, 이강은 여전히 지도적 위치에 있었다. 해방 후 이강은 10월 10일 자기를 포함한 16명이 대동공보사에 모여 이토 척살을 위한 극비회의를 열었으며, 이 회의에서 안중근을 실행 책임자로, 우덕순과 천완일(千完一)을 보조역으로 선정했다고 회고했다.[27]

"'이등박문이 하얼빈에 온다는데, 그자를 어떻게 처치하면 좋겠소?' 그러자 교포들은 안 의사가 사격의 명수이니 그를 불러 하얼빈으로 파견하면 문제없이 이등을 죽일 수 있다는 것이었다. 그리하여 나는 황급히 서둘러 그에게 편지를 보냈다. 편지를 받아본 안 의사는 즉시로 달려왔다. 나는 주저 없이 그에게 자초지종을 얘기했다. 그 얘기를 듣고는 안 의사는 쾌락했다. 죽고 싶던 차에 자기에게 그와 같은 사명을 주니 이 기회에 보람 있게 싸우겠

26) 이명화, 「하얼빈 한인사회와 김성백의 독립운동: 안중근 의거를 전후하여」, 『역사와실학』 55, 2014, 335–337쪽.
27) 반병률, 2009, 앞의 글, 34쪽.

다고 거듭 맹세하는 것이 아닌가? 나는 순간 그의 말에 정말 눈물이 핑 돌았다. 그의 눈에는 광채가 번뜩이었다."[28]

한편 우덕순은 『대동공보』 인사들과 의견을 나눈 사실을 인정하면서도 주도자는 자기와 안중근이었다고 회상했다.

"어느 날 밤이 좀 깊어진 다음에 『대동공보』 편집국장 유진률 씨와 주필 이강 씨가 나를 찾아왔습니다. 그때 유지들의 제1집회소는 우리 집이고 제2집회소는 안중근의 처였였지요. 밤이 깊어 마을 야경꾼이 다 들어간 다음에 유와 이가 찾아와 이 좋은 기회에 어쩌면 좋으냐고 의론을 내놓았습니다. '나는 동지를 기다리네.' '누구?' '안?' '그렇지. 그 사람하고 의논해보겠네.' '그럼 얼른 안을 부르게.' '걱정들 말고 가만히들 있기만 하게. 우리들이 해보려 하니…' 이렇게 대강 말하고 흩어졌습니다. 거기서 한 6, 7백 리 떨어져 있는 옌추(煙秋)라는 곳에는 조선인 중에 제일 유력한 최재형이라는 사람이 있어 우리 일을 많이 돌보아주었는데 안중근은 그때 거기에 있다가 전보를 받고 8일 저녁에 돌아왔습니다."[29]

대동공보사에서 실제로 시국회의가 열렸는지에 대해서는 연구자들 사이에 의견이 엇갈리지만,[30] 안중근이 갑자기 블라디

─────────

28) 이강, 앞의 글.
29) 같은 글, 40쪽.
30) 대동공보사 관계자들이 안중근 의거를 주도했다고 보는 측은 이 시

보스토크로 이동한 이유에 대한 설명으로는 『안응칠역사』의 기술보다 설득력이 있다. 이렇게 보면 안중근이 블라디보스토크에 도착한 직후 이석산을 찾아가 돈을 빼앗았다는 기록과 관련한 의문도 해소된다. 이석산이 설령 안중근의 힘을 당하지 못해 돈을 빼앗겼다고 해도, 황해도 의병장을 지냈던 만큼 바로 주변 사람들에게 연락하여 안중근을 쫓을 수 있었을 것이다.

블라디보스토크의 한인사회는 좁았다. 거기에서 황해도 사람들끼리 행방을 추적하는 건 어렵지 않았다. 그러나 그러지 않은 것으로 보아 안중근과 이석산은 미리 말을 맞추었을 가능성이 크다. 그 돈이 이석산의 돈이든 국민회가 맡겨놓은 돈이든 '빼앗긴 돈'으로 처리하는 것이 연루 혐의에서 벗어날 수 있는 길이었다. 어쩌면 돈을 빼앗은 일 자체가 없었을 수도 있다.

1930년, 신의주에서 박경식이 체포되었다. 총독부 경찰은 그가 안중근의 동지로서 의거 직전 조선에 들어와 자금을 모집해 안중근에게 6천 원을 제공한 인물이라고 발표했다.[31] 이는 일본 검사의 공소장이나 뤼순 재판부의 판결문 내용과는 다른 사실이었다. 의거 직후 일본 검찰도 총기 구입 자금이나 여비의 출처에 대한 의심은 묻어두었을 가능성이 있다. 총독부 경찰은 박경식을 이토 히로부미 암살 공모자로 판단했으나, 공소시효

국 좌담회를 중시하지만, 안중근 단독 의거를 주장하는 측은 이 시국 좌담회를 가공의 사건으로 취급한다.

31) 『조선일보』, 1930. 10. 28; 『동아일보』, 1930. 10. 28; 동 1930. 11. 3.

가 지나 기소하지 않았다.[32]

안중근은 19일 밤을 공립협회 회원 이치권의 집에서 보내고 다음 날인 20일 대동공보사를 찾아갔다. 사전에 계획한 듯한 행적이었다. 무기, 여비, 통역, 사후 대책 등 구체적인 의거 실행 계획은 이 자리에서 확정된 듯하다. 이강은 안중근 등이 이토의 생김새를 기억한 것은 김성무가 일본 잡지에서 사진 석장을 잘라내 보여주었기 때문이며, 안중근과 우덕순이 휴대한 권총은 자기가 준 것이었고, 블라디보스토크에서 하얼빈까지 가는 여비는 윤능효가 제공했으며, 조도선과 유동하에게 통역과 연락을 맡긴 것도 국민회였고, 안중근 일행이 의심을 사지 않도록 외투를 구입해 기차 안에서 전달한 것은 자기와 유진률이었다고 썼다.[33] 이와 관련해 우덕순도 이강과 유진률이 자기 일행을 보내며 "지금 삼천리 강산을 너희가 등에 지고 간다"고 말하고는 뒤돌아서 눈물을 훔쳤다고 회고했다.[34]

안중근은 『안응칠역사』에 10월 23일 밤 김성백의 집에서 유동하에게 이강 앞으로 쓴 편지를 보여주었다고 적었다. 이 편지에는 구체적인 거사 계획을 확정했다는 것과 김성백에게 빌린 돈을 대신 갚아달라는 내용이 적혀 있었다. 거사 계획을 두고 이강과 사전 논의가 있었으며, 경비가 예상보다 많이 들었음을 짐작하게 하는 대목이다. 다시 이강의 회고를 참고하여

---

32) 『동아일보』, 1930. 11. 7; 동 1930. 11. 10.

33) 이강, 1958, 앞의 글.

34) 이명화, 2009, 앞의 글, 305쪽.

6 장부(丈夫), 영웅이 되다 117

안중근 기록의 의문점들을 풀어보자.

안중근도 신문을 보고 이토의 생김새를 눈에 익혔다고 했으니, 김성무가 일본 잡지에 실린 사진을 잘라내어 보여주었는지는 따질 이유가 없다. 이강의 회고가 사실이라면, 유동하와 조도선에 관한 의문도 해소된다. 안중근은 일본 검찰관의 신문에 답하면서 유동하에 대해서는 여러 차례 불만을 표시했고『안응칠역사』에도 그런 취지로 기록했다. 나이가 어리고 러시아어에 서툴렀으며, 전보 내용도 분명치 않았고, 시킨 일도 제대로 하지 못해 결국 집으로 돌려보냈다는 것이 진술의 요점이었다. 심지어 유동하에게 "성을 내어 꾸짖었다"고까지 했다.[35]

그런데 왜 그런 젊은이에게 통역을 맡겼을까? 안중근은 블라디보스토크에서 하얼빈으로 가는 열차가 포그라니치나야역에서 1시간 남짓 정거한 동안 유경집의 집을 찾아갔다고 했지만, 유동하의 누이 유동선은 유경집이 유동하를 데리고 역까지 마중 나가 합류시켰다고 회고했다.[36] 유동하가 사전 연락도 없이 갑자기 들이닥친 안중근과 우덕순을 따라나섰다고 보는 것보다는 미리 통역을 맡기로 약속했다고 보는 편이 합리적이다. 게다가 유동하는 통역만 맡은 것이 아니라 숙박 장소를 구하고 편지와 전보 연락을 담당하는 등 온갖 심부름을 다했다.

10월 23일 안중근, 우덕순, 유동하는 중국인 사진관에서 나란히 카메라 앞에 섰다. 통역자를 새로 구한 마당에 안중근, 우

35)『안응칠역사』, 88쪽.
36) 이명화, 2014, 앞의 글, 340쪽.

덕순이 유동하와 함께 사진을 찍은 이유는 무엇일까? 세 사람 중 누가 사진을 찍자고 제안했는지, 처음부터 계획한 일인지 지금으로서는 알 수 없다. 하지만 유동하도 사진 촬영의 의미를 모르지는 않았을 것이다. 안중근이 유동하가 마음에 들지 않아 통역을 바꿨다고 반복해 기록한 것은 아직 어린 유동하를 보호하기 위해서였을 가능성이 크다.

조도선을 새 통역으로 구한 경위에 대해서도 안중근은 "유동하가 본래 나이 어린 사람이라 즉시 자기 본가로 돌아가겠다고 하므로 다시 통역할 사람 하나를 얻어야 했는데, 마침 조도선을 만나 가족 영접 차 동행해서 남쪽으로 가자 했더니 조씨는 즉시 허락하였다"[37]고 적었다. 하지만 조도선은 그들의 계획을 알고 있었고, 우덕순과 함께 지아이지스고역에서 이토를 기다렸다. 그는 두 사람의 통역 겸 동지였다. 일본 재판소도 유동하와 조도선을 살인 방조범과 공범으로 단정하여 각각 징역 1년 6개월씩을 선고했다.

유동하, 조도선과 관련된 내용 외에도 안중근이 동지들을 보호하기 위해 거짓으로 진술한 정황은 곳곳에서 드러난다. 그는 국내에서부터 친교를 맺었던 안창호에 대해 별로 친한 사이는 아니라고 했으며, 공립협회 회원이자 대동공보사 주필 이강에 대해서는 자기와 아무런 관련이 없고 노선도 다르다고 단언했다. 의병전쟁을 함께했던 이범윤과도 의견이 맞지 않는다고 했고, 러시아 거주 한인사회의 지도자였던 최재형에 대해서는 오

<hr>

37) 『안응칠역사』, 85쪽.

히려 극도의 혐오감을 표시했다. 러시아 의병운동에 1만 루블을 지원했고, 자결 직전 안중근 유족에게 500원을 남겼던[38] 이범진도 일개 야심가로 평가했다. 단 이상설에 대해서만은 "세계대세에 통하고 애국심이 강해 교육 발달을 도모하고 국가 백년의 대계를 세우는 인물"이라고 존경심을 표시했는데, 이는 실제로 그와 함께한 일이 없었기 때문일 것이다. 같은 맥락에서 안중근은 일본 검찰관이 의거에 관련되었다고 주장하려야 할 수 없는 최익현(崔益鉉) 등 국내 의병장들을 높이 평가했다.[39]

안중근은 『안응칠역사』에서 의거에 사용한 권총에 대해 따로 언급하지 않았다. 우덕순과 함께 "각기 권총을 지니고 길을 떠났다"고 썼을 뿐이다. 일본 검찰의 질문에 대답할 때에는 1909년 봄에서 여름 사이에 윤치중에게 권총과 십자형이 새겨진 탄환을 받았다고 했다.[40] 한편 우덕순은 그 전해에 호바로프에서 러시아인에게 3루블을 주고 구입한 권총과 탄환 10개가량을 휴대했다고 진술했다. 두 사람이 지닌 총을 조사한 일본 검찰은 "블라디보스토크에서 구입한 흔적이 없으며, 암거래는 불가능하다"고 결론 내렸다.[41] 이상의 기록으로는 안중근이 블라디보스토크에서 총을 구입하지 않았다는 사실만 알 수 있을 뿐이다.

---

38) 『조선일보』, 1933. 6. 9.
39) 오영섭, 2008, 앞의 글, 311~316쪽.
40) 『三千里』 제17호, 1931. 7.
41) 신운룡, 2010, 앞의 글, 187쪽.

반면 이강은 자기가 안중근, 우덕순, 조도선 세 사람에게 똑같은 브라우닝 권총을 주었다고 했으며, 러시아 수사 당국은 "브라우닝 권총은 다른 한인이 그들에게 전달했다"고 기록했다.[42] 2005년 재중동포 신금순은 안중근이 의거 직전 훈춘 진탕촌의 오재영(吳在英) 집에서 한 달간 머물렀고, 오재영이 권총을 지원했다고 증언했다.[43] 안현생은 1956년에 쓴 수기에서 은방(銀房)을 운영한 경험이 있는 우덕순이 탄환을 모나게 가공했다는 얘기를 들었다고 밝혔다.[44] 유인석의 아들 유해동은 해방 후 자기 아버지 약전(略傳)을 쓰면서 이석산(이진룡)과 안중근이 서로 권총을 바꿨다고 기록했다. 안중근이 어려서부터 명사수였으나 소총과 권총은 엄연히 다르다. 의거에 성공하기 위해서는 사격연습이 필요했다. 이에 관해서는 최재형의 여섯째 딸 최 올가 페트로브나의 회고담이 전해진다.

"노보키예프스크 우리 집에 안응칠이 살았는데, 안인사인가 또 다르게 불렀다. 그는 테러를 준비하였다. 벽에 세 사람을 그려놓고 이들을 사격하는 연습을 했다. 우리는 언제인가 언니 소냐와 함께 마당에서 놀면서 이 광경을 보았다. 안응칠이는 하르빈으로 떠나갔다."[45]

---

42) 러시아 국립 역사문서 보관소 「한국 테러리스트 체포에 관한 내용」, 홍웅호, 「안중근의 이토 사살 사건과 러일관계」, 『사학연구』 100, 2010, 681쪽.

43) 『경향신문』, 2005. 8. 16.

44) 「안현생의 수기」, 『시사인』, 2010. 3.

노보키예프스크는 곧 옌추로서 크라스키노로 개명된 것은 1928년의 일이다. 그의 기억이 정확하다면, 안중근은 옌추에서 권총으로 사격연습을 했으며, 그 총을 가지고 블라디보스토크로 이동했다고 보아야 한다. 블라디보스토크에서 유진률과 양성춘이 새 총을 주었을 수도 있으나 거사를 앞두고 손에 익은 총을 새 총으로 바꾸었을 가능성은 희박하다. 게다가 안중근이 사용한 총은 당시 의병들이 흔히 사용했던 리볼버가 아니라 브라우닝 M1900 자동권총이었다. 이 총은 리볼버에 비해 살상력은 떨어지나 속사(速射)와 한 손 사격이 가능한 장점이 있었다. 안중근이 의거에 사용한 권총은 최재형의 집에서 사격연습을 했던 그 총이었을 것이다.

안중근은 하얼빈에서 김성백의 집에 묵은 이유에 대해서도 상세히 밝히지 않았다. 유동하의 누이가 김성백의 제수라는 인연만으로 가능한 일이었을까. 만약 안중근 일행이 유동하를 앞세우고 갑작스레 들이닥쳤다면 김성백은 분명 유동하에게 두 사람의 정체와 방문 목적을 꼬치꼬치 캐물었을 것이다. 이토가 곧 하얼빈에 도착한다는 사실은 김성백도 알고 있었다. 두 사람이 이토를 상대로 모종의 거사를 계획하고 있다는 사실은 충분히 짐작할 수 있었을 터이다. 그런데도 그는 잘 알지도 못하는 두 사람의 숙박을 거절하지 않았다. 안중근 의거 직후 일본 헌병은 김성백을 체포하고 그의 집을 수색해 안중근이 이강 앞으로 쓴 편지와 「장부가」 등을 압수했으나 그를 기소하지는 않

45) 반병률, 2009, 앞의 글, 37쪽.

왔다.

1867년 함경북도 종성에서 태어난 김성백은 세 살 때 부모를 따라 연해주로 이주했다. 1884년 러시아에 귀화하여 치혼 이바노비치 김이라는 이름을 새로 지었고, 1900년 중국에서 의화단운동이 일어났을 때는 러시아군으로 동청철도 경비에 투입되었다. 제대한 뒤 동청철도 지선 공사 청부업에 종사하다가 1909년 2월 국민회 만주지방총회 의장이 되었다. 4월에는 동흥학교(東興學校) 설립을 주도하고 교사를 맡았는데, 이 학교는 국민회 하얼빈 지방회의 거점이었다. 김성백은 의거 이후 안중근의 부인과 두 아들이 하얼빈에 왔을 때도 자기 집을 숙소로 제공했다.[46] 안중근 사후(死後) 김성백은 국민회 하얼빈 지방총회를 총괄하면서 회원들에게 안중근 배지를 달게 하는 등의 추모사업을 벌였다.[47] 일본은 러시아 당국에 김성백을 추방하라고 여러 차례 요구했으며, 1912년 10월 11일 러시아 동지철도 관리기관 산하 특별간부회의는 '한국인 치혼 이바노비치 김을 동지철도 지역 내 공안과 안녕에 해로운 사람으로 간주하고 철도지역 바깥으로 추방'하기로 결의했다.[48] 이런 사정을 감안하면, 김성백은 처음부터 안중근의 동지로 참여했다고 보는 것이 합리적이다.

---

46) 「안현생의 수기」, 『시사인』, 2010. 3.
47) 러시아 국립문서보관소 소장, 「헌병사령부 지대, 비밀, 보가쩨비치 헌병대위」(1914. 9. 26), No.138(미간행 독립기념관 번역본); 이명화, 2014, 앞의 글, 349쪽에서 재인용.
48) 이명화, 2014, 앞의 글, 356쪽.

이강도 안중근의 동생 안정근, 안공근과 함께 활동하면서 유족을 돕는 일에 앞장섰다. 대동공보사를 내세워 '안중근 유족 구제공제회'를 조직했으며, 1910년 7월에는 별도로 '안중근사 건후원회'도 만들었다. 후원회는 안중근 사진에 "삶을 버리고 의(義)를 취했으며 제 몸을 죽여 인(仁)을 이루었으니 안군(安君)의 일거에 천지가 모두 떨었다"(捨生取義 殺身成仁 安君一擧 天地皆振)라는 글을 새겨 판매, 수익금을 유족 구제 자금으로 썼다. 치타로 이동한 뒤에도 그곳에 국민회 시베리아 지방 총회를 설립하고 유족 구제를 위해 안중근 배지를 만들어 판매했다. 둥근 모양의 배지 왼편에는 태극기, 오른편에는 국민회기를 교차시켰으며 가운데에 안중근 사진을 넣고 위에 한글로 '안의사 중근', 아래에 영문으로 'Hero AnchungKun'이라 새겼다. 안중근 의거가 국민회 활동의 일환이었다고 밝힌 셈이다. 러시아 정보기관은 당시 재러 한인들이 이 배지를 애국심의 표상으로 여겼다고 기록했다. 이강은 1916년 주한 일본 공사를 역임한 하야시 곤스케(林權助)가 러시아를 방문하자, 「한국 민족의 원수, 하야시의 죄상」이라는 문서를 만들어 배포했다가 암살음모 혐의로 체포되기도 했다.[49]

그러나 안중근은 "신문사와 이강과는 아무런 관계가 없다. 나는 그들과 같이 개발을 목적으로 하는 자가 아니다. 의병과 『대동공보』는 이토의 정책을 반대하는 목적은 동일하나 자연 차별이 있다. 그는 점진주의자이고 나는 급진주의자이다"고 하

49) 같은 글, 317-319쪽.

여 이강과 『대동공보』의 연루 혐의를 극구 부인했다.[50] 일본 당국은 이강을 체포했다가 곧 풀어주었으며 검찰도 공범으로 기소하지 않았다. 하얼빈에서도 국민회 지방회원 15명이 체포되었으나 모두 풀려났다.[51] 연해주 국민회, 대동공보사, 이강, 하얼빈 국민회, 김성백 등이 안중근 의거를 조직적으로 지원한 정황을 알고서도 안중근을 살인죄로, 우덕순과 조도선을 살인죄의 공범으로, 유동하를 살인방조죄로 기소하는 데 그쳤다.

안중근 의거 '공모자' 또는 '조력자'들에 대해서는 다른 증언도 있다. 유동하의 여동생 유동선은 이토의 하얼빈 방문 소식을 자기 아버지 유승렬이 먼저 알고 안중근을 비롯한 동지들을 집으로 불렀으며, 그 집에 7명이 모여 이토를 처단하기로 결의했다고 회고했다. 유동하도 이 '7인 동맹'의 일원으로서 자원해 연락 책임을 맡았다는 것이다.[52] 안중근 의거 이후 유승렬은 폴란드로 이주했으며, 유동하는 남러시아 사말리에서 독립운동을 계속하다가 25세 때 일본 밀정에게 살해당했다. 유동하의 남동생 유동주는 1951년 폴란드 최초로 구강(口腔)전문 박사학위를 받았다.[53]

간도(間島) 일본 총영사관 경찰부장을 지낸 아이바 기요시(相場淸)도 유동선과 비슷한 증언을 남겼다. 그는 "조선 청년 7명이 포시에트와 블라디보스토크 등지에서 기회를 엿보던 중

50) 신운룡, 2010, 앞의 글, 197쪽.
51) 이명화, 2014, 앞의 글, 343쪽.
52) 『경향신문』, 1988. 8. 15.
53) 『경향신문』, 1988. 8. 9.

신문 보도를 통해 이토가 하얼빈에 온다는 사실을 알고 논의 끝에 안중근이 하겠다고 나섰으며, 안중근 등은 하얼빈이 일본의 주권이 미치지 못하는 곳인데다가 전명운의 예에 따라 자기가 국사범으로 취급되어 러시아에서 재판받을 것이어서 사형은 당하지 않을 것이라고 예상했다"고 했다.[54] 증언자에 따라 내용이 조금씩 다르기는 하지만, 안중근과 우덕순 두 사람만의 의거라고 하기에는 의문점이 너무 많다.

일본의 저울질

의거 이듬해인 1910년 11월, 안중근의 사촌동생 안명근이 독립군 양성 자금을 모으기 위해 활동하다가 잡혔을 때, 조선총독부는 황해도와 평안도 일대에서 160명을 체포하고 증거를 조작하여 그중 김구(金九), 김홍량(金鴻亮), 한순직(韓淳稷) 등 18명을 내란미수와 모살미수 혐의로 기소했다. 두 달 뒤인 1911년 1월에는 양기탁(梁起鐸), 임치정(林蚩正), 주진수(朱鎭壽) 등 서울에서 활동하던 신민회 간부들을 보안법 위반으로 체포하고 혹독한 고문을 가해 '데라우치 총독 암살 미수 사건'을 날조했다. 총독부 경찰은 이 조작 사건을 빌미로 전국에서 600여 명을 잡아들였다. 일본은 한국을 강점한 뒤 개인이나 소그룹 단위의 항일운동도 '거대 조직이 개입된 사건'으로 날

---

54) 학습원대학 동양문화연구소, 『미공개자료 조선총독부 관계자 녹음 기록』, 2004.

조하여 '장차 항일운동을 벌일 우려가 있는 사람'들을 대거 체포하곤 했다. 항일운동의 기반을 무너뜨리고 한국인들에게 공포감을 심어주기 위해서였다. 그런데 안중근 의거에 대해서는 '조직적 활동'이라고 볼 만한 정황증거들을 묵살하면서까지 안중근, 우덕순 등의 '개인적 범행'으로 결론 내렸다. 왜 그랬을까?

의거 직후 일본 첩보장교가 조사 보고한 내용도 우덕순, 이강의 회고와 큰 차이가 없었다. 이들은 10월 10일 대동공보사 사무실에 사장 유진률, 주필 정재관, 기자 윤일병, 이강, 정순만, 옌추 지국장 겸 탐방원 안중근, 집금회계원 우덕순의 7인이 모여 이토 사살 계획을 세웠고 안중근과 우덕순이 실행요원이 되기를 자청했으며, 조도선과 유동하를 보조요원으로 정했다고 보고했다.[55] 그들은 최재형, 이상설, 안중근, 엄인섭, 김태훈, 이범윤, 유인석, 박태암, 이위종, 김인수, 유진률, 윤욱, 한형권, 이강 등 수십 명을 '범인'으로 단정했다.[56] 연해주와 만주의 민족운동 지도자들을 망라하다시피 한 명단이었다.

그러나 일제 당국이 내린 최종 결론은 '단독 범행'이었다. 당시 일본은 한국인들이 통감부의 문명적 통치를 환영하며 이토를 극히 존경한다고 선전하고 있었다. 국외 거주 한인들이 조직적으로 이토를 처단했다는 사실이 알려지는 것은 이 선전이 허구임을 입증하는 것과 같았다. 또 '조직 의거'로 다룰 경우 안

---

55) 이태진, 「安重根: 불의 불법을 쏜 의병장」, 『한국사 시민강좌』 30, 2002, 247쪽.
56) 『韓國近代史資料集成』 3권, 「要視察韓國人擧動」 3.

중근의 '공범'과 배후세력을 모두 체포할 때까지는 재판을 마칠 수 없었다. 러시아 거주 항일 민족운동가 중에는 러시아에 귀화한 사람도 많았기 때문에 검거 및 수사 과정에서 러시아 당국과 마찰을 빚을 가능성이 컸다. 또 연루자로 의심한 사람들을 다 검거할 수도 없었다. 의거를 지원한 국민회 세력이 미국, 중국, 러시아에 걸쳐 있다는 사실도 큰 부담이었다. 이와 관련해 뤼순에 파견되었던 외무성 정무국장 구라치 데츠키치(倉知鐵吉)는 "(조직 행위로 다룰 경우) 일·한병합에 반대하는 한국인들의 뜻이 알려져 병합 업무 추진에 지장을 초래할까 걱정했기 때문"이라고 술회했다.[57]

일본으로서는 자국 군대가 한반도 내에서 전개한 '남한대토벌작전'의 잔학성이 국제적 비난거리가 된 마당에 국제적 '사법 전선(戰線)'을 하나 더 만드는 것은 열강에 한국 병합을 승인받는 데에 유리하지 않다고 판단했을 것이다. 이에 앞서 1908년 3월 미국에서 대한제국 외교고문 스티븐스를 처단한 장인환이 금고 25년, 전명운이 무죄 선고를 받은 것도 고려 사항이었다. '정치범'의 행위에 대해서는 상대적으로 가벼운 처벌을 내리는 것이 국제관례였다. 일본 당국자들은 안중근 의거를 '조직범죄'로 다루어 해외 한인 민족운동 세력에 큰 타격을 가하는 기회로 삼는 것이 유리한지, 아니면 '개인 범죄'로 취급해서 해결하기 어려운 외교적 문제를 비켜 가는 것이 유리한지를 두고 저울질했을 것이다.

---

57) 倉知鐵吉, 『韓國併合ノ經緯』 『연합뉴스』, 2010. 8. 17에서 재인용.

게다가 안중근 의거는 이토 히로부미와 코코프체프의 회담으로 타결하려 했던 일본과 러시아 사이의 외교 현안에 미묘하고 까다로운 문제들을 추가했다. 러일전쟁은 유럽 열강 국가가 아시아 국가에 패배한 최초의 전쟁이었다. 러시아인들은 전쟁 패배를 심각한 모욕으로 받아들였으며, 이 모욕감은 한편으로 무능한 차르 전제정부를 향한 분노로, 다른 한편으로는 일본에 대한 복수심으로 표출되었다. 1905년 1월부터 러시아 농촌 전역에서 농민들이 봉기했고, 도시에서는 노동자들의 파업이 잇따랐다. 병력 대부분을 전선에 보낸 러시아 군대에는 이들을 진압할 여력이 없었다. 전쟁 중 러시아군 수십만 명이 목숨을 잃었고, 패전으로 군의 사기는 땅에 떨어졌다. 국가의 통제력이 약해진 틈에 사회주의자들이 노동자와 농민들 사이에서 급속히 영향력을 키웠다. 러시아 민중의 저항은 1905년 말까지 계속되었다. 포츠머스강화조약 체결 한 달 뒤인 1905년 10월, 러시아 황제는 선거권을 확대하고 정당 결성을 허가하며 시민의 기본권과 의회의 권한을 확대하는 등의 내용을 담은 '10월 선언'에 서명했다. 1905년 혁명은 러시아 내에서 패전 책임을 묻는 의미도 있었다. 그러나 일본에 당했다는 굴욕감은 그것으로 씻어지지 않았다.

러일전쟁 이후 일본이 한국에 대한 지배권을 확보하고 만주로까지 영향력을 확장하는 상황에서 러시아의 지식인과 군인 상당수는 일본에 복수할 기회를 노렸다.[58] 하지만 러시아 정부

58) 홍웅호, 「안중근의 이토 사살 사건과 러일관계」, 『사학연구』 100,

는 국내에서 혁명이 재발할 가능성을 더 우려했다. 다시 일본과 전쟁을 벌이게 된다면, 국내 상황에 대한 통제력을 잃을 것이 분명했다. 혁명 이후 러시아 외무부는 일본과 동맹을 맺는 문제까지도 고려했다. 그런 중에도 러시아 정부 내에는 만주에 이해관계가 있는 열강 사이의 협조로 이권 문제를 처리하려는 세력이 있었다. 특히 1909년부터 러시아 정부 내에서 중국과 미국을 끌어들여 일본을 견제해야 한다는 주장이 힘을 얻기 시작했다. 이에 러시아 재무부는 동청철도를 중국 정부에 매각함으로써 중국의 협조를 얻는 방안도 검토했다.[59]

러시아 정계에서 러·일관계에 대한 논의가 분분한 중에 미국이 만주 문제에 관한 새로운 구상안을 내놓았다. 1909년 새로 부임한 러시아 주재 미국 대사 록힐(W.W. Rockhill)은 러시아 정부에 만주의 문호를 개방하고 무역 중립지대를 설정하자고 제안했다. 그 얼마 후 러시아 재무대신 코코프체프가 만주를 방문했다. 일차적인 목적은 동청철도 매각의 타당성 여부를 판단하기 위해서였지만, 근본 목적은 만주를 러·일 양국의 이권 경계선으로 삼는 것이 유리한지, 국제적 완충지대로 삼는 것이 유리한지를 결정하기 위해서였다. 코코프체프가 만주에 오는 기회에 미국의 개입을 차단할 필요가 있다고 판단한 일본은 추밀원 의장 이토 히로부미를 파견했다. 이토는 한국 병합 문제와 만주 이권 문제 등 러·일 양국 간의 현안을 협의하

2010, 693쪽.
59) 같은 글, 698쪽.

고 가능하면 일괄 타결하려 했을 것이다. 그러나 안중근 의거로 이 회담은 성사되지 못했다.

그런데 일본으로서는 회담 결과를 낙관할 수 없었다. 러시아 국내에 반일 여론이 팽배했고, 중국과 미국도 러시아에 바라는 바가 있었다. 협상 카드는 러시아가 더 많이 쥐고 있었다. 안중근 의거 직후 러시아 주재 일본 공사 모토노 이치로(本野一郎)는 러시아 외무대신 이즈볼스키(Aleksandr Izvolsky)에게 동맹을 맺자고 제안했다. 이토가 코코프체프에게 제안하려 했던 내용일 것이다. 그러나 이즈볼스키는 "일본의 한국 병합을 승인할 수 없으며, 양국 간 관계를 강화하면 러시아에 대한 중국의 적대감이 높아질 수 있으므로, 중국을 포함하는 협정을 체결해야 한다"고 역제안했다.[60] 안중근 수사와 재판은 일본과 러시아가 만주 문제를 둘러싸고 줄다리기를 계속하는 상태에서 진행되었다.

일본은 처음 안중근 의거의 책임을 러시아에 떠넘기려 했다. 러시아군이 경계를 담당한 상태에서 사건이 발생했고, 의거 관계자 대다수가 러시아 국적의 한인이었기 때문에 명분은 충분했다. 러시아 측은 "안중근을 사전에 검거하지 못한 것은 일본이 먼저 일본인 환영객을 검문하지 말라고 요구했기 때문"이라고 변명하고 수사와 재판권을 일본 당국에 넘겨줌으로써 책임을 모면하려 했지만[61] 아무래도 궁색했다. 러시아에 어느 정도

---

60) 같은 글, 699쪽.
61) 홍웅호, 2010, 앞의 글, 676쪽.

까지 이토 사망의 책임을 묻느냐는 일본이 사용할 수 있는 카드였다. 일본은 러시아에 과도한 책임을 물 경우, 러시아 내 반일 정서가 심화할 우려가 있다고 판단했을 것이다. 러시아의 적극적 협조 없이는 의거를 지원한 한인들을 검거할 수도 없었다. 책임 소재 문제를 매듭짓지 않은 상태에서 러시아와 협상을 이어가기도 어려웠다.

일본 검찰이 안중근을 '단독범'이자 '일반 형사범'으로 기소한 것은 이런 사정을 종합적으로 고려했기 때문일 것이다. 안중근을 기소한 미조부치 검찰관은 먼저 "정치범이란 정치적 상황에 변동을 초래할 만한 결과를 이루어낸 자"라는 억지 논리를 만들어 안중근 의거를 개인 안중근 대 개인 이토 사이의 문제로 축소했다.[62] 안중근 의거와 관련해 러시아가 책임질 일은 전혀 없으며, 러시아 거주 한인들도 이 사건과 무관하다는 결론이었다. 일본 정부는 안중근 의거를 러시아, 중국, 미국 거주 한인들이 관여한 국제적 사건으로 만드는 것은 득보다 실이 많다고 판단했을 것이다.[63]

이로써 안중근 의거 문제는 일본과 러시아 사이의 협상 테이블에서 치워졌다. 안중근이 사형당한 지 넉 달 뒤인 1910년 7월 21일, 새로운 러·일협정이 체결되었다. 협정의 내용은 러시아와 일본은 향후 상대국이 특별 이익을 강화하는 데 반대하지 않으며, 동아시아에서 양국의 특수이익을 지키기 위해 공동

---

62) 김삼웅, 2009, 앞의 책, 226쪽.
63) 이태진, 2002, 앞의 글, 240쪽.

보조를 취하고, 러시아는 일본의 한국 병합에 반대하지 않는다는 것 등이었다.[64] 일본은 자기 요구를 전면 관철시켰고, 러시아는 양보했다. 다음 달, 일본은 한국을 병합했다.

64) 홍웅호, 2010, 앞의 글, 700쪽.

7 감옥과 법정에서 평화사상을 전하다

일본 당국의 수사 방침

의거 직후 러시아 헌병에게 체포되었다가 일본 헌병에게 넘겨진 안중근은 일단 하얼빈 유치장에 감금되었다. 일본 헌병이 그를 뤼순감옥으로 이송한 것은 11월 1일의 일이었다. 랴오둥반도 서쪽 끝에 있는 뤼순은 만주와 태평양을 잇는 전략적 요충지였다. 청일전쟁에서 승리한 일본은 청국으로부터 랴오둥반도를 할양(割讓)받았으나, 러시아가 중심이 된 삼국간섭에 굴복하여 되돌려주었다. 그 대신 러시아가 뤼순에 군항(軍港)을 설치할 권리를 얻었다. 러시아는 1902년 군항 시설의 하나로 감옥을 건설했다.

러일전쟁 중 뤼순항을 빼앗은 일본은 1907년 러시아가 지은 감옥을 대대적으로 확장했다. 보통옥사 253칸, 지하 감옥 4칸, 환자용 병사(病舍) 18칸, 몸 수색실, 취조실, 교수형실과 15개

최근의 뤼순감옥. '여순일아감옥구지'(旅順日俄監獄舊址)라는 현판이 붙어 있다. '뤼순 일본 러시아 감옥 옛터'라는 뜻이다.

작업실을 갖춰 3천 명 이상을 수용할 수 있도록 했으며, 감옥 바깥에는 수감자들의 노역장으로 벽돌가마, 목장, 과수원, 채소밭을 두었다.[1] 이 감옥은 만주에서 일본의 영향력을 표상하는 랜드마크의 하나였다. 후일 신채호와 이회영(李會榮)도 이 감옥에서 순국했다.

　뤼순으로 향하는 기차 안에서 안중근은 일본 헌병들에게 "내가 나라를 위해 목숨을 바친 것은 지사의 천직(天職)이로다. 너희들이 나를 이와 같은 기차에 앉히다니 지사에게 너무나 무례하다"고 꾸짖었다. 감옥에 갇힌 뒤 첫 번째 음식을 받고서는

---

1) 김삼웅, 2009, 앞의 책, 318쪽.

"나에게 사람이 먹지 못할 거칠고 냄새나는 음식을 주다니 네놈들 무례하다. 이와 같이 박대하지 말고 나에게 대신(大臣)의 예의를 갖추기 바란다"고 말했다고도 한다.[2]

의거 이틀 뒤인 10월 28일, 일본 외무대신 고무라 쥬타로(小村壽太郎)는 외무성 정무국장 구라치 데츠키치(倉知鐵吉)를 하얼빈에 급파해 사건 조사를 맡겼다. 조사 항목은 다음과 같았다.

1. 각 피고인의 지위, 경력, 성행, 주거지 및 배회지방, 소속당과 평소 가지고 있는 정치상의 의견, 소속 종교, 평소 왕래 통신하는 인물, 자산 상태, 특히 생활비 출처, 흉행(兇行)을 하거나 기도하기에 이른 경로

2. 피고인이 관계한 조직적 단체의 유무, 만약 있다면 그 목적, 조직, 근거지, 수령 및 주요한 단체원, 단체 비용의 출처

3. 피고인에 대한 교사자(敎唆者) 유무, 만약 있다면 교사자 및 그 원(原) 교사자에 대해 거론할 만한 사항, 교사의 방법 및 교사자와 피교사자의 평소 관계[3]

통감부 역시 주한 일본군 참모장 아카시 모토지로(明石元二郎)를 파견해 협조토록 했다. 하얼빈의 일본 헌병대는 위 지침

---

2) 『廈門日報』, 1909. 11. 19; 이목회 외, 「중국인 눈에 비친 안중근의사 의거」, 『관훈저널』 112, 2009, 243-244쪽.
3) 이태진, 2002, 앞의 글, 246-247쪽.

에 따라 의거 연루자들을 찾기 위해 바쁘게 움직였다. 『대동공보』 관계자들은 물론 블라디보스토크와 하얼빈의 국민회 회원들이 속속 체포되었다. 국내의 일본 헌병대는 안창호, 이갑(李甲), 이종호(李鍾浩), 김붕준(金朋濬), 김구 등 수십 명을 잡아들였다. 일본 헌병과 검찰의 용의자 심문이 본격 개시된 12월 2일, 고무라 외무대신은 구라치 정무국장에게 전보를 보내 안중근을 '중형(重刑)으로 엄벌(嚴罰)'하라고 지시했다. 또 관동도독부 고등법원장 히라이시 우지히토(平石氏人)를 일본으로 소환하여 안중근에게 사형을 선고하겠다는 다짐을 받았다. 공판이 시작되기 두 달 전의 결정이었다.[4] 법무대신이 아니라 외무대신이 지시했다는 사실에 주목해야 한다.[5] 이 시점에서 일본 정부는 안중근을 '정치범'으로 다루는 것은 자국의 외교적 이익에 부합하지 않으며, 그에게 사형을 선고하는 데에도 차질이 생길 수 있다고 판단했다. 연루자로 지목되어 체포된 사람들은 모두 풀려났다.

재판관할권과 변호인 선임

안중근 의거 장소인 하얼빈은 청나라 영토였다. 그러나 하얼빈역 주변의 치안 행정권은 러시아 동청철도 장관이 가졌다. 그런 곳에서 한국인이 일본인을 죽였으니 먼저 재판관할권 문

---

4) 윤병석, 2009, 앞의 글, 355-356쪽.
5) 『關東都督府情況報告及雜報』, 1909. 10-11, 日本 外交史料館 소장.

제가 제기될 수밖에 없었다. 안중근은 자기가 대한의군 참모중장 자격으로 전투 행위를 한 것이라고 주장했다. 이 주장을 수용할 경우 재판은 사건 발생지역을 관할하는 정부가 국제 전시법에 따라 진행해야 했다.[6] 그러나 사건의 국제정치적 파장이 커지는 것을 원치 않았던 일본 정부는 이 주장을 받아들이지 않았다. 일본 정부는 먼저 자국의 재판관할권 행사가 '국제법상 합법'이라는 명분을 만드는 데에 집중했다.

1899년 9월에 체결된 「한청통상조약」은 대한제국이 외국과 맺은 유일한 '평등조약'으로 양국 모두에 영사재판권을 부여했다. 이에 따라 한국 거주 청국인의 범죄는 청국 영사가, 청국거주 한국인의 범죄는 한국 영사가 재판권을 행사했다. 일본은 1905년 4월 8일 각의(閣議)에서 「대한제국 보호권 확립의 건」을 의결하여 한국 외교권을 박탈할 방침을 세웠다. 그 첫 번째 조항이 '한국의 대외관계는 전연 제국에서 이를 담임하고 재외한국 신민은 제국의 보호하에 둘 것'이었다. 일본은 이 결정을 1905년 11월 이른바 '을사늑약'으로 관철했다. 하지만 청나라 거주 한인의 재판에 관해서는 모호한 점이 적지 않았다.

1907년 2월 5일, 러시아 동청철도 장관은 「동청철도 민정처 (民政處) 훈령」 제19호로 철도 권역 내에 거주하는 한인의 치외법권을 인정하지 않는다고 공시했다. 한인의 치외법권을 인정한 것은 청나라뿐이었기 때문에 러시아가 재판관할권을 장악한 지역에까지 적용할 이유는 없다고 본 것이다. 이에 대해

---

6) 이태진, 2002, 앞의 글, 241쪽.

하얼빈 주재 일본 총영사관은 「한청통상조약」으로 한국이 확보한 외교적 권리 일체를 일본이 승계했다고 주장하며 훈령 번복을 요구하여 관철시켰다. 러시아 측은 청나라 영토 안에서 한인에 대한 재판관할권 문제로 일본과 외교적 마찰을 빚어봐야 별 실익이 없다고 판단했을 것이다. 반면 일본 측으로서는 러시아로부터 '을사늑약'의 효력을 인정받을 필요가 있었다.

1907년 겨울, 하얼빈에서 한국인이 일본인을 살해하는 사건이 발생했다. 일본 총영사는 본국 외무성에 재판 관할 문제에 대해 문의했고, 외무성은 총영사가 재판하라고 지시했다. 그러나 이 재판은 '적법성'에 문제가 있었다. '을사늑약'이 유효하다 쳐도, 일본 영사는 한국 영사를 대신해 재판권을 행사할 권리만 가졌을 뿐 한국인을 일본 법령으로 처벌할 권리를 가진 것은 아니었다. 당시 한국 형법에는 재외국민에 대한 처벌 규정이 없었다. 일본은 재외 한국인에게 일본 형법을 적용하는 초법적 행위를 저질렀던 셈이다. 그렇지만 이는 하얼빈에서 일본 총영사가 한인을 재판하는 선례가 되었다.[7]

하얼빈역에서 이토가 사망하자 러시아는 책임 소재 문제가 외교 갈등으로 이어질까 우려했다. 러시아로서는 수사부터 재판에 이르기까지 모든 권한을 일본에 넘겨주고 완전히 발을 빼는 것이 최선의 대책이었다. 이미 선례도 있었다. 다만 이토와 회담했던 코코프체프는 "범인의 국적이 한국이므로 일본을 경

---

7) 신운룡, 「일제의 국외 한인에 대한 사법권 침탈과 안중근 재판」, 『한국사연구』 146, 2009, 215-218쪽.

유하여 한국에 인도한 것"이라고 주장했다. 일본의 요구를 일 방적으로 수용하는 것은 자국의 위신과 관련된 문제라고 여겼 기 때문일 터이다.[8]

일본의 재판관할권 행사가 적법한가와는 별도로, 재판 장소 도 문제였다. 일본 법률에 따르면 재외 한인에 대한 재판은 나 가사키 지방법원 관할이었다. 그러나 일본 정부는 일본에서 재 판할 경우 안중근을 사형에 처하기 어려울 수도 있다고 판단했 다.[9] 전 세계 언론의 관심이 집중된 사건이기 때문에 일본 법 원으로서는 '문명성'을 보여주어야 한다는 부담감을 느낄 수 있었다. 일본을 배제하자 남은 곳은 한국과 현지뿐이었다. 처 음 통감부는 안중근 관련 인사를 '일망타진'한 뒤 한국에서 재 판하자고 주장했다. 안중근 의거를 계기로 국내의 항일운동 세 력에 큰 타격을 가하기 위해서였다. 그러나 일본 외무성은 이 주장을 받아들이지 않았다. 일본 정부는 외국인 기자들이 참석 하기 어려운 데다가 외무성이 간섭하기 쉬운 관동도독부 지방 법원을 재판정으로 정했다.[10]

하지만 일본인 관선 변호사 카마타조차도 안중근 사건 재판 이 일본 관동도독부 지방법원에서 일본 법률에 따라 진행되는 것은 부당하다고 지적했다. 그는 첫째, 일본의 재판관할권 행 사는 「한청통상조약」을 무시한 폭론(暴論)이며, 둘째, 한국은

---

8) 같은 글, 223쪽.
9) 국사편찬위원회, 『한국독립운동사자료』 7, 「안중근편」 2, 1978, 476쪽.
10) 신운룡, 2009, 앞의 글, 236-237쪽.

일본에 외교권을 위임했을 뿐 법률제정권까지 위임하지 않았고, 셋째, 일본이 영사재판을 대행하더라도 일본 형법을 적용하는 것은 월권행위이며, 넷째, 한국 형법에는 국외의 형사범에 적용할 조항이 없다고 명료히 지적했다. 요컨대 일본 재판소에서 일본 법률로 안중근을 재판하는 행위 자체가 불법이라는 것이다. 「한국인에게 일본 법규를 적용할 경우에 관한 건」이 일본 칙령 제196호로 공포된 것은 안중근 사후인 1910년 4월 6일의 일이었다. 일본 정부 스스로 안중근 재판이 원천무효임을 고백한 셈이다.[11]

안중근이 체포되자마자 이강 등은 명의상『대동공보』발행인이었던 러시아인 미하일로프를 상하이로 급파해 변호사를 구하게 했다. 민영철, 민영익, 현상건 등 상하이에 있던 한인들이 1만 원을 모금하여 미하일로프에게 주었고, 그는 그 돈으로 영국인 변호사 더글러스를 선임했다.[12] 더글러스 외에도 하얼빈에 거주하던 스페인인 변호사, 도쿄의 일본인 변호사 등이 자원했다.[13] 일본은 안중근 변론을 위해 고종의 밀사들이 나섰다고 판단했다.[14]

안중근의 가족은 한국인 안병찬(安秉瓚)을 변호사로 선임했다. 평안북도 의주 출신인 안병찬은 을사늑약 당시 법부주사로

---

11) 같은 글, 229-234쪽.

12) 김삼웅, 2009, 앞의 책, 108쪽.

13) 이태진, 「安重根과 梁啓超: 근대 동아시아의 두 개의 등불」, 『진단학보』126, 2016, 108쪽.

14) 일본 외무성 외교사료관, 「兇行者及兇行嫌疑者調査」, 1910. 1. 8.

서 고종에게 을사오적 처단과 국정개혁을 상주했다가 파직·구속되었다. 감옥에서 풀려난 후 변호사가 되었으며 1909년에는 이용구(李容九), 송병준(宋秉畯) 등의 일진회 수괴들을 대역 미수, 국권 괴손죄(壞損罪)로 경성지방재판소에 고소했다.[15] 국내에 있던 안중근 가족과 친지들은 그를 찾아가 변호를 부탁했고, 그는 쾌히 응낙했다. 하지만 일본 재판부는 안중근 가족과 친지, 동지들이 선임한 변호사는 물론 자원한 변호사들의 변론도 일절 불허했다. 일본은 공명정대하고 문명적인 재판을 하겠다고 호언(豪言)했지만, 변호사를 통해 사건의 진상이 세계에 알려지는 것을 원치 않았다. 그들은 피고인 안중근의 뜻을 묵살하고 일본인을 관선 변호사로 선임함으로써 재판의 부당성을 스스로 폭로했다.

재판정을 담판장으로 삼다

안중근은 이토 처단을 계획할 때부터 재판정을 '일본 침략세력 대 한인 의병세력'의 담판장으로 삼기로 작정했다. 이토가 국제적으로 저명한 거물 정치인이었기에 세계인의 이목이 재판정에 쏠릴 것은 분명했다. 물론 이 생각이 동지들과 협의한 결과였을 수도 있다. 이강 등 공립협회 관계자들은 1907년 장인환과 전명운이 스티븐스를 저격한 뒤 한국에 대한 미국인들의 관심이 높아졌다는 사실을 잘 알고 있었다. 안중근에게 이

---

15) 김삼웅, 2009, 앞의 책, 282-283쪽.

토 처단은 일차적 목표였고, 국제사회에 한국인들의 뜻을 알리는 것이 궁극적 목표였다.

하지만 일본 검찰관 미조부치는 법정에서 의거의 국제정치적 의미를 둘러싼 논쟁이 벌어지기를 원치 않았다. 그는 사건의 의미를 개인 안중근의 오판에 따른 계획살인으로 축소하고자 했다. 심문 과정 내내, 그는 이토에 대한 안중근의 생각만을 집중적으로 캐물었고, 안중근에게 이토 처단은 오판(誤判)에 의한 것임을 인정하라고 설득했다. 피고인 신분으로 검사와 대화하면서 주도권을 쥘 수는 없다. 질문자가 문제의식을 축소하라고 요구하면, 응답자는 그 요구에서 크게 벗어날 수 없다. 결국 안중근은 이토를 처단한 이유만을 구구히 설명할 수밖에 없었고, 자신의 원대한 구상은 『동양평화론』에서 따로 밝혀야 했다. 그러나 일본은 이 작업을 완성할 시간조차 허용하지 않았다.

이토를 살해한 이유를 묻는 미조부치의 질문에 안중근은 다음 15개 죄목을 제시했다.

1. 한국 황후를 시해한 죄
2. 한국 황제를 폐위한 죄
3. 오조약과 칠조약을 강제로 정한 죄
4. 무고한 한국인들을 학살한 죄
5. 정권을 강제로 빼앗은 죄
6. 철도와 광산, 산림과 천택(川澤)을 강제로 빼앗은 죄
7. 제일은행권 지폐를 강제로 사용하게 한 죄

8. 군대를 해산한 죄

9. 교육을 방해한 죄

10. 한국인들의 외국 유학을 금지한 죄

11. 교과서를 압수하여 불태워 버린 죄

12. 한국인이 일본의 보호를 받으려 한다고 세계를 속인 죄

13. 현재 한국과 일본 사이에 싸움이 그치지 않고 살육이 끊이
지 않는데 한국이 태평무사한 것처럼 위로 천황을 속인 죄

14. 동양평화를 파괴한 죄

15. 일본 천황의 아버지 태황제를 죽인 죄[16]

마지막 15조는 한인들 사이에 꽤 널리 퍼졌던 소문으로 최익
현도 주장한 바 있으나 사실은 아니다. 나머지 14개 조는 개인
이토의 죄가 아니라 일본 제국주의 침략 정책이 낳은 결과들이
다. 중복되는 죄목도 있고 누락된 죄목도 있지만, 안중근은 을
미사변 이후 일본이 한국 식민지화를 추진하는 과정에서 자행
한 범죄적 행위들의 개요를 대체로 정확히 파악하고 있었다.
1조의 을미사변을 제외한 나머지 13개는 모두 러일전쟁 이후,
특히 통감 이토 히로부미가 한국의 내외정(內外政)을 실질적으
로 장악했던 시기의 일이었다. 1904년 러일전쟁을 도발한 일본
은「한일의정서」를 강요하여 군용지와 철도용지 명목으로 광
대한 토지를 빼앗았으며, 1907년에는 임시제실유급국유재산조
사국(臨時帝室有及國有財産調査局)을 설치, 황실이 소유한 토

---

16)『안응칠역사』, 90쪽.

지와 광산, 어업권과 영업권 등을 국유로 이관했다가 일본인들에게 넘겼다(6조).[17]

조선 정부는 1894년 갑오개혁의 일환으로 화폐개혁을 단행했다. 이때 공포된 「신식화폐발행장정」은 은화를 본위화로, 백동화를 보조화로 삼았으며, 조선 화폐와 재질, 중량이 같다면 외국 화폐라도 아무 지장 없이 사용할 수 있게 했다. 당시 그런 화폐는 일본 은화밖에 없었다. 그런데 조선 정부는 화폐 주조 수익을 노려 실질 가치와 액면 가치의 차이가 큰 백동화만 남발했을 뿐 은화는 거의 발행하지 않았다. 이에 '악화(惡貨)가 양화(良貨)를 구축'하는 통화 인플레이션이 일어났다. 반면 일본은 청일전쟁 승리로 받은 막대한 배상금으로 1897년 '금본위제' 화폐개혁을 단행했다. 일본에서 은화 발행이 중단되고 한국 유통계에 흘러 들어간 은화도 대부분 백동화 때문에 환수되지 않아 지급 불능 위기에 처한 제일은행은 1902년부터 한국 내에서 지폐를 발행하기 시작했다. 한국 상인들이 사용 금지 운동을 벌이고 정부도 유통을 불허했으나, 일본은 군함까지 동원하여 금지령을 철회시켰다. 일본 제일은행권이 제약 없이 통용되면서 일본 화폐가 실질적인 가치 척도로 기능했고, 국고에는 가치가 하락하는 백동화만 들어와 국가 재정을 악화시켰다.[18] 일본 상인들의 상권 침탈도 한층 가속화했다.

---

17) 전우용, 『한국 회사의 탄생』, 서울대학교 출판문화원, 2011, 213-214쪽.
18) 같은 책, 176쪽.

1904년 2월 러일전쟁을 도발한 일제는 한국 정부를 강박하여 「한일의정서」를 체결하는 한편, 「대한방침(對韓方針) 및 대한시설강령(對韓施設綱領)」을 확정했다.[19] 일본은 여기에서 "제국은 한국에 대해 정사상(政事上) 및 군사상에 보호의 실권(實權)을 거두고 경제상으로 더욱 우리 이권의 발전을 도모한다"는 대전제하에 각론으로 ① 방비를 완전히 할 것, ② 외정(外政)을 감독할 것, ③ 재정을 감독할 것, ④ 교통기관을 장악할 것, ⑤ 통신기관을 장악할 것, ⑥ 척식(拓殖)을 도모할 것 등을 제시했다.[20]

일제의 이 방침은 이후 대규모 일본군의 주둔, 외교 및 재정 고문 파견과 통감부 설치, 시정개선을 표방한 제도 정비 등으로 실현되었다. 일본의 한국 보호국화 방침은 한국을 이주(移住) 식민지로 설정하고 수립된 것이었다.[21] 일본인의 한국 이주와 토지 취득에 편의를 제공하고 그들이 한국에서 취득한 화폐 자산을 자유로이 일본에 보낼 수 있도록 하기 위해서는 일본 화폐를 한국 화폐로 교환하는 불편을 없애야 했다. 일본은 이에 한국에서 가장 많이 유통되던 백동화의 사용을 금지하고, 일본 화폐와 제일은행권만을 사용하게 했다. 그러면서도 백동화의 액면 가치를 인정하지 않았고, 교환해줄 새 화폐도 충분

---

19) 李榮昊, 「대한제국 후기 조세증가정책의 실현과정과 그 성격」, 『韓國文化』 18, 1996, 345쪽.

20) 「對韓方針及對韓施設綱領」, 『日本外交文書』 37권 1책, 351-356쪽.

21) 정연태, 「일제의 한국농업정책; 1905-1945」, 서울대 국사학과 박사학위논문, 1994, 12-20쪽.

히 준비하지 않았다. 게다가 정부와 상인들 사이의 신용거래도 중단시켰기 때문에 전국적으로 화폐 부족 현상이 일어났다. 수많은 상인이 지불 기일에 돈을 구하지 못해 파산했고, 자살한 사람도 적지 않았다.[22] 화폐 정리를 마무리 지은 일제는 다시 '재정정리'에 착수했다. 한국 식민지화에 필요한 경비를 한국 내에서 조달하는 한편, 한국의 재정 기반을 붕괴시키기 위해서였다. 이들 '사업'의 결과 한국 경제의 대일 예속화는 돌이킬 수 없게 되었다(7조).

안중근은 일제의 화폐 정리와 재정정리가 마무리된 뒤인 1907년 평양에서 미곡상과 석탄 채굴회사를 경영했기에 이들 사업으로 직접 피해를 겪지는 않았겠지만, 한국 상인들이 입은 피해는 잘 알았을 것이다. 그런데도 일제의 경제침탈에 대한 언급은 상대적으로 적었다. 그의 아우 안공근은 심문하는 일본 경찰에게 "형이 집에 있을 때는 돈 버는 일만 생각하고 있었다"[23]고 말했지만, 재정권을 빼앗은 죄, 어음을 폐지한 죄, 세금을 신설한 죄(일본은 1909년 주세, 가옥세, 연초세 3종의 세금을 새로 창설하여 조선 민중에게 부과했다) 등을 거론하지 않은 것으로 보면 경제문제에 큰 관심이 없었던 듯하다. 그보다는 서우학회에 가입하고 삼흥학교와 돈의학교를 운영하면서 벌였던 교육구국운동이 좌절한 데에 더 큰 분노를 표했다.

---

22) 전우용, 2011, 앞의 책, 207-208쪽.
23) 국사편찬위원회, 『한국독립운동사자료』 6, 「안중근편」 I , 1978, 참고인 신문조서.

조선 정부는 1894년 갑오개혁 당시 성균관을 폐지하고 대학을 설립하는 방안을 검토했는데, 소학교도 만들지 못한 상태에서 대학을 설립하는 것은 시기상조라는 의견에 따라 일단 보류했다. 그러나 이 계획이 유보된 근본 이유는 일본인 교수로 채워지는 대학은 오히려 조선 독립에 장애가 될 것이라고 판단한 왕과 몇몇 관료가 미국인 선교사들과 함께 왕립대학을 만들려 했기 때문이다. 이 계획을 알아차린 일본은 조선에 대학을 설립하는 대신 인재를 선발해 일본에 유학 보내라고 압박했다. 이에 조선 정부는 1895년 1월의 「홍범 14조」에 "나라 안의 총명하고 준수한 젊은이를 널리 유학시켜 외국의 학술과 기예를 배우게 한다"는 조항을 넣었고, 그해 5월 양반 자제 192명을 관비유학생으로 선발하여 일본에 보냈다. 관비유학생 선발은 1898년까지 계속되다가 그 이듬해에 중단되었다. 관비유학생 선발이 중단된 것은 한국 정부의 재정난 때문이며, 자비(自費) 유학에는 특별한 장애가 없었다. 그러니 10조도 사실이 아니다. 그러나 일제가 1908년 8월 사립학교령을 반포하여 학교 설립과 교과서 발행을 통제하고, 1909년 출판법을 공포하여 사립학교에서 사용하던 교과서는 물론, 대한제국 학부 발행 교과서들까지 압수, 소각한 것은 사실이다(9조, 11조).

고종이 을사늑약의 부당성을 호소하기 위해 헤이그에서 열린 만국평화회의에 밀사를 파견한 것은 1907년 4월의 일이었다. 국내외 반일운동의 정점(頂点)에 고종이 있다고 판단한 일본은 그해 7월 19일 고종을 협박하여 황태자에게 양위하도록 했다(2조). 이어 7월 24일에는 「한일신협약」(정미 7조약)을 강요하여 한국 정부에 일본인 관리를 임용할 수 있도록 했다 (5조). 이어 8월 1일에는 대한제국 군대를 해산했다(8조). 군대 해산에 저항하여 서울의 시위대 병사들이 봉기한 상황은 안중근이 직접 목격한 바였다.

을사늑약 이후 전국 각지에서 다시 의병이 봉기했다. 처음에는 을미의병 때와 마찬가지로 양반 유생들이 주도했으나 곧 평민들만의 의병부대가 생겼고, 1907년부터는 해산된 군인들까지 합류하여 그 세력은 급속히 커졌다. 일제의 재정 개혁을 빙자한 세금 증수(增收)와 일본인의 토지 침탈에 분격한 농민들은 물론, 일제의 정부조직 개편으로 관직에서 쫓겨난 관료들도 가담했다. 의병과 농민들의 관계는 혈연적이었다. 농민들은 의병부대에 먹을 것과 쉴 곳을 제공했고, 일본군의 동향을 탐지하여 알려주었다. 농민들과 의병부대 사이의 혈연적 연계를 차단하지 않고는 의병전쟁을 끝낼 수 없다고 판단한 일본군은 1909년 9월부터 '남한대토벌작전'이라는 이름의 무차별 학살을 자행했다(4조).

일제는 국권을 회복하려는 한국인들의 움직임을 철저히 탄압하는 한편에서 매국 단체 일진회(一進會)를 지원·육성하여 한국인들을 이간(離間)하고, 한국인들이 일본의 보호통치를 환영한다는 대외선전에 이용했다(12조). 그러나 대다수 한국인은 일진회원들을 '친일파' 또는 '토왜'(土倭)라 부르며 사람으로 취급하지 않았다. 1907년, 공립협회에서 발행한 『공립신보』에는 「경고 친일파 동포」라는 글이 실렸다. 이것이 한국인이 발행한 신문에 '친일파'라는 단어가 사용된 첫 번째 사례다.[24] 이 글은 친일파를 "일본을 의지하여 우리나라를 팔며, 일본을 의지하여 우리 황상폐하를 능욕하며, 일본을 의지하여 우리 동포를 학살하며, 잔인하고 악독하여 사람의 낯에 짐승의 마음 가진 당파"로 정의했다. 『대한매일신보』는 당시 '토왜'(土倭)들을 일본의 한국 침탈에 협조한 공을 내세워 이권(利權)을 바라는 대한제국 고관, 일본군의 위세를 빌려 남의 재산을 탈취하고 부녀자를 겁간하는 일진회원, 사사로운 앙심을 품고 동족을 일본군에 밀고하여 죽게 만드는 말단 관리 등으로 규정했다.[25]

　의거 직전까지 여러 신문을 탐독했던 안중근도 이런 기사들을 보았을 가능성이 크다. 비록 러일전쟁은 끝났으나, 한반도 전역에서 의병의 항전과 일본군의 학살, 친일파 토왜들의 만행이 계속되는 상황을 '평화'라고 할 수는 없었다. 안중근 자신도 연해주에서 일진회원들에게 맞아 죽을 지경에 이른 적이 있었다. 일본군은 한국인을 살육(殺戮)했을 뿐 아니라 세계 여론을 속이기 위해 한국인들끼리 무고하고 살인하도록 부추겼다. 안중근이 보기에, 한국인들에게 원한을 심고 중국인들에게 근심을 심으며 러시아인들에게 질시를 심는 것이야말로 동양평화를 파괴하는 행위였다(13, 14조).

　처음 의거 연루자를 밝혀내는 데에 주력했던 미조부치는 '단독 범행'으로 처리한다는 각본이 정해진 뒤로는 안중근에게 "이토의 본의(本意)를 오해해서 거사했다"는 자백과 사과를 받

────────────

24) 『공립신보』, 1907. 8. 30.
25) 『대한매일신보』, 1910. 6. 22.

아내려 했다. 그는 이토가 통감으로 부임한 뒤로 한국의 재정이 건전해지고, 철도가 개통되었으며, 산업이 발전하고 민심이 안정되었다는 등 '시정개선'(施政改善)이 큰 성과를 거뒀다고 주장했다. 현재까지도 일본 우익과 한국의 일부 정치인, 학자들이 반복하는 '일제 식민통치 시혜론'이었다. 그러나 안중근은 그 모든 일이 일본인만을 위한 것일 뿐 한국인과는 무관하며, 오히려 무수한 한국인은 생명과 재산을 빼앗겼다고 맞섰다. 안중근은 자신이 이토와는 어떤 개인적 원한도 없으며, 이토를 척살한 것은 오직 그의 정책이 한국민을 학살하고 동양평화를 파괴하며 일본 천황을 속이는 일이었기 때문이라고 거듭 강조했다. 그는 자기가 대한제국 의군 참모중장이자 독립 특파대장으로서 한국통감을 지낸 일본 추밀원 의장 이토 히로부미를 처단한 것은 국제법상 정당한 교전행위에 해당한다며 오히려 미조부치를 설득했다. 안중근은 『안응칠역사』에 미조부치가 자기를 후대(厚待)했으며, 공정하고 정직한 토론을 했다고 적었으나,[26] 심문 과정에서 보인 기색이 어쨌든 미조부치는 안중근을 '정치범'이 아니라 "무지몽매하여 시정(施政)의 옳고 그름을 판단하지 못하는 파락호(破落戶)"로 단정했다. 미조부치의 관심은 안중근 의거를 "정치적 식견이 없는 자의 행위로서 정세에 아무런 변동을 일으키지 못한 사건"으로 정의하여 국제정치 문제로 비화하는 일을 막는 데에 있었다.

  안중근과 미조부치의 '논쟁'은 석 달 가까이 계속되었다. 안

---

26) 『안응칠역사』, 92쪽.

중근은 이 과정에서 자기의 평소 생각을 다시 정리할 수 있었을 것이다. 1910년 2월 7일 일본 관동도독부 지방법원에서 '안중근 사건' 첫 공판이 열렸다. 일본은 기자들이 방청하는 재판은 가급적 신속히 끝내고자 했다. 일본의 각본대로라면 안중근을 서 달 동안 심문할 이유도 없었다. 그들은 의거에 직접 가담한 우덕순, 조도선, 유동하를 제외한 누구도 추가로 기소하지 않았다. 그들은 의거에 대한 국제적 관심이 가라앉기를 기다려 '적절한 때'에 안중근을 처형하려 했을 것이다.

공판은 여섯 번 만에 끝났다. 세 번째 공판까지는 검찰의 공소장을 기초로 한 판사의 심문과 심리였고, 네 번째는 검사의 구형, 다섯 번째는 변호인의 변론, 여섯 번째는 판결이었다.[27) 일본 헌병과 경찰이 애초 사건 관계자로 지목한 사람이 무척 많았고, 러시아군 중에도 목격자와 체포자 등 관련자가 적지 않았으나 증인을 법정에 부르지도 않았다. 재판을 각본대로 진행하려면 변수(變數)를 줄여야 했기 때문이다. 일본인 변호인이 재판의 부당성을 주장한 것도 거꾸로 '재판의 공정성'을 과시하기 위한 연출이었을 가능성이 크다.

재판정을 '일본 침략세력 대 한인 의병세력'의 담판장으로 설정했던 안중근은 우선 자기 행위를 일본 재판정에서 일본 법률로 재판하는 것은 부당하다고 선언했다. 심문 과정에서나 재판 과정에서나, 안중근은 자기가 대한의군 참모중장 자격으로 전투 행위를 하다가 적군의 포로가 된 것이라고 일관되게 주

----

27) 윤병석, 2009, 앞의 글, 359쪽.

장했다. 안중근은 또 일본이 군이 자국 형법으로 재판하겠다면 "상관의 명령에 따라 그 직무로 수행한 자는 죄를 논하지 않는다"는 구(舊)형법 제767조를 적용해야 한다고 주장했다.[28] 일본 검찰관과 논쟁하는 과정에서 을미사변 당시 황후 시해의 주범이었던 미우라 고로가 처벌받지 않은 이유를 알았을 가능성이 크다. 그는 『안응칠역사』에 이렇게 적었다.

"지난 1895년에 주한 일본 공사 미우라가 병정을 몰아 대궐을 침범하고 한국의 황후 민씨를 시해했는데, 일본 정부는 미우라를 아무런 처형도 하지 않고 석방했으니, 그 내용인즉 반드시 받은 명령이 있어서 그렇게 한 것이 분명하다. 그런데 오늘에 이르러 나의 일로 말하면, 비록 개인 간의 살인죄라고 말할지라도 미우라의 죄와 나의 죄 중 누가 가볍고 누가 무거운가. 그야말로 머리가 깨지고 쓸개가 찢어질 일이 아닌가. 내게 무슨 죄가 있는가. 내가 무슨 잘못을 범했는가 하고 천 번 만 번 생각할 즈음 갑자기 크게 깨달은 후에 박장대소하며 말하기를, '나는 과연 큰 죄인이다. 나는 다른 죄가 아니라 어질고 약한 한국의 인민 된 죄이다' 하니, 이에 의심이 사라지고 마음이 편안해졌다."[29]

안중근은 의거 당시 이미 죽기로 작정했지만, 혹시 살 수 있을지도 모른다는 생각을 완전히 버리지는 않았다. 그 자신, 전

---

28) 신운룡, 2009, 앞의 글, 250쪽.
29) 『안응칠역사』, 100쪽.

투 중 생포한 일본군 포로를 만국공법에 따라 풀어준 적이 있었다. 그는 만국공법에 따라 재판이 진행된다면 자기가 사형당할 리 없다고 믿었다. 물론 그가 만국공법을 적용해야 한다고 주장한 것이 삶을 탐해서만은 아니었다. 이는 의거의 정당성을 국제적으로 인정받는 문제였다. 그러나 일본 검찰의 구형량은 사형이었다. 안중근이 이해한 사형 구형의 요지는 "이런 사람이 만약 이 세상에 살아 있으면 허다한 한국인이 그 행동을 본뜰 것이므로, 일본인들이 두렵고 겁이 나서 보전할 수 없는 것이 이유"였다. 일본 검찰도 안중근도, 의거로 인한 파장을 잘 이해하고 있었다. 물론 안중근은 사형을 당하든 안 당하든 이미 허다한 한국인들의 본보기였다.

마지막 공판일, 안중근은 '최후진술'에서 이토의 죄상과 의거의 정당성을 다시 한번 설파했다.

"1905년에 5개 조약이 체결되었으니 이것이 바로 보호조약인데, 그때 한국의 황제를 비롯해서 한국의 국민은 누구나 모두 일본의 보호를 받고자 한 사실이 없음에도 불구하고, 이토는 마치 한국 측에서 희망하여 조약을 체결한 것처럼 말했다. 그것은 이토가 일진회를 사주하여 금전을 제공하며 그 운동을 벌이게 하고, 황제의 옥새도 없고 총리대신의 승낙도 받지 않았으며, 다만 권세로써 기만하여 5개 조약을 체결하게 한 것이지 결코 한국이 원해서 한 것이 아니라는 것은 누구나 다 알고 있는 사실이다. 오늘날 한국의 비참한 운명은 모두가 이토의 정책 때문이었으므로, 최익현은 의병을 일으켜 싸우다가 잡혔고 그 후에도 방침이 조금도 개선되지 않았으므로 한국의 선비들은 때때로 헌책(獻策)했으나 아무런 효과가 없었다. 한국의 황제께옵서는 일본이 한국을 정복하려는, 참으로 국가의 운명이 위급한 순간에 가만히 앉아서 굼뜨고 어리석게 방관하는 자는 백성의 의무를 다하지 못하는 자라는 조칙을 내시기에 이르렀다. 그리하여 한국민들은 더욱더 분개하여 오늘날까지 항전을 멈추지 않고 있는 것이다. (중략) 한국에 대한 시정 방침을 개선하지 않는 한 한국의 독립은 요원하며 전쟁은 끊임없이 계속되리라고 생각한다. (중략) 내가 이토를 죽인 것은 전에 말한 바와 같이 의병 중장의 자격으로 한 것이지 결코 자객으로서 한 것은 아니다."[30]

"황제의 옥새도 없고 총리대신의 승낙도 받지 않았으며, 다만 권세로써 기만하여 5개 조약을 체결케 한 것"이라는 대목에서 보듯, 그는 을사늑약이 조약의 요건을 갖추지 못했다는 사실을 잘 알았다. 또 고종이 의병 궐기를 촉구한 밀지도 직접 보았거나 그 내용을 전해 들었던 듯하다. 그가 혼자 몸으로 대일 전투에 나선 명분은 확실했다. 일본인의 한국인 살육을 막고 전쟁을 끝내는 것이 대의(大義)였기 때문이고, 황제의 지시에 따르는 것이 충의(忠義)였기 때문이다. 일본인 검사와 판사는 안중근이 이토를 사살한 행위만을 문제 삼았지만, 그는 제국주의의 식민지 침탈이 학살과 저항의 반복으로 전쟁 상태를 지속시킨다는 사실을 통찰했다.

---

30)「안중근 의사의 최후진술」,『나라사랑』34, 외솔회, 1979.

판사는 검사의 구형대로 안중근에게 사형을 선고했다. 1910년 2월 17일, 안중근은 항소 여부를 결정하기 위해 관동도독부 고등법원장 히라이시 우지히토(平石氏人)와 3시간가량 면담했다. 배석한 서기 다케우치 시즈에(竹內精衛)가 면담한 내용을 '청취서'(聽取書)로 정리했다. 안중근은 자기가 한 말을 『안응칠역사』에 기록했다. 이 자리에서 안중근은 판결의 부당성을 조목조목 지적했다.

첫째, 자신은 한 번도 만난 적이 없는 이토에게 개인적 원한을 품을 이유가 없다. 이토를 살해한 것은 오직 나라를 위한 마음에서였다. 둘째, 한국이 일본과 맺은 5개 조와 7개 조의 협약은 한국 황제를 비롯한 한국민의 의사로 체결된 것이 아니라 강요된 조약이다. 따라서 이 재판의 결과에 승복하는 것은 이들 협약을 인정하고 동의하는 것과 마찬가지다. 셋째, 자기의 거사는 한국 의병 참모중장 자격으로 한 것이므로, 살인 피고인이 아니라 포로로 취급해서 국제공법과 만국공법을 적용해야 마땅하다. 뤼순 지방법원에서 심리하고 판결하는 것은 매우 부당하며 한일협약에도 위배된다. 끝으로 안중근은 "내가 설사 이 재판의 결과를 달게 받아들인다 해도 일본은 각국으로부터 법질서가 없는 야만국이라고 조소를 받게 될 것"이라고 단언했다.[31]

---

31) 윤경로, 「안중근 의거 배경과 동양평화론의 현대사적 의의: 동아시아의 평화와 미래를 전망하며」, 『한국독립운동사연구』 36, 2010, 155쪽.

판사가 양심에 따라 판결할 사안이 아니라는 것은 안중근도 잘 알았다. 재판정에서 할 얘기는 이미 다 했다. 항소했다가는 일제가 "안중근이 마지막 순간에 목숨을 구걸했다"며 역선전을 펼칠 가능성이 컸다. 살 수 있을지도 모른다는 기대를 품은 적이 없지는 않았으나, 처음부터 죽을 각오로 한 일이었다. 그의 어머니 조마리아도 동생들을 통해 "구차하게 목숨을 구걸하지 말라"고 당부한 상태였다. 안중근은 판사에게 항소하지 않겠다고 말하고 대신 자기 생각을 정리해 『동양평화론』이라는 책을 쓰려는데 그 시간만 허락해달라고 부탁했다. 판사는 몇 달이 걸리더라도 괜찮다며 허가했다. 안중근은 그의 말을 믿고 『동양평화론』 집필을 시작했으나[32] 그의 말은 거짓이었다.

죽음 앞에서 책을 쓰다

항소를 포기하여 사형이 확정된 안중근은 감옥에서 글을 쓰기 시작했다. 재판장은 글을 완성할 수 있도록 형 집행 일자를 늦춰주겠다고 했지만, 그 시간은 아무리 길어도 몇 달이다. 그는 시시각각으로 다가오는 죽음에 대한 공포에 맞서면서 생각을 가다듬어야 했다. 안중근은 먼저 자기 일대기를 적고 표제를 『안응칠역사』로 했다. 이어 『동양평화론』을 쓰기 시작했다. 안중근은 아마도 검찰의 심문을 받으면서 이토가 주장한 '동양

---

32) 김삼웅, 앞의 책, 326-327쪽.

평화론'의 논리를 부수는 것이 이토를 처단하는 것보다 더 중요하다고 판단했던 듯하다. 하지만 이토의 '동양평화론'은 당대를 지배했던 제국주의 침략 논리의 아시아적 변용(變容)이었을 뿐이다. 일본이 맹주가 되어 동양 각국을 하나로 묶은 뒤 서양 세력의 동양 침략을 저지한다는 논리는 일본인들뿐 아니라 한국인과 중국인들에게도 상당한 지지를 받고 있었다. 안중근이 맞서야 했던 것은 당대를 지배한 세계사조(思潮) 전체였다. 구(舊)제국주의 시대가 막을 내린 지 75년이 지난 지금도 제국주의 침략 논리가 정당성을 주장하는데, 제국주의 극성기(極盛期)였던 당시에 근대적 고등교육도 받지 못한 젊은이가 대항 논리를 세우는 일이 쉬울 리 없었다. 물론 일본인 판검사와 논쟁하면서 논지를 가다듬기는 했다. 그러나 생각하는 것과 글로 쓰는 것은 다른 문제다. 시간이 오래 걸릴 수밖에 없는 일이었다.

안중근은 『동양평화론』을 서문, 전감(前鑑), 현상(現狀), 복선(伏線), 문답의 5개 장(章)으로 구상했다. '과거에 비추어 현실을 알고 미래를 점친다'는 역사관의 표현이었다. 그의 생각 안에는 중세의 온고이지신(溫故而知新) 역사관과 근대의 직선적 역사관이 중첩돼 있었다. 마지막의 문답은 아마 일본 판검사와 문답했던 내용을 정리하려고 했을 것이다. 그러나 그는 결국 전감까지만 쓰고 삶을 마감해야 했다. 일본인 판사는 약속을 지키지 않았다. 그는 애초에 자기에게 형 집행을 늦춰줄 권한이 없다는 걸 알면서도 거짓으로 약속했을 것이다. 안중근 사형 집행일은 재판 담당 판사가 아니라 일본 정부가 정했다.

안중근이 고심하면서 『동양평화론』을 쓰고 있을 때 그를 감시하던 일본인 관리는 상부에 올린 보고서에 다음과 같이 기술했다.

"안중근의 전기는 이제 막 탈고되어 목하 청사 중인 바, 완료 즉시 우송할 예정이지만 『동양평화론』은 현재 서론은 끝났으나 본론은 3, 4절로 나누어 쓰되, 각 절은 생각날 때 집필하고 있다. 도저히 그 완성은 죽을 때까지 어렵다고 생각될 뿐 아니라, 각 절을 조리 정연한 논문이라고 하기보다 잡감(雜感)을 서술하려고 하기 때문에 수미일관한 논문이 되지 않을 것으로 생각된다. 그러나 본인은 철저히 『동양평화론』의 완성을 원하고 '이후에 빛을 볼 것'으로 생각하고 있기 때문에 얼마 전 논문의 서술을 이유로 사형의 집행을 15일 정도 연기될 수 있도록 탄원하였으나 허가되지 않을 것 같아 결국 『동양평화론』의 완성은 바라기 어려울 것 같다."[33]

물론 일본 관리들은 『동양평화론』이 완성되어도 밖으로 유포할 생각이 없었고, 실제로 유포하지도 않았다. 그들에게 『동양평화론』은 안중근과 한인 독립운동가들의 생각을 엿볼 수 있는 참고자료였을 뿐이다. 일본 검찰관의 심문조서로 충분히 확인한 사항이니, 굳이 책이 완성될 때까지 기다릴 이유는 없었을 터이다.

---

33) 윤병석, 앞의 책, 36쪽, 재인용.

휘호(揮毫)를 남기다

최근 관동도독부 지방법원에서 재판받는 안중근 사진을 둘러싸고 논란이 일었다. 안중근의 콧수염으로 보이는 것이 사실은 고문당한 흔적이라는 주장이 제기된 것이다. 하지만 안중근은 뤼순감옥으로 이송되는 과정에서 일본 헌병에게 폭행당한 사실은 기록했으나 감옥이나 심문장에서 가혹행위를 당했다는 얘기는 하지 않았다. 오히려 일본 검찰관과 간수가 자기를 특별대우해주었다며 감사한 마음을 표했다.

"전옥(典獄) 구리하라 씨와 경수계장(警囚係長) 나카무라 씨는 항상 나를 돌보아주고 보호해주며 특별히 대우했다. 일주일마다 한 번씩 목욕을 하게 해주고, 매일 오전 오후 두 차례씩 감방에서 사무실로 나오게 하여 각국 상등 필터의 담배와 서양과자 및 차를 후하게 주어 배불리 먹었다. 또 아침 점심 저녁 삼시 밥을 상등 쌀밥으로 주었고, 내복은 물건 좋은 것으로 한 벌을 갈아입히고, 솜이불 네 채를 특별히 주었으며, 귤과 사과, 배 등 과일도 날마다 두서너 차례 주고, 우유도 매일 한 병씩 주었는데, 이는 소노키 씨의 특별한 은혜였다. 미조부치 검찰관은 닭고기와 담배 등의 물건을 사주었는데, 이같이 많은 특별대우에 대해 감사한 마음 그칠 수 없으며, 이루 다 적기 어렵다."[34]

---

34) 『안응칠역사』, 92쪽.

안중근은 일본군이 한국 땅에서 저지른 만행을 익히 알았다. 사로잡은 의병을 재판도 거치지 않고 총살하는 일은 다반사였으며, 기차역 옆에 의병들의 시체를 걸어두고 전시하기도 했다. 그런 일본인들이 자국의 거물 정치인을 살해한 자기에게 후의를 베풀었으니, 안중근도 이해하기 어려운 일이었다. 이에 대해 그는 "한국에 내왕하는 일본인은 어째서 극히 억세고 모질며, 뤼순커우에 내왕하는 일본인은 어째서 이같이 어질고 후덕한가. 내가 과연 오해하여 이 같은 과격한 수단을 쓴 것이 망동이 아니었던가 하며 무척 의아하였다"라고 기록했다.[35] 일본이 베푼 '후의'(厚意)의 일차적 목적은 아마도 이 점에 있었을 것이다. 일본 관헌들은 안중근이 법정에서 "일본의 선의(善意)를 오해하여 과격한 수단을 썼다"고 자백하기를 바랐다. 만약 안중근이 이렇게 말했다면, 그들은 한인의 민족운동이 모두 오해에 따른 잘못된 행동이라는 주장의 근거를 얻게 되었을 것이다. 한인 민족운동가들을 이간(離間)하고 한국 민족운동에 대한 국제적 동정여론을 잠재우는 데에 '안중근의 후회와 반성'은 매우 쓸모있는 재료였다. 일본 당국이 안중근을 독방(獨房)에 구금한 것은 격리를 위해서였을 뿐이다. 간수들은 상부의 지시에 따라 밤낮을 가리지 않고 안중근을 정탐했고, 그의 속마음을 알아내기 위해 애썼다. 독방에 갇힌 안중근이 간수들에게 '호의'를 느낀 것도 무리는 아니었다.[36] 하지만 안중근은 그

---

35) 같은 책, 91쪽.
36) 『關東都督府情況報告及雜報』, 1909. 10-11, 日本 外交史料館 所藏.

들이 바라는 대로 움직이지 않았다.

　간수들은 일본 정부와는 다른 의도에서 안중근에게 후의(厚意)를 베풀었던 듯하다. 이토 히로부미는 근대 일본이 낳은 세계적인 거물(巨物)이었다. 일본인 대다수가 신봉하는 신토(神道)는 죽은 이를 귀신으로 모신다. 일본에는 신토의 사찰인 신사가 헤아릴 수 없이 많다. 그중 상당수는 살아서 큰 업적을 세운 인물을 주신(主神)으로 삼는다. 이토는 에도시대에 무사 지위도 갖지 못했던 하층민 출신으로 일본의 초대 총리대신, 한국통감, 추밀원 의장 등을 역임했다. 일본 역사상 그와 비견될 정도로 신분이 수직상승한 사람은 도요토미 히데요시(豐臣秀吉)가 있을 뿐이다. 당시 일본인들은 당연히 이토를 모시는 신사도 만들어질 것으로 예상했다. 하지만 결과적으로 이토를 모시는 신사는 만들어지지 않았다. 그가 재물을 탐하고 여색(女色)을 밝히는 등 행실이 좋지 않아 귀족과 신사(紳士)를 자처하는 일본인들에게 밉보였기 때문이라는 것이 통설이다. 그는 수많은 첩을 거느렸으며 심지어 여승(女僧)까지 건드렸다고 한다.

　그렇지만 하층 신분 출신의 일본인들에게 이토는 신(神)과 같은 인물이었다. 이후 이토의 죽음에 관해 이야기할 때면, 안중근의 이름이 빠질 리 없었다. 평범한 일본인들에게는 안중근과 인연을 맺었다는 사실 자체가 충분히 기념할 만한 일이었다. 일본인 간수들이 안중근을 후대한 것은 동정이나 연민 때문이 아니라 경외감(敬畏感) 때문이었을 것이다. 그들은 안중근에게 기념이 될 만한 것을 받고자 했다. 한자 문화권에서 휘

이토 히로부미 사망 모습을 그린 일본 신문의 풍자화. 총에 맞아 쓰러지는 이토의 그림자가 '계집 여'자 형상이다. 오사카 『곳케이신문』.

호(揮毫)는 가장 훌륭한 기념품이다. 과거 조선통신사가 일본을 방문했을 때에도 그들에게 휘호를 받으려 일본 전역에서 사람들이 몰려오곤 했다. 나이도 젊고 서예에 몰입한 적도 없었던 안중근의 글씨를 명필이라고 할 수는 없었다. 하지만 그의 글씨에는 서예에 조예가 없는 사람이라도 쉽게 알아볼 수 있는 장부의 기개(氣槪)가 넘쳐 흘렀다.

　"법원과 감옥소의 일반 관리들이 내 손으로 쓴 필적을 기념하고자 비단과 종이 수백 장을 사 넣고 청구하므로 나는 부득이 자신의 필법이 능하지 못하고 또 남의 웃음거리가 될 것도 생각하지 못하고서 매일 몇 시간씩 글씨를 썼다."[37]

---

37)『안응칠역사』, 330쪽.

안중근은 일본인들의 휘호 부탁 때문에라도『동양평화론』집필에 전념하기 어려웠을 테지만, 이 작업으로 심란한 상태에서나마 자기 생각을 더 단단하고 간결하게 벼릴 수 있었을 것이다. 안중근은『논어』『통감』『명심보감』『중용』『당시』등 어려서 배운 한문 고전의 글귀를 옮겨 쓰거나 자기 신념을 표현하는 글귀를 직접 만들어 적었다.[38] 그가 남긴 휘호들은 모두 일본인들 손에 넘어갔다가 그중 일부가 여러 경로를 거쳐 국내로 들어왔다. 한 젊은 남자가 죽음 앞에서 떠올린 글귀들은 죽음을 넘어 세상을 비추는 등불이 되었다.

유언과 순국

항소를 포기한 지 한 달가량 지난 3월 중순, 안중근은 곧 사형을 집행한다는 통보를 받았다. 일본인 재판장의 약속 위반에 항의할 형편은 아니었고, 해봤자 아무 소용없었을 것이다.『동양평화론』을 마무리하기에는 시간이 촉박했다. 마음을 편안히 가지려고 노력하는 것밖엔 달리 할 일이 없었다. 그는 곧 사형을 집행할 계획이라면 날짜는 예수 그리스도가 십자가에 못박힌 금요일에 해당하는 3월 25일로 해달라고 부탁했다.[39] 그가 일본 재판부에 전달한 마지막 청탁이었다. 그러나 일본인들

---

38) 김재승,「安重根 義士의 遺墨」,『역사와 실학』14, 2000, 349쪽.
39) 전달수,「안중근 토마스의 신앙과 덕행」,『신학전망』132, 2001, 43쪽.

은 이 청탁마저 거부했다. 이날은 순종의 탄신일인 건원절(乾
元節)이었고, 일본 당국도 그 명분을 내세웠다. 그러나 일본 법
률로 일본 법정에서 재판했으면서 한국 황제의 탄신일을 헤아
려 사형 집행일을 정했다고만 볼 수는 없다. 그들에게는 안중
근의 청탁보다 복수를 통해 이토의 넋을 달래야 한다는 평범
한 일본인들의 요구가 훨씬 더 중요했다. 사형 집행일은 정략
적으로 이용할 수 있는 수단의 하나였을 뿐이다. 우리나라에서
기일(忌日)이라 하는 날을 일본에서는 '쇼우치키 메이니치'(祥
月命日)라고 하는데, 당시 일본인들은 살해당한 사람이 있으면
그의 '쇼우치키 메이니치'에 살해한 사람을 죽이는 것이 망자
의 넋을 달래는 가장 좋은 방법이라고들 생각했다. 이 미신적
인 믿음을 만족시키기 위해서 일본은 안중근 사형 집행 일자와
시각을 이토가 죽은 날, 죽은 시각에 맞추었다.[40] 3월 26일 오
전 10시.

안중근은 삶과 영영 이별할 준비를 시작했다. 그는 스승이자
상사였던 빌렘에게 종부성사를 해달라고 부탁했다. 종부성사
(終傅聖事)란 천주교 신자가 평생 마지막으로 치르는 의식으
로 죽음을 앞두고 영혼을 하느님께 의탁하는 것을 말한다. 현
재는 병자성사라고 한다. 빌렘은 뮈텔 주교에게 허락을 구했으
나 그는 단호히 거부했다. 안중근은 살인자이기 때문에 천주교
신자로 죽을 수 없다는 게 그 이유였다. 뮈텔은 한국의 천주교
신부는 누구라도 안중근에게 종부성사를 베풀어서는 안 된다

---

40) 노길명, 앞의 글, 21-22쪽.

고 선포했다. 일본 당국이 마지막 종교의식은 허락한다고 통지했지만, 그는 사람을 죽이고도 회개하지 않는 사형수에게 신부를 보낼 수 없다고 응답했다. 하지만 빌렘은 친조카처럼 아꼈던 안중근을 그냥 보낼 수 없었다. 그는 주교의 징계 처분을 각오하고 뤼순으로 향했다. 격노한 뮈텔은 그에게 '성무 집행 정지'라는 중징계를 내렸다. 한시적으로 신부 자격을 박탈한 것이다.

빌렘이 뤼순에 도착한 날은 3월 7일이었다. 그는 감옥 책임자를 찾아가 종부성사를 허용해준 데 사의를 표하고 간수들 입회 없이 신부와 신자 둘만이 성사를 진행할 수 있는지 문의했다. 책임자는 협조하겠다고 답했다. 다음 날, 안중근은 빌렘과 두 동생 정근, 공근을 만났다. 면회실에서 빌렘은 안중근을 위로하고 천주교 신자가 죽음을 앞두고 해야 할 일들에 대해 알려주었다.

성사는 9일 오후 2시에 시작되었다. 감옥소장과 신문기자, 통역관, 감리, 간수 1명이 배석했다. 안중근은 작은 목소리로 미리 적어놓은 고해 내용을 읽었고, 빌렘도 속삭이듯 말했다. 성사는 20여 분간 진행되었다. 안중근의 마지막 말은 "이제 아무것도 참회할 것이 없다"였다. 입회한 간수가 고해 내용이 무엇이었는지 물었으나 빌렘은 교리에 따라 밝힐 수 없다고 대답했다.

다음 날인 10일, 목요일이었지만 감옥 안에서 빌렘 신부가 안중근 한 사람만을 위해 미사를 집전했다. 이로써 안중근은 이승에서 할 일을 마쳤다. 그 뒤로 보름간, 안중근이 세상에 더

한 것은 휘호뿐이었다. 누구라서 그때 그의 마음을 알 수 있겠는가? 사형 집행일이 25일이라고 생각한 안중근은 24일 밤 어머니와 아내 앞으로 유서를 썼다.

다음 날인 25일, 감방문이 열리자 그는 사형 집행 시각이 닥쳤다고 생각했다. 그러나 간수가 그를 데리고 간 곳은 두 동생 정근과 공근이 기다리는 면회실이었다. 동생들은 어머니가 만들어준 명주 한복을 가져왔다. 저고리는 흰색, 바지는 검은색이었다. 그는 동생들에게 마지막 유언을 남겼다. 먼저 노모에게 불효를 용서해달라는 말을 전하고 장남 분도는 빌렘에게 맡겨 신부로 키워달라고 부탁했다. 자기 시신은 하얼빈공원 주변에 잠시 묻어두었다가 국권이 회복되면 고국 땅으로 옮겨달라고 했으며, 동생들 모두 국민된 책임을 다하여 동양평화와 한국 독립을 위해 노력하라고 당부했다.[41]

다음은 안중근이 어머니와 아내에게 전한 유서이다.

"예수를 찬미합니다.

불초한 자식은 감히 한 말씀을 어머님 전에 올리려 합니다.

엎드려 바라옵건대 자식의 막심한 불효와 아침저녁 문안 인사 못 드림을 용서하여 주시옵소서.

이 이슬과도 같은 허무한 세상에서 감정에 이기지 못하시고 이 불초자를 너무나 생각해주시니 훗날 영원의 천당에서 만나뵈올 것을 바라오며 또 기도하옵니다.

---

41) 같은 책, 459쪽.

이 현세(現世)의 일이야말로 모두 주님의 명령에 달려 있으니 마음을 평안히 하옵기를 천만번 바라올 뿐입니다.

분도는 장차 신부가 되게 하여주시길 희망하오며, 후일에도 잊지 마시옵고 천주께 바치도록 키워주십시오.

이상이 대요(大要)이며, 그밖에도 드릴 말씀은 허다하오나 후일 천당에서 기쁘게 만나뵈온 뒤 누누이 말씀드리겠습니다.

위아래 여러분께 문안도 드리지 못하오니, 반드시 꼭 주교님을 전심으로 신앙하시어 후일 천당에서 기쁘게 만나뵈옵겠다고 전해주시기 바라옵니다.

이 세상의 여러 가지 일은 정근과 공근에게 들어주시옵고 배려를 거두시고 마음 편안히 지내시옵소서.

우리는 이 이슬과도 같은 허무한 세상에서 하느님의 배려로 배필이 되고 다시 주님의 명으로 헤어지게 되었소.

그러나 머지않아 주님의 은혜로 천당에서 다시 만날 것이오.

주님의 안배만을 믿고 신앙을 열심히 하고, 모친께 효도를 다하시오.

두 동생과 화목하며, 자식의 교육에 힘쓰길 바라오.

심신을 편안히 하고, 후세에 영원한 복락을 희망할 뿐이오.

장남 분도를 신부가 되게 하려고 나는 마음을 결심하고 믿고 있으니 그리 알고 하느님께 바치어 장래에 신부가 되게 하시오.

허다한 말은 후일 천국에서 기쁘게 만나서 상세히 이야기할 기회가 있을 것을 믿고 또 바랄 뿐이오."

안중근은 동생들을 만나기 전, 유서를 쓰고 나서 홀연 한 가지 생각이 일어 붓을 들었다.

"장부는 죽을 때에도 마음이 강철과 같고, 의사는 위험에 처해도 기개가 구름과 같다"(丈夫雖死心如鐵 義士臨危氣似雲).[42]

안중근이 마지막으로 쓴 시구이다. 그가 죽음 앞에서 끝까지 지키려 했던 가치는 '강철 같은 마음과 구름 같은 기개(氣槪)'였다. 기개와 지조(志操)를 무엇보다 중시하는 것은 조선 선비의 기본 덕목이었다. 안중근은 천생 '조선의 선비'였다.

3월 26일, 구석구석 쌓였던 얼음이 녹고 꽃이 피기 시작하는 때이지만 뤼순의 아침 날씨는 쌀쌀했다. 안중근은 평소보다 일찍 일어나 어머니가 만들어 보내준 흰색 저고리와 검은색 바지를 차려입고 십자가 목걸이를 건 채 감옥 문을 나섰다. 간수 4명이 그를 둘러싸고 사형장 옆 준비실로 데려갔다. 오전 10시, 미조부치 검찰관과 구리하라 감옥장, 소노키 통역 등이 교수대 전면에 있는 검시실로 들어갔다. 구리하라는 안중근 앞에서 "본년 12월 14일 뤼순 지방법원의 재판 확정 명령에 따라 사형을 집행한다"는 문서를 읽었고, 소노키 통역이 한국어로 반복했다. 안중근은 말없이 고개만 끄덕였다. 구리하라가 다시 안중근에게 마지막으로 남기고 싶은 말은 없느냐고 물었다. 안중근은 특별히 유언할 내용은 없으나 자기의 행동은 오직 동양 평화를 도모하는 성의에서 나온 것이므로 이 자리에 있는 일본인 관헌들도 자기 뜻을 이해하고 피차 구별 없이 합심하여 동

---

42) 같은 책, 432쪽.

양평화를 위해 노력하길 바란다고 말했다. 이어 마지막으로 동양평화를 삼창(三唱)하겠다고 했으나 일본인 관리는 허가하지 않았다. 간수가 백지와 흰 천으로 안중근의 눈을 가리고 잠시 기도할 시간을 주었다. 안중근이 기도를 마치고 일어나자 두 명의 간수가 양팔을 잡고 계단을 올라 교수대에 세운 뒤 목을 매달았다. 당시 시각은 10시 04분경. 10분쯤 지나 감옥 의사가 시신을 살피고 절명(絶命)했다고 확인했다. 투옥에서 사형에 이르기까지 안중근이 보인 태도에 대한 일본인 관찰자들의 총평이 전해지고 있다.

"그 태도는 매우 침착했고 안색, 언어에 이르기까지 평상시와 조금도 다름이 없었다. 그는 조용히 평소 모습을 지키며 떳떳하게 죽음에 이르렀다."[43]

10시 20분. 감옥 관리들은 안중근의 시신을 관에 넣어 인근 교회당으로 옮기고 투옥 중이던 우덕순, 조도선, 유동하를 데리고 나와 보게 했다. 그들은 관 앞에서 함께 기도했다. 안중근의 두 동생은 시신을 유족에게 인도해달라고 요구했으나 거절당했다.[44] 오후 1시, 감옥 직원들은 유가족들에게조차 장소를 알리지 않고 시신을 비밀리에 매장했다. 그의 묘소가 한국 독립운동의 성지(聖地)로 자리 잡으리라고 예상했기 때문이다.

안중근을 매장한 곳이 어디인지는 아직 알 수 없다. 당시 신

---

43) 「安重根死刑執行狀況報告件」, 『統監府文書』 7.
44) 「二人の弟の遺骨引渡要求に対する処理経緯報告」, 『關東都督府情況報告及雜報』, 1909. 3-4, 日本 外務省 外交史料館 所藏.

문들은 감옥 공동묘지에 매장했다고 보도했으나, 감옥 인근의 야산에 묻었다는 증언도, 처음 묻힌 곳에서 이장됐다는 증언도 있다. 1970-80년대에 중국과 북한 정부가 여러 차례 조사했고, 한·중 국교 수립 이후에는 한국 정부도 매장 추정지를 발굴 조사했으나 아무런 성과를 거두지 못했다.

당시 하얼빈 주재 일본 총영사 대리 오노 모리에(大野守衛)는 고무라 슈타로(小村壽太郎) 외무상에게 다음과 같은 기밀전보를 보냈다.

"첩보에 따르면 이번 뤼순 지방법원에서 사형을 선고받은 이토 공 가해범 안중근의 사형 집행 후 그 유해를 인계받아 그의 흉행지(=의거지)인 당지의 한국인 묘지에 후히 장례 지내고 한국인의 갹출금으로 장려(壯麗)한 묘비 및 기념비를 건설하여 애국지사로서 일반 한국인들이 숭모하고 경배하는 중심지로 만들 계획을 세워 진력 중임."[45]

---

45)「鮮人動靜에 關한 件」,『在滿洲』제2권, 日本 外務省 外交史料館.

8 유족과 독립운동

동생과 조카들

안중근이 투옥되자 그의 동지들은 돈을 갹출해 변호사를 선임하는 한편, 일부는 그를 탈옥시킬 계획을 세웠다. 그러나 일본군의 유례없이 삼엄한 경계망을 뚫을 도리가 없었다. 사형 집행을 막을 수 없다는 사실을 알게 된 뒤, 동지들은 유족들을 구하기 위해 움직였다. 당장 유족들의 생계도 문제였지만, 한국 땅에 있다가는 일제 관헌이나 그 하수인들에게 어떤 봉변을 당할지 알 수 없었다. 유진률, 최봉준, 김병학 등 블라디보스토크에 거주하던 안중근의 동지들은 그의 서거 직후 유족구제회를 결성했다.[1] 유족구제회는 동포들에게 약 500루블을 모금하여 300루블은 안중근 유족의 가옥 건립비로, 200루블은 재판

---

1) 김삼웅, 2009, 앞의 책, 517쪽.

비용으로 충당했다.[2]

사형 집행 전날 안중근을 면회하고 일단 집으로 돌아갔던 동생들은 두 달 뒤 블라디보스토크로 이주했다. 정근은 간도를 경유하는 육로를, 공근은 원산항에서 해로를 이용했다. 일제 경찰의 눈을 피하기 위해서였다.[3] 블라디보스토크 인근 옌추에서는 안중근의 모친과 처, 두 아들이 진즉에 와서 기다리고 있었다.[4] 안중근의 모친, 처, 두 아들, 첫째 동생 정근 부부와 둘째 동생 공근 등 모두 7명이 일가가 되었다. 안중근 일가는 이곳에서 1년 가까이 머물다가 1911년 4월 안창호와 이갑(李甲)의 도움을 받아 중국 지린성 무링현(穆陵縣) 동청철도 조차지에 정착했다. 안중근 일가가 생활 기반을 마련하는 데에는 안창호의 도움이 컸다. 안창호는 미주 공립협회와 국내의 서우학회, 신민회 창립을 주도했으며 안중근과도 교분을 나눈 바 있었다.[5] 의거 이후 모든 독립운동가가 안중근과 그 일가를 각별히 생각했지만, 그와 직간접적 관계를 맺었던 안창호의 마음은 더했다. 안창호는 정근을 중근처럼 대했으며, 정근도 안창호를 형이라 불렀다.

일본이 한국을 강점하기 직전, 신민회는 만주와 연해주 등지에 독립운동 기지를 건설하고 산업과 교육, 독립군 양성을 병

---

2) 신운룡, 2007, 앞의 글, 109쪽.
3) 같은 책, 518쪽.
4) 도진순, 「안중근 가문의 유방백세와 망각지대」, 『역사비평』, 2010. 2, 247쪽.
5) 김삼웅, 2009, 앞의 책, 519쪽.

행한다는 계획을 세웠다. 안중근이 동포들에게 노인과 부녀자는 실업에 힘쓰고 어린이들은 교육에 힘쓰며 젊고 튼튼한 사람들은 의병이 되라고 기회 있을 때마다 말한 것도 바로 이 전략이었다. 안중근 일가는 무링에서 식림(植林)사업을 하려고 했으나, 독립운동 기지 건설 사업이 대체로 그랬듯이, 외국 땅에서 일제 밀정의 감시와 외국인의 질시를 받으며 하는 사업이 잘되기는 어려웠다.

제1차 세계대전 발발 후 일본군 세력은 동청철도 연선에까지 뻗쳤다.[6] 게다가 이곳에서 안중근의 장남 분도가 홍역으로 갑작스럽게 사망하는 사건이 일어났다. 이와 관련해 유동하의 여동생 유동선은 분도가 일본 밀정이 준 과자를 먹고 복통에 시달리다가 죽었다고 회고했으나,[7] 당시 안중근의 유족은 물론 러시아에서 발행된 한인 신문은 그런 의심을 품지 않았다.[8]

1914년 3월, 안중근 일가는 이갑의 가족과 함께 러시아령 니콜리스크로 이주했다.[9] 당시 중국은 신해혁명 이후 위안스카이(袁世凱) 휘하에 있던 군벌(軍閥)들이 저마다 세력을 키우기 위해 다투면서 극도로 혼란해진 상태였다. 군벌들은 더 많은 병력과 무기를 갖추기 위해 농민들을 가혹하게 수탈했고, 그에 견디지 못한 농민들은 비적(匪賊)이 되어 횡행하는 형편이었다. 장남이 사망한 데다가 일가의 안전이 위태로웠으니 러시아

---

6) 『독립신문』, 1920. 1. 31.

7) 『조선일보』, 1986. 7. 6.

8) 『권업신문』, 1914. 7. 5.

9) 김삼웅, 2009, 앞의 책, 523쪽.

령으로 이주하는 편이 나았다.

안중근과 이갑 일가는 니콜리스크로 이주하는 도중에 비적들과 맞닥뜨렸다. 말 탄 비적들이 총을 쏘며 달려들자 모두 땅에 엎드렸다. 아들에게 "목숨을 구걸하지 말고 떳떳이 죽으라"는 말을 전했던 안중근의 모친 조마리아가 나섰다. 안중근 가문과 마찬가지로 무반(武班) 가문 출신인 그녀는[10] 일행을 큰소리로 나무랐다.

"이놈들아, 독립운동한다는 놈들이 이렇게 엎드리기만 하기냐? 이렇게 엎드려 있다간 다 죽어."

그러고는 마부를 제치고 "죽는 한이 있어도 가고 보자"며 말고삐를 쥐고 달렸다고 한다. 정화암의 회고담이다.[11] 이후 조마리아는 정재관(鄭在寬), 이강 등과 함께 만주와 시베리아, 멀리바이칼호 일대까지 동포들을 찾아다니면서 안중근의 뜻을 전했다.[12]

러시아로 이주한 안중근 일가는 안창호에게 1만 불을 받아 벼농사를 시도했다. 황해도 신천군의 대지주였던 안정근의 장모 왕재덕(王在德)도 수시로 도움을 주었다. 안중근 일가는 1919년 가을, 니콜리스크 일대에서는 처음으로 200여 석의 벼를 수확하는 데에 성공했다.[13] 19세기 말까지 만주에는 논이

---

10) 오영섭, 2010, 앞의 글, 254쪽.
11) 이정식·김학준·김용호, 『혁명가들의 항일 회상: 정화암 편』, 민음사, 2005.
12) 『신한민보』, 1913. 9. 12; 동 1913. 12. 26.
13) 오영섭, 2010, 앞의 글, 238쪽.

없었다. 기온이 낮고 강수량이 적어 벼농사에 적합하지 않았으니, 자연 쌀을 주식으로 삼는 사람도 없었다. 지금 만주에 있는 논은 모두가 한인이 개간한 것이다. 쌀을 주식(主食)으로 삼은 한인들은 만주로 건너간 뒤 온갖 어려움을 무릅쓰고 실험을 거듭하여 벼농사에 성공했다. 안정근 일가의 니콜리스크 농장은 벼농사의 북방 한계선을 더 밀어 올리는 성과를 거뒀다. 이 뒤로 시베리아에서 벼농사를 짓는 한인은 급속히 늘어났다.[14] 1919년 봄 안정근은 임시정부에 참여하기 위해 상하이로 떠났고, 농장은 한동안 안공근이 맡아 경영했다.[15] 안정근이 떠난 뒤 조선총독부는 가토 준키치(加藤巡吉)를 파견하여 그의 농장 주변을 답사하게 했다. 그는 '시베리아 각지에 옥답(沃畓) 예비지가 널려 있다'고 보고했다.[16]

　안중근 의거 이후 그 형제와 친척들은 거의 모두 독립운동에 투신했다. 서울 양정의숙에 다니던 큰동생 정근(1885-1949)은 잠시 진남포 집에 다니러 왔다가 의거 소식을 들었다.[17] 어머니와 형수를 위로하고, 변호사를 구하며, 뤼순감옥으로 면회 가는 일 등이 모두 그의 몫이었다. 사형 집행 전날 형을 면회하고 귀국한 그는 얼마 남지 않은 가산을 모두 정리하고 옌추에서 기다리던 형의 유족과 합류했다. 일가가 니콜리스크로 이주

---

14) 『조선일보』, 1924. 7. 30.

15) 『독립신문』, 1920. 1. 31.

16) 『매일신보』, 1919. 11. 18.

17) 『한국독립운동사 자료』 7, 「안중근편」 Ⅱ, '이등박문 피격사건 진상 조사 및 혐의자 수사에 관한 건.'

한 뒤인 1914년 9월에는 안중근이 유동하와 합류했던 포그라니치나야역 부근 산속에서 일본 영사관 밀정 김정국을 처단했다.[18] 안정근은 이곳에서 러시아인으로 귀화한 후 1915년 러시아 국민병으로 제1차 세계대전에 참전했다. 귀국 후에는 잡화상을 경영하여 가족의 생활비를 마련하는 한편, 벼농사 실험에도 몰두했다.[19]

1917년 볼셰비키 혁명이 일어나자 러시아 거주 한인들이 블라디보스토크 신한촌(新韓村)에서 전로한족회중앙총회(全露韓族會中央總會)를 결성했다. 이어 1918년 1월에는 시베리아 일대에서 활동하던 이동휘 등이 한인사회당을 조직했다. 안정근도 이에 가입했으며, 1919년 3·1운동 직후 지린(吉林)에서 연해주와 만주 거주 한인들이 「대한독립선언서」를 발표했을 때에는 서명자 명단에 이름을 올렸다. 3월 17일, 전로한족회중앙총회는 임시정부 성격의 대한국민의회로 개편되었다.

4월 11일, 상하이에 대한민국임시정부가 따로 수립되자 민족운동가들 사이에 두 기관을 통합해야 한다는 여론이 높아갔다. 같은 해 9월, 러시아령의 대한국민의회와 상하이의 대한민국임시정부를 통합하되 서울에서 선포된 '한성정부'의 법통을 따른다는 원칙이 마련되어 두 기관의 핵심 인물을 망라한 통합임시정부가 상하이에서 재발족했다. 안정근은 6월경에 안창호의 부름을 받고 안중근의 자녀인 현생과 준생, 자기 아들 원생

---

18) 김삼웅, 2009, 앞의 책, 525쪽.
19) 오영섭, 2010, 앞의 글, 238쪽.

과 동생 공근의 아들 우생과 함께 상하이로 갔다.[20] 그는 7월 1일 안창호의 영향력 아래에 있던 대한적십자사 사검을 맡았다.[21]

1920년에는 대한민국임시정부 북간도 특파원이 되어 간도로 이동해 청산리 전투에 참여했으며,[22] 경신참변과 자유시 사변을 겪은 뒤 다시 상하이로 옮겨 대한민국 임시의정원 시사책진회, 대한적십자회, 한중호조사(韓中互助社), 신한청년당, 상하이 교민단 등에서 활동했다.[23] 이 과정에서 과도한 스트레스를 받았음인지 안정근은 뇌병에 걸려 1924년 2월 가족과 함께 베이징으로 이주했다. 베이징에서도 한동안 안창호가 추진하던 이상촌(理想村) 건설운동을 벌였으나 이듬해 병세가 악화하여 다시 산둥성 웨이하이(威海)로 옮겼다. 이후 오랫동안 요양하다가 1935년 아들 원생과 함께 흥사단에 가입했으며, 홍콩에서 한국광복운동단체연합회에 참여했다. 태평양전쟁 말기 모종의 사명을 띠고 조선에 잠입하기 위해 베이징에 갔다가 그곳에서 해방을 맞았다. 귀국 후 그는 다시 상하이로 돌아갔다. 조카 안현생은 그가 "형님을 놔두고 어떻게 나만 고국에 돌아갈 수 있느냐?"며 귀국을 거부했다고 기록했다.[24] 8·15 이후 안정근은 상하이 한인 구제총회 회장으로 활동하면서 상하이와 타이완

---

20) 『독립신문』, 1920. 1. 31.

21) 오영섭, 2010, 앞의 글, 250쪽.

22) 도진순, 2010, 앞의 글, 247쪽.

23) 오영섭, 2010, 앞의 글, 250쪽.

24) 「안현생의 수기」, 『시사인』, 2010. 3.

을 오가다가 뇌병이 재발하여 1949년 3월 17일 65세에 사망했다. 시신은 상하이 만국묘지에 안장되었다.[25] 안정근은 1987년에야 건국훈장 독립장을 받았으며, 아들 원생과 진생, 딸 미생을 두었다. 그를 겪은 사람들의 인물평은 '강장정직'(剛壯正直, 굳세고 씩씩하며 바르고 곧음)이었다.[26]

안정근의 부인 이정서(李貞瑞)는 신천군의 대지주 왕재덕의 딸이었다. 그녀는 어머니에게 돈을 받아 독립운동 자금으로 전달했으며, 안정근 등이 중국 군관학교에 입학시킬 한국 청년들을 모집할 때는 비밀리에 국내로 왕래하며 연락 사무를 담당했다.[27]

안정근의 장남 원생(1905-?)은 아버지를 따라 베이징과 상하이를 떠돌며 여러 대학을 다녔다. 1922년 6월 상하이 유학생 축구단의 일원으로 조선에 왔을 때는 월암내스드대학 소속이었다.[28] 당시 그는 고려화동유학생연합회(高麗華東留學生聯合會)—중국 동부 지역에 유학하는 한인 학생 모임—의사원(議事員)이기도 했다.[29] 1925년 5·30 사건 때에는 상하이 후장대학(滬江大學) 소속으로 항일 선전활동을 벌였다.[30] 1925년 5월 일본인이 경영하는 상하이 소재 방직공장에서 일본인 감독이

25) 도진순, 2010, 앞의 글, 249쪽.
26) 『민중일보』, 1945. 11. 30.
27) 오영섭, 2010, 앞의 글, 256쪽.
28) 『동아일보』, 1922. 7. 25.
29) 『개벽』 제24호, 1922. 6.
30) 「不逞團關係雜件-鮮人의 部」, 『在上海地方』 5, 1925. 6.

중국인 여공을 학대하는 일이 일어났다. 중국인 노동자들이 이에 항의하여 동맹파업에 돌입하자, 일본군 수비대가 발포하여 1명을 사살하고 10여 명에게 부상을 입혔다. 이를 계기로 상하이에서 대규모 항일시위가 일어났던바, 이를 5·30 사건이라고 한다. 1930년 중국 낙화(樂華) 축구팀이 영국 체육회 초청으로 유럽에 원정할 때는 상하이 교통대학 소속으로 참가했다. 이 무렵에는 국내의 『동아일보』에 축구 관련으로 여러 차례 기고도 했다.[31] 태평양전쟁 발발 이후에는 대한민국임시정부에서 활동했다. 1942년 10월 현재 임시정부 직원 40명 중 1인이었으며,[32] 1943년 4월에는 외사과장과 선전부 비서를 겸했다.[33]

안원생은 1945년 5월경 임시정부 외사과장직을 사임했는데, 미국 전략정보국이 '독수리 작전'—미군과 광복군 연합 대일 작전—에 그를 통역으로 파견해달라고 요청했기 때문으로 보인다.[34] 해방 후 광복군 제2지대 소속으로 귀국했으나 주로 체육계 재건을 위해 활동했다.[35] 1947년 미국 공보원 인천분원 원장이 되었으며,[36] 같은 해 청백축구단 단장,[37] 1950년 대한 보이스카우트 부회장과 대한축구협회 이사를 지냈다. 1963년

31) 『동아일보』, 1930. 1. 5-9. 14.

32) 국사편찬위원회, 『韓國獨立運動史資料』 1, 1978, 458-459쪽.

33) 『大韓民國臨時政公報』 第77號, 1943.

34) 「한인 안원생의 파견 요청과 관련한 전문(2급 비밀)」, 『대한민국임시정부자료집』 13.

35) 『동아일보』, 1975. 8. 4.

36) 정운현·정창현, 『안중근가 사람들』, 역사인, 2017, 328쪽.

37) 『동아일보』, 1947. 3. 20.

에는 광복군 활동 공로로 대통령 표창을 받았다.[38] 1949년 안정근이 사망했을 당시 인천에 거주했으며, 부의금은 인천 대한소년단에 기부됐다. 1964년 안중근 의사 순국 54주년 기념식에 참석했을 때는 미국 대사관 직원이었다.[39] 이후 그의 행적에 대해서는 알려진 바 없다. 1990년 건국훈장 애족장을 받았다.

안정근의 차남 안진생(1916-1988)은 블라디보스토크에서 태어났다. 아버지를 따라 상하이와 베이징을 전전한 그는 상하이 천주교 중학교와 베이징 보인대학(輔仁大學)을 졸업했다.[40] 1934년 마카오에서 활동하던 중국인 신부의 도움으로 이탈리아에 유학, 제노아대학에서 조선공학을 전공했다. 그는 이 대학에서 석박사 과정을 마치고 한국인 최초의 조선공학박사가 되었다. 재학 중 이탈리아 거주 중국인 학생회 회장을 지냈으며, 제2차 세계대전 말기에는 무솔리니 정권에 대항하는 저항군에 가담했다. 종전 후 제노아 조선소에서 근무하다가 1947년 미국으로 건너가 1953년까지 회사원으로 생활했다. 한국전쟁 휴전 후 이승만 대통령의 제의를 받고 귀국, 해군에 입대했다가 1958년 대령으로 예편했다. 예편 후 잠시 한국독립당에서 활동하다가 1959년 대한조선공사 부사장이 되었다. 1962년 이탈리아 대사관 참사관으로 외교관 활동을 시작하여

---

38) 『동아일보』, 1963. 8. 14.
39) 『동아일보』, 1964. 3. 26.
40) 정운현·정창현, 앞의 책, 328쪽.

프랑스 공사, 네덜란드 대리대사, 자이레 대사, 콜럼비아 대사, 미얀마 대사 등을 역임했으며 1980년 외교안보연구원 본부 대사로 재직하다가 전두환 정권에 의해 강제 해직되었다. 그 충격에 뇌경색으로 고생하다가 안정근이 훈장을 받은 이듬해인 1988년 12월에 사망했다.[41]

안정근의 차녀 안미생(安美生, 1914-2007)은 중국 서남연합대학 영문과를 졸업하고 충칭(重慶) 주재 영국대사관에서 근무하다가 백범 김구의 큰아들 김인(金仁)과 결혼했다. 젊어서 안중근의 집에 잠시 머문 적이 있던 김구는 안중근 의거 이후 그의 유족을 각별하게 챙겼다. 안중근 동생들과는 형제처럼 지냈으니, 미생을 며느리로 삼은 것도 어쩌면 자연스러운 일이었다. 김인과 안미생은 태평양전쟁이 한창이던 1942년에 딸 효자를 낳았다.[42] 해방을 5개월 앞둔 1945년 3월 남편 김인이 사망한 뒤에도 미생은 김구 곁에서 비서로 일했다. 해방 후 임시정부 요인 1진이 귀국할 때 김구를 수행해 함께 왔다. 이후 경교장에서 지내며 김구의 비서로 일하는 한편 여성운동에도 관여했으나, 1947년 9월 초 홀연 부산으로 가서 홍콩을 경유, 미국으로 건너갔다. 도중에 상하이에 들러서 아버지 안정근을 만났는지는 확실치 않다. 1948년 6월 하와이에서 발행된 『국민보』는 안미생이 '의화단 배상조(賠償條)' 유학생으로 선정되어 관비생(官費生)으로 도미했으며, 하와이 한인 교회에서 환영식을

---

41) 도진순, 2010, 앞의 글, 274쪽.
42) 같은 글, 250쪽.

했다고 보도했다.[43] 1947년 9월부터 1948년 6월까지 9개월간의 행적이 묘연한데, 이에 대해서는 만주의 한인으로 의용군을 조직, 중국 국민당 정부를 도우려는 계획을 세운 김구가 안미생을 중국에 파견했다는 설이 있으나, 실상은 알기 어렵다.

1949년 3월 안미생의 아버지 안정근이 사망했고, 6월에는 시아버지 김구가 서울에서 암살당했다. 상하이 만국묘지에서 거행된 아버지 장례식에는 참석한 것으로 전해지나 시아버지 장례에는 불참했다. 1950년 3월 26일자 『신한민보』는 미생이 뉴욕의 포덤대학교에서 신문학을 전공한다고 보도했다. 딸 효자는 서울에 남아 김구와 함께 살았으며, 서울대 조소과를 졸업하고 김구의 아들 김신(金信)의 도움으로 생활하다가 1960년대 중반 어머니 미생의 연락을 받고 미국으로 건너갔다. 김신은 이때 이후 미생 모녀와 연락이 끊겼다고 회고했다.[44] 현재 효자의 생사도 불분명하다. 안미생의 남편이자 김구의 아들인 김인의 유해는 1999년 고국으로 봉환돼 대전 현충원 애국지사묘역에 할머니 곽낙원 여사와 함께 안장되었다.[45]

안정근의 셋째 딸 옥생과 넷째 딸 은생은 일찍이 미국으로 건너갔다. 김구의 차남 김신이 중국 공군으로 미국에서 훈련을 마치고 귀환하기 직전 이들을 만난 적이 있다고 한다. 은생은

43) 『국민보』, 1948. 6. 16.
44) 정운현·정창현, 앞의 책, 400쪽.
45) 정운현, 「독립운동사의 거목 백범과 안중근의 영원한 인연」, 『민족21』, 2009. 6, 173쪽.

다시 캐나다로 이주했는데, 그 뒤의 소식은 알 수 없다.[46]

안중근의 둘째 동생 공근(1889-1940)은 서울에서 사범학교 속성과를 졸업하고 진남포에서 보통학교 교사로 일하던 중 의거 소식을 들었다.[47] 안중근 서거 이후 정근과 함께 블라디보스토크와 옌추를 거쳐 지린성 무링현으로 망명했던 그는 1912년 6월 러시아로 가서 페테르부르크와 모스크바에서 러시아어를 공부했다.[48] 그가 언제 가족들과 다시 합류했는지는 정확히 알 수 없으나, 1914년 여름방학 중에는 니콜리스크의 정근 집에서 머물렀다.[49] 대학을 마친 뒤 니콜리스크에서 형과 함께 농장을 운영하다가, 1919년 여름 안창호의 부름을 받고 상하이로 이주했다. 이듬해 초 임시정부 모스크바 특사로 선임되었으나 부임하지는 않았다.[50] 임시정부 창립 초기에는 각각 러시아, 만주, 미국에서 활동하던 사람들 사이에 상당한 알력이 있었다. 소련의 레닌 정부에 파견할 임시정부 특사를 두고서도 한인사회당 당수였던 이동휘와 안창호 사이에 대립이 있었다. 안공근은 러시아에서 공부했지만, 미국 동포들의 신망을 받던 안창호와 가까웠다. 이동휘의 측근인 한형권(韓馨權)과 안창호의 측근인 안공근이 모두 특사로 선임되었으나, 파

46) 정운현·정창현, 앞의 책, 188쪽.
47) 『한국독립운동사 자료』7, 「안중근편」 Ⅱ, '이등박문 피격사건 진상조사 및 혐의자 수사에 관한 건.'
48) 김삼웅, 2009, 앞의 책, 522쪽.
49) 『권업신문』, 1914. 7. 19.
50) 오영섭, 2010, 앞의 글, 251쪽.

견된 사람은 한형권뿐이었다. 한형권 일행은 레닌 정부로부터 200만 루블의 원조를 약속받고 그중 40만 루블을 가지고 상하이로 돌아왔다. 그러나 이 자금의 성격을 둘러싸고 또 한 차례 분쟁이 생겼다. 이동휘 등은 이 자금을 아시아 사회주의 운동에 써야 한다고 판단했고, 안창호 등은 임시정부 활동 지원금이라고 생각했다. 돈 문제가 논란이 된 상태에서 일부는 중국, 일본, 인도 사회주의 운동 자금으로 빠져나갔고, 일부는 관련자들이 유용했다.

안공근은 임시정부가 모스크바 자금 문제로 한창 시끄러울 때인 1920년 7월, 대한민국임시정부 초대 러시아 대사 겸 외무차장에 임명되었다. 그는 레닌이 약속한 자금 잔액을 받아내려고 애썼으나 성과를 거두지 못했다. 소비에트 정부도 그 자금이 한인 독립운동가들을 분열시키는 결과를 빚었다는 사실을 알고 있었다. 1923년, 임시정부를 개조할지, 해산하고 새로운 독립운동 기관을 만들지를 결정하기 위해 국민대표회의가 열렸다. 안공근도 이 무렵 상하이로 귀환했다. 이듬해 형 정근이 뇌병을 치료하러 베이징으로 이주했기 때문에 안공근은 모친과 형수, 조카들의 생계까지 떠맡아야 했다. 그는 상하이 각국 공사관의 의뢰를 받아 통역과 정탐원 일을 하면서 임시정부 활동도 계속했다.[51] 주변 사람들은 그를 '영특한 재사'라고 평했다.[52]

---

51) 김삼웅, 2009, 앞의 책, 526–527쪽.
52) 『민중일보』, 1945. 11. 30.

1925년 11월, 대한민국 제2대 임시대통령 박은식(朴殷植)이 서거했다. 안태훈과 더불어 황해도의 두 신동이라는 소리를 들었던 그 박은식이고, 안중근의 전기를 지어 그를 세계 위인으로 상찬(賞讚)했던 그 박은식이다. 그가 죽음이 임박한 것을 알았을 때 태훈의 아들이자 중근의 동생인 공근을 불러 유서를 대필(代筆)하게 한 것은 자연스러운 일이었다. 박은식의 친자식들이 모두 요절했기 때문에 사람들은 안공근을 그의 양자처럼 대했다. 이후 안공근은 임시정부의 핵심 인물이 되었다. 1926년 6월 여운형(呂運亨)의 후임으로 상하이 한인교민단장이 되었고, 1927년에는 유일당 운동에 참여하여 김구, 이동녕 등과 함께 집행위원을 맡았다.[53] 1930년 1월에는 김구와 함께 한국독립당 창당을 주도했다. 국민대표회의 이후 독립운동 중심기관의 위상이 크게 약해진 임시정부를 끝까지 지켰던 김구는 안공근을 친동생처럼 대했다.[54]

1931년 만주사변 이후 중국인들 사이에서 항일 의식이 고조되자, 김구는 한국 독립운동에 대한 중국 정부와 민간의 지원을 이끌어내기 위해 한인애국단을 조직, 의열투쟁을 모색했다. 도쿄에서 일본 천황의 마차에 폭탄을 던진 이봉창(李奉昌)과 상하이 홍커우공원에서 일본군 수뇌부에게 폭탄을 던져 시라카와 요시노리(白川義則) 대장 등을 척살한 윤봉길(尹奉吉)이 모두 한인애국단 소속이었다. 한인애국단 본부가 바로 안공근

53) 도진순, 2010, 앞의 글, 252쪽.
54) 오영섭, 2010, 앞의 글, 252쪽.

의 집이었으며, 윤봉길 의사가 의거 직전 태극기를 들고 사진을 찍은 곳은 안공근의 차남 안낙생의 집이었다.[55] 1932년 4월 윤봉길 의거 이후 안공근은 중국 정부와 임시정부 사이의 교섭, 중국 정부가 전달한 자금 관리, 한인애국단 운영, 특수 임무 처리를 위한 교육기관 운영 등 거의 모든 일을 김구와 함께했다.[56] 안공근은 1933년 5월 중국 난징(南京)에서 김구와 장제스(蔣介石)가 회담할 때 배석했으며, 1934년에는 중국 뤄양(洛陽)의 중앙군관학교 분교와 난징의 조선혁명군사정치간부학교를 설립하는 데에도 적극 관여했다.

김구가 자기 오른팔과 같았던 안공근에게 실망과 분노를 표한 것은 공교롭게도 안중근 가족 때문이었다. 1937년 7월 일본군이 상하이를 공격하자, 안공근은 자기 집에 기거하던 김구의 어머니 곽낙원과 자기 가족은 데리고 피신했으나, 형의 직계 가족은 미처 챙기지 못했다. 그러자 김구는 "양반의 집에 불이 나면 사당에 가서 신주부터 안고 나오거늘, 혁명가가 피난하면서 국가를 위하여 살신성인한 의사의 부인을 왜구의 점령구(占領區)에 버리고 오는 것은 안군 가문의 도덕에는 물론이고 혁명가의 도덕으로도 용인할 수 없는 일"이라며 심하게 질책했다. 이 일을 계기로 안공근과 김구의 관계는 소원(疏遠)해졌다. 김구의 신임을 잃은 안공근은 1939년까지 임시의정원 의원 등으로 활동하다가 갑작스럽게 행방불명되었다. 정화암은 안공

55) 김삼웅, 2009, 앞의 책, 528쪽.
56) 오영섭, 2010, 앞의 글, 253쪽.

근이 중국 정부가 지원한 자금 관리문제로 위기에 몰려 남의사(藍衣社)—중국 국민당 산하 비밀 정보기관—와 연계하여 김구를 축출하려고 했으며, 이에 김구가 먼저 손을 썼다고 증언했다.[57] 하지만 최근에는 안공근이 중국 언론인 뤄젠베이(羅劍北)가 홍콩에서 일본 간첩과 접촉하는 것을 보았고, 이 때문에 뤄젠베이 측 사람들이 안공근을 살해하고 폐광의 갱도에 시체를 유기했다는 주장이 제기되었다.[58] 김구와 안공근의 사이가 아무리 나빠졌어도 서로 원수 대하듯 할 처지는 아니었다.

안중근 의거 당시 안공근의 장남 안우생(安偶生, 1907-1991)은 겨우 세 살이었다. 그가 언제 블라디보스토크에 가서 아버지를 만났는지는 확실치 않다. 그는 연해주와 만주의 여러 초등학교를 전전하다가 1919년 상하이에서 임시정부가 설립한 인성학교를 졸업했다.[59] 대학도 사촌형 원생과 마찬가지로 광저우 중산대학 영문과, 상하이 지지대학 영문과, 베이징 보인대학 등 여러 곳을 다녔다. 어학에 뛰어난 자질을 보여 러시아어, 중국어, 영어, 프랑스어, 에스페란토어 등을 구사할 수 있었다. 에스페란토어는 1887년 폴란드 안과 의사 자멘호프(Lazaro Ludoviko Zamenhof, 1859-1917)가 창안한 것으로 당시 제국주의에 반대하고 '국경 없는 평화'를 주창한 사람들이 '만국 공용어'로 사용하던 인공언어였다. 한국의 홍명희(洪命熹), 중국

57) 도진순, 2010, 앞의 글, 252-254쪽.
58) 권선숙, 「안공근 실종사건의 전모」, 상, 하, 『상해경제』, 2008. 8. 25; 동 2008. 9. 1.
59) 도진순, 2010, 앞의 글, 266쪽.

의 루쉰(魯迅), 궈모뤄(郭沫若) 등 동아시아의 지식인들이 에
스페란토어 보급에 열심이었고, 고종도 한때 에스페란토어를
학습했다.[60]

안우생도 서른 살 때인 1936년부터 임시정부에서 일했다. 그
이듬해 아버지 안공근과 김구 주석 사이가 틀어졌고 1939년
에 아버지가 실종되었으나, 그는 임시정부를 따라 충칭에 가
서 주석 판공실 비서, 선전부 선전과장, 문화부 편집위원 등으
로 활동했다. 동시에 엘핀(Elpin)이라는 필명으로 에스페란티
스트 반전운동도 벌였다. 해방 후인 1945년 12월 6일 임시정
부 선전부 비서 자격으로 귀국하여 김구를 보필하면서 좌우합
작운동과 남북협상의 중심에서 활동했으나, 김구가 암살당한
이후 홍콩으로 갔다가 월북했다. 1950-60년대에는 홍콩과 마
카오에 머물면서 북한의 대외 공작비를 조달하는 역할을 했다.
1979년 북한 정권으로부터 '조국통일상'을 받았으며, 1986년
에는 북한 측 책임자로 뤼순에서 안중근 유해 발굴작업을 지휘
했다. 1991년 사망하여 평양 애국열사릉에 안장되었다.[61]

안공근의 둘째 아들 안낙생(安樂生, 1913-1950)은 난징 군관
학교에서 공부하고[62] 아버지와 형을 도와 활동했다. 형이 대표
를 맡은 상하이 동방구락부 회원이었으며,[63] 아버지가 주관했

---

60) 안종수, 『에스페란토, 아나키즘, 그리고 평화』, 선인, 2006, 81쪽.

61) 도진순, 2010, 앞의 글, 266-272쪽.

62) 「南京軍官學校 軍事訓練生 檢擧에 關한 件」, 『警察情報 寫(副本)』, 京
城地方法院 檢事局 文書, 1936.

63) 「上海 獨立運動團體一覽表類」, 국사편찬위원회, 『한국독립운동사 자

던 한인애국단에도 간여했다. 의거 직전 이봉창과 윤봉길의 사진도 안낙생이 찍었다.[64] 안낙생은 1938년 11월 28일 한인애국단을 지원하고 일본 군함 타쿠모마루(田雲丸)를 폭침(爆沈)하려 한 혐의로 상하이에서 체포되어 국내로 압송, 1년 반 정도의 심문과 재판 끝에 1940년 5월 17일 해주지방법원에서 징역 3년 형을 선고받았다.[65] 해방 직후 경교장 앞에서 안미생과 감격의 해후를 한 장면이 신문에 보도되었고,[66] 1947년 사촌형 원생과 함께 '청백축구단'에 참여했으나 그 이후 행적은 알 수 없다. 한국전쟁 발발 직후 사망한 것으로 전해진다.[67] 1995년 건국훈장 애족장을 받았다.

안공근의 셋째 아들 안지생도 홍콩에서 중학교를 졸업하고 충칭임시정부에서 활동하다가 귀국했다. 영어도 잘하고 매너도 세련되어 '마카오 신사'의 표본이라는 세평을 들었다고 한다.[68] 형 우생이 월북한 후에도 서울에 남아 있다가 한국전쟁을 맞았으며, 북한군이 퇴각할 때 월북했다. 월북 후 행적은 알 수 없으나, 안우생에 뒤이어 1980년 '조국통일상'을 받았다.

안공근의 첫째 딸 안연생(安蓮生, 1917-?)은 상하이 푸단

료』 3, 임정편 Ⅲ, 1978.
64) 「櫻田門外 및 新公園投彈義擧에 대한 供述槪要」, 국사편찬위원회, 『한국독립운동사 자료』 2, 임정편 Ⅱ, 1978.
65) 「朝鮮思想事件判決 在支不逞鮮人의 軍艦出雲爆沈計畫事件」, 朝鮮總督府 高等法院 檢事局 思想部, 『思想彙報』 제23호, 1940. 6.
66) 『중앙신문』, 1945. 11. 25.
67) 정운현·정창현, 앞의 책, 354쪽.
68) 같은 책, 340쪽.

(復旦)대학을 졸업하고 오빠 안원생과 함께 충칭에서 대한민국임시정부 선전원으로 일했다. 8·15 후 미국으로 건너가 컬럼비아대학 아세아학원에서 미학과 어학을 공부한 후 1949년 2월에 귀국했다.[69] 귀국 후 화가 겸 도자 연구가로 활동하다가 1951년 제6차 유엔총회 한국 대표단을 수행했으며, 1953년 1월에는 공보처장 서리가 되었다. 휴전 직전인 1953년 5월 사직한 후 미국으로 건너갔다가 다시 파나마로 이주한 것으로 알려진다. 아마도 친오빠들인 우생과 지생이 월북한 데 대한 부담감 때문이었을 것이다.

안공근의 둘째 딸 안금생(1919-?)은 충칭에서 한국청년회 부회장으로 일했으며, 광복군 인면(印緬, 인도·버마) 전구(戰區) 공작대 대장 한지성과 결혼했다. 한지성은 한국전쟁 당시 북한군이 점령한 서울에서 서울시인민위원회 부위원장을 지냈다. 전쟁 이후 한지성-안금생의 소식은 알 수 없다.[70]

안중근에게 여동생이 있다는 사실은 2005년에야 알려졌다. 세례명은 누시아이며, 한국식 이름은 알 수 없다. 1954년에 부산 영도구 신선동 자택에서 사망해 영도구 청학동에 묻혔으나 원래의 묘지 자리에 부산체육고등학교가 들어서 1974년 부산 남구 용호동 천주교 묘지로 이장됐다. 그의 며느리는 누시아가 안중근의 여동생이라는 이유로 일본 경찰의 감시와 박해를 받

69) 『조선일보』, 1949. 2. 24.
70) 정운현·정창현, 앞의 책, 214쪽.

았으며, 9일간 감금되기도 했다고 증언했다.[71]

사촌과 당질들

안명근(1879-1927)은 안태훈의 둘째 형 안태현의 장남으로 중근의 동갑내기 사촌이다. 안중근은 그에 대해 기록한 바 없으나, 동갑내기 사촌인 만큼 아주 가깝게 지냈을 것이다. 그도 젊어서부터 김구, 이승훈 등 황해도와 평안도 지역의 민족운동가들과 교유했다. 안중근 의거 직후 이완용 등을 척살하고 간도에 군사학교를 설립할 생각을 품은 안명근은 김구를 찾아가 동참을 부탁했다. 필요한 자금은 황해도 일대의 부호들에게서 조달할 생각이었다. 그러나 김구는 청년들을 망명시켜 군사훈련을 받게 하는 편이 낫다고 답했다.[72] 그러나 안명근은 뜻을 굽히지 않았다. 1910년 11월, 황해도 송화의 신석효에게 3천 원, 신천의 이완식에게 6천 원을 받아내고 신천의 민병찬, 민영설 등에게는 10만 원을 내겠다는 약조를 받았다. 그러나 돈을 주기로 한 자들은 이 사실을 일본 헌병대에 밀고했고, 안명근은 체포되어 혹독한 고문을 받았다(안악사건). 일제는 이 사건을 '데라우치 총독 암살미수 사건'으로 날조하여 전국에서 수백 명을 검거했으며, 그중 105명을 기소했다(105인 사건). 이 과정에서 비밀결사로 유지되던 신민회의 실체가 드러났다. 안

---

71) 『문화일보』, 2005. 8. 1.
72) 오영섭, 2010, 앞의 글, 252쪽.

명근은 무기징역을 선고받았으나 몇 차례 감형되어 1922년에 출옥했다. 출옥 후 중국으로 망명해 활동하다가 1927년 병사했다.

안명근의 동생 안세근의 두 아들 안봉생(安鳳生, 1908-1980)과 안춘생(安椿生, 1912-2011)도 독립운동에 헌신했다. 안세근 일가는 1917년 만주로 망명했는데, 봉생은 1927년 만주 지린성에서 김좌진(金佐鎭)을 보좌했으며, 1931년부터 2년간 동광학교 교사로 일하면서 일본이 수립한 괴뢰 만주국 정권에 대항하는 반만(反滿) 항일군을 조직하기 위해 노력했다. 1933년 상하이로 이동하여 임시정부에서 활동했다. 1935년 여름 김구와 안공근의 명을 받고 다시 만주로 이동해 한인 청소년을 가르쳤다. 1935년 체포되어 4개월간 옥고를 치렀으며, 이후 일본 경찰의 감시하에 생활하다가 해방 후 귀국했다. 1980년 노환으로 경기도 수원 자택에서 별세했다.

안봉생의 동생 안춘생은 헤이룽장성(黑龍江省) 해륜중학교를 졸업하고 만주사변 후 난징으로 이동해 중앙육군군관학교에서 수학했다. 1936년 졸업과 동시에 중국군 제2사단에 배속되어 대일전(對日戰)에 참전했다. 중국군 소령까지 진급했다가 1940년 10월 한국광복군에 편입되어 산시성(山西省) 다퉁(大同)에서 활동했다. 1942년 광복군 제2지대 제1구대장이 되었고, 해방 후에도 광복군 난징 지대장으로 복무하다가 귀국했다. 귀국 후에는 이청천(李靑天) 등이 조직한 민족청년단에 가담했고, 육군사관학교에 입학하여 1949년 제8기로 졸업했다. 이후 육군사관학교 교장, 육군 제8사단장, 국방부 차관보 등을

지낸 뒤 1961년 중장으로 예편했다. 국회의원, 광복회장, 독립
기념관 건립위원장 등을 지냈으니 안중근 친척 중에서는 가장
유복한 삶을 누렸다. 2011년 1월 26일 사망했다. 1963년 건국
훈장 독립장, 1976년 국민훈장 동백장, 1987년 국민훈장 무궁
화장을 받았다.

  안경근(安敬根, 1896-1978)은 안명근과 안세근의 동생이다.
안중근 의거와 안악사건, 105인 사건이 잇달아 발생했을 때
그는 14, 15세의 소년이었다. 안경근은 22세 되던 1918년 블
라디보스토크로 망명해 박은식, 이범윤 등과 함께 활동했다.
1922년 상하이로 이동해서 김구를 보좌했다.[73] 1923년에는 쓰
촨(四川) 군관학교에 입학했다가 윈난(雲南) 사관학교로 옮겨
1925년에 졸업했다. 이후 만주로 건너가 정의부(正義府) 군사
위원이 되었고, 1929년 정의, 참의, 신민부의 삼부 합작운동에
참여했다. 이 운동이 실패하자 1930년 상하이로 돌아가 황푸
(黃埔) 군관학교 구대장(區隊長)이 되었다. 1932년 윤봉길 의
거 후 중국 국민당 정부의 지원으로 뤄양(洛陽) 군관학교 분교
가 개교하자 교관으로 학생들을 지도했다. 사촌인 안공근이 실
종된 후에도 김구를 측근에서 보좌하여 1934년에는 장제스 중
국 총통과 김구 사이의 연락 책임을 맡았다. 임시정부가 충칭
으로 이동한 후 임시의정원 의원으로 활동했고, 해방 후에는
임시정부 군사위원 자격으로 귀국했다. 1948년 김구의 밀서
를 갖고 북한으로 가 남북연석회의를 이끌어냈다. 1950년대 말

---

73) 오영섭, 2010, 앞의 글, 251쪽.

조카 안민생 등과 함께 민주구국동지회를 결성해 활동했으며,
4·19 직후 대구에서 시국대책위원회, 경상북도 민족통일연맹
등을 조직해 민주화와 평화통일을 위한 운동을 벌였다. 5·16
군사정변 직후 북한을 찬양했다는 죄로 군사정권에 의해 7년
형을 선고받고 서대문형무소에 투옥되었다.[74] 2년 가까이 옥살
이를 한 그는 1963년 12월의 일반사면령에 따라 석방되었고,
그 후 자택에 칩거하다가 1978년 82세로 사망했다. 사망 한 해
전 독립유공자로 인정되어 건국훈장 독립장을 받았다. 2011년
에는 재심을 통해 무죄를 선고받았다.

안봉근(安鳳根, 1888-1946)은 안태훈의 동생 안태건의 장남
으로 안중근의 사촌 동생이다. 안중근에게 미사를 베푼 죄로
뮈텔에게 성무 집행 정지 명령을 받은 빌렘은 로마 교황청 등
에 억울함을 호소했으나, 한국 천주교계는 그를 끝내 배척했
다. 한국에서 할 일을 찾지 못한 빌렘은 1914년 안봉근을 데리
고 독일로 돌아갔다. 안봉근은 빌렘의 고향인 알자스로렌에서
성당 일을 돕는 한편으로 전기기계공학을 공부했다. 하지만 독
일에 도착한 지 얼마 되지 않아 제1차 세계대전이 발발했고, 일
본과 독일은 적대 관계가 되었다. 독일군은 안봉근을 일본 간
첩 혐의로 체포, 투옥했다. 두 달여의 옥살이 끝에 빌렘의 탄
원과 보증으로 풀려난 안봉근은 1916년 4월 귀국길에 올랐다.
안봉근이 네덜란드에서 영국행 배를 탔다는 사실을 안 네덜란
드 주재 일본 영사는 영국 경찰에게 그가 독일 간첩일 가능성

---

74) 김삼웅, 앞의 책, 537쪽.

이 있다고 연락했다. 그는 하선(下船) 즉시 다시 체포되어 심문을 받았으며, 일본 대사관 직원의 감시하에 일본행 배에 올랐고, 일본에서 다시 경찰 조사를 받았다.[75] 해주로 돌아갔던 그는 1년 반쯤 지난 1917년 12월, 처와 4남매를 남겨두고 다시 집을 떠났다. 일본 정보당국은 반일단체에 투신할 목적으로 조선을 떠났다고 보았다.[76] 상하이에 도착한 그는 몇 해 동안 그곳에 머물렀으나[77] 독일 문물에 대한 동경을 접지 못했다. 그가 다시 독일에 간 때가 언제인지는 정확하지 않으나 1922년까지는 상하이에 있었다. 1922년 이후 독일에 간 그는 베를린에서 두부공장을 운영하여 생계를 꾸렸고,[78] 현지 여성과 다시 결혼했다. 그는 작가 이미륵(李彌勒)의 독일 망명을 도왔으며, 1936년 베를린 올림픽 때에는 손기정(孫基禎)의 우승을 축하하는 한인들만의 연회를 마련했다. 안봉근은 독일과 일본이 패전한 뒤 중국에 가서 사촌 안정근을 만났다. 안봉근은 독일 생활을 접고 귀국하겠다는 뜻을 밝혔고, 신변 정리를 위해 일단 독일로 돌아갔다. 그러나 돌아오던 중 경유지인 이탈리아에서 갑작스럽게 사망했다.

안봉근의 부인 최유다는 남편이 떠난 뒤 친정에 의탁하여 아이들을 키웠다. 안봉근도 지인에게 잘사는 처가에 가족을 맡겨 안심이라고 말한 적이 있었다. 그러나 최유다의 친정 식구들은

---

75) 『매일신보』, 1916. 7. 25.
76) 정운현·정창현, 앞의 책, 269쪽.
77) 『독립신문』, 1920. 1. 31.
78) 『삼천리』, 8-2, 1936. 2. 1.

안봉근 가족을 심하게 박대했다. 안봉근의 장남 호생은 보통학교를 졸업한 후 재판소 급사가 되었으나, 안중근의 친척이라는 이유로 해고당했다.[79] 이후 경성체신이원양성소(京城遞信吏員養成所) 입학시험에 합격하여 서울로 갔다가 아버지를 찾기 위해 1924년 다시 상하이로 건너갔다. 그러나 안봉근은 이미 독일로 떠난 뒤였다. 상하이에 정착한 안호생은 여러 민족운동 단체에서 간부로 활동했으며, 1920년대 중반 민족유일당 운동이 벌어지자 활동 무대를 만주로 옮겼다. 1927년 남북청년단체 대표협의회에 극동조선인학교 교장 자격으로 참석했다가 중국 경찰에 체포되어 하얼빈감옥에 수감되었다.[80] 1928년 말에서 1929년 초 사이에 석방된 안호생은 안광훈으로 이름을 바꾸고 지린성 성구(省區) 모범학교 교사가 되었다. 이때 결혼도 했다. 하지만 1931년 만주사변으로 지린성은 일본군의 지배하에 들어갔고 학교도 폐쇄되었다. 안호생은 류허현으로 옮겨 항일운동을 벌이다 체포되어 신의주감옥에 3년 6개월간 수감되었다. 그가 감옥에 갇혀 있는 동안 부인은 일본군에게 살해당했다. 출감한 안호생은 다시 만주로 가서 중국공산당 간부로 활동했으며, 1936년 봄에는 동북항일연군 제1군 참모장이 되었다. 1938년 2월 일본군의 총을 맞고 포로가 된 안호생은 자기가 아는 비밀들을 털어놓았다. 이로 인해 동북항일연군 제1군은 심각한 타격을 입었으며, 그는 이후 만주국 치안부 이사관 김창

---

79) 『동아일보』, 1925. 4. 10.
80) 정운현·정창현, 앞의 책, 300쪽.

영의 지휘 아래 과거의 동지들을 일본군에 투항시키는 일을 맡았다. 1940년대 이후의 행적은 알 수 없으나, 해방 직전 사망한 것으로 추정된다.

안봉근의 차남 안창순은 아버지와 형이 떠난 뒤 사실상 장남 노릇을 하다가 1927년 초 극심한 생활난을 비관해 자살했다.[81] 창순이 죽은 뒤 안봉근의 부인 최유다는 남은 자식들과 함께 중국 무링으로 이주했다. 무링은 안중근 일가가 정착했던 곳이다. 안봉근의 아버지 안태건과 숙부 안태순도 이곳으로 이주했는데, 최유다가 자식들을 데리고 무링에 간 것도 시아버지에게 의탁하기 위해서였다. 그러나 안태건은 1925년에 사망했고, 안태순도 3·1운동 때 서울에서 시위운동을 주도한 이후 소식이 끊긴 상태였다. 당시 무링에는 안태순의 후손들만 남아 있었다. 모친과 동생들이 무링에 오자 상하이에 있던 안호생도 만주로 이동했다.[82]

안봉근의 삼남 안민생은 만주에서 다시 만난 형 호생과 함께 항일운동에 투신했다. 1927년 형과 함께 중국 경찰에 체포되었으나 호생만 조선으로 이송되고 본인은 석방되었다. 1929년 가족과 함께 남만주 쌍양현(雙陽縣)으로 이주한 안민생은 동포 학교인 광진학교 교사가 되었다. 이때 중국 국적을 취득했고, 이름도 임창환으로 바꿨다. 하지만 만주인으로 가장한 일본군이 마을을 습격해 주민들은 뿔뿔이 흩어졌다. 안민생도 가족과

---

81) 『조선일보』, 1927. 2. 3.
82) 정운현·정창현, 앞의 책, 276쪽.

헤어져 판스현으로 이주했고, 그곳에서 박정숙과 결혼했다.

1931년 9월 만주사변이 일어나자 안민생은 항일 무장부대에 가담했다. 1933년 겨울, 만주군에 잡혀 혹독한 고문을 당한 그는 밤중에 감시가 소홀한 틈을 타 탈출하다가 왼쪽 다리에 총을 맞고 쓰러졌다. 그를 잡은 만주군은 작두로 그의 두 발끝을 절단했다. 만주군에 위장 귀순한 동포의 도움으로 총살형 직전 탈출한 그는 일단 병원에서 수술을 받았으나, 일본군이 체포하러 온다는 사실을 알고 회복되지도 않은 상태에서 빠져나왔다. 겨우 몸을 추스른 안민생은 동포들의 권유로 소학교 교사가 되었지만, 다시 일본 헌병에게 체포되었다. 안민생은 당시 일본군이 항일 무장부대에 가담했던 사람들을 산 채로 돌과 함께 마대자루에 넣어 쑹화강에 수장시키는 만행을 저질렀다고 회상했다. 안민생도 생사의 경계를 넘나드는 혹독한 고문을 받았으나 끝까지 혐의를 부인하고 겨우 풀려나왔다. 하지만 이번에는 허리뼈 하나가 비뚤어지는 부상을 당했다.

일본 헌병대에서 풀려난 안민생은 신분을 숨긴 채 수년간 지린, 퉁화, 산둥 등지를 오가며 모진 고생을 했다. 그 사이에 함께 항일운동을 했던 부인이 사망했고, 재혼도 했다. 1945년 일본이 패망하자 안민생은 더저우(德州) 행정과 직원이 되어 중국에서 유랑하는 동포들을 도왔다. 1946년 봄, 안민생은 베이징에 있던 당숙 안정근이 보낸 편지를 받았다. 조국이 남북으로 분단되어 귀국을 미룬다는 내용이었다. 얼마 후 상하이로 이동한 안정근이 다시 편지를 보냈다. 민생의 아버지 안봉근을 만났고, 그에게 자식들 소식을 전했더니 독일 생활을 정리하고 귀국하기로 했다는 내용이었다. 안민생은 톈진에서 당숙 안경근을 만나 미군 화물선을 타고 함께 귀국했다. 귀국 후 장충단공원에 마련된 전재민 수용소에서 지내던 그는 정부 수립을 전후해 인천으로 옮겼다. 사촌형 안원생이 미국 공보원 인천분원 미술부에 취직시켜준 덕이었다. 하지만 곧 한국전쟁이 일어났고, 그는 대구로 피란했다. 대구에서 『한국일보』 대구지사장으로 일하면서 지역 지식인들과 교유했다.

1960년 4·19 직후 안민생은 당숙 안정근과 함께 민주구국동지회를 결성했다. 이 단체는 경북 시국대책위원회로 개칭되었다가 11월 26일 경상북도 민족통일연맹으로 확대 개편되었다. 1961년 2월에는 교원노조 지원 투쟁위원회에도 학부모 대표로 참여했다. 그러나 5·16 군사정변 이후 사회질서를 문란케 하고 북한의 통일론을 왜곡해 국민을 선동했다는 죄목으로 기소되어 10년 형을 선고받았다.[83] 1968년, 안민생은 형기를 3년쯤 남기고 특별사면으로 석방되었으나 출옥한 지 얼마 되지 않아 교통사고로 오른쪽 다리를 잃었다.[84] 1975년에는 유신정권이 제정한 '사회안전법' 적용 대상이 되어 모든 종류의 정치·사회 활동을 원천적으로 차단당했다. 이 법은 1989년에야 폐지되었다. 1982년 일본 국토청 장관이 '안중근은 암살범'이라고 한 데 대해 유족 대표로 항의 성명을 발표한 것이 한국 언

---

83) 정운현, 「독립운동사의 거목 백범과 안중근의 영원한 인연」, 『민족21』, 2009. 6, 169쪽.
84) 도진순, 2010, 앞의 글, 272쪽.

론에 나온 안민생의 마지막 활동 기록이다. 그는 한국 정부에 독립유공자 서훈 신청을 하지 않았으며, 1995년에 사망했다. 안민생의 동생 안창은도 만주에서 항일 무장투쟁을 벌이다가 1935년경 전사했다.

자녀들이 겪은 비운(悲運)

안중근의 동생과 조카들, 사촌과 당질들 거의 전부가 독립운동에 헌신했으나 정작 그 아들 준생(俊生, 1907-1951)은 비극적인 일화를 남겼다. 1907년 안중근이 진남포를 떠날 때 준생은 아직 어머니 태중(胎中)에 있었다. 세 살도 되기 전에 아버지를 잃었고, 다섯 살 무렵에는 형을 잃었다. 안중근의 하나 남은 아들로 동포들의 각별한 관심을 받았지만 어려서부터 이곳저곳 떠돌아야 했다. 목릉현 한인소학교, 니콜리스크 공립소학교, 한인 대동소학교 등을 전전하다가 13세 때 대한민국임시정부 청사가 있는 상하이 프랑스 조계지로 이주했다. 상하이에서는 후장(滬江)대학에 다니면서 안원생과 함께 항일운동에 참여했다. 1938년 상하이에서 전화교환수로 일하던 정옥녀(鄭玉女)와 결혼했으며, 악기상을 경영하는 한편 식당에서 바이올린 연주를 하며 생계를 이었다.[85]

1937년 일본군이 상하이를 점령했을 때, 탈출하지 못하고 잔류했다가 누이 현생(1902-1960)과 함께 사실상의 포로가 되

---

85) 같은 글, 259쪽.

었다. 1939년, 일본군은 상하이 거주 실업가들에게 만주와 조선을 시찰시킨다는 명목으로 시찰단을 구성하고 여기에 안준생을 끼워 넣었다. 이해 9월 26일에 상하이를 출발한 시찰단은 칭다오(靑島)와 신경(新京), 간도를 경유하여 함경북도로 들어와 금강산 등을 관광한 후 10월 7일 서울에 도착했다. 시찰단원들은 서울을 돌아보고 10월 9일 조선총독부에서 미나미 지로(南次郎) 총독과 면담한 후 평양, 대구를 거쳐 18일 부산에서 상하이로 가는 배를 탔으나, 안준생만은 13일에 경성으로 되돌아왔다. 10월 15일 오전, 안준생은 조선총독부 촉탁 아이바 기요시(相場淸), 외사부장 마츠자와 다쓰오(松澤龍雄)와 함께 이토 히로부미를 기념하는 사찰인 남산의 박문사(博文寺)를 방문했다. 박문사가 완공된 날은 이토 23주기, 즉 안중근 의거 23주년인 1932년 10월 26일이었다. 뤼순 재판에서 안중근의 통역을 맡았던 소노키 스에키(園木末喜)가 먼저 와서 기다리고 있었다. 안준생 일행은 박문사에 함께 안치된 이토와 안중근의 위패에 합장했다. 박문사 주지는 안중근의 위패를 준생에게 전달했다. 안준생은 그 자리에서 "이토의 명복을 빈다"고 말했고 소노키는 안중근이 죽기 전 "오해로 인한 폭거"임을 인정했다고 기자들에게 발표했다.[86]

안준생은 다음 날 오후 조선호텔에 갔다가 '우연히' 경성에 들른 이토 히로부미의 아들 이토 분키치(伊藤文吉)를 만났다. 소노키, 아이바, 마츠자와 등도 이 자리에 함께 있었다. 안준생

---

86) 『京城日報』, 1939. 10. 16.

이 "영어로 해도 되겠는가"라고 묻자 이토는 "조선어도 좋다"고 해서 둘 사이에 대화가 진행되었다. 안준생은 마츠자와 외사부장의 알선으로 "사죄하러 왔다"고 했고, 분키치는 '불가사의한 인연'을 강조하면서 "같이 지성으로 황도(皇道)를 보필할 것이기에 개인적 사죄는 필요 없다"고 답했다. 당시 조선에서 발행된 신문들은 "실로 조선 통치의 위대한 전환사" "부처의 은혜로 맺은 내선일체" "유아(遺兒), 눈물의 진심/이제 이토 공의 영령도 미소지을 것이다" 등의 제목으로 기사화했다. 총독부는 이 만남을 '이토와 안중근의 역사적 화해'로 포장하여 조선인을 황국신민으로 개조하는 데 이용했다. 아이바는 자기가 모아둔 안중근의 휘호를 안준생에게 주었고, 준생은 이것들을 가지고 상하이로 떠났다. 1940년에는 준생의 부인 정옥녀가 중국 난징 신정부 수립식에 참석했다가 돌아오는 경성 주재 중국 총영사 판한솅(范漢生)을 따라 서울에 와서 박문사에 참배했다.[87]

아이바는 안준생과 안현생 남매를 특별 관리했다. 그는 영국인 세관장이 살던 집을 사서 준생에게 주었고, 준생의 처 정옥녀를 딸처럼 대했다. 안준생의 딸은 아이바의 딸에게 피아노를 배우기도 했다. 해방 직후인 1945년 10월 29일, 김구는 장졔스와 회담하면서 안준생 문제를 거론했다.

"한국의 혁명 선열 안중근의 자식이 일본에 항복하여 상하이에서 여러 가지 불법행위를 하며 아편을 매매하므로 실로 유감

---

87) 『조선일보』, 1940. 5. 15.

입니다. 상하이 경비사령부에 명령을 내려 안준생 등을 구금해 주시기 바랍니다."[88]

안중근의 부인과 자녀는 일본이 패망한 뒤에도 즉시 귀국하지 못했다. 해방된 지 반년쯤 지난 1946년 2월 27일, 안중근의 부인 김아려가 상하이에서 세상을 떠났다. 그는 시어머니 묘소가 있는 정안사(靜安寺) 묘지에 묻혔으나, 현재는 묘소가 유실되어 찾을 수 없다. 안준생은 1949년 중국 공산당이 상하이를 점령하기 직전 홍콩으로 피신했다가 한국전쟁 직전인 6월 17일 부인과 아들 웅호만 데리고 귀국했다. 딸 선호와 연호는 미국으로 유학 보냈다. 두 딸은 이후 한국 땅을 밟지 않았다. 안준생은 한국전쟁 발발 당시 서울에 있었으며, 북한군이 잡으러 왔을 때 '안중근 의사의 아들'이라는 증거로 이토 아들과 만났을 때 찍은 사진을 보여주어 위기를 모면했다고 한다.[89] 그는 처자와 함께 1951년 1·4후퇴 때 부산으로 피란했으나 곧 폐결핵에 걸렸다. 그의 딱한 사정을 안 손원일(孫元一) 제독의 주선으로 당시 국내 최고 수준의 의료기관이던 덴마크 병원선에 입원해 투병하다가 1952년 11월 18일에 사망했다. 손원일의 부친 손정도는 상하이 대한적십자사 회장으로 안정근과 친분이 있었다. 안준생의 유해는 부산시 초량 4동 뒷산에 묻혔다가 1971년 경기도 포천군 이동 교리의 혜화동 천주교 공원묘지로 이장되었다. 부인 정옥녀는 남편이 사망한 뒤 자식들이

---

88) 도진순, 2010, 앞의 글, 259쪽.
89) 『조선일보』, 1991. 8. 17.

있는 미국으로 갔다가 1987년 홀로 귀국하여 1991년 사망, 남편 묘에 합장되었다.[90]

안준생의 아들이자 안중근의 친손자인 안웅호(安雄浩, 1933-2013)는 미국에서 의과대학을 나와 내과 의사가 되었고 중국계 미국인과 결혼하여 남매를 두었다.[91] 정옥녀는 할아버지 그늘에서 살지 말라고 유학 보냈다고 했으나, 본인은 한글을 배우지 못한 게 부끄러워 유학 갔다고 회고했다. 광복 50주년인 1995년에는 "이토 히로부미 증손자와 하얼빈역에서 만나 악수하는 장면을 연출하자"는 제안을 한국의 정치인과 독립운동가 자손들로부터 받았다고도 증언했다. 1980년 이혼하고 혼자 살았으며, 할아버지 덕 볼 생각 말라는 어머니의 뜻에 따라 안중근과 관련된 모든 행사를 피했다고 한다.[92] 1990년대부터 국내 언론사와 간간이 접촉했으며, "할아버지 영정을 안고 휴전선을 건너는 게 마지막 소원"이라고 했다.[93] 2013년 캘리포니아에서 사망했다.

안준생의 큰딸 안선호는 미국에서 간호대학을 졸업한 뒤 한국인 2세와 결혼해 샌프란시스코에 살면서 슬하에 4남매를 두었는데, 1960년대 중반 이후의 소식은 알 수 없다. 둘째 딸 안연호는 뉴욕에서 대학을 나왔으며, 결혼하지 않고 혼자 살다가 2011년 2월 시애틀에서 암으로 사망했다. 2013년 10월 26일

90) 도진순, 2010, 앞의 글, 258-264쪽.
91) 『미주한국일보』, 2004. 3. 26.
92) 『조선일보』, 1991. 8. 17.
93) 『조선일보』, 1995. 8. 16.

안중근 의거 104주년에는 안중근의사숭모회 초청으로 안웅호의 자녀 앤서니 조셉 안 주니어(한국명 안도용)와 캐런 안 남매가 한국을 처음 방문했다. 그들은 한국말을 할 줄 몰랐다.[94]

안중근의 맏딸 현생(1902-1959)은 청계동에서 태어났다. 안중근 의거 후 부인 김아려는 현생을 천주교 신부에게 맡기고 두 아들 분도와 준생만 데리고 망명했다. 신부는 현생을 명동 천주교회 수녀원에 보냈고 그녀는 이곳에서 5년간 숨어 살았다. 누구의 도움을 받았는지는 알 수 없으나 현생은 12세 때인 1914년 블라디보스토크로 망명하여 가족과 합류했다. 임시정부가 수립된 뒤 가족과 함께 상하이로 이주하여 천주교 숭덕여학원 고등과를 졸업하고 같은 학교 대학부 불문학부에 진학, 1923년에 졸업했다. 상하이에 체류하는 동안에는 피아노와 테니스를 즐기는 '신여성'이었다고 한다.[95] 1926년 황일청(黃一淸)과 결혼했는데, 그는 후일 안준생과 함께 만주시찰단 일원이 되어 조선을 방문했다. 안현생은 1941년 3월 26일, 안중근 기일에 맞춰 남편 황일청과 함께 박문사에 참배하고 사죄했다.[96] 이때에도 아이바가 동행했다. 당시 황일청은 상하이 전차회사 직원이었다.

안현생 황일청 부부는 안중근의 부인 김아려와 함께 쉬저우(徐州)에서 8·15광복을 맞았다. 일본군이 물러난 뒤 황일청은

---

94) 『매일경제』, 2013. 10. 27.

95) 『조선일보』, 1925. 5. 24.

96) 『매일신보』, 1941. 3. 26.

한인 교민회장이 되었는데, 뒤이어 쉬저우에 들어온 광복군 제 3지대와 여러 문제로 갈등을 빚었다. 광복군은 교민들에게 절 대복종을 명했으나 황일청은 이에 불복했다. 당시 중국 거주 한인들도 독립운동가, 일본군 밀정, 사업가, 일본군 소속이었다 가 풀려난 학병 등 여러 부류로 나뉘어 있었다. 이들 사이의 이 해관계를 조정하는 일이 쉬울 리 없었다. 1945년 12월 4일, 황 일청은 자기 집에서 광복군 중위 이인근의 총에 맞아 사망했 다. 중국군에게 체포된 이인근은 무기징역형을 선고받았다. 현 장에 있던 안중근의 부인 김아려는 이 일로 충격을 받아 중병 을 얻었으며, 딸 안현생과 함께 상하이로 이동했다. 김아려는 상하이 도착 직후 사망했고, 안현생은 한동안 삯바느질로 연명 했다. 현생의 딸이자 안중근의 외손녀인 황은주는 1946년 5월 홀로 귀국했다.[97]

현생은 어머니 김아려가 사망한 지 6개월 뒤인 11월에 둘 째 딸과 함께 서울로 돌아왔다. 귀국 직후 명동 성모병원에 의 탁했는데, 그곳에서 가져온 짐가방을 모두 도둑맞았다. 신부 와 수녀의 알선으로 신학교 기숙사에 머물면서 한동안 전구 (電口) 장사를 했다. 신학교 기숙사에서 나와 살 집을 얻은 뒤 에는 안중근 지인의 도움으로 '안생공사'(安生公司)라는 식품 업체를 차렸으나 다시 사기를 당해 전 재산을 잃었다. 정부 수 립 직전에는 신한공사 총재의 후의로 영등포의 땅 1천 평을 불 하받아 돼지와 닭을 키웠으나 이 역시 한국전쟁 중에 다 잃었

97) 『중앙신문』, 1946. 5. 9; 『자유신문』, 1946. 5. 9.

다. 1·4후퇴 이후에는 천주교계 학교인 대구 효성여자대학 학생과장 겸 프랑스어 교수를 지냈다. 휴전 후 고혈압으로 사직하고 서울로 돌아와 북아현동 자택에 거주하면서 이화여대 학생 등에게 프랑스어를 가르쳤다. 이후 매년 명동성당에서 열린 추념미사에 참석했으며, 1955년에는 신익희(申翼熙), 장면(張勉) 등이 창당한 민주당에 입당, 중앙위원이 됐다. 1957년 그가 하루 한 끼도 못 먹을 정도의 가난과 병고에 시달린다는 신문 기사가 나자 중고등학생까지 성금을 보냈으나, 1959년 4월 자택에서 사망했다. 그의 묘소가 수유리 천주교회 묘지에 있다는 사실은 2009년에야 알려졌다.[98] 황은숙과 황은실 두 딸을 두었으며, "미국에 유학 간 둘째 딸과 아버지 동상을 보지 못하고 죽는 것이 한"이라는 유언을 남겼다.[99]

안중근 가족과 친척으로 독립유공자 서훈을 받은 사람은 40여 명에 달해 단일 가문으로는 가장 많은 독립운동가를 배출했다. 그의 5촌 이내 친척 대다수가 1913년부터 1918년 사이에 중국과 러시아로 망명하여 독립운동에 헌신했다.[100] 해방 후 귀국한 사람도 있지만, 타국 땅을 전전하다 그곳에서 사망한 사람도 있다. 죽어서 남한에 묻힌 사람도 있고, 북한에 묻힌 사람도 있다. 대한민국 독립유공자도 있고 북한의 애국열사도 있다. 안중근의 사촌 안봉근은 제2차 세계대전 종전 직후까

---

98) 도진순, 2010, 앞의 글, 264-266쪽.

99) 『경향신문』, 1959. 4. 5.

100) 오영섭, 「안중근 가문의 독립운동 기반과 성격」, 『교회사연구』 35, 2010, 227쪽.

지 독일에 거주했으며, 파나마로 이주한 친척도 있다.[101] 안중근의 친척과 후손으로 말년을 여유롭게 보낸 사람은 극히 드물다. 게다가 정작 안중근의 친자식들은 한국독립운동사에 이름을 올리지 못했다. 민족독립과 동양평화의 제단(祭壇)에 자기 생명을 바친 아버지의 그림자가 너무 짙었기 때문일 수도 있다. 안중근과 그의 친척들이 겪은 파란만장한 일대기는 통일을 이룬 뒤라야 마무리할 수 있는 이야기일 것이다.

---

101) 홍범식, 2010, 앞의 글, 32쪽.

2부

안중근의 생각

안중근 모친의 반응을 소개한 『대한매일신보』 1909년 12월 20일자 기사

안중근이의 모친이 변호를 위탁할 차로 평양에 가서 안병찬 씨를 교섭할 때에 그곳 경찰서와 일 헌병대에서 순사와 헌병을 파송하여 여러 번 힐난하였는데 그 부인은 천연한 용모로 엄절히 대답하여 가로되 중근이가 이번에 행한 일은 경영한 지가 오랜 지라. 아일전쟁 이후로 밤이나 낮이나 말을 하든지 일을 하든지 다만 나라를 위해 몸을 바칠 생각뿐이오 평일에 집에 있을 때에도 정당한 주의만 쓰고 털끝만치라도 사정을 쓰지 아니하므로 집안이 항상 엄숙하였고 연전에 국채보상금 모집할 때에도 그 부인과 그 제수가 시집올 때에 가지고 온 패물 등을 다 연조케 하여 가로되 나라이 망하게 된지라. 패물을 아끼어 무엇에 쓰리오 하매 그 부인과 그 제수들도 낙종하여 그 뜻을 조금도 어기지 못하였다 하면서 안 씨의 역사를 저저히 설명함에 순사와 헌병들도 혀를 차며 가로되 안중근 씨의 행한 일은 우리가 크게 놀라는 바어니와 그 모친의 인품도 한국에 드문 인물이라 하였다더라.

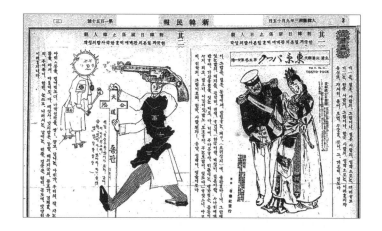

안중근 의거를 예견한 시사만화. 『신한민보』 1909년 9월 15일자 기사

한국과 일본의 관계에 대한 한국 사람의 생각.

"아랫도리를 벌거벗고 저 나막신짝을 짤짤 끌고 다니는 아이가 우리의 잠자는 틈을
타서 마음대로 다 빼앗아 갔지마는 동방예의지국의 충효가 겸전한 우리 부여족이 한 번
눈뜨고 일어서는 날에는 나중 결국은 천리 공도에 마땅히 이러할지니라."

『신한민보』는 미국 샌프란시스코의 한인 독립운동 단체인 국민회에서 발행한
신문이었다. 국민회 회원 명부에는 안중근의 이름도 들어 있다. 날마다 여러 신문을
탐독했던 안중근도 한인이 곧 깨어나 일본의 침략주의를 척살할 것이라는 내용의 이
삽화를 보았을 것이다. 권총 모양 머리를 가진 그림 속의 한인은 전명운, 장인환이
되었고, 안중근이 되었으며, 독립군이 되었고, 강우규, 김상옥, 나석주, 송학선 등의
의사(義士)들이 되었다.

도산(島山) 안창호(安昌浩)

안창호(1878-1938)는 평안남도 출신으로 안중근보다 한 살 위이다. 만 16세에
청일전쟁을 겪고 세계가 바뀌는 상황에 각성하여 언더우드가 경영하던 구세학당에
입학, 신학문을 배우고 기독교도가 되었다. 독립협회 평양지회에서 연설로 명성을
얻었다. 1902년 미국으로 가는 도중 하와이를 보고 자기 호를 '섬으로 된 산'이라는
뜻의 도산(島山)이라고 지었다. 샌프란시스코에서 한인 친목회를 결성하고 이를
기반으로 1905년 4월 '대한인공립협회'를 조직했다. 공립협회는 1909년 2월 하와이
합성협회와 합동하여 '대한인 국민회'로 확대 개편되었다. 1906년 귀국하여 이듬해
신채호, 박은식, 이동휘, 이회영 등과 국권 회복을 위한 비밀결사 신민회를 만들었다.
안중근은 국내에 있을 때 안창호를 몇 차례 만났으며, 집으로 초대해 식사를
대접하기도 했다. 안중근 의거 후 안창호는 유족들의 생계 기반을 마련해주었고,
안중근의 두 동생은 그를 형처럼 대했다.

『해조신문』에 실린 안중근의 기서(奇書), 1908년 3월 8일자 기사
"귀보 논설에 인심이 단합하여야 국권을 흥륭하겠다는 구절을 읽으매 격절한 사연과 고상한 의미를 깊이 감복하여 천견박식으로 한 줄 글을 부치나이다. 대저 사람이 천지만물 중에 가장 귀한 것은 다름 아니라 삼강오륜을 아는 까닭이라. 그런 고로 사람이 세상에 처함에 제일 먼저 힘쓸 것은 자기가 자기를 단합하는 것이요 둘째는 자기 집을 단합하는 것이요 셋째는 자기 국가를 단합하는 것이니 그러한즉 사람마다 마음과 육신이 단합하여야 능히 생활할 것이요 집으로 말하면 부모처자가 화합하여야 능히 유지할 것이요 국가는 국민상하가 상합하여야 마땅히 보전할지라…"
유교와 천주교, 민족주의적 국민의식이 결합된 안중근의 사상을 압축적으로 표현하는 글이다.

안중근의 유묵 '극락'
'극락'은 한국 문화에 뿌리내린 불교 개념으로, 천주교의 '천국'과 같은 의미다.
극락이나 천국이나 인간의 '이상향'이지만, 죽어야만 갈 수 있는 곳이다. 누군가의
부탁을 받고 써준 글이겠으나, 안중근이 훗날 가족, 친지, 동포들과 만나고 싶었던
곳이었으리라. 안중근의사기념관 소장.

안중근의 유묵 '용공난용연포기재'

'서투른 목수는 아름드리 큰 나무를 다루기 어렵다'는 뜻이다. 『자치통감』(資治通鑑)에 있는 문구다. 이토를 서투른 목수에, 동양을 아름드리 큰 나무에 비유한 것 같다. 안중근의사기념관 소장.

안중근의 유묵 '언충신행독경 만방가행'
말이 성실하고 신의가 있으며 행실이 돈독하고 경건하면 오랑캐의 나라에서도
돌아다닐 수 있다는 뜻이다. 평화란 상대를 힘으로 억눌러 만드는 것이 아니라, 신의와
성실로 교유함으로써 이루어진다는 동양평화론의 주지(主旨)와 같은 내용이다.
안중근의사기념관 소장.

안중근의 유묵 '연년세세화상사 세세년년인부동'

해마다 꽃은 같은데, 해마다 사람은 다르구나. 당나라 사람 유희이(劉希夷)의 시
「백두음(白頭吟)」의 한 구절이다. 한자 문화권에서는 천년 넘게 널리 애송된 시구다.
개인 소장

안중근의 유묵 '위국헌신 군인본분'
나라를 위해 헌신하는 것은 군인의 본분이다. 뤼순 감옥의 간수였던 치바 도시치에게
써준 것이다. 1966년 4월 이 유묵의 존재가 국내에 알려진 뒤, '군인정신'을 애국심의
정수로 삼으려는 담론 정책의 주요 도구가 되었다. 안중근의사기념관 소장.

안중근의 유묵 '일일부독서 구중생형극'
하루라도 책을 읽지 않으면 입에 가시가 돋는다는 뜻으로 천자문,
『사자소학』(四字小學)과 함께 조선 시대의 대표적 한문 입문서였던 『추구』(推句)에
나오는 문장이다. 동국대학교박물관 소장.

안중근이 남긴 글은 감옥에서 쓴 『안응칠역사』와 미완의 『동양평화론』 그리고 연해주 망명 중에 쓴 『해조신문』 기고문과 200여 점에 달하는 휘호가 있다. 휘호는 그의 생각을 담은 것도 있지만, 고전(古典)에 나오는 문장을 쓴 것이나 남이 부탁한 대로 써준 것으로 추정되는 것도 있다. 일본 검찰관과 논쟁한 내용도 문서로 남아 있지만, 기본적으로 질문에 규제된 내용이어서 안중근의 생각이 온전히 담길 수는 없었다. 하지만 많지 않은 글과 기록으로나마 그가 죽기 전에 어떤 생각을 품었는지, 그가 자기 목숨을 버려 이루고자 한 가치가 무엇이었는지는 알 수 있다.

안중근은 학자도 경세가(經世家)도 아니었으나 박은식이 '대사상가'(大思想家)라는 영예로운 칭호를 헌정할 만한 사상을 정리하여 세상에 전했다. 그는 천주교 신자로서 십계명의 첫 번째 죄를 스스로 범하여 감옥에 갇혔고, 사형선고를 받았다. 뮈텔 주교는 그를 천주교 신자로 인정하지 않았으며, 종부성사조차 거부했다. 그렇지만 안중근은 태연히 죽음 앞에 섰다. 위로하는 일본인 변호사에게 자기는 천국에 갈 것이라고 확신에 차서 말했다. 그가 감옥에서 쓴 『안응칠역사』와 『동양평화론』은 동포와 후손에게 전하는 글인 동시에 신(神) 앞에 바치는 자기 변론서이자 참회록이었다. 그는 자기 행위의 정당성을 자기 자신에게, 동포들에게, 일본인들에게, 나아가 전 인류에게, 그리고 자기가 믿는 신에게 입증해야 했다.

『동양평화론』은 문장이 유려하거나 짜임새가 탄탄한 글은 아니지만, 거기에 담긴 생각은 당시로는 세상을 놀라게 할 만한 것이었다. 그는 '평화는 힘으로만 유지된다'는 제국주의 시대의 통념을 뒤엎었다. 약육강식, 적자생존, 우승열패는 자연계와 인간 세계에 함께 관철되는 철칙이며, '생존경쟁'이 생명체와 인류 역사를 발전시키는 유일 동력이라는 '사회진화론'의 신념은 당시 세계의 보편 상식이었다. 그러나 안중근은 이 상식을 단호히 배격하고, 인류의 조화로운 공존을 위한 새로운 가치관과 논리를 제시했다. 민족국가 단위의 삶을 전제로 하는 민족주의적 태도를 견지하면서도 국가 간의 연대와 협력, 상호존중으로 평화를 이루려는 생각은 매우 선구적이었으며, 이런 생각이 현실에서 구현되기 시작한 것은 20세기 끝자락에 이르러서였다. 안중근이『동양평화론』에서 제시한 '평화를 이루는 방략'은 오늘날의 유럽공동체(EU)를 만든 생각과 아주 흡사하다.

안중근은 죽음과 대면한 상태에서 신에게 용서를 구하며『동양평화론』을 지었을 것이다.『동양평화론』은 그가 인간의 구원과 평화를 바라는 신의 뜻을 기리며 지은 '생각의 성전(聖殿)'이었다. 비록 다 짓지는 못했으나, 그가 사실을 설명하고 논리를 전개하는 방식을 보면 어떤 성전을 지으려 했는지 짐작할수 있다. 그는 정의, 인도, 민족, 평화, 민권, 독립, 만국공법 등여러 개념어를 벽돌로 사용하여『동양평화론』이라는 웅장한건물을 지으려 했다. 안중근은 유교 경전과 시문(詩文)을 학습했지만, 그의『동양평화론』은 한자를 전혀 배우지 않은 현대의젊은이들도 읽고 이해하기에 어렵지 않다. 안중근의 삶은 중세와 근대에 걸쳐 있었으나 생각은 근대와 현대를 관통했다.

'대한'이라는 국호는 1897년에 생겼다. 한국인들이 '만세'라는 말을 입에 담을 수 있게 된 것도 이때부터였다. '독립'이라는 말의 뜻이 고립(孤立)보다 자립(自立)에 가까운 쪽으로 이동한 것은 1880년대 중반께였고, 우리나라를 '동양'에 속한 나라로 인지하고 '동양'이라는 권역을 상상하기 시작한 것도 그무렵부터였다. '민족'이라는 단어는 1900년에야 처음 등장했다. 당시 정보와 지식의 유통 속도를 고려하면, 안중근은 최신의 개념들을 벽돌로 삼아 '생각의 성전'을 지은 셈이다. 그는 이 벽돌들을 어디에서 구했을까?

우리말에서는 사상, 철학 등의 깊이 있고 복잡한 사고체계로부터 순간적이고 단순한 아이디어에 이르기까지 모두 '생각'이라고 한다. 생각은 현실 문제를 해결하기 위해 과거의 경험을 이용하는 것에서부터 하나의 앎에서 다른 앎으로 이행하는 방식, 또는 상충하는 앎 사이의 모순을 해결하는 태도, 집적된 앎에 이르기까지 여러 의미를 지닌다.

'앎'을 한자로는 '지식'(知識)이라고 한다. 지(知)란 사람이 나면서 저절로 아는 것, 곧 오성(悟性)으로 얻는 '앎'이요, 경험으로 깨닫는 앎이다. 반면 '식'은 배우고 익혀야 아는 앎이다. 고대 그리스인들도 실용적·실천적 앎을 프로네시스, 이론적·철학적 앎을 에피스테메로 구분했다. 직접 보고 듣거나 겪은 것, 부모나 스승에게 배운 것, 다른 사람들과 대화한 것, 글로 읽은 것 등이 모두 '앎'을 만드는 소재가 된다. 사람은 이 '앎'들을 주체적이고 성찰적으로 반추하면서 자기 생각을 만든다.

안중근은 일본과 이토가 한국과 '동양'에서 벌인 일, 자기가 이토를 죽여야 했던 이유, 동양에 진정한 평화를 이루는 방법,

자기 행위의 종교적 의미 등에 대해 <u>스스로</u> 잘 안다고 생각했다. 자기 앎을 확신했기에, 그는 자기 목숨조차 버릴 수 있었다. 의거 당시 그는 서른 살밖에 안 된 젊은이였다. 격동기를 살았기에 경험이 다채롭기는 했으나 결코 많았다고는 할 수 없다. 집에서 한학(漢學)을 배웠을 뿐, 근대 교육은 받지 못했다. 한학도 그리 열심히 공부하지는 않았다. 그런데도 그는 시대를 앞서는 생각을 키웠고, 그 생각을 확신했다. 죽음을 앞두고 모든 사심(私心)을 버렸기에, 그의 생각은 어떤 잡스러운 것도 섞이지 않은 투명한 결정체가 되었다. 여기에서는 그 '결정체'를 통해 그의 '생각'을 만든 원소(元素)들을 추적해본다.

1 가풍(家風)

무인(武人) 가문

지방 향리에서 무반(武班)으로 신분 상승을 이뤘던 안중근 가문은 그의 아버지 안태훈 대에 문반(文班)으로 또 한 계단 올라섰다. 장남으로 태어난 안중근은 본인의 뜻과 관계없이 아버지의 뒤를 이어 가문을 빛낼 책무를 졌다. 유교 경전 학습은 필수였다. 하지만 그가 15세 되던 해인 1894년에 과거제가 폐지되었기 때문에 한학은 사실상 쓸모없는 학문이 되었다. 가장 열심히 공부할 나이에 공부할 이유가 사라진 것이다. 아버지 안태훈도 아들에게 무엇을 어떻게 가르쳐야 할지 알 수 없었다. 게다가 하마터면 박영효 일당으로 지목되어 목숨을 잃을 뻔했기 때문에, 아들이 관직에 나아가 위태롭게 살기를 바라지도 않았던 듯하다.

백범 김구가 회고한 바에 따르면, 안태훈은 둘째와 셋째 아들인 정근과 공근의 공부는 엄히 단속했지만, 중근은 마음껏 놀게 했다고 한다. 장남과 동생들을 차별했다기보다는, 한학 공부는 기초만 하면 된다고 생각했기 때문일 것이다. 안태훈은 동학농민혁명이 좌절한 뒤 황해도의 대학자로 추앙받던 고능선(高能善)을 초빙해 자식들 교육을 맡겼다. 그는 위정척사파(衛正斥邪派)의 거두로서 을미사변 직후 의병을 일으켰던 유인석(柳麟錫)과 동문수학한 사이였다.[1] 하지만 안중근은 저명한 석학(碩學)을 스승으로 모시고도 공부에 열의를 보이지 않았다.

안중근은 책을 읽는 것보다 승마와 총쏘기를 훨씬 즐겼다. 몇 대에 걸쳐 무과 급제자를 배출한 가문이어서 집에는 좋은 말과 총이 있었다. 그가 사용한 총은 외국에서 수입한 최신식이었다. 개항 이후 국내에서 유통된 신식 소총 대부분이 타운센트 상회를 통해 수입된 미국산이었던 사정에 비추어 보면,[2] 그가 사용한 것도 미국산이었을 가능성이 크다. 그는 공자보다 항우(項羽)를 좋아했다. 안중근은 『안응칠역사』에 "옛날 초패왕 항우가 말하기를 "글은 성명이나 적을 줄 알면 족하다"라고 했는데, 만고영웅 초패왕의 명예가 오히려 천추에 남아 전한다. 나도 학문으로 세상에 이름을 드러내고 싶지는 않다. 그도 장부요 나도 장부다"라고 적었으며,[3] 의거를 앞두고는 「장

---

1) 김삼웅, 2009, 『안중근 평전』, 시대의창, 69쪽.
2) 전우용, 『한국 회사의 탄생』, 서울대학교 출판문화원, 2011, 56–59쪽.
3) 『안응칠역사』, 21쪽.

부가」를 지었다.

안중근이 어려서부터 마음 깊이 담은 것은 기개(氣槪), 호방함, 의협심, 용맹 등 무인(武人)다운 가치였다. 그는 자기가 평생 좋아한 네 가지가 말타기와 총쏘기, 친구 사귀기와 음주가무(飮酒歌舞)였다고 적었다.

"원근(遠近)을 막론하고 의협심 있는 사나이가 산다는 말만 들으면 항상 총을 휴대하고 말을 달려 찾아갔고, 과연 동지가 될 만하면 강개(慷慨)한 이야기로 담론하고 유쾌하게 통음(痛飮)하여 취한 후에는 혹 노래도 하고 혹 춤도 추고, 또 혹 화류방(花柳房)에서 놀기도 했다. 기생에게 이르기를, '너의 절묘한 아름다운 자태로 호걸 남자와 짝을 지어 해로한다면 어찌 아름답지 않겠느냐. 너희는 그렇지 못하고 돈 소리만 들으면 침을 흘리고 정신을 잃어 염치 불고하고 오늘은 장 서방, 내일은 이 서방과 금수의 행동을 즐겨 하는 것이냐?' 이렇게 말했는데, 기생들이 수긍하지 않고 몹시 미워하는 빛이나 공손하지 않은 태도를 겉으로 드러내 보이면 간혹 욕을 하거나 때리기도 했기 때문에, 친구들은 나의 별호를 '번개입'[電口]이라 불렀다."[4]

안중근이 해외로 망명하여 국권회복운동을 벌이기로 작정하고 아버지에게 한 말에서도 그의 기질을 엿볼 수 있다.

---

4) 같은 책, 27쪽.

"우리나라에서는 글만 숭상하고 무예를 폐지한 결과 백성들은 무기를 쓸 줄 모르고 국력은 약할 대로 약해졌습니다. 오합지졸에 불과한 동학당이 몇 해 동안이나 화를 끼쳤지만 관군이 즉시 난당을 진압하지 못했기 때문에 백성들이 큰 피해를 당했습니다. 이러고 있다가 강한 외적이 우리가 약한 틈을 타서 쳐들어온다면 우리는 총 한 방 못 쏘고 무너지고 말 것입니다. 오늘 우리들이 산 속에 살면서 비록 사람의 수효는 매우 적지만 총 쏘는 연습을 자주 하고 무덕을 숭상하는 기풍을 배양하며, 우리 국민을 인도하여 문약한 습성을 개변시키고 상무의 풍기를 점차 키운다면 유사시에 대비할 수 있을 것입니다."[5]

문(文)만을 숭상하고 무(武)를 천시해서 나라가 약해졌다는 생각은 그 무렵 많은 계몽운동가가 공유하던 것이었다. 신채호 역시 기울어져 가는 나라를 구하기 위해서는 고대의 상무(尙武)정신을 되살려야 한다고 설파했으며, 대한제국 시기의 사립학교들은 학생들에게 군사훈련을 시켰다. 안중근은 무사적 영웅 또는 군사적 영웅이 나오길 바라던 당대의 여망에 부합하는 환경에서 자랐다. 불의를 보면 참지 못하는 그의 급한 성격은 갓난아기였을 때부터 부모 눈에 띄었다. 하지만 부모 눈에는 자식의 의로움도 위태롭게 보이는 법이다. 안태훈이 큰 아들의 이름에 '무거울 중(重)'자를 넣은 것은 늘 신중하기를 바라는 마음에서였다.

---

5) 박은식, 앞의 책, 58쪽.

부모의 영향

안중근의 아버지 안태훈은 문과에 급제하여 가문의 숙원(宿願)을 풀었다. 1884년에는 젊은 세도가 박영효가 선발한 도일(渡日) 유학생에 끼어 서울에까지 갔다. 하지만 한껏 부풀었던 안태훈의 기대는 그해 겨울에 일어난 갑신정변으로 자기 일신은 물론 가문 전체가 위험해질 수 있다는 걱정으로 바뀌었다. 새옹지마(塞翁之馬)가 따로 없었다. 그의 일족이 해주를 떠나 청계동 산골로 이사한 것도 이 위기를 모면하기 위해서였다.

해주의 안태훈은 양반 행세하는 사람이었으나 청계동의 안태훈은 토호(土豪)였다. 해주에서 온 양반의 위세와 재력은 산골 마을 사람들을 주눅 들게 하고도 남았다. 김구는 그가 "퍽 소탈하여 무식한 아랫사람에게도 교만한 빛 하나 없이 친절하고 정중하여 위아래 모두 함께하기를 좋아했다"고 적었다.[6] 그러나 사람을 쏘아 보는 그의 눈빛은 무척 형형했다고 한다. 아마도 안태훈의 내면에는 향리 가문 출신 특유의 겸손함과 과거 급제자의 자부심이 공존했을 것이다.

안태훈은 황해도 내 삼비팔주(三飛八走)의 한 사람으로 명성을 날리면서도 평소 군사(軍事)와 병법에 더 큰 관심을 기울였다. 동학농민혁명 때 의려(義旅)를 일으킨 것이나 해서교안(海西敎案) 때 휘하 사병(私兵)을 거느리고 지방관에 맞섰던 것도, 몇 대째 무인으로 살면서 자연스럽게 몸에 밴 기질 때문이었을

---

6) 김구, 도진순 수해, 『백범일지』, 돌베개, 1997, 57~58쪽.

것이다. 안중근도 어려서부터 아버지와 삼촌들을 보고 그 기질을 익혔다. 그는 의려에서 열여섯 살 어린 나이로 붉은색 새신랑 옷을 입고 선봉을 자청했다. 스무 살 때는 한국인의 말을 빼앗아 타고 가던 일본인을 꾸짖어 사과를 받아내기도 했다.[7]

　역사에서 보자면 사람 목숨의 무게도, 살인의 무게도 균일하지 않다. 역병이 돌거나 전쟁 중일 때는 목숨의 무게가 가벼워진다. 안중근은 열여섯 살 때 처음 사람을 향해 총을 쏘았다. 그 총에 맞아 사람이 죽었는지는 알 수 없고, 안중근도 그에 관해 기록하지 않았다. 하지만 이편이든 저편이든 총에 맞아 죽은 사람은 적잖이 보았을 것이다. 동학농민혁명 이후 향촌의 지식인과 농민들은 나라가 위기에 처할 때마다 을미의병, 을사의병, 정미의병 등으로 봉기했고, 그때마다 일본군의 기관총탄이 빗발치듯 쏟아졌다. 안중근 시대의 한반도는 수시로 전쟁 중이었다. 자기 시대, 자기 땅에서 벌어지는 일들을 외면하지 않았던 안중근은 스스로를 군인으로 인식했다. 대한의군 참모중장이라는 직함은 이토를 저격한 명분에 그치는 것이 아니었다. 그것은 안중근의 정체성을 구성한 핵심 요소였다.

　안중근의 어머니 조씨 역시 선비의 지조와 무인의 기개(氣概)를 잘 아는 사람이었다. 아들이 의거 후 일본군에 잡혀 죽게 생겼다는 소식을 듣고도 죽음 앞에서 당당하라는 말을 전했으니, 평소 가르침이 어땠는지 충분히 짐작할 수 있다.

---

7) 윤경로, 「안중근 의거 배경과 동양평화론의 현대사적 의의: 동아시아의 평화와 미래를 전망하며」, 『한국독립운동사연구』 36, 2010, 140쪽.

"만인을 죽인 원수를 갚고 의를 세웠으니 무슨 잘못을 저질렀단 말인가. 큰일을 하였으니 목숨을 아끼지 말라. 일본 사람이 너를 살려줄 까닭이 없으니 비겁하게 항소 같은 것은 하지 말라. 깨끗이 죽음을 택하는 것이 이 어미의 희망이다. 사형 언도 소식을 듣고 교회에서는 신자들이 모여 너를 위해 기도를 올렸다. 네가 사랑하는 교우들도 모두 그렇게 생각한다. 살려달라고 구걸하면 양반집 체면을 떨어뜨리는 것이다. 이제는 평화스러운 천당에서 만나자."[8]

---

8) 최서면, 『새로 쓴 안중근 의사』, 집문당, 1994, 160쪽. 안중근 모친의 마지막 편시도 갈못 안려져 있으나 정근과 공근을 통해 전한 말이다.

2 배워서 익히기

유교 공부

안중근은 일본인 검찰관의 심문에 답하면서 자기가 『통감』 9권까지 읽었다고 했다.[1] 연설, 저술, 유묵 등을 통해 그가 읽은 것으로 추정되는 유교 관련 도서는 『천자문』『동몽선습』『명심보감』 등 한문 입문서, 『소학』(小學)과 『사서』(四書 = 『대학』『논어』『맹자』『중용』) 중 일부, 당나라 시인들의 시문 모음집인 『당음』(唐音) 등이다.[2] 유생(儒生) 집안의 자제라면 10대 초반에 다 읽어야 했을 책들이었다. 동학농민군이 뿔뿔이 흩어진 1895년경, 안태훈은 유중교의 제자로 황해도 일대에서 문명

---

1) 『한국독립운동사 자료』 7, 「안중근편」 Ⅱ, '이등박문 피격사건 진상조사 및 혐의자 수사에 관한 건.'
2) 오영섭, 「안중근의 정치체제 구상」, 『한국독립운동사연구』 31, 2008, 286쪽.

(文名)을 떨치던 고능선(高能善)을 청계동으로 초청했다. 유중교는 위정척사파의 비조(鼻祖)인 이항로(李恒老)의 문인이었으니, 고능선의 학문 역시 척사론에 기울어 있었을 터이다. 김구도 이때 안태훈 집에 머물면서 고능선의 가르침을 받았다.[3] 그러나 김구는 안중근이 사냥 다니는 데에만 열중했고 공부에는 별로 신경을 쓰지 않았다고 기록했다. 하지만 안중근이 그때까지 읽은 책만으로도 유교의 기본개념을 익히기에는 충분했다.

유교는 한편으로 천리(天理)와 인도(人道) 사이의 관계를, 또 한편으로는 인간 사이의 관계를 탐구하고 정의하는 학문이자 사상이다. 옛사람들은 하늘을 완벽한 조화와 질서의 공간이라고 생각했다. 하늘에는 해와 달과 무수히 많은 별이 있어 끊임없이 움직이지만, 하나의 별은 결코 다른 별의 자리를 침범하지 않는다. 해가 동쪽에서 떠서 서쪽으로 지고, 1년에 두 차례씩 낮과 밤의 길이가 같아지는 것, 달이 한 달에 한 차례씩 찼다가 기우는 것, 별이 계속 자리를 옮기면서도 1년마다 제자리로 돌아오는 것 등은 하늘이 운행하는 규칙이었다. 『주역』(周易)은 이를 '천행건'(天行健)이라 했다. 반면 지상은 무질서와 혼돈의 공간이었다. 지진, 홍수, 해일, 산사태 등이 예측할 수 없이 일어나고 역병이 돌며 전쟁도 일어난다. 하지만 때에 맞춰 꽃이 피고 곡식이 여물며 낙엽이 지는 등의 규칙적인 변화도 일어난다. 지상에서 하늘의 운행에 감응한 영역은 규칙적이

---

3) 오영섭, 2007, 앞의 글, 24쪽.

고 조화롭다.

유교에서는 지상에 하늘의 질서를 구현하는 것 또는 하늘의 질서가 구현되는 영역을 더 넓히는 것이 곧 정치라고 보았다. 공자는 사계절, 추위와 더위, 해·달·별이 질서 있게 운행하면서 만물(萬物)을 길러내는 것이 천도라고 보았다.[4] 그래서 『주역』은 "군자는 하늘의 운행을 본받아 쉼 없이 자강(自強)해야 한다"(君子以自強不息)고 했고, 공자는 "정치란 바로잡는 것이다"(政者正也)라고 했다.[5] 공자가 말한 '바로잡음'이란 '지상의 무질서를 천상의 질서로 바꾸는 것'을 의미했다. 맹자는 '하늘의 도를 생각하는 것'이 '사람의 도리'라고 보았다.[6] 유교에서 천도(天道)는 삼라만상을 변화시키는 궁극적인 원리였으며, 천도(天道)를 본받아 끊임없이 움직이면서도 남의 영역을 침범하지 않고 모든 생명을 사랑하는 것, 곧 천명(天命)을 알고 실천하는 것이 유교의 인도(人道)였다.[7] 초기 천주교 선교사들은 사람이 하늘의 도를 본받아 지상에 뜻을 펴야 한다는 유교의 천인감응설(天人感應說)을 천주교 교리를 설명하는 데에 이용했다. "하늘(하나님)의 뜻을 지상에 펼치는 것이 인간의 도리"라는 생각은 유교와 천주교에 공통이었으며, 먼저 유교를 배우고 천주교에 입문한 안중근 역시 이 같은 생각을 품었다. 생명

---

4) 孔泳立, 「論語의 人道思想(朱子註釋을 中心으로」, 『사회과학연구』 1, 경상대학교 사회과학연구원, 1984, 182쪽.

5) 『論語』 「顔淵篇」.

6) 『孟子』 「離婁 上」 '誠者 天之道也, 思誠者 人之道也.'

7) 김철운, 「孔子의 앎(知): 人道의 실현」, 『양명학』 37, 2014, 236쪽.

을 함부로 죽이는 것은 하늘의 뜻을 정면으로 거스르는 행위였다. 안중근이 이토를 단죄하기로 마음먹은 것은 그가 하늘의 뜻에 반(反)하는 역천(逆天)의 죄를 저질렀으니, 그를 징벌하는 것이 천명(天命)에 따르는 일이라고 믿었기 때문이다.

유교가 가르치는 사람 사이의 관계는 삼강오륜(三綱五倫)으로 압축된다. 군신(君臣), 부자(父子), 부부(夫婦), 장유(長幼), 붕우(朋友) 사이에 각각 상대를 대하는 도(道)가 있고, 도에 따라 예(禮)가 달라야 한다는 것이 유교의 가르침이었다. "나라에 충성하고 부모에 효도하며 형제간에 우애 있고 어른을 예우하며 벗과는 믿음으로 사귀어라"는 유교를 배운 사람들의 기본 상식이었다.

문제는 각각의 도(道)가 충돌할 때에 발생한다. 아버지가 역모(逆謀)에 가담했을 때 효(孝)를 앞세워 그를 따를 것인가, 아니면 충(忠)을 지키기 위해 아버지를 고발할 것인가? 벗이 부덕(不德)할 때 신(信)을 내세워 벗과 함께할 것인가, 아니면 충효(忠孝)를 지키기 위해 벗과 단교(斷交)할 것인가? 유교는 이런 '관계의 위계(位階) 문제'에 관한 답을 구하는 학문이기도 했다. 유교는 아버지가 역모에 가담했을 때에는 "목숨 걸고 세 번 말리다가 그래도 듣지 않으면 울며 따라야(三諫不聽而泣從) 한다"고 가르쳤고, 군주가 부덕할 경우에는 "세 번 목숨 걸고 간언(諫言)하다가 그래도 듣지 않으면 조정을 떠나 은거(三諫不聽而去)하라"고 가르쳤다. 사안(事案)을 위계 관계에서 파악하는 것은 유교의 기본적 인식 태도였다. 안중근은 십계명의 첫 번째 대죄인 살인죄를 범했으면서도 스스로 당당했고, 죽어 천국에 갈 것을 믿어 의심치 않았다. 이토 개인을 죽이는 것은 작은 문제요, 세상을 위해 거악(巨惡)을 제거하는 것이 큰 문제라고 생각했기 때문이다. 이런 생각에는 천주교보다는 유교가 미친 영향이 컸을 것이다.

천주교 교리 학습

안중근은 만 18세 때인 1897년, 프랑스인 신부 빌렘(J. Wihelm, 한국식 이름 홍석구)에게 세례를 받았다. 일가족의 천주교 입교에 세속적인 동기가 있었던 것과는 별도로, 신자가 된 그의 신앙심은 날이 갈수록 깊어갔다. 당시 천주교 교리는 문명, 개화, 과학, 선진, 위생과 굳게 결합한 담론이기도 했다.[8] 열강의 침입으로 급변하는 세상을 이해하는 데에는 열강의 종교가 유용했다. 하지만 동양적 세계관 또는 유교적 세계관에 익숙한 사람들이 이를 바로 받아들이기는 어려웠다. 이 문제는 천주교 스스로 해결했다.

유럽에서 과학혁명이 일어난 뒤인 16세기 말, 중국에서 천주교를 전파한 예수회 선교사 마테오 리치(Matteo Ricci)는 중국의 유교 지식인들이 받아들이기 쉽도록 천주교 교리를 유교적 개념으로 설명했고, 서로 비슷한 점들을 강조했다. 그는 천주교가 유교에 대립하는 것이 아니라 유교의 부족한 부분을 보완해준다고 설파했다. 이를 '보유론'(補儒論), 즉 유교를 보충

<hr />

8) 서해성, 「안중근, 모순과 싸워 영웅」,『황해문화』65, 2009, 276쪽.

하는 논리라고 하는데,[9] 조선 천주교회 역시 이런 논리로 유교 지식인들을 설득했다. 보유론적 천주교 인식이 정착함에 따라 19세기 초에는 정약종의 『주교요지』와 정하상의 『상재상서』 같은 조선인이 쓴 천주교 교리서도 발간되었다. 『주교요지』는 천지창조, 삼위일체, 상선벌악(賞善罰惡)과 강생구속(降生救贖=예수가 지상에 내려와 인간 대신 속죄함)의 천주교 4대 교리를 해설한 책이고,[10] 『상재상서』는 충효 등의 유교적 개념으로 천주교 교리의 정당성을 설명한 책이다. 안태훈도 『상재상서』를 읽고 천주교에 입교하기로 마음먹었다고 한다.[11]

보유론이 당대 한국 천주교의 일반적 이론이었기 때문에 안중근의 천주교 신앙도 여기에서 벗어나지 못했다. 그가 배운 유교의 기초 소양과 보유론은 아주 잘 어울렸다. 그는 『안응칠역사』에서 자기가 빌렘의 복사(服事=미사 때 신부의 수발을 드는 직책)로서 선교하고 다닐 때 사람들에게 했던 이야기들을 다음과 같이 소개했다.

"대개 천지간의 만물 가운데 오직 사람이 가장 귀하다고 하는 것은 혼의 신령함 때문입니다. 혼에는 세 가지 구별이 있습니다. 첫째는 생혼(生魂)이니 이는 초목의 혼으로서 능히 생장하는 혼

9) 원재연, 「안중근의 인권 사상과 공동체의식」, 『교회사연구』 46, 2015, 88쪽.
10) 차기진, 「안중근의 천주교 신앙과 그 영향」, 『교회사연구』 16, 2001, 20쪽.
11) 같은 글, 17쪽.

입니다. 둘째는 각혼(覺魂)이니, 이는 금수의 혼으로서 능히 지각하는 혼입니다. 셋째는 영혼(靈魂)이니 이는 사람의 혼으로서 능히 생장하고 능히 지각하고 능히 시비를 분별하고 능히 도리를 추론하고 능히 만물을 관할하는 것으로, 그러므로 오직 사람이 가장 귀하다고 하는 것은 혼의 신령함 때문입니다."

안중근은 "천지간 만물 중에 오직 사람이 가장 귀하니"라는 『동몽선습』의 첫 구절을 인용해 유교적 보편 상식에 호소하면서 그 뒷 구절 "오륜(五倫)이 있기 때문이다"를 "혼의 신령함 때문이다"로 살짝 바꾸었다. 사람만이 오륜을 알고 시비를 분별하는 것은 천주께서 생혼이나 각혼과는 다른 '영혼'을 사람에게만 불어넣어주었기 때문이라는 것이다. 이는 『주교요지』와 『상재상서』에도 나오는 내용이었다.[12] 그는 '왜 사람만이 오륜을 아는가?'라는 질문에 답을 주지 못했던 유교의 한계를 천주교의 '영혼' 개념을 배움으로써 극복했다.

"한 집안에는 가주(家主)가 있고, 한 나라에는 국주(國主)가 있듯이, 천지 위에는 천주가 계시어 무시무종(無始無終)의 삼위일체(성부, 성자, 성신이니, 그 뜻이 심대하여 알 수 없다)로서 전능(全能) 전지(全知) 전선(全善)하시고 지극히 공정하시고 지극히 의로우시어 천지만물 일월성신을 조성하시고, 선한 이에게 상주시고 악한 이에게 벌주시는, 유일무이의 큰 주재자가 바로 이분이십니

---

12) 원재연, 2015, 앞의 글, 92쪽.

다. 만약 한 집안의 아버지 되는 이가 가옥을 짓고 산업을 마련하여 그 아들에게 주어 누리며 쓰게 했는데, 그 아들은 방자하게 저 스스로 큰 줄 생각하고 어버이 섬기는 도리를 모른다면 불효막심하여 그 죄가 중하다 할 것입니다. 한 나라 안에서 군주가 정치를 함에 있어 지극히 공정히 하고 각각의 산업을 보호하여 신민과 함께 태평을 누리는데, 신민이 명령에 불복하고 도무지 충군애국(忠君愛國)하는 성품이 없다면 그 죄는 가장 중하다 할 것입니다. 천지간의 대부(大父)요 대군(大君)인 천주께서 하늘을 만들어 나를 덮어주시고 땅을 만들어 나를 실어주시고 일월성신을 만들어 나를 비추어주시고 만물을 만들어 나로 하여금 누리고 쓰게 하시니 실로 큰 은혜가 이같이 막대한데, 만약 인류가 망령되이 스스로 존귀하고 위대하다고 하여 충효를 다하지 않고 근본에 보답하는 의리를 아주 잊어버린다면, 그 죄는 비할 데 없이 더욱 큰 것이니 두렵지 않겠으며 삼가지 않을 수 있겠습니까. 그러므로 공자께서도 말씀하시기를 '하늘에 죄를 지으면 빌 데도 없다'고 했습니다."

안중근은 천주교의 교리와 공자의 말씀을 서로 연결했다. 마테오 리치가 그랬던 것처럼 안중근 역시 유교에서 강조하는 인륜과 충효(忠孝)가 천주의 가르침과 다르지 않다고 생각했다. 천주교와 유교가 다르지 않다는 합유(合儒)에서 천주교로 유교를 보완한다는 보유(補儒)를 거쳐 천주교로 유교를 뛰어넘는 초유(超儒)의 단계로 이행하는 것이 당시 천주교 신앙 심화의 일반적 경로였다.[13] 안중근은 보유론의 관점에서 군주에 대한 충의와 천주에 대한 신앙을 하나로 연결했다. 그에게는 천주의 뜻과 유교에서 말하는 천명(天命)이 다르지 않았다. 하늘이 호생지덕(好生之德＝생명을 살리는 것을 좋아하는 덕)을 가진 것처럼 천주 역시 뭇 생명을 차별 없이 사랑하는 존재였다. 생명을 죽이는 것이 전쟁이고 살리는 것이 평화였다. 그는 평화가 곧 천주의 뜻이자 천명(天命)이라고 인식했다.[14] 게다가 천주교는 모든 인간이 천주의 피조물이라고 설파함으로써 자연스럽게 보편 인권에 대한 인식을 심어주었다.

하지만 안중근의 의식은 사해동포주의로까지 확장하지는 못했다. 프랑스인 신부들이 조선인을 '같은 형제'로 대우하지 않는다는 사실을 직접 느낀 것이 큰 이유였다. 1899년 뮈텔 주교에게 "한국인들이 배움을 얻으면 교를 믿는 신심이 약해질 것"이라는 말을 들었을 때 그는 유럽인들의 '인종차별주의'를 체감했다. 그때 그는 '교의 진리는 믿을지언정 외국인의 마음은 믿지 않겠다'고 굳게 다짐했다.

'교의 진리'와 '외국인의 마음'이 다르다는 생각은 자국민 또는 자민족을 중심으로 교의 진리를 이해하는 태도로 이어질 수밖에 없었다. 그가 보기에는, 한국인에게는 대학이 필요 없다고 뮈텔이 단언한 것이야말로 천주의 가르침을 어긴 행위였다.

---

13) 원재연, 「구한말 안중근의 천주교 교리인식과 신앙실천: 김기호와의 비교를 중심으로」, 『교회사학』 7, 2010, 136쪽.
14) 이정배, 「함석헌의 뜻으로 본 한국역사 속에 나타난 '민족' 개념의 신학적 고찰: 신채호의 '민족사관'과 안중근의 '동양평화론'의 지평에서」, 『신학과 세계』 55, 2006, 174쪽.

'교의 진리'와 '외국인 선교사의 마음'을 구별함으로써 그는 천주교 교리를 민족이나 인종을 주체로 재해석할 수 있게 되었다. 안중근이 '살인하지 말라'는 십계명의 첫 번째 계율을 어기고 이토를 처단할 수 있었던 이유 중 하나도 '주체적 교리 인식'에 있었다.

신서적과 신문 읽기

"그때 나는 날마다 신문과 잡지, 각국 역사를 자세히 살피며 읽고 있어서 이미 지나간 과거와 현재와 미래의 일들을 추측했었다."[15]

러일전쟁 이후 국권회복 방략을 모색하면서 안중근은 세상을 보는 안목을 키울 필요를 절감했다. 그가 공부한 유교와 천주교만으로는 나라와 민족이 나아갈 바를 알기 어려웠다. 그는 당시 국내외에서 발행되던 신문과 잡지, 학부 발행 교과서 등을 탐독하여 자기만의 사상체계를 형성해갔다. 세계정세와 역사에 대해서는 대한제국 학부에서 발행한 『조선역사』『만국역사』『태서신사』『만국공법』 등을 읽고 공부했으며, 러일전쟁 이후의 한반도를 둘러싼 국제정세를 이해하는 식견은 『황성신문』『대한매일신보』『공립신보』 등을 읽으며 키웠다. 잡지는 『대한자강회월보』 하나만을 언급했는데, 대한자강회에서

15) 같은 책, 54쪽.

1906년 7월부터 1907년까지 발행한 이 잡지는 당대의 자강운동 논리를 제공하는 데에 큰 구실을 했다. 자기 가문과 천주교회에만 관심을 기울였던 안중근이 민족운동가로 거듭난 데에는 독서와 신문 구독의 영향이 무엇보다 컸다.

당시 신문·잡지들이 지적한 현실 문제는 안중근이 직접 체험한 것들이었으며, 그런 만큼 안중근은 이들이 제시한 미래상에도 크게 공감했다. 예컨대 『대한자강회월보』 제5호에는 『전제 국민에게는 애국사상이 없다』라는 제하에 다음과 같은 글이 실렸다.

"입헌정치의 정수는 군민(君民)이 한 몸이 되고 상하가 일치하여 모든 일을 공의(公議)에 따라 결행하는 데 있으며 그 운용하는 기초는 국민 다수의 선량한 공당(公黨), 공회(公會)에 있다. 반면, 전제정치의 특색은 군주의 권리만 무한하며 민권은 부진하고 상하가 서로 반목하며 전제권으로 억압한다. 그를 운용하는 기관은 군주를 둘러싼 귀족관료의 사당(私黨)이다. 군민이 한 몸이 되고 상하가 일치된 상태라야 애국심, 즉 국민적 사상이 발휘된다. 일본이 입헌주의를 채택하고 러시아가 전제주의를 채택했기 때문에 러일전쟁에서 이미 승패가 갈렸다."[16]

일제 검찰은 안중근이 이토를 '오해'한 근본 이유도 『대한매일신보』 등의 신문에 있다고 판단했다.

---

16) 『大韓自强會月報』 5, 1906. 11, 18-22쪽.

피고 안중근은 약간의 『성경』과 『통감』 9권까지 그리고 한역 (漢譯) 『만국역사』 및 『조선역사』를 읽었다고 한다. 한국의 『대한 매일』 『황성신문』 『제국신보』, 샌프란시스코의 『공립신문』, 블라 디보스토크의 『대동공보』 등을 보고서 정치사상을 함양했으며… 『매일신보』 및 논객의 설을 맹종하여 오해한 결과 한국의 은인 이 토 공을 원수 보듯 하여 그 과거의 시설에 대한 복수를 하고자 한 것이 바로 동기이다.[17]

안중근은 세상 돌아가는 소식뿐 아니라 현실을 이해하기 위 한 개념들까지 신문을 보며 배웠다. 그가 '동양평화론'을 구상 하는 데 사용한 민족, 독립, 동양, 평화, 정의, 인도, 만국공법, 삼국 연합군, 공동은행과 공동화폐 등의 개념들은 거의가 신 문에서 얻은 것이었다. 그에게 신문은 말 그대로 '세상을 보는 창'이었다. 그는 『안응칠역사』에 '이토 히로부미의 15개조 죄 상'을 적기 전인 1909년 11월 6일, '이토 히로부미 죄악'이라 는 별도의 글을 연필로 써서 검찰관에게 제출했는데, 거기에 는 '국내외 신문을 전하지 못하게 한 죄'가 포함되어 있었다.[18] 1909년 7월, 통감부 지배하의 대한제국 정부 법률로 제정된 '신문지법'을 지칭한 것이었다.

안중근은 연해주 망명 시절에 『공립신보』와 『대동공보』를 주

17) 안중근의사기념사업회 안중근연구소, 『안중근 우덕순 조도선 유동 하 공판기록』, 2010, 167-168쪽.
18) 김수태, 「안중근의 독립운동과 신문」, 『진단학보』 119, 2013, 120쪽.

로 읽었는데, 특히 『공립신보』는 안중근의 현실 인식과 국권회복운동 구상에 큰 영향을 미쳤다. 신민회원 등 그 무렵의 민족운동가 상당수는 의병전쟁과 계몽운동의 경험을 결합하여 한편으로는 교육과 산업을 육성하고, 또 한편으로는 군대를 길러 일본이 장래 주변국과 전쟁을 일으킬 때 참전하자는 생각을 공유했다. 물론 망명객들의 의병만으로 일본군과 싸워 이길 수 있다고 생각하지는 않았다. "한국인의 준비가 없으면 일본이 패전해도 한국은 또 다른 외국의 수중에 넘어갈 것이다. 한민족이 의병을 모아 이 전쟁에 참전해서 일본을 물리쳐야 독립을 공고히 할 수 있을 것이다. 최악의 경우에도 세계 각국의 공론으로 독립을 보장받을 희망이 있다"는 것이 독립전쟁론의 현실 인식이었고, 이런 생각을 『대한매일신보』와 『공립신보』 등을 통해 유포했다.[19]

"나라의 독립과 자유는 한번 전쟁에 회복하기 어렵고 한두 사람의 피로 보호하기 어렵나니 미국 독립에도 8년 전쟁이 있었고 법국(法國, 프랑스) 혁명에 3백만 명의 피가 흘렀는지라. 우리 국민은 참으로 독립과 자유를 원하거든 먼저 피 흘린 동포의 뒤를 이어 오늘 경성에서 싸우고 명일 평안도에서 싸우고 또 명일에 경상도에서 싸워 13도가 모두 향응하면 8년 전쟁이 되기 전과 3백만 명의 피를 흘리기 전에 독립과 자유를 가히 회복하려니와 만일 그렇지 아니하면 오늘 피 흘린 열사의 죄인이 될뿐더러 영

---

19) 『안응칠역사』, 67쪽.

영 노예를 면하지 못하리로다…. 이로 말미암아 보건대 오래 싸우고 여러 국민의 피를 흘려야 자유 독립을 회복하고 한두 번 싸우고 몇 사람의 피로는 망한 나라를 붙잡지 못하는 것은 명약관화(明若觀火)라. 이같이 위위급급한 때를 당하여 특별한 방책으로 여러 동포에게 고하지 못하나 우리 국민은 일심단결하여 한 번 두 번 천 번 백 번에 이르며 한 사람 두 사람 죽어 천만 사람 죽는 데까지 이르도록 사양치 아니하기를 바라노라."[20]

세상만사가 시(時)에 완급(緩急)이 있나니 교육이니 양병(養兵)이니 실업이니 정치니 종교니 하는 것은 태평시대에도 예비할 바이어니와 시기가 급박한 경우를 당하면 한갓 무예적 활동밖에는 방책이 없다 할지라… 주저도 말고 의심도 말고 13도 인민이 일시에 일어나 군인은 선봉이 되고 백성은 후원이 되어 독립의 기를 높이 들고 독립전쟁을 시작할지어다.[21]

안중근이 동포들에게 한 연설 내용도 『공립신보』의 논설과 다르지 않았다.

"일본은 앞으로 5년 안에 반드시 러시아, 청나라, 미국 등 삼국과 개전하게 될 것이니, 이는 한국의 큰 기회가 될 것입니다. 이때가 되었을 때 만약 한국인이 예비하지 못했다면 비록 일본이 패

20) 『공립신보』, 1907. 7. 26.
21) 『공립신보』, 1907. 8. 16.

배해도 한국은 다시 다른 도적의 수중으로 들어갈 것입니다….
국내 국외를 물론하고 한국인은 남녀노소가 총을 메고 칼을 들
고 일제히 의병을 일으켜 승패와 유불리를 불고하고 통쾌하게 한
바탕 싸워서 천하 후세에 부끄러운 웃음거리를 면해야 할 것입
니다…. 오늘 먼저 출병할 자들은 병약자나 노년들이 합당합니
다. 그다음 청년들은 사회를 조직하고 국민의 뜻을 단합시키고
유년을 교육하여 미리 준비하고 뒤에도 준비하는 한편, 여러 가
지 실업에도 힘써서 실력을 양성한 후에라야 대사가 쉬울 것입니
다."[22]

연해주 망명 시절의 안중근에게 신문은 생계와도 직결되어
있었다. 의병전쟁에서 패전한 뒤 그는 『대동공보』 탐방원이자
판매원으로 일했다. 그가 미주에서 발행된 『공립신보』를 처음
접한 것도 연해주에서였다. 안중근은 계동학교 학감 직도 맡
았는데, 이 학교는 공립협회 해삼위(海蔘威) 지회이자 『공립신
보』의 러시아 지국이었다. 『대동공보』는 공립협회 회원 이강이
주필을 맡았기 때문에 『공립신보』와 논조가 같았다. 안중근이
동양평화론을 구체화하고 이토 척살 의거를 결심한 데에도 신
문이 상당한 영향을 미쳤다. 의거 9개월 전인 1909년 1월 17일
『대동공보』에는 「불가리아 독립회의에 우리 한국문제를 제출
할 것」이라는 기사가 실렸다.

---

22) 『안응칠역사』, 67-69쪽.

"불가리 독립은 비단 불가리 국민의 행복이 아니라 실상 유럽 세계의 평화를 보전하는 계획이니 불가리의 독립과 유럽의 평화를 어떠한 나라 사람이든지 환영치 아니하리오. 연즉 유럽의 평화는 저같이 유지되려니와 우리 한국의 독립문제와 아세아 대륙의 불온한 상태와 옹결한 정략은 어느 날에 능히 해결되리오…. 이제 불가리의 독립문제로 구주 열국이 평화회의를 여는 자리에 우리도 또한 국민의 대표자를 파송하여 우리나라 인민이 곳곳에서 일본군과 전투하는 것과 일본군이 우리 인민을 남김없이 학살하는 참혹한 정형을 낱낱이 들어 설명하여 우리 한국의 민족을 보존할 일과 우리 한국의 독립을 회복할 일을 도모하고 동양의 평화를 유럽의 평화와 같이 함께 유지하기를 힘써 주선할진저."[23]

한국 민족을 보존하고 한국 독립을 회복하는 것이 진정한 동양평화를 이루는 길이라는 생각, 이토가 말로는 동양평화를 내세우면서도 실제로는 한국 인민을 남김없이 학살함으로써 동양평화를 파괴하고 있다는 생각은 안중근 혼자만의 것이 아니었다. 안중근은 신문을 매개로 국권회복운동 세력 전체와 긴밀히 교류·소통했다.

---

23) 『대동공보』, 1909. 1. 17.

3 벗들과 사귀기

안중근은 자기 짧은 평생에 좋아한 것이 벗을 사귀고 의를 맺기(親友結義), 술 마시고 노래하기(飮酒歌舞), 총 들고 사냥하기(鐵砲狩獵), 말타고 달리기(騎馬駿馬)의 네 가지라고 했다. 뒤의 둘은 유럽의 기준으로 보자면 기사(騎士)의 취미에 해당하니 사실상 하나인 셈이며, 앞의 둘도 서로 짝을 이룬다고 할 수 있다. 그는 자기 또래에 의협심으로 소문난 사람이 있으면 멀리까지라도 찾아가 직접 만나보았고, 서로 의기가 통하면 결의 형제를 맺곤 했다. 제 잇속을 먼저 챙기는 사람에게 벗이 많을 수는 없다. 속마음을 나누지 않고 친하게 지낼 수도 없다. 친구를 사귀는 일은 생각을 공유하는 일이기도 하다.

안중근이 의(義)로 사귄 벗은 한둘이 아니다. 특히 을사늑약 이후 국권회복운동에 투신했던 사람 중에는 잘 알려진 사람이 많다. 이들과 맺은 관계는 그의 의거에 직접 영향을 미쳤다. 안중근과 가장 먼저 관계를 맺은 저명인사는 백범 김구였다. 동학농민혁명이 막바지로 치닫던 1895년 2월, 안중근의 아버지 안태훈은 황해도 일대에서 소년 접주(接主)로 농민군을 이끌다가 패퇴한 뒤 패엽사에 숨어 지내던 김구에게 밀서를 보냈다. "군(君)이 나이 어리지만 대담한 인품을 지닌 것을 사랑하여 토벌하지 않을 터이지만, 군이 만일 청계동을 침범하다가 폐멸당하게 되면 인재가 아깝다"는 내용이었다.

안태훈이 김구를 자기 집으로 초청한 데에는 두 가지 이유가 있었던 듯하다. 첫째, 일종의 상호 불가침 협약을 맺는 것이다. 농민군의 세력은 크게 약해진 상태였지만, 오히려 그 때문에 지휘자를 잃은 농민들이 수십, 수백 명씩 무리를 지어 각처로 돌아다니며 부잣집들을 약탈할 가능성이 있었다. 안태훈은 만일의 사태에 대비하기 위해서는 농민군의 우두머리였던 김구를 인질처럼 데리고 있는 편이 낫다고 보았을 것이다. 김구로서도 농민군의 적(敵)이던 안태훈의 집보다 안전한 곳은 찾기 어려웠다. 둘째, 안태훈이 김구의 재주를 아꼈기 때문이다. 김구는 당시 갓 열아홉 살의 청년이었다. 그 젊은 나이에 황해도 지역의 우두머리인 '팔봉접주'가 되어 해주성 공략 작전에 선봉을 섰으니, 장차 큰 인물이 되리라고 보았을 것이다. 김구는 동료들과 의논하여 "나를 치지 않으면 나도 치지 않는다. 어느 한쪽이 불행에 빠지면 서로 돕는다"는 조건으로 그의 제의를 수락하고 가족과 함께 청계동으로 이주했다.

안중근과 김구는 고작 세 살 차이였다. 김구가 안태훈의 집에 머문 기간은 4, 5개월 정도였으니, 그 기간에 형제처럼 가까이 지낼 만도 했으나 둘 다 서로 친하게 지냈다는 기록은 남기

지 않았다. 김구는 『백범일지』에 안중근에 대한 다음과 같은 관찰 기록을 남겼을 뿐이다.[1]

"진사는 아들이 셋 있었는데 맏아들은 중근으로 당년 열여섯에 상투를 틀었고, 자색 명주 수건으로 머리를 동이고서 돔방총을 메고 노인당과 신상동으로 날마다 사냥을 다녔다. 중근은 영기가 넘치고 여러 군인 중에도 사격술이 제일로, 나는 새 달리는 짐승을 백발백중으로 맞히는 재주가 있었다. 태건 씨와 숙질이 늘 동행했는데 어떤 때는 하루에 노루와 고라니 등을 여러 마리 잡아와 그것으로 군사들을 위로하기도 했다. 안진사는 자기 아들과 조카들을 위하여 서재를 만들었다. 당시 빨간 두루마기를 입고 머리를 땋아 늘어뜨린 8, 9세의 정근, 공근에게는 '글을 읽어라' '써라' 독려하면서도 맏아들 중근에게는 공부 않는다고 질책하는 것을 보지 못했다."

동학농민혁명 당시 서로 적대했던 관계가 둘 사이를 가로막았을 수도 있다. 1895년 4월, 청일전쟁에서 승리한 일본은 내정 간섭을 본격화했다. 이 소식을 들은 김구는 무장 대원을 수십 명 거느린 안태훈에게 의병을 일으키자고 제안했다. 그러나 안태훈은 조정에 반기를 들려 하지 않았다. 실망한 김구는 청계동을 떠났다가 겨울에 다시 돌아왔다. 을미사변과 단발령을 계기로 전국에서 의병이 봉기하던 때였다. 김구는 다시 한번

---

[1] 김구, 도진순 주해, 『백범일지』, 57쪽.

의병을 일으키자고 제안했으나, 이번에도 안태훈은 거절했다. 실망하여 청계동을 떠난 김구는 곧바로 경찰에 체포되었다. 안태훈이 사병(私兵)을 두고 역모를 꾀한다는 혐의를 받는 상태였기 때문이다.

한 달 넘게 투옥되었다가 석방된 김구는 집으로 돌아가는 길에 황해도 안악군 치하포의 한 객줏집에서 칼을 지닌 일본인을 발견했다. 스치다 조스케(土田讓亮)라는 상인이었지만 김구는 그의 칼을 보고 왕후를 시해한 범인 중 한 명이라고 판단했다. 새벽녘에 스치다를 깨운 김구는 그를 발로 차 마당으로 나뒹굴게 했다. 스치다가 칼을 뽑아 들자, 돌로 그의 머리를 내리치고는 칼을 빼앗아 찔러 죽였다. 그러고는 벽에 자기 이름과 주소를 써두고 나왔다. 일본 영사는 즉시 체포하라고 성화를 부렸으나 아관파천(1896. 2. 11) 이후 반일적 태도로 돌아선 조선 정부는 소극적으로 대처했다. 김구는 그해 6월에 체포되었고, 일본 영사가 참관한 재판에서 사형을 선고받았다. 그러나 김구의 살인 동기가 국모의 원수를 갚는 것이었다는 사실을 안 고종은 사형 집행을 허가하지 않았다. 고종이 나라 이름을 대한제국으로 바꾸고 스스로 황제 자리에 오른 지(1897. 10. 12) 반년쯤 지난 1898년 3월 19일, 김구는 감시가 느슨한 틈을 타서 탈옥하는 데에 성공했다. 황제의 마음을 읽은 지방관이 탈옥할 기회를 주었는지도 모를 일이다.

자기 집에 머물다 떠난 김구가 일본인을 살해하는 큰일을 저질렀는데, 안중근 부자가 이 일을 몰랐을 가능성은 거의 없다. 안중근은 이 일에 대해 전혀 언급하지 않았으나, 김구의 행동에서 느낀 바가 적지 않았을 것이다. 후일 김구는 대한민국임시정부를 이끌면서 안태훈의 아들이자 안중근의 동생인 정근·공근 형제를 가까이에 두었고, 정근의 딸 미생을 며느리로 삼았다. 동학농민혁명 이후 안태훈의 집에 머물며 도움받은 인연이 있었던 데다가 김구 역시 안중근을 독립운동의 모범이자 영웅으로 추앙했기 때문이다.

안중근이 훗날 독립운동 지도자가 된 사람들과 다시 인연을 맺은 것은 이로부터 10여 년이 지난 1907년부터였다. 이해 봄, 서우학회에 가입한 안중근은 서울에 가서 안창호, 이동휘 등 학회 지도자들과 만났다.[2] 당시 이들은 전국적으로 명성을 날리던 계몽운동가였다. 안중근은 이 만남에 대해 자세한 기록을 남기지 않았으나, 국권회복의 방략에 대한 의견을 들었을 가능성이 크다. 당시 안창호, 이동휘 등은 신채호, 박은식, 이동녕, 이회영, 이승훈 등과 함께 비밀리에 신민회를 조직하여 무장투쟁과 계몽운동을 결합한 국권회복운동을 구상하고 있었다.[3]

안창호, 이동휘 등이 안중근에게 신민회 가입을 권유했는지는 알 수 없다. 안중근이 신민회원이었는지도 알 수 없다. 일제 경찰은 후일 '105인 사건'을 날조하는 과정에서 신민회의 존재를 알았지만, 이미 사망한 안중근의 이름이 나올 리 없었다. 하지만 안중근이 이들과 이야기를 나누며 민권, 민족, 민주 등의

---

2) 오영섭, 「안중근 가문의 독립운동 기반과 성격」, 『교회사연구』 35, 2010, 247쪽.
3) 한상권, 「안중근의 국권회복운동과 정치사상」, 『한국독립운동사연구』 21, 2003, 58쪽.

개념에 대한 이해도를 높였을 가능성은 크다.

뒤에 다시 서술하겠지만, 한자 민(民)은 본디 '천한 사람'을 의미했다. 우리나라에서 '민'(民)을 천하게 여기지 말자는 주장이 처음 제기된 것은 1897년의 일이었다. 이어 만민공동회를 거치면서 '민권'(民權)에 대한 인식이 널리 확산했으나, 전제군주국인 대한제국에서 '민'이 주권을 갖는다는 뜻의 '민주'(民主)는 입 밖에 낼 수 없는 말이었다. 그러나 1905년 을사늑약을 겪으면서 상황이 달라졌고, 사람들의 생각도 달라졌다. 이토 히로부미가 을사늑약 조문을 들고 비준을 강요하자, 고종은 "이렇게 중요한 문제는 널리 백성들에게 의견을 물은 뒤에야 결정할 수 있소"라며 즉답을 피했다. 그러자 이토는 "귀국은 전제군주국이오. 폐하께서 결정하면 그뿐, 백성들의 의견이 무슨 소용이 있단 말이오?"라며 재차 압박했다. 후에 이런 정황을 전해들은 지식인들은 나라를 지키기 위해서라도 먼저 전제군주제를 타파해야 한다고 생각했다. 그런 사람들이 만든 단체가 신민회였다. 신민(新民)이란 '주권자로 각성한 새로운 민'을 의미했다.

안중근은 신민회원 중 동년배인 안창호와 특히 깊은 인연을 맺었다. 안창호는 안중근보다 한 살 위였다. 1907년 5월 진남포에서 안창호의 연설회가 열렸다. 안중근은 그 자리에 참석해 연설을 듣고 안창호를 집으로 초대해 점심을 대접했다.[4] 그는 이후에도 몇 차례 더 안창호의 연설회에 참석했으며, 찬조 연

---

4) 오영섭, 2010, 앞의 글, 247쪽.

설을 하기도 했다.[5] 이 인연 때문에 안창호는 안중근 유족에게 각별한 정을 쏟았다. 안창호는 연해주로 망명한 안중근 일족의 생활 근거지를 마련하기 위해 노력했고, 그들의 생활을 '독립운동 기지 건설 운동'과 연계하고자 했다. 안중근의 큰동생 정근은 여섯 살 연상인 안창호를 '형님'이라고 불렀다.[6] 안창호는 정근을 통해 안중근 일가의 새 어른이 된 셈이다.

안중근이 일본인 검찰관에게 교우 관계를 사실대로 말했을 가능성은 거의 없다. 그는 진짜 친하게 지낸 사람들의 이름은 일본인 검찰관에게 밝히지 않았고, 『안응칠역사』에도 적지 않았다. 그게 뻔히 예상되는 일제의 핍박으로부터 동지와 친구를 지키는 길이었다. 그는 김구나 안창호에 대해서는 말하지 않았다. 그가 일본인 검찰관 앞에서 가장 높이 평가한 인물은 헤이그 밀사였던 이상설과 만난 적도 없는 최익현이었다.

대한제국 정부에서 한성사범학교 교관, 의정부 참찬 등을 지낸 이상설은 을사늑약 이후 간도 룽징(龍井)으로 망명하여 이회영, 이동녕 등과 함께 서전서숙(瑞甸書塾)을 설립하고 교장에 해당하는 숙장(塾長)을 맡았다. 실력양성 운동과 의병투쟁을 결합한 신민회의 국권회복 방략을 실행에 옮긴 것이다. 그러던 중 고종으로부터 헤이그 만국평화회의에 참석해 을사늑약의 부당성을 알리라는 밀지를 받고 이준(李儁), 이위종과 합류하여 헤이그로 향했다. 헤이그에서 뜻을 이루지 못한 이상설

---

5) 오영섭, 앞의 책, 33쪽.
6) 오영섭, 2010, 앞의 글, 249쪽.

은 귀국하지 않고 러시아 연해주에 머물며 재러 한인사회를 기반으로 국권회복운동을 벌였다.

안중근은 일본 검찰관에게 "이상설의 포부는 매우 크며, 세계 대세에 통해 동양의 시국을 간파하고 있었다"고 말했다.[7] 이상설은 의병전쟁이 동양인 사이에 불화를 초래할 수 있다고 우려하면서도, 한인들이 일본의 지배에 순응하고 있다는 일본의 왜곡 선전에 대응하기 위해서는 필요한 일이라고 보았다. 이는 안중근 자신의 생각이기도 했다.[8] 안중근은 이상설을 '동양평화주의자'로 지목했던바, 그의 생각에서 배운 점이 많았을 것이다. 일본 검찰관은 안중근이 헤이그 만국평화회의 이전부터 이상설의 '문하생'이었다고 기록했다.[9]

안중근은 최익현을 '고명(高名)한 사인(士人)'으로 평하고 '의병을 (처음) 일으킨 만고에 얻기 어려운 근세 제일의 인물'이라고 극찬했다.[10] 최익현은 1906년 의병을 일으키면서 일본 정부에 보내는 편지 「기일본정부서」(寄日本政府書)를 썼는데, 이 글에서 그는 "동양 삼국이 정립(鼎立)의 연대를 통해 러시아에 대응해야만 하는데, 하늘[天]과 세계 열국을 기만한 일본은 동양의 화(禍)를 일으킨 괴수의 죄를 면치 못할 것"이라고

7) 『한국독립운동사 자료』 7, 「안중근편」 II, '安應七의 供述.'
8) 장석흥, 「안중근의 대일본 인식과 하얼빈 의거」, 『교회사연구』 16, 2001, 47쪽.
9) 『한국독립운동사 자료』 7, 「안중근편」 II, 「이등박문 피격사건 진상조사 및 혐의자 수사에 관한 건」.
10) 오영섭, 2008, 앞의 글, 313쪽.

했다.[11)]

한·중·일 삼국이 세 발 달린 솥=정(鼎)처럼 서로 균형을 이루어 동양을 떠받쳐야 한다는 삼국정립론(三國鼎立論)은 그 무렵 많은 개화 지식인이 공유하던 논리였다. 최익현은 위정척사파의 대표 격이었음에도 당대의 세계정세를 꿰뚫고 있었다. 『대한매일신보』에는 최익현의 이 편지 전문이 여러 차례 나뉘어 실렸는데, 날마다 신문을 탐독했던 안중근도 분명 보았을 것이다. 안중근이 『동양평화론』에서 설파한 한·중·일 삼국 연대의 구상은 최익현의 것과 기본적으로 같았다. 안중근이 최익현을 '근세 제일의 인물'로 칭송한 것도 무리가 아니었다.

일제 검찰관은 이상설이 헤이그로 떠나면서 자기 문하생 안중근을 최재형에게 맡겼다고 기록했다. 러시아 귀화 한인인 최재형은 이범윤의 의형제로서 연해주 한인사회에 강력한 영향력을 행사하고 있었다. 연해주에서 국권회복운동을 벌인 사람 중에 최재형과 친분을 맺지 않은 사람은 거의 없었다. 연해주 동포들은 그를 '강동(江東) 일대 제일 인물'로 칭했으며, '최 페치카'라고도 불렀다.[12)] '페치카'는 러시아어로 난로라는 뜻이다. 추위와 굶주림에 지친 동포와 민족운동가들을 따뜻하게 보살펴주었기에 붙은 별명이다. 최재형의 딸은 안중근이 의거 직전 자기 집에서 머물며 사격연습을 했다고 회고했다. 하지만

---

11) 「寄日本政府書」(1906), 『국역 면암집』 2, 민족문화추진회, 1967, 223-251쪽.
12) 『독립신문』 1920. 5. 15.

안중근은 일본 검찰관 앞에서 최재형에 대해 악평(惡評)만 늘어놓았다. 후일 이전(李全)도 안중근이 '최재형과 같은 반(反)조국적 배금종(拜金宗, 돈만 숭상하는 자)은 제1착으로 숙청대상에 올릴 인물'이라고 말했다고 회고했다.[13] 하지만 연해주 민족운동 진영에서 최재형이 점한 위상을 고려하면, 그가 연루되지 않도록 하려는 안중근의 배려였을 가능성이 크다. 최재형은 3·1운동 이후 대한국민의회 외교부장이 되었고, 상하이임시정부 재무총장에 임명되었으나 부임하지 않았다. 1920년 시베리아 간섭 전쟁에 출병한 일본군에게 체포되어 재판 없이 총살당했다.

안중근은 대한제국 정부의 주(駐)러시아 공사였던 이범진도 낮게 평가했다. 그는 "이범진은 국가 사상이 있다 해도 우리와는 취지를 달리한다. 그는 국권을 회복하여 자기가 총리대신이라도 되려는 야심을 품은 자이다"[14]라고 했다. 하지만 이범진은 1911년 1월 러시아에서 자결하기 직전 블라디보스토크의 최봉준에게 5천 루블을 보내면서 그중 500루블을 안중근 부인에게 전해달라는 유언을 남겼다.[15] 물론 그가 안중근 의거에 감복했기 때문이지만, 생전의 관계를 짐작할 수 있게 해주는 대목이다.

물론 안중근이 연해주에서 가장 가깝게 지낸 사람들은 의형

---

13) 반병률, 「러시아에서의 안중근의 항일 독립운동에 대한 재해석」, 『한국독립운동사연구』 34, 2009, 34쪽.
14) 『한국독립운동사자료』 7, 「안중근편」 Ⅱ, '安應七의 供述.'
15) 김삼웅, 앞의 책, 280쪽.

제를 맺었던 엄인섭, 김기룡과 동의단지회 회원들이었다. 안중
근이 의병전쟁에서 패배한 직후 동의단지회를 결성했던 만큼
이들과는 국권회복 방략에 대해서도 생각을 공유했을 것이다.

4 장부가에 담은 생각

안중근은 의거 전날 밤, 홀연 붓을 들어 한시(漢詩) 한 수를 적었다. 마음속 결의가 자연스레 붓을 움직였을 것이다.

장부가 세상에 처함이여 그 뜻이 크도다
때가 영웅을 지음이여, 영웅이 때를 지으리로다
천하를 웅시함이여 어느 날에 업을 이룰고
동풍이 점점 차가워짐이여 장사의 의기는 뜨겁도다
분개히 한 번 감이여 반드시 목적을 이루리로다
쥐 도적 이등(伊藤)이여 어찌 즐겨 목숨을 비길고
어찌 이에 이를 줄 헤아렸으리오 세상일이 본래 그러하도다
동포 동포여 어서 빨리 대업을 이룰지어다
만세 만세여 대한독립이로다
만세 만세여 대한동포로다.
丈夫處世兮 其志大矣

時造英雄兮 英雄造時

雄視天下兮 何日成業

東風漸寒兮 壯士義烈

念慨一去兮 必成目的

鼠竊伊藤兮 豈肯比命

豈度至此兮 事勢固然

同胞同胞兮 速成大業

萬歲萬歲兮 大韓獨立

萬歲萬歲兮 大韓同胞

「장부가」첫 소절은 초패왕 항우의 해하가(垓下歌) 첫 구절 "힘은 산을 뽑고 기(氣)는 세상을 덮었다"(力拔山兮 氣蓋世)를 연상케 한다. 항우는 기(氣)를, 안중근은 지(志)를 말했다. 중국 과 우리나라에서 기개(氣槪)와 지조(志操)는 무사(武士)든 문 사(文士)든 선비[士]의 기본 덕목이었다. 초패왕 항우는 소년 시절 안중근의 우상이었다.

두 번째 소절은 영웅과 시대의 관계를 읊었다. 정미 7조약 이 후 민족주의자들은 망해가는 나라를 구원할 영웅이 나오기를 고대했다. 당장 나라를 구할 수는 없더라도, 후일 잃어버린 국 권을 되찾기 위해서라도 영웅을 발굴하고 길러야 한다고 생각 했다. 신채호는『이태리 건국 삼걸전』『이순신전』『을지문덕 전』등의 '영웅전기'를 써서 그런 생각을 표현했다. 안중근도 신채호의 글을 읽으며 '영웅사관'을 접했을 것이다. 영웅에 대 한 염원은 당대의 시대정신이었다.

세 번째부터 다섯 번째까지의 소절은 웅시(雄視), 의열(義烈), 염개(念慨) 등의 단어로 '영웅다움'을 묘사했다. 그 스스로 시대의 영웅이 되려는 결의를 표현한 것이다. 안중근이 독실한 천주교 신자였음에도 천주, 성모, 예수 등을 거론하지 않은 것은 오히려 이상할 정도다. 의거를 앞둔 시점의 그는 민족의 영웅이 되려는 의지를 불태웠다고 볼 수 있다.

여섯 번째와 일곱 번째 소절은 '한국 독립 보전과 황실 안녕, 동양평화 유지'라는 약속이 모두 거짓이었음을 강조하면서 이토를 '쥐 같은 도적'(鼠竊)에 비겨 영웅의 풍모와 극단적으로 대비시켰다. 마지막 세 소절에는 앞서가는 영웅으로서 모든 동포가 영웅이 되기를 기원하는 마음을 담았다. 대한독립을 앞에 두고 대한동포를 뒤에 둔 것도 의미심장하다.

박은식은 국가를 백(魄), 민족을 혼(魂)에 빗댔다. 그 시대를 지배했던 사회진화론의 관점에 따른다면, 일단 망한 나라를 되살릴 수는 없었다. 약자와 열등한 자의 나라가 되살아나기를 바라는 것은 자연법칙에 위반되는 일이었다. 그러나 당대의 민족주의자들은 국가와 민족을 분리함으로써 이 딜레마에서 벗어났다. 그들은 국가를 형식으로, 민족을 본질로 설정했다. 국가는 민족을 하나로 묶어주는 틀이기는 하되, 그 틀이 사라진다고 해서 민족마저 사라지는 것은 아니라고 보았다. 후일 김형준 작시, 홍난파 작곡 〈봉선화〉에 담긴 것도 이런 생각이었고, 수많은 사람이 '민족국가'가 소생할 날을 기다리며 그 노래를 불렀던 것도 이런 생각에 동조해서였다.

"북풍한설 찬바람에 네 형체가 없어져도, 평화로운 꿈을 꾸

는 너의 혼은 예 있으니, 화창스런 봄바람에 환생키를 바라
노라."

안중근은 민족주의의 선각자들과 교유하면서 국가가 망해도
민족은 살 수 있으며, 민족이 살아 있는 한 국가는 언제건 소생
시킬 수 있으리라는 신념을 나누었을 것이다. 그 신념이 마지
막 소절의 '만세 만세여 대한동포로다'(萬歲萬歲兮 大韓同胞)
로 표현된 것이다.

5 동양평화론

동양평화론의 내용

안중근은 1910년 3월 15일『안응칠역사』를 탈고하고 다음 날인 16일부터『동양평화론』을 쓰기 시작했다. 그는『동양평화론』을 서(序), 전감(前鑑), 현상(現狀), 복선(伏線), 문답의 순서로 구상했다. 서문은 글을 쓰는 이유, 전감은 현재의 거울이 될 만한 과거 사실들, 현상은 현재 진행 중인 일들, 복선은 미래에 발생할 일들에 대한 추론,[1] 문답은 일본 검찰관과 판사의 질문에 대한 답을 정리한 결론이었을 것이다.[2] 그는 하나의 주제를 정하고 관련 사실들을 수집하여 기승전결의 순서로 배치하고

---

1) 김수태, 앞의 글, 141쪽.
2) 황종열,「安重根 토마스의 동양평화론과 가톨릭 신앙」,『신학전망』178, 2012, 125-131쪽.

결론을 도출하는 근대 역사학의 방법론을 채택했다. 이는 수집, 배열, 분류, 종합으로 이어지는 근대 과학의 일반적 방법론이기도 하다. 그는 따로 역사학을 배운 적도 없었고, 역사학 관련 서적을 많이 읽지도 않았다. 그런데도 그는 근대적 방법론의 핵심을 통찰했다. 시대의 요구 앞에 자기 목숨을 던졌기에 시대의 과제를 읽는 통찰력을 얻었을 것이다.

안중근은 『동양평화론』 서(序)에서 먼저 자기가 사는 시대, 즉 제국주의 시대를 "세계가 동서반구(東西半球)로 나뉘어 경쟁하는 시대"로 규정했다. 경쟁은 전쟁으로 이어지고 전쟁은 수많은 사람을 죽음으로 몰아넣으니, 이는 '삶을 좋아하고 죽음을 싫어하는' 인간 본성을 정면으로 거스르는 일이었다. 그는 이 현상을 생각하면 "뼈가 시리고 마음이 오싹해진다"고 썼다. 여기에서 하늘의 덕이 호생지덕(好生之德)이며 하늘의 도리를 본받는 것이 인도(人道)라는 유교적 관념이 드러난다. 물론 이 유교적 관념은 보유론적 천주교가 차용(借用)한 것이기도 했다.

안중근은 이어 동양 민족의 특징을 문(文)으로, 서양 민족의 특징을 무(武)로 정의했다. 동양 민족은 자기 땅을 지키는 데에만 힘썼을 뿐 유럽 땅을 단 한 치도 침범하지 않았으나, 유럽 민족은 수백 년 전부터 도덕을 까맣게 잊고 무력으로 경쟁하면서 동양을 침략하는 데 열중했다는 것이다. 그는 유럽 국가 중에서도 러시아의 침략성이 가장 심했고, 그 때문에 일본이 한·청(韓淸) 두 나라 인민의 협조를 얻어 러시아에 맞서 싸웠다고 보았다. 안중근은 러일전쟁을 동양 대 서양, 황인종 대 백인종의 싸움으로 인식했으며, 그 때문에 한·청 두 나라 사람들이 일본에 대한 과거의 원한을 잊고 진심으로 협력했다고 썼다.

그러나 전쟁에서 승리한 일본은 러시아보다 더 심한 야욕을 드러냈다. 한국의 국권을 침탈하고 중국의 영토를 빼앗으려 들었다. 안중근은 일본의 이런 행위가 동양 삼국 사이의 우의(友誼)를 끊고 한·청 두 나라 사람의 마음에 원한을 심는 일이라고 보았다. 그는 한·청 두 나라 사람들이 백인종의 힘을 빌려 일본에 복수하려고 한다면 동양은 서양의 침략에 속수무책으로 당할 것이며, 평화는 바랄 수 없다고 썼다. 그는 이토가 주도한 일본의 침략정책이 동양 전체를 전쟁의 참화(慘火)로 밀어 넣을 것이기 때문에, 그 정책을 중단시키고 일본의 반성을 촉구하기 위해 이토를 처단했다고 밝혔다. 그에게 이토 처단은 "동양평화를 위한 의로운 싸움"이었으며, 재판은 "동양평화 문제에 관한 의로운 논의를 제기하는 일"이었다.

전감에서는 먼저 청일전쟁부터 러일전쟁에 이르는 시기에 '동양'에서 벌어진 열강의 각축전에 대해 개략적으로 정리했다. 안중근은 삼국간섭, 러시아의 뤼순 군항 건설과 동청철도 장악, 무술변법(戊戌變法), 의화단운동, 8국 연합군의 베이징 침공 등 일련의 사건들을 언급하며 그 역사적 맥락과 필연성을 짚었다. 당시 정보유통 상황을 고려할 때, 그의 국제정세에 대한 식견은 대단히 높은 수준이었다. 그는 이어 일본이 러일전쟁에서 승리한 이유는 한국인과 중국인이 일본에 협력했기 때문이라는 주장의 근거를 제시했다. 그는 러일전쟁이 황인종 대 백인종의 대결인 이상, 황인종끼리 연대하는 것이 대의(大義)

라고 보았다. 그는 만약 한·중 두 나라 사람들이 과거의 원한을 갚고자 일본을 협공했다면 일본군이 승리할 수 없었을 뿐 아니라, 구미 열강이 그 틈을 타 출병(出兵)하여 동양을 참화(慘火)에 빠뜨렸을 것이라고 판단했다.

안중근은 국제법, 즉 '만국공법'이 '외교가의 교활하고 왜곡된 술수'에 지나지 않는다는 사실을 모르지 않았다. 그는 의병으로 국내 진공작전을 벌일 당시, 일본군 포로를 '만국공법'에 따라 풀어주었다가 낭패를 당한 일이 있었고, 이 체험에서 제국주의 체제의 본질을 간파했다. 한 나라의 법이 모든 백성에게 공평하지 않듯, 만국공법도 모든 나라에 공평하지 않았다. '법은 멀고 주먹은 가깝다'는 말은 국제 관계에서도 통용되었다. 게다가 그는 러일전쟁 당시 영국, 프랑스, 미국 군대의 동향을 소상히 파악하고 있었다. 열강은 전황(戰況)에 따라 언제든 출병할 준비를 갖추고 있었다. 안중근은 한·중 두 나라 사람들이 과거의 원한을 잊고 일본에 협력한 것은 오로지 '동양평화'를 위해서였다고 단언했다. 그러나 전쟁이 끝난 후 일본의 행보는 '뜻있는 사람들'의 소망을 무너뜨렸다.

일본군은 러시아에 완승할 수 있었으나, 어정쩡한 강화(講和)를 받아들였다. 더구나 미국에서 강화 회담을 여는 데 동의하여 스스로 백인종에게 유리한 정세를 조성했다. 같은 인종끼리 서로 돕는 것은 자연의 이치인데, 일본은 구미 열강과 한패가 되어 같은 황인종의 기대를 저버렸다. 안중근은 일본이 한국을 해치고 중국을 위협함으로써 위험한 세상에 홀로 선 자의 위태로움을 자초했다고 보았다. 그가 보기에, 동양 전체가 망할 위기에 처해 있었다.

안중근의 동양평화 구상

안중근은 『동양평화론』을 전감까지밖에 쓰지 못하고 사형당했지만, 그가 동양평화를 어떻게 실현하고 유지하려 했는지는 1910년 2월 17일 관동도독부 고등법원장 히라이시 우지히토(平石氏人)와 면담하면서 밝힌 내용으로 알 수 있다.[3]

이 자리에서 안중근은 자기 행동의 정당성 여부와 관련해 일본이 추진해온 침략정책의 문제점들을 다음과 같이 지적했다.

"(현 일본의 침략정책은) 과거 외국(구미 제국주의)에서 써오던 수법을 흉내 내고 있는 것으로 약한 나라를 병탄하는 수법이다. 이러한 생각으로는 패권을 잡지 못한다. 지금까지 다른 강한 나라들이 쓰지 않은 방법을 써야만 한다. 이제 일본은 일등국으로서 세계열강과 어깨를 나란히 하고 있지만, 일본의 성질이 급해서 빨리 망할 수 있는 결함이 있다. 일본을 위해 애석한 일이다. 일본이 해야 할 급선무는 현재의 재정을 정리하는 것이다. 재정이란 사람에 비유하면 건강이다. 다시 말해 재정을 키워 나라를 건강하게 하는 일이 급선무다. 둘째는 세계 각국의 신용을 얻는 것이다. 오늘날 일본은 세계열강의 신용을 못 받고 있다. 셋째는 세계 각국이 일본의 약점을 노리고 있으니 이에 대비하는 연구를 해야

---

3) 『한국독립운동사자료』 제6권, 「안중근편」 I, 175쪽.

한다."

안중근이 대안으로 제시한 것이 동양평화의 구체적 실현 방법으로서 미완(未完)의 『동양평화론』 결론부에 해당할 것이다. 첫째, 일본은 뤼순을 중국에 돌려주어 한·중·일 삼국이 공동으로 관리하는 군항(軍港)으로 만든다. 삼국은 이곳에 각각 대표를 파견하여 '동양평화회의'를 조직하고, 운영비는 회원의 회비로 충당한다. 또 동양평화회의의 지부를 회원국의 주요 지역에 설치한다. 이렇게 하면 수억 명의 삼국 인민이 가입할 것이다. 둘째, 삼국 공동의 은행을 설립하고 공동화폐를 발행한다. 셋째, 삼국 공동의 군단을 편성하고 이들에게 2개 국어 이상의 어학을 가르친다. 이렇게 되면 군인들끼리 서로를 우방으로 생각하여 형제의 관념도 높아질 것이다. 넷째, 한·중 두 나라는 일본의 지도하에 상공업 발전을 도모한다. 다섯째, 한·중·일 삼국 황제가 로마 교황을 방문하여 협력을 약속하고 왕관을 받는다면 세계 민중의 신용을 얻을 수 있다. 이는 나폴레옹이 쓴 방법이다. 동양평화회의가 성공을 거둔다면 다른 동양 국가들도 다투어 가입할 것이다.[4]

안중근의 동양평화론은 오늘날의 유럽연합(EU)을 만들어낸 유럽통합론과 흡사하다. 유럽인들이 유럽을 '하나의 세계'로 인식하기 시작한 것은 이슬람 세력이 이베리아반도와 프랑크왕국을 침공한 8세기 초부터였다. 이 무렵부터 19세기까지 유럽

---

4) 현광호, 「안중근과 동양평화론」, 『사회비평』 36, 2007, 233쪽.

인들은 동방의 이슬람 세력에 대항하는 서방의 기독교인이자 백인종으로서 확장된 정체성을 만들어갔다. 이런 인식은 유럽을 하나로 묶으려는 욕망을 자극했고, 이 욕망은 다시 전쟁으로 표현되었다. 18세기 말부터 19세기 초에 걸친 나폴레옹 전쟁은 유럽 통합 전쟁이었다. 이 전쟁 이후에도 유럽은 통합과 분립 문제로 여러 차례 전쟁의 참화를 겪었다. 전쟁은 평화에 대한 열망을 고취했다. 나폴레옹 전쟁 직후 독일의 칸트(Immanuel Kant), 프랑스의 생시몽(Saint Simon) 등은 영구평화를 위한 방법을 고민했고, 19세기 중반 프랑스의 문호 빅토르 위고(Victor Hugo)는 '유럽합중국' 창설을 제안했다.[5] 1860년 영국과 프랑스는 코브덴-슈발리에 조약(Cobden-Chevalier Treaty)을 체결하여 최초의 지역협정 사례를 만들었다.[6]

제1차 세계대전은 당시까지 인류가 겪은 전쟁 중 최악의 참화(慘禍)였다. 두창, 한센병, 페스트, 콜레라 등이 창궐하여 숱한 사람이 죽은 사례는 적지 않으나, 전쟁으로 수천만 명이 죽은 것은 이때가 처음이었다. 유럽에서는 전쟁 없는 시대를 향한 열망이 그 어느 때보다 강하게 타올랐다. 전쟁을 막는 최선의 방법은 서로 싸울 이유가 없는 '하나의 유럽'을 만드는 것이었다. 국제연맹과는 별도로 유럽연방을 만들자는 제안이 쏟

---

5) 노명환, 「유럽 통합 사상과 역사에 비추어 본 안중근 동양평화론의 세계사적 의의: 안중근의 동양평화론은 초국가주의 지역공동체 창설 제안?」, 『국제지역연구』 13(4), 2010, 189쪽.

6) 채대석·김미정, 「심층무역협정을 통해 본 안중근의 동양평화론의 조명」, 『무역학회지』 37(1), 2012, 238쪽.

아졌다. 이와 더불어 연방은행, 연방군대에 대한 구상도 나왔다. 이 무렵 독일의 괴르델러(Karl Goerdeler)는 유럽 영구대표위원회 설치, 법률 통일, 관세동맹, 통합 운송제도, 공동화폐와 상호 예산통제, 유럽 법원에 의한 강제 중재, 유럽 방위군 설치 등 안중근과 거의 같은 구상을 발표했다.

그러나 인류는 제1차 세계대전의 참상(慘狀)을 겪고도 각성하지 못했다. 전쟁 후 20년쯤 지나 더 큰 전쟁이 일어났다. 핵폭탄까지 동원된 제2차 세계대전으로 인류 역사는 새로운 단계로 이행했다. 영토 경계선의 변경을 시도하는 것은 원칙적으로 용납되지 않았고, 인종, 종교, 민족, 성별에 따른 차별도 전면 부정되었다. 평화를 유지하기 위한 국제기구로 국제연합(UN)이 창설되었다. 물론 제2차 세계대전 이후에도 한국, 베트남 등지에서 대규모 전쟁이 일어났고, 일부 국가에서는 참혹한 내전이 발생했으나, '전쟁을 통한 문제 해결'을 범죄시하는 것은 인류 보편의 양식(良識)으로 자리 잡았다.

제1, 2차 세계대전의 중심지였던 유럽에서 평화와 통합에 대한 열망은 한층 강했다. 1946년 9월 영국 수상 처칠(Winston Churchill)은 프랑스와 독일을 중심으로 유럽 합중국 창설을 제안했다. 1948년에는 유럽통합론자들이 네덜란드 헤이그에 모여 유럽의회 조직을 시도했으며, 이듬해 유럽평의회를 조직하고 본부를 알자스로렌의 중심 도시 스트라스부르에 설치했다. 분쟁의 축을 평화의 축으로 바꾸기 위한 상징적 시도였다. 1950~52년 사이에는 핵심적 전략 자원이던 석탄과 철강을 유럽 각국의 공동 관리하에 두기 위한 유럽석탄철강공동체가 결성됐다. 1950년 9월부터는 유럽방위공동체와 유럽정치공동체를 창설하려는 움직임이 본격화했으며, 1957-58년간 유럽석탄철강공동체, 유럽경제공동체, 유럽원자력공동체가 통합되어 유럽공동체(EC)가 탄생했다. 유럽공동체는 공동의 기금을 마련하여 공동의 산업정책, 공동의 농업정책, 공동의 어업정책, 공동의 지역정책을 실시했다. 1986년에는 단일 유럽의정서가 채택되었다. 이 의정서는 유럽 공동의 교육정책, 공동의 언어문화정책을 추진하여 유럽 시민을 창출한다는 목표를 제시했다. 마침내 1993년 유럽은 단일시장으로 통합되었고, 공동의 중앙은행과 공동의 단일화폐를 갖게 되었다.

뤼순을 청에 돌려주고 공동 군항(軍港)으로 만들며 이곳에 삼국 대표를 파견하여 평화회의를 조직하자는 생각은 19세기 말 알자스로렌을 둘러싼 독일-프랑스 분쟁에 대해 유럽인들이 구상한 해결 방안과 비슷했다. 본부와 별도로 회원국 주요 지역에 지부를 설치하자는 구상도 유럽통합 운동 과정에서 실현되었다. 동양평화회의를 일단 한·중·일 삼국으로 시작하되 다른 동양 국가들까지 가입시키자는 구상도 처음 6개국에서 시작하여 현재 27개국으로 늘어난 유럽연합 발전 과정과 동일하다. 공동은행과 공동화폐는 유럽 전역을 '경제공동체'로 만들어 평화를 보장한 핵심 수단으로서 유럽연합은 프랑크푸르트 중앙은행을 설립하고 유로화를 발행했다. 안중근은 동양평화회의를 운영하기 위해 공동의 기금을 조성하자고 제안했는데, 유럽인들도 공동 기금을 마련하여 유럽연합의 예산을 편성하고 집행한다. 유럽에서는 제2차 세계대전 이후 미국 주도의 나토

(NATO)와 소련 중심의 바르샤바 조약기구가 집단 안보를 위한 군사기구로 존재했는데, 1950년대에는 이와 별도로 유럽 공동군대를 만들자는 구상도 있었다. 안중근은 일본이 동양평화회의를 주도해야 한다고 보았는데, 유럽 통합 초기 과정에서도 독일과 프랑스가 주도적 역할을 했다.[7] 한·중·일 삼국 연합군을 만들고 군인들에게 2개 국어 이상을 가르쳐 상호 이해를 도모하자는 구상도 1986년 유럽에서 모든 유럽인을 대상으로 시도되었다. 안중근이 20세기 벽두에 꾼 꿈은 20세기 말 지구 반대편에서 실현되었다. 그는 이미 20세기 벽두에 세계사의 주변부에서, 21세기 초 유럽에서 실현된 '평화체제'를 구체적으로 상상했던 셈이다.

안중근의 생각과 빼닮은 유럽 평화체제는 현재의 세계평화체제 구상, 나아가 한반도 평화체제 구상으로도 이어지고 있다. 당시 동아시아 분쟁의 중심지였던 뤼순 군항에 동양평화회의 본부를 설치한다는 구상은 비무장지대(DMZ)를 세계 평화공원으로 만든다는 구상과 유사하며, 삼국 공동은행 설립안은 1990년대 말 동아시아 금융위기 대책으로 제기되었던 동아시아 개발은행 설립안과 비슷하다. 또 삼국 공동군단 편성안은 동북아시아 집단안보체제 또는 다자간 안보체제 구축 방안과 일맥상통하며, 공동경제개발안은 동북아시아 경제공동체 구상 또는 한·중·일 자유무역협정 체결 계획과 흡사하다. 2001년 ASEAN+3 정상회담에서는 『동아시아공동체를 지향하며』라는

---

7) 노명환, 2010, 앞의 글, 191-196쪽.

보고서를 채택했는데, 여기에서는 동아시아 국가들이 정치안보, 경제금융, 사회문화 분야 등 각 분야에서 협력하여 궁극적으로 '동아시아공동체'(EAC)를 이룬다는 목표를 정했다. '동아시아공동체'라는 말이 공식화한 것도 이때부터였다.[8] 공교롭게도 안중근 의거 100주년인 2009년 10월 10일, 중국 베이징에서 열린 한·중·일 삼국 정상회담에서는 장기적 목표로 '동아시아공동체' 형성에 노력한다는 합의가 이루어졌다. 한·중·일 삼국으로 시작하여 태국, 미얀마 등을 포괄하는 광역 평화체제를 지향했던 안중근의 동양평화 구상은 100년이 지난 현재에야 빛을 발하고 있다. 그의 동양평화 구상은 선구적이었을 뿐 아니라 실현 가능한 것이기도 했다.

안중근은 각국 인민들이 낸 회비로 동양평화회의를 운영하자고 제안했다. 동양평화를 이룰 주체로 각국 인민을 설정한 것이다. 정부의 개입 없이 민중이 자발적으로 전개했던 국채보상운동의 경험에서 우러난 생각이었다. 그가 생각하는 인민은 "정부에 대하여 자유롭게 자신의 의사를 주장할 수 있는 권리를 지니는 한편 국권을 지킬 의무와 책임도 지는 사람들" 곧 현대적 의미의 시민이었다.[9] 그의 동양평화론은 국가와 지역, 나아가 국가와 세계의 평화로운 공존을 전망한 이론이었다. 세계사적 차원에서 이런 논의는 20세기 말에야 본격화했다. 한

---

8) 이재봉, 「20세기의 동양평화론과 21세기의 동아시아공동체론」, 『평화학연구』 12-1, 2011, 6–18쪽.
9) 이용철, 「안중근의 동아시아 인식과 지역협력 구상: 현대적 의미에 대한 비판적 고찰」, 『평화연구』 22(2), 2014, 28쪽.

세기를 앞선 그의 '선구성'은 피압박 민족에 속한 실천적 지식인의 체험과 성찰에서 우러난 것이었다.

안중근보다 앞선 생각들

안중근은 분명 선각자이자 대사상가였으나 그의 생각 하나하나가 독창적이지는 않았다. 그의 탁월함은 당대의 지적(知的) 논의들을 폭넓게 수용하고 종합한 점에 있었다. 먼저 '삼국정립론'은 갑오개혁 이후 지식인 사회에 폭넓게 퍼져 있던 논리였다. 정(鼎)은 세 발 달린 솥을 말한다. 발 하나라도 부러지면 솥도 쓰러지게 마련이어서 셋이 균형을 이루는 상태를 정립(鼎立)이라고 한다.

안중근은 한·중·일 삼국이 동양이라는 솥의 세 발과 같아서 서로 공존하고 협력해야 서양 세력의 침략을 막을 수 있다고 보았다. 지역 연합을 통해 외세의 침략에 맞서야 한다는 생각이 확산한 것은 제국주의의 아시아 침략이 본격화한 이후 동아시아 삼국에서 나타난 공통의 현상이었다. 우리나라에서는 1880년 수신사 김홍집(金弘集)이 주일(駐日) 청국 공사관 참사관 황준셴(黃遵憲)에게 『사의조선책략』(私擬朝鮮策略)을 받아온 뒤 삼국연합론이 일부 지식인의 의식 안에 자리 잡기 시작했다.[10] 『사의조선책략』에 실린 러시아의 위협에 관한 내용은 아래와 같았다.

---

10) 이용철, 2014, 앞의 글, 15쪽.

"지구 위에 더할 수 없이 큰 나라가 있으니 러시아라 한다. 그 땅의 넓음이 삼대주에 걸쳐 있고, 육군 정병이 백만 명이며, 해군의 큰 함정이 이백여 척이다. 다만 국가가 북쪽에 위치해 있어 기후가 춥고 땅이 메마르기 때문에 빨리 그 영토를 넓혀서 사직을 이롭게 하려고 생각했다…. 조선이라는 땅덩어리는 실로 아시아의 요충을 차지하고 있어 형세가 반드시 다투기 마련이며 조선이 위태로우면 중국과 일본의 형세도 날로 위급해질 것이다. 따라서 러시아가 강토를 공략하려 할진대, 반드시 조선으로부터 시작할 것이다…. 오늘날 조선의 책략은 러시아를 막는 일보다 더 급한 것이 없을 것이다."[11]

안중근은 서양 열강 중에서도 러시아가 가장 강포(強暴)한 나라라고 보았는데, 이 역시 일찍부터 삼국 지식인 대다수가 공유하던 생각이었다. 1907년 13도 창의군(倡義軍)의 선봉장이었던 허위(許蔿)는 러시아가 아관파천 때 황제를 호위한 공은 있으나 동양을 삼키려 하는 반면, 일본은 국모를 시해한 원수이나 동양을 함께 지키려 한다고 생각했다.[12] 삼국 제휴론자들은 러일전쟁이 발발하자 청·일 양국과 동맹을 맺어 시베리아 철도를 타파하고 동양을 보존해야 한다고 주장했다.[13] 그런데 러시아의 위협에 대한 초기 인식은 '인종론'과는 별 관계가

---

11) 黃遵憲(조일문 역주), 『조선책략』, 건국대학교 출판부, 2001, 16쪽.

12) 현광호, 「유길준과 안중근의 동아시아 인식 비교: 중국과 일본에 대한 상이한 시선」, 『역사비평』, 2006. 8, 37-38쪽.

13) 『황성신문』, 1904. 2. 12 논설.

없었다. 황준셴은 러시아의 침략을 막기 위한 대책으로 조선에 친중국(親中國), 결일본(結日本), 연미국(聯美國)을 제시했는데, 미국 역시 백인종의 국가였다. 친중국, 결일본이라는 주장은 인종적 동질성보다는 문화적 동질성에 기반한 것이었다. 한국인들 사이에 러시아 대 동아시아의 관계를 인종론의 관점에서 이해하는 태도가 자리 잡은 것은 청일전쟁 이후 러시아가 한반도에 본격적으로 세력을 뻗치면서부터였다.

피부색에 따라 사람을 차별하는 인종론은 '대항해시대' 이후 유럽에서 만들어졌기에 '백인 우월주의'와 굳게 결합했으나, 일본 지식인들은 이를 황인종이 일본을 중심으로 단결해야 한다는 논리로 바꾸었다. 청일전쟁에 승리하여 중국으로부터 아시아의 맹주 자리를 빼앗은 데 대한 자부심의 표현이었다. 청일전쟁은 '동양'이 하나로 묶여야 할 이유를 문화에서 인종으로 바꾸었다. 일본 지식인들은 중국과 조선, 일본 사이의 문화적 동질성을 부정했다. 그들은 조선과 중국은 낡은 문화와 관습에 사로잡혀 있지만, 일본만은 신문명을 건설했다고 믿었다. 그들은 조선, 중국과 인종적 동질성을 강조함으로써 통합의 당위성을 역설했고, 문화적 차이점을 강조함으로써 맹주의 자격을 자임했다.

우리나라에서 '동양평화'라는 말이 정치언어로 통용되기 시작한 것은 청일전쟁 이후 러시아의 위협이 인식되면서부터였다.[14] 당시 국내 신문들도 일본이 만든 '황인종 단결론'에 동조

---

14) 장인성, 「근대 한국의 평화 관념: '동양평화'의 이상과 현실」, 『한일

했다.[15] 하지만 러일전쟁 이후 일본의 한국 침략은 일본인들이 말하는 '동양평화'와 한국인들이 원하는 '동양평화'가 서로 다르다는 사실을 폭로했다. 장지연은 『황성신문』의 유명한 논설 「시일야방성대곡」(是日也放聲大哭)에서 "이 조약은 단지 우리 한국뿐 아니라 동양 삼국의 분열하는 조짐을 만들어내는 것인 즉 이토의 당초의 생각이 어디에 있는가?"[16]라며 분개했다. 이토는 늘 '동양평화'라는 이상을 강조했으나 그의 동양평화론은 철저히 사회진화론을 기초로 삼은 것이었다. 그는 약육강식, 우승열패, 적자생존의 논리에 따라 일본이 한국을 병탄하여 한·일 양국 사이에 영원히 전쟁 가능성을 없애는 것이 평화라고 생각했다. 하지만 장지연은 이것이야말로 '동양 삼국의 분열하는 조짐'을 만들어내는 것이라고 보았다.

그 무렵 한국의 지식인들은 동양 삼국이 각자 독립을 확고히 유지하는 가운데 서로 협력하는 것이 동양평화를 유지하는 최선의 방책이라고 생각했다. 안중근이 참여했던 서우학회의 기관지 『서우』(西友) 1908년 2월호에도 "서로 마음으로 돕고 실력을 합하여 솥이 세 다리를 갖춘 형세를 이룬 뒤에야 가히 동양평화를 논할 수 있다"는 내용의 글이 실렸다.[17] 정족(鼎足) 또는 정립(鼎立)은 한·중·일 삼국 중 일본의 압도적 우위를

공동연구총서』 11, 2008, 58쪽.

15) 이용철, 2014, 앞의 글, 19쪽.

16) 『황성신문』, 1905. 11. 20.

17) 李奎濚, 「東洋平和도 亦 知識平等에 在함」, 『西友』 15권, 1908. 2, 35쪽.

해체하려는 의식의 표현이자 명분이었다.[18] 한국 지식인들은 일본의 압도적 우위는 동양평화를 해칠 뿐 아니라 일본의 미래를 위해서도 결코 바람직하지 않다고 주장했다. 이기(李沂)는 일본 총리를 지낸 오쿠마 시게노부(大隈重信)에게 보낸 편지에서, "지금 한국이 망하면 귀국이 뒤를 잇고, 귀국이 망하면 청국이 또 그 뒤를 잇게 되어 동양의 모든 나라는 남김없이 무너지고 와해될 것입니다"라고 했다.[19]

안중근은 일본이 러일전쟁에서 승리한 것은 일본에 동양의 대표 자격을 부여한 한·중 두 나라 사람의 협력이 있었기 때문인데, 전쟁에서 승리한 일본이 다른 두 나라 사람들의 기대를 배신함으로써 동양 전국이 다시 참화(慘火)의 위기에 직면했다고 보았다. 일본이 신의를 지키지 않음으로써 동양평화가 파탄 지경에 이르렀다는 것이다. 1905년 10월 7일, 『대한매일신보』는 「일본의 대한정책」이라는 논설에서 안중근과 똑같은 생각을 먼저 피력했다.

"대저 신의(信義)라는 것은 나라를 경영하는 근본이라. 국가가 신의를 지키지 않으면 필부(匹夫)라도 오히려 복종하지 않는 법이니, 한국 전토(全土)의 권리를 빼앗을 수는 있어도 이천만 민중의 마음을 어찌 빼앗을 것인가. 하물며 일본 정부가 한국 독립을 보전하고 동양평화를 책임진다고 했다가 끝내는 그 강토를 침

---

18) 장인성, 2008, 앞의 글, 71쪽.
19) 『海鶴遺書』 5권, 「文錄」 3, 書牘 '與日本伯爵大隈重信書' 甲辰.

범하며 권리를 빼앗으면 천하의 신의는 어떻게 될 것이며 천하의 공의(公義)는 또 어떻게 될 것인가. 일본 정부에서 이 같은 계책을 세운 자가 누구인가, 그 생각 없음이 심하도다."[20]

안중근은 '이 같은 계책을 세운 자'가 이토라고 생각했다.

1906년 12월 11일자 『황성신문』도 「세계평화가 동양에 달렸다」는 논설에서 러일전쟁 이후 일본이 같은 동양 국가를 멸시함으로써 스스로 동양의 화란(禍亂)을 양성하고 있다고 지적했다.

"지금 일본이 동양의 최강국이라고 할 수는 있으나 세계 최강국이라고 할 수는 없다. 지금 동양에 대해 말하는 사람들이 한·청(韓淸) 두 나라의 걱정을 모르지 않으나 일본의 걱정거리는 안다고 할 수 있는가? 일본은 신의와 공리(公理)를 지키는 데에 마음과 힘을 다 기울여야 할 때다. 이웃 나라를 자기 나라처럼 걱정하며, 깨우치지 못한 자를 깨우치고, 어리석은 자를 인도하여 하루속히 함께 문명의 영역으로 나아가야 한다. 옛날 조(趙)나라가 연(燕)나라의 뒤를 봐주고 진(秦)나라가 진(晉)나라의 굶주린 백성을 진휼하듯 순치보거(脣齒輔車, 입술이 없으면 이가 시리다는 뜻)의 관계를 구축해야 그 세력이 장구(長久)하고 문명과 신의를 온 세상에 떨칠 것이다. 그러나 일본은 이 교훈을 잊어버리고 눈앞의 위력으로 이웃 나라를 멸시하거나 일시의 명예에 스스로 만족해

20) 『대한매일신보』, 1905, 10. 7 논설.

있다."[21]

또 『대한매일신보』는 1907년 1월 13일자 논설에서 "작은 섬
나라인 일본이 강대한 러시아와 싸워 이긴 것은 세계에 영광스
런 일이거늘 마땅히 분수를 지켜 각국에 공포한 일본 황제의
조칙대로 한국 독립을 진심으로 도우며 만주를 청나라에 되돌
려 주고 삼국 간 동맹을 체결하여 정족(鼎足)의 세력을 이룰 때
동양에 평화를 유지하고 일본에 무궁(無窮)한 이익이 있을 것
이다. 그러나 지금의 일본은 동양에 화를 불러오는 괴수(魁首)
가 아닌가?"라며 일본이 한국의 독립을 지원하고 만주를 청국
에 반환하는 것이 동양평화의 전제 조건이라고 썼다.[22] 안중근
이 일본 검찰관과 재판장에게 한 말의 요지와 완전히 같았다.

안중근과 같은 시대를 산 한국 지식인들이 공유한 삼국정립
론(三國鼎立論) 또는 삼국제휴론은 메이지 초기 일본 지식인들
이 주장했던 '아시아연대론'을 한국적으로 재해석한 것이다.[23]
미국의 함포 외교에 굴복하여 불평등조약 체제에 편입된 뒤,
일본인들은 당대를 '서세동점(西勢東漸)의 시대'로 인식했다.
서양 세력이 점차 동양으로 밀려 들어오는 시대라는 뜻이다.
그들은 전래의 이원론적 세계관에 따라 세계가 동양과 서양으
로 이루어졌다고 인식했고, 동양 각국 중에서도 한자(漢字) 문

21) 『황성신문』, 1906. 12. 11 논설 「世界平和가 在東洋 (續)」.
22) 『대한매일신보』, 1907. 1. 13, 桑港報의 論說.
23) 현광호, 「안중근의 동양평화론과 그 성격」, 『아세아연구』 46(3),
    2003, 173쪽.

화권에 속하는 한·중·일 세 나라 사람들이 인종적, 정치적, 문화적으로 특히 가깝다고 보았다. 이른바 '동종'(同種)이고 '동문'(同文)이라는 것이다. 서양 열강이 뛰어난 무기를 앞세워 동양을 공격해오는 시대에, 동양 각국이 분립한 채로는 결코 이에 맞설 수 없다는 것이 그들의 생각이었다. 그들은 서양의 침략에 맞서기 위해서는 동양 각국이 서로 힘을 합쳐야 하는데, 당시 상황에서는 문명 수준=개화(開化)에 격차가 있어 서로 힘을 합쳐도 상대하기 어렵다고 보았다. 그래서 먼저 일본이 동양의 모범국으로 자리 잡고, 이어 중국과 조선을 개화로 이끌어야 한다고 주장했다.

조선에서 갑신정변이 실패로 끝나자, 아시아연대론의 거두(巨頭)이자 일본이 조선의 개화를 도와야 한다고 역설하여 조선의 정치가와 지식인들에게도 큰 영향을 미쳤던 후쿠자와 유기치(福澤諭吉)는 생각을 바꿨다. 그는 조선이 개화하기를 기다렸다가 그 뒤 힘을 합쳐 서양 열강에 대항한다는 것은 한갓 꿈일 뿐이니, 이제부터 일본은 스스로 구미 열강과 같은 관점에서 조선과 중국을 대해야 한다고 주장했다. 이른바 '탈아입구론'(脫亞入歐論), 즉 일본은 아시아 국가의 일원이라는 정체성에서 벗어나 구미 국가의 일원으로 자기를 재인식해야 한다는 주장이었다. 그는 조선과 중국을 '나쁜 이웃'으로 설정하고, 나쁜 이웃과 어울렸다가는 일본도 세계에 나쁜 나라로 낙인찍힐 뿐이라고 단언했다. 그는 자기 저서 『문명론의 개략』에서, 인류문명의 발전 단계를 야만, 반개(半開), 문명의 3단계로 설정했는데, 이 중 문명국은 유럽과 미국뿐이었다. 그에 따르면 일본은 막 문명국에 진입한 단계였으며, 조선은 반개(半開) 또는 야만(野蠻) 상태의 국가였다.[24] 후쿠자와에게 '탈아입구'란 문명화와 같은 의미였다. 안중근이 강력히 비난한 "같은 황인종을 배신하고 침략한 일본의 정략"은 바로 후쿠자와 등이 제시한 것이었다.

후쿠자와의 탈아입구론에 동조하지 않은 일본인들도 일본이 맹주가 되어야 한다는 전제는 포기하지 않았다. 자국이 동양의 맹주가 되어야 한다는 일본인들의 생각은 러일전쟁을 치르면서 한층 확고해졌다. 일본이 무력으로 동양 각국을 통합하고, 그 통합된 힘으로 서양 세력에 맞서야 한다는 구상이었다.[25] 일본의 아시아연대론자들에게 동양평화란 '수평적 조화'가 아니라 '수직적 위계'를 의미했다.

조선에서는 1880년대 초부터 일본 문명개화론의 영향을 받은 관료와 지식인들이 삼국제휴론을 주장하기 시작했다.[26] 삼국제휴론의 바탕에는 일본의 아시아연대론을 떠받친 '인종주의'가 자리 잡고 있었다. 『황성신문』은 "삼국은 같은 대륙, 같은 인종, 같은 문자로서 연대가 가능하다. 청의 4억, 한국의 2천만, 일본의 4천만 국민이 힘을 합치면 황인종은 백인종에 대적할 수 있다. 지금부터 동양 삼국이 연합해야 동아문명과

24) 김두진, 「동아시아 화이론의 변용과 조·일의 萬國公法 수용의 他者 인식」, 『한국정치학회보』 44(3), 2010, 13쪽.

25) 장인성, 2008, 앞의 글, 57-58쪽.

26) 현광호, 「안중근의 동양평화론과 그 성격」, 『아세아연구』 46(3), 2003, 169쪽.

황인종 보호가 가능하다"고 썼다.[27] 장지연은 삼국이 협력하면 동양평화가 회복되고 황인종이 행복해질 수 있다고 했으며, 윤치호 역시 "한국인과 일본인 사이에는 인종·종교·문자의 동일성에 기초한 감정과 이해의 공통성이 있다. 한국·일본·청국은 극동을 황인종의 영원한 고향으로 지키기 위해 공동의 목표, 정책, 이상을 가져야 한다"고 주장했다.[28] 인종, 지역, 문화의 동질성에서 연대의 당위성을 이끌어낸 것이다. 그런데 일본과 조선의 사정이 달랐던 만큼, 이들의 삼국제휴론도 아시아연대론과 달랐다. 일본인들은 일본을 맹주(盟主)로 하는 불평등한 연대를 구상했으나, 조선인들은 대등한 조건에서 연대해야 한다고 보았다. 일본인들은 서양의 침략에 대응하는 것을 최우선 과제로 보았으나, 조선인들에게는 조선의 국권을 지키는 것이 가장 중요했다.

조선 지식인들은 청일전쟁으로 '중화체제'(中華體制), 즉 중국 중심의 국가 간 위계질서가 붕괴한 다음부터 동양평화는 삼국 간의 세력 균형과 수평적 연대로만 이룰 수 있다고 생각했다. 동아시아 외교를 규율했던 사대교린(事大交隣) 관계가 무너진 이상 새로운 국제질서를 모색해야 했고, 그 과정에서 일본의 아시아연대론과 비슷한 생각이 자리를 잡았다. 처음에는 개화파 지식인들만 이런 생각을 했으나, 중화체제가 붕괴한 이후에는 척사파 지식인들도 이에 동조했다.[29] 『독립신문』은

---

27)『황성신문』, 1899. 5. 24 논설.
28)「現在의 情形」,『대한자강회월보』 12호, 5쪽, 1902. 5.

1899년 7월 22일자 논설 「평화론」에 이렇게 썼다.

"아라사는 청국 요동(遼東)의 군사를 걷고 미국은 청국 교주(膠州)의 점령한 것을 그치고 영국은 청국 위해위(威海衛)의 갖춘 것을 걷고서 만국평화회의는 청국 북경에다가 열며 또 각국은 일시에 각기 나라의 군기를 놓고 다만 각기 내지에서 나는 난(亂)을 막을 만큼 헌병과 순검을 머물러 두고 바다 위에는 만국이 한 가지 경찰함 군함만 띄우며 혹 또 평화에 위태함과 해로움을 끼치는 나라가 있거든 만국이 그 교의(交誼)를 함께 끊어 써 저지를 할지니 이러할진대 만국의 평화를 바라는 것이 혹 가하려니와 그렇지 아니하면 평화라 하는 것을 도저히 가히 바라지 못할 것인 줄을 알지 못하는가."[30]

『독립신문』의 이 논설은 일본이 청국에 뤼순을 반환하여 한·중·일 공동 군항(軍港)으로 삼으며, 뤼순에 삼국 대표들로 동양평화회의 본부를 설치하자는 안중근의 제안과 무척 흡사하다. 이보다 1년쯤 전인 1898년 8월, 러시아 황제 니콜라이 2세가 만국평화회의를 제안했고, 회의는 1899년 5월 18일 네덜란드의 헤이그에서 개최되었다.[31] 이 사실은 국내에도 알려졌고, 『독립신문』은 「평화론」이라는 논설에서 열강이 무력으

---

29) 현광호, 「유길준과 안중근의 동아시아 인식 비교: 중국과 일본에 대한 상이한 시선」, 『역사비평』, 2006. 8, 40–41쪽.

30) 『독립신문』, 1899. 7. 22.

31) 현광호, 2003, 앞의 글, 177쪽.

로 빼앗은 영토 반환과 침략 전쟁 중단, 국제연합군 조직 등을 제안했다.[32] 안중근의 생각과 그 얼개가 같았다. 『황성신문』도 이 평화회의에서 조인된 「국제분쟁의 평화 처리 조약」 전문을 16차에 걸쳐 소개했다.[33] 안중근의 동양평화론은 평화체제를 모색하던 당대 세계인들과 교감하면서 형성된 것이다.

그런데 삼국이 정립하여 동양평화를 이루고 유지해야 한다는 생각은 '동양적'이라기보다는 '한국적'이었다. 일본인들은 물론 중국인들도 '동양 삼국'의 수평적 연대를 상상하지는 않았다. 그들 모두 한국을 대등한 국가로 생각하지 않았다. 러일전쟁 발발 직후 일본 정부의 훈령에 따라 열린 대일본종교가대회(大日本宗敎家大會)에서는 "일본과 러시아의 교전은 일본제국의 안전과 동양 영원의 평화를 꾀하고 세계의 문명, 정의, 인도를 위해 발생한 것으로 전혀 종교나 인종의 차이와는 관련이 없다"고 선언했다.[34] 일본인들에게 러일전쟁은 황인종을 대표한 전쟁도, '동양인의 동양'을 지키기 위한 전쟁도 아니었다.

물론 일본인들도 표면적으로는 '동양평화'를 강조했다. 청일전쟁 때에도 러일전쟁 때에도, 그들이 내건 도발의 명분은 '동양평화를 유지하고 한국의 독립을 공고히 한다'는 것이었다.[35] 러일전쟁 발발 직후 한국을 방문한 이토 히로부미도 고종에게 '동양평화론'을 개진했다. 요지는 ① 동양 삼국은 상호 협력을

32) 『독립신문』, 1899. 7. 22, '평화론.'
33) 『황성신문』, 1900. 12. 8-12. 26 外報.
34) 장인성, 2008, 앞의 글, 58쪽.
35) 현광호, 2006, 앞의 글, 36쪽.

통해 문명을 증진시켜 구미 각국과 어깨를 나란히 해야 한다, ② 동양 삼국은 문명국가로 위장하고 침략을 일삼는 러시아에 함께 대항해야 한다, ③ 한국 황제가 일본의 제의를 이해하여 일본과 존망을 같이할 경우 일본은 한국의 국권을 보전해준다는 것이었다.

안중근 심문과 재판 당시 일본인 검찰관과 재판장은 이 주장을 반복했고, 안중근은 이토의 이 말이 거짓이라고 논박했다. 안중근의 판단대로, 일본 정부는 이토가 고종 앞에서 자기의 '동양평화론'을 늘어놓고 귀국한 지 한 달여 만에 한국 식민지화 방침을 확정했다.[36] 이토를 비롯한 일본 관료들이 생각한 평화는 갈등을 해소하는 것이 아니라 억압하는 것이었다. 러일전쟁 무렵 일본의 시사만화 잡지에는 총을 늘어놓아 평화(平和)라는 글자 모양을 만든 삽화가 실리기도 했다.

'삼국정립론'(三國鼎立論)은 동양에서 패권을 장악하려는 일본의 논리를 비판하기 위해 한국인들이 만든 논리였다.[37] 러일전쟁을 황인종 대 백인종의 '인종전쟁'으로 본 안중근의 관점도 당대 대다수 한국인이 공유했다. 김윤식은 러일전쟁을 '세계 초유의 의전(義戰)'이라고 했으며, "비단 동양을 진동시켰을 뿐만 아니라 그 광영(光榮)은 전 지구를 찬란하게 비출 것"이라고 찬양했다.[38]

---

36) 현광호, 「안중근의 동양평화론과 그 성격」, 『아세아연구』 46(3), 2003, 159쪽.
37) 장인성, 2008, 앞의 글, 59쪽.
38) 한상권, 「안중근의 하얼빈거사와 공판투쟁(1): 검찰관과의 논쟁을

공동의 중앙은행과 화폐로 동양을 통합경제권으로 만든다는 구상은 청일전쟁 직후 일본에서 나왔다. 일본의 경제 전문가들은 1895년부터 타이완, 조선, 만주를 단일 통화권역으로 만드는 방안을 연구하기 시작했다.[39] 이 방안이 실현되지는 않았으나, 일본은 후일 일본은행권을 본위화로 삼아 조선은행권을 발행하고, 조선은행권을 본위화로 삼아 만주은행권을 발행하는 방식으로 '대동아 통합경제권'을 실현했다. 물론 일본인들의 구상은 철저히 제국주의적이었다. 그들은 동양 삼국 사이의 대등하고 호혜적인 연대를 생각한 적이 없었다. 그들의 동양 통합 구상은 수직적이었다. 반면 1900년 '일·청·한동맹론'을 쓴 안경수(安駉壽)도 공동 개발은행 설립과 공동화폐 발행을 주장했다.[40] 일본의 주도권을 인정하면서도 삼국 간의 대등한 협력을 주장했다는 점에서 한국적이며, 안중근의 경제통합 구상과도 흡사했다.

동양평화론을 구성한 개념들

박은식은 『안중근전』 서론에서 "안중근을 그의 역사에만 근거하여 논한다면 목숨을 바쳐 나라를 구한 지사(志士)일 뿐 아니라 한국의 국구(國仇, 나라의 원수)를 갚은 의사(義士)가 된

중심으로」, 『역사와현실』 54, 2004, 296쪽.
39) 채대석·김미정, 2012, 앞의 글, 239쪽.
40) 김경일, 앞의 글 213쪽.

다. 그러나 나는 이러한 말은 안중근을 다 설명하기에 부족한 것으로 생각한다. 안중근은 세계적인 안광(眼光)을 갖고 스스로 평화의 대표를 자임한 것이다"[41]라고 썼다. 계봉우(桂奉瑀)는 안중근을 상무가(尙武家), 대종교가(大宗家), 대시가(大詩家), 대여행가(大旅行家)라고 상찬했다.[42]

안중근은 감옥 안에서 자기 죽음과 세계의 관계를 깊이 성찰했다. 그는 자기가 살아온 과정에서 습득한 개념들로 사상 체계를 구성했다. 안중근의 '생각'이 세계사적 의미를 지니는 기념비적 건조물이라면, 그가 사용한 개념들 하나하나가 벽돌이었다. 그가 사용한 개념 중 몇 가지는 특별히 의미를 짚어볼 필요가 있다.

동양

안중근의 '생각'은 자기 시대 수많은 사람의 생각과 교류하고 자기 시대의 과제를 깊이 성찰함으로써 형성되었다. 그가 평화로운 동양, 나아가 평화로운 세계를 상상하는 과정에서 어떤 '시대적 용어'들을 사용했는지 살펴볼 필요가 있다. 우선 동양이라는 말로 시작해보자.

동양과 서양은 사람들, 특히 자칭 동양인들의 의식 안에 모호하게 그려진 심상의 지리공간일 뿐이다. 사람들은 흔히 '동

---

41) 윤병석, 「안중근 의사의 하얼빈 의거의 역사적 의의」, 『한국학연구』 21, 2009, 365쪽.
42) 계봉우, 「만고의사 안중근전」, 『권업신문』, 1914. 8. 12.

서양'을 세계와 동의어처럼 사용하지만, 막상 세계지도 위에 동양과 서양을 나누어 색칠해보라고 하면 혼란을 느낀다. 한국인을 포함한 '동양인'들은 아프리카 사람이나 남아메리카 사람을 '서양인'으로 보지 않는다. 반면 북아메리카의 미국과 캐나다인은 '서양인'으로 취급한다. 인도나 서아시아 사람이 '동양인'인지에 대해서도 쉽게 판단하지 못한다. 동양과 서양은 본래 위치를 구분하는 공간개념이지만, 그보다는 문명, 문화, 인종과 관련된 개념으로 통용된다. 서양은 기독교를 믿는 백인들의 땅, 동양은 유교사상과 유교문화에 지배되는 땅으로 나누는 것이 이 개념의 본래 의미에 더 가까울 것이다.

일본인들이 동양으로 번역한 '오리엔트'(Orient)는 본래 해 뜨는 곳이라는 의미였다. 고대 그리스인들에게는 소아시아, 즉 지금의 터키가 오리엔트였다. 유럽인들의 세계에 대한 지식이 늘어나면서 오리엔트의 영역도 넓어졌으나, 동양보다는 '동역'(東域)이 더 적절한 번역어였을 것이다. 본디 한자 '해'(海)는 배를 타고 건널 수 있는 바다를, '양'(洋)은 건널 수 없는 큰 바다, 곧 땅끝을 의미한다. 영어의 sea와 ocean도 이 구분과 유사하다. 중국인들이 동양과 서양이라는 용어를 사용하기 시작한 것은 기원후 13세기 무렵의 송(宋)나라 때 일인데, 그때는 지중해를 서양이라고 불렀다. 몽골인들이 세운 원(元)나라가 유라시아에 걸친 대제국을 건설함에 따라 세계에 관한 중국인들의 지식도 급팽창했다. 원나라 사람들은 지중해 밖에 더 큰 바다가 있으며, 그곳이 서쪽 땅끝이라는 사실을 발견했다. 이에 지중해는 소서양(小西洋)으로 이름이 바뀌었고, 그밖의 바다가 대서양(大西洋)이 되었다. 중국인들에게 동양(東洋)은 태평양이었다. 태평양이라는 이름은 16세기 마젤란(Ferdinand Magellan)이 라틴어로 'Mare Pacificum'이라고 부른 데에서 비롯했다. 동양과 서양을 나누는 기준은 언제나 중앙, 즉 중국이었다. 중국인들에게는 조선도 동양에 속했으나, 조선 사람들은 그렇게 생각하지 않았다. 세상을 중화와 이적으로 구분하는 중국적 화이관(華夷觀)에서 '양'은 오랑캐의 땅이었다. 조선 사람들의 상상 안에서 동양은 중국 동남해안 동쪽에 있었다.

조선을 동양 제국의 일원으로 끌어들인 것은 일본이었다. 이미 전국시대부터 유럽인들과 접촉했던 일본인들은 19세기 중반 미국의 위협에 대처할 방안을 모색하면서 '동양'이라는 세계를 상상했다. 그들에게 동양은 유럽의 존재와 위협에 대응하려는 주체적 의지를 내포한 단어였다.[43] 1876년, 조일수호조규에 서명한 일본 전권대신 구로타 기요타카(黑田淸隆)는 조선과 일본이 '아세아주 동양'에 함께 있으니 서로 우의를 다지자는 내용의 서신을 제출했다.[44] 아세아주와 동양을 병기한 것에서 당시 일본인들이 '아시아 동부'만을 동양으로 인식했음을 알 수 있다. '양'(洋)이라는 글자에서 오랑캐를 연상했던 조선의 유교지식인들에게는 이 호칭이 마땅치 않았을 것이나, 한국에 대한 일본의 영향력이 커지는 만큼 일본인들의 세계관이 지

---

43) 장인성, 「근대 한국의 평화 관념: '동양평화'의 이상과 현실」, 『한일 공동연구총서』 11, 2008, 54쪽.
44) 『고종실록』 권13, 13년 2월 3일.

배하는 영역도 넓어졌다. 1880년대 중반부터 세계를 동양과 서양으로 나누어 인식하고, 조선 스스로를 동양의 일원으로 배치하며, 서양과 대비하여 동양의 정체성을 재규정하는 인식 태도가 확산했다.

동양과 비슷한 의미로 사용된 것이 동아시아라는 뜻의 동아(東亞)다. 1898년 일본의 팽창주의자들이 동아동문회(東亞同文會)라는 단체를 만들었는데, 여기에서 동아는 한국, 중국, 일본, 베트남 등 한자 문화권을 지칭했다. 1920년 식민지 조선에서 창간된 『동아일보』(東亞日報)의 동아도 같은 의미였다. 1937년 중일전쟁을 도발한 일본은 '대동아(大東亞)공영권' 건설을 명분으로 내걸었다. '대동아'는 문자 그대로 '확대된 동아시아'를 의미한다. 여기에는 동남아시아 각국뿐 아니라 인도까지 포함되었다. 제2차 세계대전 이후 범지구적 차원에서 냉전이 시작되자, 태평양 서안(西岸) 연안 일대의 국가들을 통칭하여 East Asia, 즉 동아(東亞)로 부르는 것이 일반화했다. 냉전 체제가 해체된 이후에는 동아시아 대신 미국과 오스트레일리아까지 포함하여 '아시아 태평양'이라는 호칭이 널리 사용되었다.[45]

일본인들은 타이완, 조선, 만주, 중국 본토, 몽골, 동남아시아 등지로 침략을 확대하면서 동양의 권역도 확장시켰다. 그들에게 '동양'은 일본을 중심으로 하는 세계 또는 일본의 지배력 아래에 있는 세계를 의미했다. 이른바 '대동아공영권'은 '일본이

---

45) 이재봉, 앞의 글, 15쪽.

맹주로 군림하는 동양'의 다른 이름이었다. 하지만 한국인들은 일본이 만든 '동양'이라는 세계를 인지하면서도, 그 내부에서 '수평적 조화'가 이루어지길 바랐다. 비록 '동양인' 내부에 이질성이 있으나 서양인들과 비교하면 '동질성'이 더 많으니, 동양은 서양에 맞서기 위해 단결해야 한다고 보았다. 안중근이 세계를 동양과 서양으로 나누어 본 것은 19세기 말에 보편화한 세계 인식을 수용했기 때문이다. 그가 일차적으로 주목한 권역은 한·중·일 삼국이었으나, 태국·미얀마 등 동남아시아 각국도 동양에 포함된다고 보았다. 그는 동양의 인종적, 문화적 동질성을 중시했고, 이 동질성을 토대로 서양 세력의 침략에 맞서야 한다고 보았다.[46]

그러나 '동양'이라는 세계에 아시아인들을 끼워 넣으려는 일본의 진정한 의도를 간파하고 비판한 사람도 있었다. 신채호는 '동양주의'의 문제점을 이렇게 지적했다.

"실상은 이 주의(=동양주의)가 퍼지면서 '동양에 있는 나라면 적국(敵國)도 아국(我國)으로 여기고 동양에 있는 족(族)이면 원수의 민족도 아족(我族)으로 생각하는 자'가 점차 늘어나게 된다. 동양주의를 이용하여 국가를 구한다고 하지만 결국에는 한인이 동양주의를 이용하여 국가를 구하는 자는 없고, 외인이 동양주의를 이용하여 국혼을 찬탈하는 자가 있을 뿐이다."[47]

---

46) 이용철, 「안중근의 동아시아 인식과 지역협력 구상: 현대적 의미에 대한 비판적 고찰」, 『평화연구』 22(2), 2014, 8쪽.

평화

안중근은 일본 검찰관에게 "동양평화란 중국, 일본, 한국, 샴 (=태국), 버마 등 아세아주 모든 나라가 자주독립하면서 평화롭게 공존하는 것이며, 그중의 일개국이라도 자주독립이 되지 않으면 동양평화라고 말할 수 없다"고 단언했다.[48] '자주독립한 국가들의 대등한 공존'이 곧 평화의 전제라는 생각이었다. '평화'(平和)를 글자 뜻 그대로 풀면 '수평적 조화'가 된다. 평화의 전제를 자주독립한 국가들의 대등한 공존이라고 본 점에서 안중근은 평화를 글자 뜻에 충실하게 해석한 셈이다. 그러나 평화라는 단어의 의미는 언제나 단일하지 않았다.

평화라는 말은 개인의 심적, 육체적 평온에서 국제질서의 안정에 이르기까지, 종교의 영역에서 정치의 영역에 이르기까지 다양한 의미로 사용되지만,[49] 보통은 전쟁에 반대되는 말로 통용된다. 그런데 전쟁이라는 상황은 단순하게 정의할 수 없다. 전쟁을 준비 중인 상황 또는 늘 전쟁에 대비해야 한다는 강박관념에 지배되는 상황, 이른바 '준전시 상황' 등은 모두 '전쟁적 상황'이다. 따라서 평화를 정의하기도 쉽지 않다. 당장 국경에서 전투행위가 벌어지지 않는 상황일 수도, 전쟁을 걱정할 필요가 없는 상황일 수도 있다. 게다가 전쟁은 국가와 국가 사이의 문제지만, 국내에서 내란 또는 그와 유사한 사태가 발생

---

47) 한상권, 2004, 앞의 글, 298쪽.
48) 같은 글, 294쪽.
49) 장인성, 2008, 앞의 글, 63쪽.

할 수도 있다. 이런 상황도 평화는 아니다.

중세의 유교문화권에서는 평화와 전쟁 대신 치란(治亂)이라는 구분법을 사용했다. 천명(天命)을 받은 황제(또는 왕)가 하늘의 조화와 질서를 지상에 구현하는 것 또는 그런 상태가 치(治)였으며, 치가 어지러워진 상태 또는 치를 어지럽히는 행위가 난(亂)이었다. '요순(堯舜) 삼대(三代)의 치(治)'나 '정관(貞觀)의 치(治)'는 요순과 당태종의 정치를 의미할 뿐 아니라 당대가 '잘 다스려진' 시대였음도 의미한다. 왕조시대에는 군주가 특별한 위협을 받지 않고 제 역할을 하는 상태가 정상이었기에 보통은 왕의 묘호 뒤에 '치세'(治世)를 붙여 썼다. 동시에 치(治)는 왕정(王政)의 궁극적 지향점이기도 했다. 반면 왕의 안정적인 통치를 위협하는 행위는 그것이 외적의 침입이든 정치세력의 반란이든 민중의 저항이든 모두 난이었다. 난의 이름은 대체로 시기와 주체를 병기하는 방식을 택해서 임진왜란(壬辰倭亂), 병자호란(丙子胡亂), 임술민란(壬戌民亂), 임오군란(壬午軍亂) 등으로 썼다. 구미 열강의 침략을 받은 후에도 중국 지식인들은 치(治)의 상태를 회복하고 대동(大同)세계를 구현하는 것, 현실적으로는 중국 중심의 국제질서를 유지하는 것이 평화라고 생각했다.[50]

평화는 군주 중심의 역사관 또는 세계관에서 탈피한 이후에야 국가 간 전쟁이 없는 상태와 국내에서 혼란이 없는 상태를 아울러 지칭하는 개념이 되었다. 물론 이 과정에도 기독교가

---

50) 장인성, 2008, 앞의 글, 64쪽.

미친 영향이 컸다. 히브리어 샬롬(salom)은 평화, 화평, 평강(平康), 평안 등으로 번역되는데, 개인과 공동체가 어떤 위협도 느끼지 않는 이상적 충족 상태를 뜻한다. 기독교 문화권에서 평화는 '신이 창조한 우주적 질서'로서 개인 간 또는 국가 간에 정의와 공평이 구현된 상태를 의미했다.[51] 이는 유교의 치(治)가 '천명이 지상에 구현된 상태'를 의미했던 것과 흡사하다. 그러나 제국주의 시대 열강 사이의 경쟁과 전쟁이 빈번해짐에 따라 유럽에서도 평화개념에 일정한 변화가 일어났다. '사회생활에서 폭력의 중지'라는 게르만적 의미와 '신의 뜻으로 유지되는 질서'라는 기독교적 의미가 중첩되었다.

제국주의 시대 평화관념에 큰 영향을 미친 것은 18세기 말에 발표된 칸트의 '영구평화론'이었다. 그는 평화를 '도덕적·실천적 이성의 절대적 명령'으로 이해했다. 16세기 과학혁명 이후 과학은 점차 신의 지위를 대신해나갔다. 헤겔(Friedrich Hegel)이 '신의 의지'를 '절대정신'으로 대체한 것처럼, 칸트도 '신의 의지'를 '이성의 명령'으로 대체했다. 평화는 이성에 의해 확보되고 유지되어야 하는 상태가 되었으며, 그 이성의 실천이 국가 간 조약이었다. 국가 간의 이성적 약속, 즉 평화는 천명(天命)이 아니라 조약에 의해 유지된다는 유럽적 평화관념은 19세기 말 동아시아에도 전파되었다. 평화를 이루는 길은 만국공법을 지키는 것이었고, 만국공법 체제에 참여하기 위해

---

51) 전달수, 「안중근 토마스의 신앙과 덕행」, 『신학전망』 132, 2001, 55쪽

서는 만국공법이 인정하는 주권국가의 자격을 갖춰야 했다. 조선에 '전쟁 없는 상태'라는 근대적 평화개념이 도입된 때도 만국공법이 전래된 때와 같은 1880년대였다.

하지만 조선을 제국주의 세계체제에 편입시킨 '조약'은 불평등했다. 조선은 만국공법이 인정하는 주권국가로 대접받지 못했다. 이런 상황에서 조약은 조선의 독립과 안정, 평화를 보장하기는커녕 오히려 이것들을 위협하는 요인으로 작용했다. 제국주의적 불평등조약 체제에 있었던 것은 중국과 일본도 마찬가지지만, 그들은 그 불평등성을 떠넘길 상대가 있었다. 그들은 구미 열강이 강요한 불평등에 저항하면서도, 조선에 대한 우월적 지위를 유지, 강화하려고 했다.

청일전쟁 이후 일본은 아시아의 실질적 맹주로 군림하면서 조약을 징검다리 삼아 조선에 대한 정치·경제·군사적 침략을 확대했다. 조선인들에게 조약은 평화를 위한 담보가 아니라 망국으로 이끄는 고삐였다. 이런 상황에서 조선 지식인들은 만국공법이 인정하는 주권국가의 자격을 갖추어야 한다고 주장하는 한편, 조약 자체보다는 그 뒤에 숨은 의도의 도덕성을 문제 삼았다.[52] 특히 러일전쟁 이후 일본이 을사늑약, 정미 7조약 등 조약을 통해 한국의 국권을 탈취하려는 의도를 분명히 하자, 평화는 조약이 아니라 상호 대등한 신뢰관계에서만 이룰 수 있다는 점을 거듭 강조했다. 『황성신문』은 "같은 아시아주에 같은 인종으로서 누가 크고 강한지를 비교하지 말고 급한 공(功)

---

52) 허수, 「20세기 초 한국의 평화론」, 『역사비평』, 2014. 2, 37~42쪽.

과 작은 이익을 좇지 말며 동양평화와 같은 인종끼리 서로 사랑해야 한다는 말을 입으로만 되뇌지 말라"[53]고 썼다. 안중근 의거 한 달 전 『신한민보』도 "극동의 평화를 유지하려면 동양 삼국의 권리가 균등한 연후에야 될지니 일본이 한국을 능압(凌壓, 능멸하고 억압함)하며 청국을 침략하면서 어찌 평화를 말하나뇨"라고 하여 평화를 '균등'과 연결시켜 이해했다.[54]

평화에 대한 안중근의 생각도 한국이 처한 현실을 정확히 반영했다. 그는 힘으로 조약을 강요하고 그 조약에 따라 '질서'를 유지하려는 이토의 평화론을 정면으로 반박했다. 동양 전역에 일본에 대한 원한을 쌓아둔 상태를 결코 평화라고 할 수 없다는 것이 안중근의 논지였다. 그는 만국공법이라는 이름의 국제법 체제에 대해 잘 알았지만, 그보다 인도(人道)를 앞세워야 한다고 주장했다. 러일전쟁은 끝났으나 한반도는 여전히 일본군과 한국 의병 사이의 전쟁터였다. 안중근은 일본이 인도와 신의를 지키지 않았기 때문에 이런 상황이 벌어졌다고 보았다.

안중근은 평화가 힘과 무력이 아니라 천리(天理)와 인도에 의해 유지되어야 한다고 생각했다. 평화에 대한 그의 생각은 제1차 세계대전 이후 전 세계를 풍미한 근대적 평화관념과 같았다. 제1차 세계대전의 참상을 겪고 난 유럽에서는 자기 시대에 대한 반성의 기운이 팽배했다. 전제군주나 독재자의 야욕으로 전쟁이 일어나는 일을 막아야 한다는 생각은 정치체제의 민

---

53) 『황성신문』, 1909. 5. 27.
54) 『신한민보』 1909. 9. 15.

주화에 대한 열망으로 이어졌다. 국가 간 갈등을 조정하기 위해서는 세계 정부를 구성해야 한다는 주장도 힘을 얻었다.[55] 약소민족의 권리를 억압한 상태에서는 장기적인 평화를 전망할 수 없다는 생각도 확산했다. 평화는 민주주의, 민족자결주의와 결합했다. 1921년 『동아일보』는 당대 세계사조의 변화에 대해 이렇게 썼다.

"힘을 의(義)로 대신하고 편견을 공의(公義)로 대신하자 함이니 이를 국내에 적용하면 폭력정치와 전제정치를 배제하고 민의정치·여론정치를 실천하자 함이며, 이를 국제간에 적용하면 제국주의와 완력주의를 타파하고 공론과 협조와 이의(理義)를 사실문제에 확립하자 함이라."[56]

평화에 대한 안중근의 생각은 제국주의적 국제질서, 달리 말하면 제국주의적 평화논리의 희생양이 되었던 한국인들의 처지를 정확히 반영했다. 안중근이 죽은 지 10년 뒤인 1920년 6월, 『동아일보』에는 「동양평화의 요체」라는 사설이 실렸다.

"대개 동양평화라 하면 동양에 있는 나라 다수이나 적어도 일본과 조선과 중국의 3자를 가리켜 동양이라 하며 그 평화를 가리켜 동양평화라 함이니 그런즉 동양평화는 일본만의 평화와 발전

---

55) 장인성, 2008, 앞의 글, 64쪽.
56) 『동아일보』, 1921. 11. 26.

이 아니라 동양 3개 지방의 평화와 발전을 의미함이라. 이치에서 그러할 뿐 아니라 세력에서 또한 그러하니 중국이 분란(紛亂)하거나 망하면 그 영향은 먼저 조선과 일본에 미치며 조선과 일본에 만약 그와 같은 예(例)가 있다 하면 또한 중국에 먼저 그 영향이 미칠지니 고로 동양 각 지방은 서로 입술과 이의 관계가 있다 하여 서로 의뢰하며 보조하는 것이로다. 이는 실로 동양평화의 근본 방침이니 곧 3개 지방의 단결과 발전이라. 이제 동양평화를 나누어 논할진대, 내부적 동양평화와 외부적 동양평화가 있으니 앞의 것은 동양 3개 지방의 상호 간 또는 각 지방 내의 평화를 의미함이요 뒤의 것은 동양 밖의 국민이 감히 동양을 침범하지 못함이라. 뒤의 동양평화를 이루는 것은 물론 국제연맹과 같은 평화기관을 통하여 혹은 세계에 팽창한 인도적 정신으로 인하여 가히 도모할 수 있거니와 오직 확실한 방법은 스스로 튼튼한 실력을 양성하여 정의를 행함에 있으며 동양이 단결하여 불의(不義)를 천하에서 깨끗이 청소할 준비가 있어야 하니 이는 동양이 스스로 각성할 바요, 앞의 것을 이루는 데에는 동양 3개 지방의 인사는 절대로 욕심을 버리고 오직 의(義)를 따라 평등한 지위에서 서로의 권리와 존엄을 침범하지 않음에 있으니 이와 같이하여 서로 신뢰하며 평화로운 생활 중에 상부상조하여 자연을 개척하며 인지(人智)를 계발함에 있으니 각개 지방 인사가 마땅히 자각할 바라.

단결은 물질적인 것과 정신적인 것을 물론하고 오직 평등한 지위에서 자유의 띠로 하는 이외에 아무런 방법이 없으니 압제와 위협은 오직 분산을 속히 함에 불과하며 평화는 그 본질이 화합이라. 무력이나 강력에 압도된 고요함이 아니니 그런 즉 각 사람의 화락(和樂)한 중심(中心)으로 공존하여 평탄하고 조용한 중에 진보를 이루는 생활이 곧 평화니 마음속에 증오가 있으며 원한이 있으며 외부에 위력이 있으며 잔인(殘忍)이 있고서 그 어찌 평화라 칭할 수 있으리오…. 오직 각 민족의 권리와 희망을 절대로 존중하며 승인하여 각기 평등한 지위에 서서 자유의 정신으로 연합함에 있다 하노니….”[57]

이 사설의 필자가 안중근의『동양평화론』을 보았을 가능성은 전혀 없으나, 그 내용은 놀라울 정도로 비슷하다. 안중근은 제1차 세계대전의 참상을 겪기 전에 그를 예견했고, 인류가 그 참상 이후에야 도달한 생각을 먼저 했다. 박은식이 “안중근 정신의 본질은 평화에 있으니, 그는 세계적인 평화사상가”라고 한 것은 이 점을 통찰했기 때문이다.[58]

민족

안중근은 자기 시대의 세계를 ‘민족세계’로 인식했다. 망명지를 물색하러 상하이에 갔을 때 그곳 상인 서상근이 자기는 대관들에게 재산을 빼앗기고 망명한 사람이니 나랏일에 관해 말하지 말라고 하자, 그는 이렇게 꾸짖었다.

“국가는 몇몇 대관의 국가가 아니라 당당한 이천만 민족의

---

57)『동아일보』, 1920. 6. 25.
58) 한상권, 2003, 앞의 글, 47쪽.

국가인데, 만약 국민이 국민의 의무를 행하지 않고 어찌 민권과 자유의 바른길을 얻을 수 있겠소? 지금은 민족세계인데, 어째서 유독 한국 민족만이 달갑게 어육(魚肉)이 되어 앉아서 멸망하기를 기다려야 옳단 말이오?"

또 연해주에 망명한 한인들에게 연설할 때도 '동족 사랑'을 강조했다.

"만약 여러분이 외국에서 살아 조국과 무관하다 하여 전혀 돌보지 않고 도와주지 않는다면, 러시아 사람들은 이를 알고 반드시 '한인들은 자신의 조국을 모르고 자신의 동족을 사랑하지 않으니 어찌 외국을 돕고 다른 민족을 사랑할 수 있겠는가. 이같이 무익한 인종은 쓸모없으니 내버려두자'고 하고 언론이 떠들썩하게 일어나 머지않아 반드시 러시아 땅에서 쫓겨날 것이 명약관화합니다."[59]

1908년 『해조신문』에 투고한 글에는 동포라는 말을 사용했고, 『안응칠역사』에는 민족이라는 말을 자주 썼다. 『동양평화론』에는 '동양 민족'이라는 말도 썼다.[60] 그는 인종, 민족, 동포, 국민이라는 말을 엄밀히 구분하지 않고 사용했으나 분명 당대를 '민족의 시대'로 인식했다. 그런데 당시는 '민족'이라는 단어가 등장한 지 얼마 되지 않은 시점이었다.

---

59) 「안응칠역사」, 66쪽.
60) 김수태, 앞의 글, 131쪽.

고대 중국에서도 민족이라는 말을 쓰기는 했으나, 한 국가 내의 특정한 '농촌공동체'를 지칭할 뿐이었다. 이 단어의 의미를 확장하여 영어 내이션(nation)의 번역어로 사용한 이는 일본인 가토 히로유키(加藤弘之)였다. 그는 1872년에 스위스인 블룬칠리(Johann K. Bluntschli)의 책을 번역하여 『국법범론』(國法汎論)이라는 제목으로 출간하면서 스테이트(state), 볼크(volk), 내이션(nation)을 각각 국가, 국민, 민족에 대응시켰다. 참고로 『만국공법』에서는 내이션을 나라라는 뜻의 국방(國邦)으로 번역했다.[61] 민족이라는 단어는 1899년 량치차오(梁啓超)를 통해 중국에 전래되었고, 한국에서는 『황성신문』 1900년 1월 12일 자에 처음 사용되었다.[62]

조선시대에 현재의 '민족'과 유사한 뜻으로 사용한 단어는 '족류'(族類)였다. '우리 족류가 아니므로 그 마음이 반드시 다를 것'이라는 말은 여진족에게 상투적으로 쓰던 말이었다.[63] 족류는 남과 우리 사이의 경계를 표시하는 데에는 유용했으나 우리 안의 동질성을 인식하는 데에는 한계가 있었다. 그래서 '우리 족류' 또는 동족(同族)을 지칭할 때에는 동포(同胞)라는 은유를 썼다. 동포는 본래 한 어머니에게서 나온 형제라는 뜻이다. 신분제 사회에서 양반과 천민이 서로를 동포로 인식하

61) 이근관, 「동아시아에서의 유럽 국제법의 수용에 관한 고찰: 만국공법의 번역을 중심으로」, 『서울국제법연구』 9(2), 2002, 36쪽.
62) 박찬승, 「한국에서 '민족' 개념의 형성」, 『개념과 소통』 창간호, 2008, 96쪽.
63) 같은 글, 85쪽.

는 것은 본래 불가능했다. 그러나 조선 후기 왕들은 양반과 천민을 가리지 않고 모든 신민을 동등하게 대우하겠다는 뜻을 밝힐 때, 흔히 동포라는 말을 썼다. 순조(純祖)는 내노비(內奴婢)와 사노비(寺奴婢)를 혁파하면서 "임금이 백성에게 임하여 귀천이 없고 안팎을 고루 균등하게 친자식으로 여겨야 하는데 노(奴)라 하고 비(婢)라 하여 구분하는 것이 어찌 똑같이 사랑하는 동포로 여기는 뜻이겠는가"라고 했다.[64] 왕의 은덕=통치권을 천민에게까지 직접 행사하려는 권력의지가 백성(百姓)과 적자(赤子), 동포(同胞)를 하나로 묶는 결과를 낳았던 셈이다. 물론 이 용어는 왕과 사대부만 쓸 수 있었다. 천민이 양반을 '동포'라고 부를 수는 없었다.

동포의 의미를 위아래 구분 없이 조선인 또는 한국인 전체로 확장한 것은 독립협회와 『독립신문』이었다. 조선 사람끼리 서로를 '형제'로 인식하기 위해서는 먼저 제도와 의식 양면에서 '차별'이 사라져야 했다. 신분제도는 1894년 갑오개혁으로 철폐되었으나, 신분 차별의식은 그 뒤로도 오랫동안 존속했다. 독립협회는 이 신분 차별의식을 '만민평등의식'으로 대체하고자 했다. 동포는 평등의식을 확산하는 데에 유용한 개념이었지만, 부계(父系) 혈통(血統) 의식이 강고한 상황에서는 한계도 명확했다. 양반이었던 사람과 노비였던 사람이 서로를 '한 핏줄'로 여길 수는 없었다. 이 문제를 해결하기 위해 만들어진 것이 '단군 선조의식'이었다. 단군은 고려 말 『삼국유사』에 처음

---

64) 『순조실록』 권2, 원년 1월 28일.

등장한 이래 '국조'(國祖), 즉 이 땅에 나라를 처음 세운 인물로 추앙되었다. 그러나 그는 국조였을 뿐 조선 사람 모두의 조상은 아니었다. 단군은 한국인 공통의 조상이라는 담론이 자리 잡기 시작한 것은 1890년대 말부터였다. 이로써 동포라는 말의 의미가 확정되었고, 단군 이래 수천 년의 역사가 단일한 시간 축으로 꿰어졌다.[65]

동포라는 혈연공동체 의식은 '민족' 개념의 발견으로 이어졌다. '족'(族)이라는 글자는 자체로 동포와 비슷한 뜻인데, 그 앞에 민(民)을 놓음으로써 이 혈연관계의 주체와 역사성을 재인식할 수 있게 되었다. '인민'이라는 말이 생긴 것은 본디 인과 민을 다른 존재로 여겼기 때문이다. 이 차별의식을 낳은 것은 거주지와 생업의 차이였다. 인류의 문명은 도시 건설로 시작했다. 도시는 문명을 저장하는 창고였던 반면, 농촌은 문명이 휩쓸고 지나가는 벌판이었다.[66] 모든 동물종은 고유의 서식지와 서식 습성이 있다. 오직 인간만이 지구 전역에 흩어져 살면서 생활 공간을 도시와 농촌으로 구분했다.

고대에 도시 거주자는 '신의 아들'이나 '신의 대리인'을 섬기면서 세상을 다스리는 일을 맡은 사람으로 간주되었다. 한국 최초의 도시 탄생 신화에서도 이런 인식을 확인할 수 있다.

---

65) 권보드래, 「'동포'의 수사학과 '역사'의 감각: 1900-1904년 '동포' 개념의 추이」, 『한국문학논총』 41, 2006, 273-278쪽.

66) LEWIS MUMFORD, 金榮記 옮김, 『歷史 속의 都市』, 明寶文化社, 1990, 25쪽.

"고기(古記)에 이르기를, 옛날에 환인의 서자 환웅이 있었는데 항상 천하에 뜻을 두고 인간세상을 탐내어 다스리기를 원했다. 아버지는 아들의 뜻을 알고 삼위산과 태백산을 내려다보니, 널리 인간을 이롭게 할 만한 곳이었다. 이에 천부인 세 개를 주어, 내려가서 세상 사람을 다스리게 했다. 환웅은 무리 삼천 명을 거느리고 태백산 꼭대기의 신단수 아래에 내려와서 이곳을 신시(神市)라 불렀다. 이분이 환웅천왕이다. 그는 풍백·우사·운사를 거느리고 곡식·생명·질병·형벌·선악 등 무릇 인간의 360여 가지 일을 주관하며 인간 세계를 다스리고 교화했다."(『삼국유사』「기이편」)

하늘에 살던 '신의 아들'이 부하 3천을 거느리고 지상에 내려와 '신시'(神市)라는 도시를 건설하고 그 안에 모여 살면서 인간 세상을 다스리고 교화했다는 것이다. 현대의 고고학과 역사학 지식으로 재해석하면, "신의 명령＝천명(天命)을 받았다고 자처하는 부족이 도시를 건설하고 그곳을 근거지로 삼아 도시 밖의 다른 부족들을 다스렸다"고 할 수 있다. 엄밀히 말하면 이 신화는 건국신화가 아니라 도시 건설 신화다. 이 도시를 중심으로 하여 조선이라는 국가가 건설되었다. 도시와 도시 밖의 넓은 영역(＝농촌, 어촌 등)으로 이루어진 고대국가에서 도시 거주자와 농어촌 거주자 사이에는 엄격한 구별이 있었다. 이 구별을 표현한 말이 '인민'이었다. 인(人)은 넓은 의미에서 '사람'이지만, 좁은 의미로는 '도시 사람'이었다. '인'은 '천명을 받은 신의 대리인'을 섬기고 보좌하는 일을 맡은 사람이었고, '민'은 땅에 속박되어 식량과 옷감 등을 생산하는 사람이었다.

지금도 도시에서 직업 활동을 하는 사람들은 정치인, 경제인, 군인, 문화예술인, 법조인, 언론인 등으로 부르고 농어촌에 사는 사람들은 농민, 어민이라고 한다. 우리나라에서 국민(國民)이라는 말은 1904년께부터 사용되었다. 그전에는 국인(國人)이라고 했다. 민(民)은 인(人)보다 천하게 취급된 글자였다.

우리나라에서 민(民)에 대한 인식이 바뀌기 시작한 것은 19세기 말부터였다. 1897년 8월 23일, 윤치호는 '대군주 폐하 탄신 경축회'에서 "완고 세계에는 백성 민(民)자가 종 민자가 되어 백성은 다만 관인의 의식을 공급하는 종이 되었은즉 다시 백성이 위가 되고 관인이 아래가 되어야 개화가 될 것이오"라고 연설했다.[67] '민'을 귀하게 여기자는 계몽의 토대 위에서 민족이라는 단어가 도입되었다. 그런데 '동방민족과 백인민족'이라는 표현에서 보듯, 이 무렵에는 민족을 인종과 동의어로 쓰기도 했다.

사람들이 민족과 인종을 분명히 구별해 쓰기 시작한 것은 러일전쟁 이후부터였다.[68] 개항 이후 조선 지식인들도 일본 지식인들과 마찬가지로 서세동점(西勢東漸)을 위기의 근원으로 인식했다. 그런 인식에서는 '인종' 문제가 중심일 수밖에 없었다. 그러나 러일전쟁 이후 일본이 한국의 국권을 본격 침탈해가는 상황에서 '백인종의 위협'은 부차적 문제가 되었다. 일본에 대해서는 인종적 동일성보다 민족적 이질성을 강조해야 했고, 그

---

67) 『조선그리스도인회보』 1권 30호, 1897. 8. 25.
68) 김수태, 앞의 글, 132-133쪽.

럴 수밖에 없었다. 황인종이라는 이름으로 일본인과 한국인을 한데 묶는 것은 한국의 멸망을 방조하는 일이었다. '인종경쟁' 을 대신해 '민족경쟁'이 시대의 성격을 표현하는 단어가 되었 다. 안중근이 사용한 '민족경쟁 시대'라는 말은 1905년 10월 21일자 『황성신문』 논설 제목이었다.[69]

민족이라는 말이 자리 잡으면서 그 의미를 명확히 하려는 시도도 이루어졌다. 중국의 량치차오는 "민족이란 동일한 언어와 풍속을 가지고 동일한 정신과 성질을 가지며 그 공동심(公同心)이 점차 발달하여 건국의 체계를 이루는 것이다. 다만 아직 연합하여 일국(一國)을 만들어내지 못했을 때는 끝내 인격이 법단(法團)이 되지 못하기 때문에 이를 가리켜 민족이라 하지 국민이라 하지는 못한다"고 했다.[70] 『황성신문』은 1907년 6월 20일자 「민족주의」라는 논설에서 민족주의를 "상고시대(上古時代)에 잉태(孕胎)되고 16세기에 성장하였으며 20세기 신천지에 빛을 발하며 활약하여 우주를 떨쳐 흔들어 동서 간에 충돌하고 영웅의 뜨거운 피를 씻어 없애며 인민의 간과 뇌(腦)를 던져 없애어 이를 아는 자는 흥하며 이를 모르는 자는 망하고 이를 얻는 자는 살며 이를 잃는 자는 죽는 것"이라고 정의했다.[71] 다만 이 글에서 민족이라는 개념은 분명히 정의되지 않았다. 량치차오가 정리한 민족개념은 1908년에야 국내에 소개

---

69) 『황성신문』, 1905. 10. 21, 논설 「民族競爭時代」.

70) 박찬승, 2008, 앞의 글, 98쪽.

71) 『황성신문』, 1907. 6. 20, 「民族主義」

되었다. 『대한매일신보』는 1908년 7월 30일자 논설 「민족과 국민의 구별」에서 양자의 차이를 아래와 같이 정리했다.

"국민이라 하는 명목이 민족 두 글자와는 구별이 있거늘 이제 사람들이 흔히 이것을 혼합하여 말하니 이는 옳지 아니함이 심하도다. 고로 이제 이것을 약간 변론하노라. 민족이란 것은 다만 같은 조상의 자손에 매인 자며 같은 지방에 사는 자며 같은 역사를 가진 자며 같은 종교를 받드는 자며 같은 말을 쓰는 자가 곧 민족이라 칭하는 바이니와 국민이라는 것을 이와 같이 해석하면 불가할지라. 대저 한 조상과 역사와 거지(居地)와 종교와 언어의 같은 것이 국민의 근본은 아닌 것이 아니언마는 다만 이것이 같다 하여 문득 국민이라 할 수 없으니, 비유하면 근골과 맥락이 진실로 동물 되는 근본이라 할지나 허다히 벌려 있는 근골 맥락을 한곳에 모두어 놓고 이것을 생기 있는 동물이라고 억지로 말할 수 없는 것과 같이 저 별과 같이 헤어져 있고 모래같이 모여사는 민족을 가리켜 국민이라 함이 어찌 가하리오. 국민이라는 자는 그 조상과 역사와 거지와 종교와 언어가 같은 외에 또 반드시 같은 정신을 가지며 같은 이해를 취하며 같은 행동을 지어서 그 내부에 조직됨이 한 몸에 근골과 같으며 밖을 대하는 정신은 한 영문(營門)에 군대같이 하여야 이것을 국민이라 하느니라."[72]

혈연, 지연, 역사, 종교, 언어 공동체인 민족이 단일 국가를

---

72) 『대한매일신보』, 1908. 7. 30, 「民族과 國民의 區別」.

형성하여 공동의 정신과 이해관계, 공동의 대외적 태도를 지녀야 비로소 국민이 된다는 것이다. 이 글은 량치차오의 「정치학 대가 블룬칠리의 학설」(1903)을 거의 인용하다시피 한 것인데,[73] 다민족 국가를 고려하지 못한 한계와 민족보다 국민을 상위에 둔 문제가 있지만, 둘을 분리해서 인식한 것은 이후의 한국 민족운동에 중대한 영향을 미쳤다.

국가와 국민만이 인식되는 상태에서는 일단 국가가 망하고 국민이 소멸하면 재기와 재건을 꿈꿀 수 없었다. 실제로 사회진화론에 매몰되어 있던 중국 지식인들은 베트남과 한국이 망했을 때, 두 나라의 역사가 영영 끊겼다고 믿었다. 하지만 국민과는 별도로 민족이라는 주체를 설정하자, 민족이 유지되는 한 국가를 재건하여 국민으로 재결집될 수 있다는 신념이 자리 잡았다. 민족을 국민보다 덜 발전한 공동체로 인식하고, 공동의 의식과 정신을 고양함으로써 민족을 다시 국민으로 만들 수 있다는 논리였다.

한인 민족운동가들이 한민족을 '일본 국민화'하려는 일본 군국주의의 전방위적 시도에 맞서 한민족만으로 하나의 '국민'을 이루려는 의지를 꺾지 않았던 것도 이런 신념 때문이었다. 국가가 망한 뒤에도 독립운동을 벌일 수 있는 정신적 기반이 마련된 것이다. '민족혼'이나 '겨레의 얼'이라는 말도 민족이 국가라는 형식이 아니라 혼과 얼이라는 정신을 통해 유지, 계승된다는 생각에서 창안되었다.[74] 당대를 '민족세계'로 인식하고

---

73) 박찬승, 2008, 앞의 글, 102쪽.

나라의 주인은 군주나 대관이 아니라 이천만 민족이라고 생각했기에, 안중근은 민족을 위해 자기를 희생할 수 있었다. 안중근 시대의 민족은 군주를 대신한 충의(忠義)의 대상이었다.

정의

안중근은 진술(陳述)에서든 저술(著述)에서든 '정의'(正義)라는 말은 거의 쓰지 않았다. 그러나 의(義)라는 글자는 무척 자주 썼다. 그가 동학농민군과 맞서 싸운 것도, 빌렘을 도와 황해도 내에서 발생한 여러 문제에 개입한 것도, 연해주에서 의병(義兵)에 가담한 것도, 이토를 척살한 것도, 일신의 부귀영화를 위해 한 일이 아니었다. 그를 실천으로 이끈 것은 의(義)였다. 그는 대한의군(義軍) 참모중장 자격으로 이토를 척살했다. 그는 '의로운' 군대의 일원으로 의로운 행위를 했다. 동시대의 한국인들도 그의 행위가 의(義)를 위한 것임을 의심치 않았다. 사람들은 그에게 의사(義士)라는 칭호를 헌정했고, 그의 행위를 의거(義擧)로 불렀다. 그런데 의(義)란 무엇이며, 정의란 또 무엇인가?

의(義)는 고대 갑골문에서부터 나오는 상형문자로, 팔방으로 날이 달린 무기를 그린 것이다. 아마 사제가 악귀를 물리치기 위해 사용한 주술 도구였을 것이다. 이로부터 '악을 물리친다'는 뜻이 되었고, 유교의 오상(五常)인 인의예지신(仁義禮智信)의 두 번째 자리를 점했다. 하지만 인(仁)과 의(義)는 서로 모

---

74) 朝鮮魂이라는 말은 1907년경에 창안되었다. 같은 글, 109쪽.

순되기도 한다.

맹자는 '인'의 단서가 측은지심(惻隱之心)이고 '의'의 단서가 수오지심(羞惡之心)이라고 했다. '인'은 불쌍히 여기는 마음이고 '의'는 미워하는 마음이다. 깨우쳐주는 것이 '인'이며, 처벌하는 것이 '의'다. '인'은 문(文)이 추구하는 것이고 '의'는 무(武)가 추구하는 것이다. 인과 의는 방향으로는 각각 동과 서에 해당한다. 문반을 동반(東班), 무반을 서반(西班)이라 하고 둘을 묶어 양반(兩班)이라 한 것도 이 때문이다.

유교문화권에서는 악을 용납하지 않는 마음, 악을 소멸시키려는 의지가 곧 '의'였다. '의'는 선악(善惡) 분별을 전제로 하는 개념이다. 물론 선악을 가리는 것은 단순하지 않으나 유교에서는 대체로 천리(天理)에 따르는 것을 선, 동물적 사욕(私慾)에 따르는 것을 악으로 규정했다. 인간 내면의 신성(神性)이 '선'이었고, 동물성이 '악'이었다. 탐욕, 잔인, 방종은 '악'이었고, 금욕, 인후(仁厚), 절제가 '선'이었다. 유교문화권에서는 지상에 구현된 하늘의 뜻을 '공'(公)이라고 했다.

『주역』(周易)은 '재물을 다스리고 말을 바르게 하며, 백성이 잘못하지 않도록 하는 것이 의'(理財 正辭 禁民爲非 曰義)라고 했다. 이에 대해 주자(朱子)는 이재(理財)란 '네 것은 네게 돌려주고 내 것은 내게 돌려줌'을 말하며 정사(正辭)란 '옳은 것은 옳다고 말하고 그른 것은 그르다고 말하는 것'이라고 해석했다.[75] 『논어』(論語) 「성인」(聖仁) 편에는 "군자는 의(義)로 깨

---

75) 이상익, 「正義觀의 충돌과 變容: 근대 한국의 正義觀」, 『정치사상연

우치고 소인은 이(利)로 깨우친다"는 말이, 「헌문」(憲問) 편에는 "이익을 보면 의를 생각하라(見利思義)"는 말이 나오는데, 이 중 '견리사의'(見利思義)는 안중근이 휘호로 남긴 문구이기도 하다. 주자는 이에 대해서도 "의(義)란 천리(天理)의 마땅함을 말하고 이(利)란 인정(人情)의 욕망을 말한다"고 해석했다. 이에 따르면 '의'는 '공'(公)과 연결되고 '이'는 '사'(私)와 묶인다. '견리사의'(見利思義)는 '멸사봉공'(滅私奉公)과 같은 의미가 되는 셈이다. 안중근은 '멸사봉공'도 휘호로 남겼다.

동아시아 사회에서 '충의'(忠義)는 무척 강조되었으나, 효의(孝義)라는 말은 쓰이지 않았다. 효(孝)는 '자연스러운 인정'의 발현이지만, 충(忠)은 배워야 하는 것이었기 때문이다. 얼굴 한 번 본 적 없는 임금을 위해서 목숨을 버리는 충(忠)은 오직 사람만이 가질 수 있는 덕목이었다. 그래서 '의'에는 또 '사람이 만든 것'이라는 뜻이 덧붙었고, 나아가 '진짜가 아닌 것'이라는 의미로도 쓰였다. 의안(義眼), 의수(義手), 의족(義足)의 '의'가 모두 '가짜'라는 뜻이자, 타고났거나 후천적으로 얻은 결함을 보충해준다는 뜻이다. '의형제'의 '의' 역시 마찬가지다. '의'는 하늘의 이치와 같은 공평을 추구하는 마음으로서 배워 익혀야 하는 것이었으며, 남의 결함을 보충해주는 미덕이기도 했다. 강한 자를 억누르고 약한 자를 부추기는 '억강부약'(抑强扶弱)이 의로운 행위의 표상으로 인식되는 것도 이 때문이다. 그런데 유교가 지배 이데올로기였던 동아시아 중세사회에서는

구』 12(2), 2006, 39쪽.

사람들이 여러 신분과 등급으로 나뉘어 있어서 왕이 지켜야 할 의와 평민이 지켜야 할 의가 달랐다. 이 때문에 '의'도 대의(大義)와 소의(小義)로 구분되었을 뿐 정의(正義)라는 말은 잘 쓰이지 않았다. '의'는 모든 사람에게 통용되는 보편적 개념이라기보다는 각자의 처지에 따라 달리 적용되는 개념이었다.[76]

정의라는 말이 널리 쓰이게 된 것은 "신 앞에 만민이 평등하다"는 기독교적 인간관과 결합한 서구 근대의 담론이 한자문화권에 수입된 뒤의 일이었다. 영어 저스티스(justice)는 본래 '법에 따름'이라는 의미로서[77] 기독교가 유일 종교였던 중세 유럽에서는 종교적 개념에 가까웠다. 저스티스를 판정하는 최종 권한은 유일신에게 있었다. 어느 나라에서건 모든 인간을 평등하게 대하는 법은 '신의 율법'뿐이었다. '법 앞에 만인이 평등하다'는 시민혁명의 이상도 기독교적 자연법사상과 연결되어 있었다. 반면 영어 프라이빗(private)과 퍼블릭(public)은 가족의 생활 공간과 그밖의 영역을 나누는 공간 개념이어서 서로 대립하지만 충돌하지는 않는다. 둘은 서로 침범하지 않되 공존하는 것이 원리다. 그러나 한자문화권에서는 '사'보다 '공'을 중시하여 공을 앞세우라는 선공후사(先公後私)와 공을 위해서는 사를 죽여야 한다는 멸사봉공(滅私奉公)을 강조한다. 중국어에서는 저스티스(justice)를 공정(公正)으로도 번역한다.

---

76) 고재석, 「맹자 성선설에 나타난 天道와 人道의 특성 연구」, 『한국양명학회 학술대회 논문집』, 2016, 18쪽.
77) 이성익, 2006, 앞의 글, 35쪽

한자문화권에서는 이렇게 선(善), 공(公), 의(義)가 결합하고 악(惡), 사(私), 불의(不義)가 결합한다.

자연상태에서 인간의 삶은 "만인의 만인에 대한 투쟁"이라는 생각으로 『리바이어던』(Leviathan)을 지은 영국의 홉스(Thomas Hobbes, 1588-1679)는 국제관계 역시 종교적 원리에 따른 질서와 도덕이 지배하는 것이 아니라 자위(自衛)와 세력 균형을 향한 국가들의 충동으로 형성된다고 보았다. 이는 이른바 '근대적 국제정치관'의 밑바닥에 깔린 생각이었다. 그런데 현실의 국제관계에서 세력 균형은 언제나 일시적이었고, 각국의 주권은 평등하지 않았다. 세력 불균형과 주권 침해라는 현상은 끊임없이 나라들 사이에 긴장을 유발했고, 이런 상황에서 세력 균형과 주권 평등이 이루어진 이상적 세계를 향한 열망도 커졌다. 근대 유럽에서 '정의'는 이런 이상적 세계를 지향하는 것이었다.[78] 이에 따라 '정의'는 정반대로 해석할 수 있는 개념이 되었다. 강대국들의 이익에 부합하는 국제적 세력 균형 상태를 유지하는 것이 정의일 수도 있었고, 거꾸로 약소국의 주권이 침해되는 현실을 타파하여 새로운 세력 관계를 만드는 것이 정의일 수도 있었다.

17세기 이후 유럽의 국제관계에서 형성된 정의 관념은 19세기 중엽부터 동아시아 각국에도 침투했다. 전국시대(戰國時代)

---

78) 장인성, 「근대 동아시아 국제사회에서의 질서와 정의: 근대 일본 지식인의 동아시아 국제사회관」, 『동북아역사논총』 28, 2010, 294-297쪽.

번주(藩主)들 사이의 싸움을 겪은 지 오래되지 않은 일본 지식인들은 '만국에 대한 만국의 투쟁'이라는 홉스의 관념, 생존 투쟁과 승리가 곧 정의라는 관념을 쉽게 이해할 수 있었다. 그들은 국가의 힘과 그 힘을 뒷받침하는 '문명'이 곧 정의라고 믿었다. 그들에게는 '문명화'가 곧 '정의'였다.[79] 반면 내부적으로 통일국가체제를 유지하면서 하늘-천자-제후로 이어지는 유교적 세계관에 익숙했던 조선 지식인들은 정의를 윤리와 도덕의 문제로 생각했다.

우리나라에서 '정의'라는 말이 널리 쓰이기 시작한 것은 19세기 말부터였다. 하지만 사람들은 새로운 개념인 '정의'와 유교적 개념인 '의' 또는 '대의'를 굳이 구분하려 들지 않았다. 이 때문에 이 단어는 다른 서구적, 근대적 개념들과 자주 충돌했다. 특히 근대를 대표하는 개념인 '경쟁'과 관련해서는 상반(相反)하는 정의관이 대립했다.

1880년대 유길준은 "대개 경쟁이라 하는 것은 무릇 지식을 연마하고 덕을 기르는 일로부터 문학·기예(技藝)와 농업·공업·상업 모든 사업에 이르기까지 사람들이 그 높고 낮음, 뛰어나고 모자람을 서로 비교하여 남보다 우월하기를 바라는 것"이라고 했다.[80] 그에 따르면, 하늘이 준 분수[천분(天分)]에 만족하지 않고 더 많은 이익을 얻기 위해 남과 다투는 것이 경쟁

---

79) 같은 글, 304쪽.
80) 『俞吉濬全集』 제4권, 「競爭論」, 49-50쪽. 이상익, 앞의 글, 46쪽에서 재인용.

이며, 사람과 사람, 국가와 국가, 인종과 인종이 경쟁하는 것은 '통의'(通義)였다. 그는 통의를 정의와 같은 의미로 썼다. 끊임없는 경쟁을 통해 승자와 패자가 나뉘고 승자만이 살아남는 것은 생물종의 진화뿐 아니라 역사와 문명 발전의 철칙이라고 주장한 사회진화론은 제국주의의 세계지배를 정당화한 논리였다. 이 논리에 따르면 자본이 노동을 착취하는 것도, 제국주의가 식민지를 수탈하는 것도, 백인이 유색인을 학살하는 것도 결코 불의한 일이 아니었다. 이것들은 자연법칙에 충실한 행위이자 모든 생명체에 경쟁하는 속성을 부여한 '신의 뜻'에 부합하는 행위였다.

사회진화론은 천분(天分)에 따라 각자 지켜야 할 도리가 다르다고 보는 유교적 '의'에 배치된다. 유교지식인들은 경쟁을 찬미하는 세계관에는 자신을 절제하고 낮추는 겸양(謙讓)의 미덕이 없다고 보았다.[81] 조선의 위정척사론자(衛正斥邪論者)들은 이를 '야만의 논리'로 규정했다. 그들은 경쟁 중심의 제국주의 정당화 논리가 인간을 짐승으로 타락시킨다고 단언했다. 그들이 '힘의 열세'를 인식하면서도 제국주의 침략에 맞서 싸울 수 있었던 것은 인간의 '의'가 동물적 본성과는 달라야 한다고 믿었기 때문이다.

이 점에서 위정척사론자들의 '대의'는 '인도'와 결합해 있었다. 정의에 대한 안중근의 생각은 유럽 제국주의에 영향을 받은 개화론자들보다는 위정척사론자들에 가까웠다. 이토의 정

---

81) 이상익, 2006, 앞의 글, 47쪽.

의와 안중근의 정의가 달랐던 이유다. 이토에게 동양평화는 일본 중심의 새로운 동아시아 질서를 구축하는 명분이자 그 자체로 정의였다.[82] 반면 안중근에게는 동양삼국의 주권평등과 세력 균형이 평화였고, 그 평화 유지가 정의였다. 안중근은 권선징악(勸善懲惡), 억강부약(抑强扶弱), 멸사봉공(滅私奉公)으로 요약할 수 있는 유교적 정의관에 충실했다. 그가 이토의 죄목 15개조를 적시한 것은 자기 행위의 목적이 '권선징악'에 있음을 밝힌 것이며, 그가 약소민족을 위해 강포한 일본 군국주의에 맞선 것은 '억강부약'이었고, 그가 자기 생명과 가족의 안전까지 버리면서 의거를 결행한 것은 '멸사봉공'이었다.

인도

안중근의 평화론을 떠받친 것은 인도(人道)에 관한 생각이었다. "슬프다! 이웃 나라를 강탈하고 사람의 목숨을 참혹하게 해치는 자는 이같이 기뻐 날뛰면서 조금도 거리낌이 없는데, 무고하고 어질고 약한 인종은 오히려 이처럼 곤경에 빠져야 하는가"[83]라는 말은 인도가 어그러진 세태에 대한 탄식이었다. 그가 보기엔, 악하고 모진 자가 득세하고 착하고 어진 이가 곤경에 빠지는 상황 자체가 '비인도적'이었다.

오늘날 '인도'는 영어 휴머니태리아니즘(humanitarianism)의 번역어 '인도주의'의 준말로서, '모든 인간을 평등하게 대

---

82) 장인성, 2010, 앞의 글, 306쪽.
83) 『안응칠역사』, 88-89쪽.

하여 인류의 공존을 도모하는 사상 또는 태도'라는 의미로 쓰이지만, 안중근이 살던 시대에는 문자 그대로 '사람의 도리'라는 유교적 의미에 더 가까웠다. 유교 4대 경전 중 하나인 『중용』(中庸)은 천명과 인도(人道)의 관계에 대한 설명으로 시작한다. "하늘이 명한 것을 성(性)이라 하고 성을 따르는 것을 도(道)라 하며, 도를 수양하는 것을 교(敎)라 한다(天命之謂性 率性之謂道 修道之謂敎)."[84] 즉 천명을 따르는 것이 인도였다. 안중근 당대의 보유론적 천주교도 하느님의 뜻을 따르는 것이 인간의 도리라고 가르쳤다. 안중근이 천주교 신앙과 유교적 인도 사이에서 갈등을 겪지 않았던 것도 인도에 관한 한 둘이 다르지 않기 때문이다.

그러나 유럽에서 휴머니테리아니즘이 전개되는 양상은 이와 사뭇 달랐다. 근대 유럽인들은 중세를 암흑기라고 불렀다. 인간이 신에게 완전히 속박되어 자율적 의지를 조금도 표현할 수 없었던 시대라고 보았기 때문이다. 그들은 시기, 의심, 질투 등 인간적 속성을 지닌 신이 인간과 어울려 산다고 생각했던 고대 그리스·로마인들의 정신에서 빛을 찾았다. 기독교 전일주의(全一主義)에 억압되었던 인간의 정신을 해방하기 위해서는 신(神)을 상대화해야 했다.

한 나라의 역사와 한 개인의 운명 모두를 신이 결정한다는 믿음 앞에 인간이 할 일은 없었다. 하지만 14세기 유럽에 페스트라는 형벌을 내린 신은 잔인했다. 아무리 강한 믿음도, 아무

---

84) 『中庸』1편.

리 순결한 영혼도 페스트라는 형벌을 피해가진 못했다. 이 천형(天刑)을 겪은 뒤 신의 권능에 대한 믿음은 전반적으로 약해졌으며, 신의 뜻과는 별도로 인간이 할 도리가 있다는 생각이 힘을 얻었다. '천부인권'(天賦人權)이란 말에는 신이 자기 권리의 일부를 인간에게 양도했다는 생각이 담겼다. 같은 맥락에서 신의 뜻에 반하지는 않으나 신의 뜻 자체도 아닌 '인도'에 대한 상상이 활발해졌다. 르네상스 시대의 인도주의는 인간을 신에게서 떼어내려는 사조였다.

그러나 제국주의 시대의 인도주의는 전혀 다른 욕망을 표현했다. 르네상스 이후 인간은 신에게서 계속 멀어졌고, 19세기 중반 다윈(Charles Dawin)이 『종의 기원』을 발표할 즈음에는 '동물의 일종'이 되었다. 인간이 다른 동물들과 구별되는 점은 이성(理性)이 있다는 것이었으나, 그 이성은 신의 뜻이나 천명(天命)과는 무관했다. 인간의 이성은 동물의 이빨과 발톱을 대신하는 능력일 뿐이었다. 안중근이 '사람을 죽이는 기계'를 만드는 데에만 열중한다고 비판한 바로 그 이성이었다. 게다가 인간도 동물의 일종일 뿐이라는 믿음은 인간을 동물과 다를 바 없는 존재로 만들어버렸다. 그 결과가 제1, 제2차 세계대전이었고 전쟁 중에 벌어진 대량 학살이었다.

제1차 세계대전 이후 '약소민족에게도 자기 운명을 스스로 결정할 권리가 있다'를 핵심 내용으로 하는 '민족자결주의'가 새로운 시대 사조로 떠오른 것은 인간을 동물의 일종으로 규정해서는 안 된다는 집단적 각성 때문이었다. 기관총, 독가스, 비행기, 곡사포 등 첨단 무기를 총동원한 전쟁은 인류에게 일찍이 겪지 못했던 참화를 안겨주었다. 인간이 이성이라는 '능력'을 무기 삼아 '경쟁'하는 동물이라면, 이 동물은 그저 야수의 왕일 뿐이었다. 인간이 상상했던 어떤 악마도, 인간 자신보다 잔인하지도 악랄하지도 않았다. 이 전쟁을 겪은 후 '인도'는 '신의 속박에서 벗어나는 것'에서 '동물적 속성과 거리를 벌리는 것'으로 다시 바뀌었다. 물론 제1차 세계대전 직후의 인도주의는 결국 제국주의자들의 욕망을 꺾지 못했다. 새로운 인도주의는 제2차 세계대전 이후에야 표면적으로나마 제국주의 논리를 꺾을 수 있었다.

제국주의 논리에 포섭되지 않았던 조선과 중국의 지식인들은 '인도'를 '신의 속박에서 벗어난 인간다움'이라는 근대 유럽적 개념이 아니라 '천명을 따르는 인간의 도리'라는 유교적 개념으로 이해했다. 그들은 유럽인과 일본인들이 약소국과 식민지에서 벌인 일들을 '만행'(蠻行), 즉 '야만의 행위'로 규정했다. 남의 생명을 해치지 않는 것, 남의 것을 빼앗지 않는 것이 인도이며, 그에 반하는 것이 '짐승 같은 짓'이자 '야만의 행위'였다. 유교를 배운 뒤 천주교를 학습한 안중근은 인간을 동물의 일종으로 취급하는 제국주의 시대 사회진화론에 동의하지 않았다. 그는 동양을 도덕과 인도가 살아 있는 공간으로 보았고, 당대 서양인들의 사회진화론이 부도덕하며 반인도적이라고 생각했다.[85] 그가 보기에 '이웃 나라를 강탈하고 사람의 목숨을 참혹하게 해치는' 자들은 짐승과 다름없었다. 짐승이 사

---

85) 이용철, 앞의 글, 14쪽.

람을 해치고 지배하는 세상을 그대로 두는 것은 천명과 인도에 반하는 일이었다.

만국공법

안중근은 1908년 의병을 이끌고 국내 진공작전을 벌일 당시 일본군 포로 석방에 부대원들이 항의하자, "현재 만국공법에 포로가 된 적병을 죽이는 법은 전혀 없고, 어디에 가두어두었다가 훗날 배상을 받고 돌려주는 것이오"[86]라고 설득했다. 이토를 척살하고 재판정에 섰을 때도 "나는 개인적으로 사람을 죽인 범죄인이 아니다. 나는 바로 대한국 의병 참모중장의 의무로 소임을 띠고 하얼빈에 도착해 지극한 마음을 다하여 습격한 후에 포로가 되어 이곳에 온 것이다. 뤼순 지방 재판소는 전혀 관계가 없으므로 당연히 만국공법과 국제공법으로 판결하는 것이 옳다"[87]고 말했다. 그는 '만국공법'을 기준으로 자기 행위의 정당성 여부를 판단했다. 그런데 그가 말한 '만국공법'이란 무엇이었으며, 그 내용을 어떻게 알았을까?

일단 안중근이 일본군 포로들을 석방할 때 말한 '만국공법'은 1899년 헤이그 만국평화회의에서 체결된 '육전(陸戰)의 법과 관습에 관한 협약'을 의미한다. 이 협약에서는 전시 포로의 즉결 처리 금지와 수용소 수용, 수용소 시설이 없는 경우 즉각 석방을 규정했다.[88] 헤이그 만국평화회의의 결정 사항은 국내

---

86) 『안응칠역사』, 72쪽.
87) 같은 책, 99쪽.

신문에 상세히 보도되었기 때문에, 안중근도 당연히 알았을 것이다. 하지만 당대에 만국공법이라는 말이 지칭하는 대상은 한둘이 아니었다. 이 말은 오늘날의 용어로는 '국제법'에 해당하나, 서양식 국제질서라는 의미로 쓰이기도 했고 특정한 서적 제목을 지칭하기도 했다. 당시 조선에는 『만국공법』『공법회통』『공법편람』 등 근대 국제법 관련 서적들이 들어와 있었는데, 이런 책들이 모두 '만국공법'으로 통칭되었다.[89]

근대 국가가 발달하는 과정에서 영토 관념, 주권사상, 국민 관념도 함께 성장했다. 주권은 자국 영토 내의 사람들을 통제하는 대내 주권과 다른 나라를 상대하는 대외 주권으로 나뉜다. 중세 동아시아에서는 작은 나라가 큰 나라를 섬긴다는 '이소사대'(以小事大)의 원칙이 국제관계를 규율했지만, 근대 유럽에서 일국의 주권은 신성불가침의 지위에 올랐다. 영토가 넓고 인구가 많다고 하여 다른 나라의 주권에 개입하는 것은 세계평화를 해치는 일로 규정되었다.

주권이 신성불가침(神聖不可侵)하다는 생각은 자연스럽게 국가들 사이의 평등 관념으로 이어졌다. 국가가 크든 작든, 강하든 약하든, 각국의 주권자들을 평등하게 대하는 것이 근대 국제법의 기본원칙이 되었다. 물론 모든 국가의 주권이 평등하게 취급되지는 않았다. 유럽인들은 자기들 기준, 즉 유럽적 가

---

88) 이태진, 「安重根: 불의 불법을 쏜 의병장」, 『한국사 시민강좌』 30, 2002, 244쪽.
89) 김두진, 2010, 앞의 글, 6쪽.

치관과 기독교 윤리관에 부합하는 문명(文明) 기준을 충족한 국가들의 주권만을 인정했다. 중세 중국인들이 화이관(華夷觀)에 따라 '사대(事大)의 예(禮)'를 아는 번병(藩屏)과 오랑캐를 차별했던 것과 같은 맥락이었다. 유럽인들에게 국제법은 '문명국 사이의 법'이었으며, 유럽적 기준의 문명을 수립하지 못한 나라들은 미개국, 야만국 등으로 간주하여 국제법의 적용 대상에서 제외했다.[90]

중국이 세계의 중심이며 다른 나라 왕들은 중국 황제를 섬겨야 한다는 중국인들의 오랜 믿음은 아편전쟁 패배로 산산조각 났다. 중국으로서는 좋든 싫든 유럽의 문명 기준을 이해해야 했고, 근대 국제법을 수용해야 했다. 1863년 베트남 문제로 프랑스와 외교적 마찰을 겪던 청나라 정부는 베이징 주재 미국 공사 벌링게임(Anson Burlingame)에게 구미에서 널리 읽히는 국제법 서적을 추천해달라고 부탁했다. 마침 미국인 선교사 마틴(William Martin)이 휘튼(Henry Wheaton)의 저서 *Elements of International Law*(『국제법의 요소들』)를 번역 중이었다. 벌링게임은 마틴을 청나라 정부에 소개했고, 총리아문 최고 책임자 공친왕(恭親王)은 문장이 뛰어난 관리 4명으로 하여금 마틴의 번역본을 교열하게 했다.[91] 그런데 마틴은 기독교 선교사의 관점에서 휘튼의 저서를 번역했다. 사실 당대의 국제법 자체가

---

90) 김현철, 「개화기 만국공법의 전래와 서구 근대 주권국가의 인식: 1880년대 개화파의 주권 개념의 수용을 중심으로」, 『정신문화연구』 28(1), 2005, 130–134쪽.

91) 이근관, 앞의 글, 24–25쪽.

기독교 윤리를 전제로 한 것이었다. 국제법의 시조로 알려진 그로티우스(Hugo Grotius, 1583-1645)는 기독교 세계의 종교적 공통성에 기초한 광역공동체를 구상했다.[92]

휘튼의 『만국공법』은 제1권 「국제법의 의의 및 기본 원리와 개요」(釋公法之義明其基本源題其大旨), 제2권 「각국의 자연권」(論諸國自然之權), 제3권 「각국의 평화 왕래권」(論諸國平和往來之權), 제4권 「논교전조례」(論交戰條例)의 4권으로 구성되었다. 휘튼은 이 책에서 국가의 권리와 의무, 국가 상호 간의 관계, 국가의 외교적 권리, 조약과 비준, 전쟁과 강화(講和) 등에 관해 설명했는데, 현대 국제법과 특별히 구별되는 점은 속국과 반(半)주권국을 설정한 점이다. 다시 말해 이 책은 '만국공법'이라기보다는 '주권국 공법'에 가까웠고, '주권국'의 기준은 유럽 기독교 문명의 관점에서 정의되었다. 이 책은 조선 지식인들에게 유럽적 기준에 합당한 문명국이 되느냐 못 되느냐가 '주권'을 지키느냐 잃느냐를 판가름하는 기준이 된다는 사실을 일깨웠다. 조선인 스스로 '당당한 문명국가'의 백성이라고 생각하는 것은 아무런 소용이 없었다.

마틴은 휘튼의 저서 외에도 1877년 울시(Theodor D. Woolsey)의 *Introduction to the Study of International Law*(『국제법 연구를 위한 길잡이』)를 『공법편람』이라는 제목으로 한역했고, 1880년에는 스위스의 법학자 블룬칠리

---

92) 이원섭, 「만국공법의 두 가지 지평과 구한말 유학」, 『한국학연구』 51, 2018, 602쪽.

의 *Das moderne Volkerrcht der civillsierten Staaten als Rechtsbuch dargestellt*(『문명국가의 주권에 관한 법률』)를 한역하여 『공법회통』이라는 제목을 붙였다.[93] 마틴이 번역한 책들은 한역되자마자 모두 일본과 조선에 유입되었고, 관료와 지식인들의 필독서가 되었다. 1896년 5월, 고종은 학부 편집국장 이경식(李庚植)의 서문만 추가한 『공법회통』을 목활자본 3책으로 인쇄, 관료들에게 배포했다. 조선에서는 이 책도 '만국공법'으로 통칭되었다.

번역자 마틴의 종국적 목표는 중국을 기독교 국가로 만드는 것이었기 때문에 마테오 리치가 『천주실의』를 지을 때와 마찬가지로 인의(仁義), 인륜(人倫), 천리(天理), 관인(寬仁) 등의 유교적 개념들을 동원하여 기독교적 국제법을 설명했다.

안중근이 만국공법을 쉽게 이해하고 그 내용에 공감했던 것도 이런 사정 때문이었다. 안중근이 국경을 초월한 지역공동체를 전망할 수 있었던 데에도 『만국공법』의 영향이 컸다. 마틴이 번역한 『만국공법』에는 교황의 권위를 중심으로 종교적으로 통합된 유럽공동체에 대한 관념들이 담겨 있었다. 인터내셔널로(International law)를 만국공법으로 번역한 것도 이런 관념의 소산이었다. '만국에 통용되는 공의(公義)로운 법'이란 '같은 법의식으로 규율되는 세계'를 전망할 때에만 생각할 수 있었다.[94] 일본에는 번역 이듬해에 전해졌는데, 후쿠자와 유기치

---

93) 김현철, 2005, 앞의 글, 135-141쪽.
94) 이근관, 2002, 앞의 글, 27-33쪽.

의 『서양사정』과 더불어 막부 말기의 2대 베스트셀러로 꼽혔다.[95]

유교적 천하관을 지녔던 중국인들은 '공법'(公法)이라는 단어에서 불편함을 느끼지 않았으나, 중국 중심의 동아시아 세계에서 벗어나고자 했던 일본인들은 이 단어가 불합리하다고 여겼다. 『만국공법』이 일본에 전래된 지 얼마 후, 일본인들은 인터내셔널 로를 '국제법'으로 번역했다. 그러나 안중근은 '국제법'이라는 단어를 단 한 번도 쓰지 않았다.

조선 사람이 '만국공법'이라는 말을 처음 접한 것도 1876년 1월 20일 일본 전권대신 구로타를 통해서였다.[96] 그 개요를 처음 소개한 사람은 1876년 강화도조약 직후 일본에 수신사(修信使)로 파견되었다 돌아온 김기수(金綺秀)였다. 그는 고종에게 복명하는 자리에서, "만국공법이라는 것은 여러 나라 사이에 동맹을 맺는 것으로 중국 고대의 육국(六國) 연횡의 법(連衡之法)과 같습니다. 한 나라가 어려움에 처하면 만국이 그를 구하고 한 나라가 유실되면 만국이 그를 공격합니다. 애증이 편벽됨이 없고 공격에도 편벽됨이 없으니 이것이 서양의 법으로서, 규칙을 봉행하면 국가를 잃지 않게 됩니다"라고 했다.[97] 만국공법을 구체적인 '법률'이 아니라 중국 전국시대의 합종연횡

---

95) 같은 글, 18쪽.
96) 김세민, 「만국공법을 통해 본 개항기 조선의 대외인식」, 『사학연구』 52, 1996, 213–215쪽.
97) 김세민, 「19세기 말 집권층의 만국공법 인식과 정책」, 『사학연구』 58, 59, 1999, 1017쪽.

(合從連橫)과 같은 세력 균형 '질서'로 이해한 것이다.

'만국공법'은 『한성순보』와 『한성주보』에도 소개되었다. 1884년 1월 30일자 『한성순보』 10호는 "만국공법이란 거의 전국시대 종약(從約)과 같아서 유리하면 따르고 그렇지 않으면 배신하며, 겉으로는 비록 따르는 체하지만 속으로는 실상 위배한다"[98]고 하여 만국공법은 허울일 뿐 실제로 국가 간 관계를 규율하는 것은 힘이라고 단언했다. 반면 『한성주보』 제6호에 실린 「전쟁을 막는 논찬」은 네덜란드인 그로티우스가 처음 공법을 주창했고, 지금은 세계 각국이 모두 신봉하며, 그 덕택으로 약소국가가 강국에 병탄되지 않는다고 설명했다.[99] '만국공법'에 의거해 일본군 포로를 석방했던 안중근과 '만국공법이란 외교가의 교활하고 왜곡된 술수'라고 단언했던 안중근의 차이가 『한성주보』와 『한성순보』에서도 발견되는 셈이다. 1880년대 초 조선에 수입된 쳉관잉(鄭觀應)의 『이언』(易言)에도 만국공법에 대한 설명이 나온다.

"공(公)이란 한 나라가 갖는 것이 아니며, 사법(私法)은 각국이 만국공법을 모범으로 삼아 만들어진 것이다. 그런데 성법(性法=자연법)과 예법(禮法=실정법)을 겉으로 인정하든 암묵적으로 인정하든 이의(理義)를 표준으로 삼고 전리(戰利)를 강령으로 삼는 것이 모두 천리와 인지상정을 벗어나지 않기 때문에, 공법이 한

---

98) 『한성순보』, 10호, 1884. 1. 30.
99) 김세민, 1996, 앞의 글, 228–229쪽.

번 나오자 각국이 모두 감히 멋대로 행동하지 못한다. 실로 세도(世道)와 백성에게 큰 이익이 된다."[100]

만국공법이 천하의 공도(公道)에 따른 것으로서, 세계평화를 유지하고 약한 나라의 주권을 지키는 데 큰 도움이 된다는 것이다. 유길준도 1888년께 집필한 「국권」(國權)이라는 글에서 '만국공법'은 각 나라의 형세를 지켜주며 약소국의 권리를 보호하고 주권을 균일하게 하는 기능을 가졌다고 설명한 뒤, 조선이 주권개념을 수용하고 이를 적극 활용하면 만국공법에 의해 독립을 보장받을 수 있다고 주장했다.[101] 약소국이 제국주의 침략으로부터 주권을 지키기 위해서는 만국공법을 이용해야 한다고 본 것이다.[102]

'만국공법'이 당대의 국제관계를 이해하기 위한 지침서이자 나라의 독립을 지키기 위한 방책서로 자리 잡은 직후인 1899년, 대한제국의 헌법 격인 「대한국 국제(國制)」가 공포되었다. 이 '국제'는 법규교정소 총재 윤용선(尹容善)이 만들어 상주했고, 고종은 곧바로 재가, 반포했다. 법규교정소는 여러 사람의 의견을 수집하고 공법을 참조하여 국제를 정했다고 밝혔는데, 여기에서 공법이란 다름 아닌 『공법회통』을 의미했다.[103] 당시 국

---

100) 이원섭, 2018, 앞의 글, 609쪽.

101) 김현철, 2005, 앞의 글, 141쪽.

102) 현광호, 「안중근의 동양평화론과 그 성격」, 『아세아연구』 46(3), 2003, 183쪽.

103) 김세민, 1999, 앞의 글, 1031쪽.

내적으로 '황제의 권리'를 굳이 명문화할 이유는 없었다. 이 국제 제정의 의도는 대한제국의 주권과 '문명국' 지위를 만국공법으로 인정받는 데에 있었다.[104] '국제'는 만국공법, 구체적으로는 『공법회통』 제68장에 따라 제정되었다.[105] 만국공법은 「대한국 국제」가 의거한 상위 법률이었던 셈이다. 안중근 의거는 이로부터 10년 뒤에 일어났다. 그가 자기는 만국공법에 따라 재판받아야 한다고 일관되게 주장한 데에는 만국공법이 '천하의 공도(公道)'를 기초로 하며 약소국의 주권을 지켜주는 법이라고 생각한 이유도 있었을 터이다.

문명

안중근은 『안응칠역사』와 『동양평화론』에 여러 차례 '문명'이라는 단어를 사용했다. 그에게 '문명'은 '이상'(理想)과 비슷한 의미였으며, 개인과 국가, 세계가 향해 가야 할 목표 지점이었다. 무지몽매한 개인들을 깨우치는 것도 문명이었고, 나라를 개혁하여 이루어야 할 것도 문명이었으며, 세계평화를 유지하는 것도 문명이었다. 그에게 '만국공법'은 문명 시대의 약속이었으며, 열강이 만국공법을 지키지 않고 힘으로 약한 나라들을 지배하려 드는 것은 반(反)문명적 행위였다.

동아시아에서 문명을 야만에 대립하는 개념으로 사용하기 시작한 것은 1860년대부터였다.[106] 후쿠자와 유키치 등은 인류

104) 김두진, 2010, 앞의 글, 20쪽.
105) 긴세민, 1996, 앞의 글, 218쪽.

역사가 야만에서 문명으로 발전한다고 보았으며, 문명으로 향해 가는 과정을 개화(開化)라고 했다. 그들은 문명을 향해 개화하는 것, 즉 '문명개화'를 일본과 동양의 시대적 과제로 제시했다. 개화는 후일 "사물의 본질을 밝혀 그 쓰임을 다하게 하고, 백성을 변화시켜 올바른 풍속을 이룬다(開物成務 化民成俗)"는 의미로 윤색되었으나, 핵심은 유럽과 미국의 문명을 받아들이는 것이었다. 메이지유신 무렵 세계를 동양과 서양으로 나누어 인식한 일본 지식인들의 의식 안에는 '서양=문명, 동양=야만 또는 반(半)문명'이라는 도식이 자리 잡고 있었다. 일본의 '문명개화론'에 동조한 조선 지식인들이 '개화파'였다.

한국에서 문명에 관한 담론은 1894년 갑오개혁을 계기로 급속히 늘어났다.[107] 『독립신문』, 『황성신문』 등은 거의 매일같이 '문명개화'의 시급성을 강조하는 논설과 기사를 실었다. 안중근도 이들 신문을 통해 문명 개념에 익숙해졌을 것이다. 그는 고향 사람의 송사(訟事)를 도우려 서울에 갔다가 검사관과 다툰 적이 있었다. 재판정에서 검사관이 증인인 안중근을 옥에 가두려고 하자 그는 이렇게 항변했다.

"어째서 나를 가둔다는 말인가. 오늘 내가 여기 온 것은 다만 증인으로 불려온 것이지 피고인으로 붙들려 온 것은 아니다. 더구나 천만 조항의 법률이 있다고 해도 죄 없는 사람 가두는 감옥은

---

106) 허우성, 「간디, 이토, 안중근: 문명의 충돌」, 『철학과현실』, 2014. 9, 2014, 159쪽.
107) 김수태, 「안중근의 독립운동과 신문」, 『진단학보』 119, 2013, 129쪽.

없을 것이다. 오늘과 같은 '문명 시대'를 당해서 공(公)이 어찌 감히 사사로이 '야만의 법률'을 쓸 수 있을 것인가?"

그는 '문명'과 '야만'을 분명히 대립시켰고, 자기를 '문명'의 편으로, 검찰관을 '야만'의 편으로 인지했다. 고향 사람의 억울함을 풀어주지 못하고 돌아오는 길에는 "어느 날에나 저같이 악한 정부를 한주먹으로 두들겨 개혁한 뒤에 난신적자들을 쓸어버리고 당당한 문명독립국을 이루어 명쾌하게도 민권 자유를 얻을 수 있겠는가?"라고 생각했다.[108] 안중근은 자기 의거의 당위성도 문명과 관련하여 설명했다.

"무릇 문명이란 것은 동서양, 잘난이 못난이, 남녀노소를 물을 것 없이, 각각 천부(天賦)의 성품을 지키고 도덕을 숭상하며 서로 다투는 마음이 없이 제 땅에서 편안히 생업을 즐기면서, 같이 태평을 누리는 바로 그것이다. 그런데 오늘의 시대는 그렇지 못하여, 이른바 상등(上等) 사회의 고등(高等) 인물들은 의논한다는 것이 오로지 사람 죽이는 기계뿐이다. 그래서 동서양 육대주에 대포 연기와 탄환 빗발이 끊어질 날이 없으니 어찌 개탄할 일이 아니겠는가…. 이토 히로부미는 천하대세를 깊이 헤아려 알지 못하고, 함부로 잔혹한 정책을 써서 동양 전체가 장차 멸망을 면하지 못하게 되었다…. 나는 생각다 못하여, 하얼빈에서 총 한 방으로 만인이 보는 눈앞에서 늙은 도둑 이토의 죄악을 성토하여, 뜻있는

108) 『안응칠역사』 47쪽

동양 청년들의 정신을 일깨운 것이다."

안중근은 문명이라는 개념을 독립, 민권, 평화와 한 덩어리
로 묶어 인식했다. 그에게 이토는 한국의 독립을 빼앗고, 한국
인의 민권을 짓밟으며, 동양평화를 위험에 빠뜨린 인물이었다.
그는 이토를 천하대세를 알지 못하면서 함부로 잔혹한 정책을
쓰는 '야만의 인물'로 보았다. 그가 이토를 처단한 것은 그의
야만성을 문명인들 앞에 전시하기 위해서였다. 그가 말한 '뜻
있는 동양 청년들'이란 문명한 세상을 만들려는 사람들이었다.

안중근과 미조부치 검찰관 사이의 논쟁도 동양평화론과 문
명개화론에 집중되었다. 이토는 한국통감으로 부임했을 때 "자
신이 이 땅에 내임(來任)한 것은 한국을 세계의 문명국으로 만
들려고 하기 때문"이라고 말했다.[109] '문명의 전도사'를 자임한
것이다. 미조부치는 이토의 문명개화론으로 안중근을 설득하
려 들었지만, 안중근과 이토의 문명관은 근본에서 달랐다. 미
조부치는 일본이 한국의 자주독립을 위해 통감부를 설치했다
고 주장했으나, 안중근은 그 목적이 "다른 데 있음을 알고 있
다"고 일축했다. 미조부치는 통감 정치의 결과로 한국이 나날
이 문명화하고 있다고 주장했으나 안중근은 "그것은 일본인
을 위한 것일 뿐 한국인의 진보나 편리와는 무관하다"고 단언
했다.

안중근은 도덕보다 힘을 숭상하는 사회, 사람을 죽임으로써

---

109) 허우성, 2014, 앞의 글, 171-172쪽.

평화를 이루려는 사회는 문명사회일 수 없다고 생각했다. 미조부치는 한국인들에게 자력으로 진보할 능력이 없기 때문에 일본의 도움을 받아야 한다고 주장했으나, 안중근은 "일본도 한국과 마찬가지여서 명치 초년경에는 문명하지도 않았고 진보하지도 않았다"고 반박했다. 일본이 서구 열강의 '보호'를 받지 않은 이상 한국이 일본의 '보호'를 받아야 할 이유가 무엇이냐는 힐난이었다. 이토와 안중근 모두 자국과 동양의 '문명개화'에 대해 말했으나 그 내용은 판이했다. 이토의 문명개화는 평화와 마찬가지로 일본의 '힘'에 의존해야 하는 것이었다. 그러나 안중근의 문명개화는 인간의 천품(天稟)과 '도덕'에 맡겨야하는 것이었다.

문명을 힘과 기술에 관련된 개념이 아니라 정신과 도덕에 관련된 개념으로 이해한 사람이 안중근만은 아니었다. 무(武)보다 문(文)을 중시한 유교 정치문화 안에서 살아온 사람들, 특히 약소국 국민으로 주권 상실의 위기 앞에 놓인 사람들은 문명화를 "인간 정신의 고양(高揚)"으로 이해했다. 박은식도 "과거의 문명이란 인류경쟁의 이용이었고, 인도(人道) 평화의 사업은 아니었다. 소위 문명 인류가 힘쓴 것은 오직 사람을 죽이는 이기(利器)와 나라를 도적질하는 흉계뿐이었다"라며 안중근과 똑같은 생각을 피력했다. "문명이라는 이름의 반(反)문명"을 극복하기 위해 세계대동(世界大同) 인류공존의 이념을 제시했던 박은식이었기에[110] 안중근을 '대사상가'로 본 것은 당연

---

110) 하상권, 2004, 앞의 글, 301-304쪽.

했다.

민권

인권(人權)이란 본래 신권(神權)에 대립하는 말이었다. 고대
부터 중세에 이르기까지, 인간의 운명을 결정하는 것은 신(神)
의 권리였다. 신에게 복종하고 은총을 간구하며 죄를 용서해
달라고 비는 것이 인간의 의무였다. 인간에게 자기 운명을 결
정할 권리가 있다는 생각이 보편적으로 자리 잡는 데에는 오
랜 시간이 필요했다. 그조차 신과 무관한 독립적 권리가 아니
었다. 신이 인간에게 상당한 권리를 부여했다는 '천부인권'(天
賦人權) 사상은 유럽에서 르네상스와 더불어 싹트기 시작하여
18세기에야 꽃을 피웠다. 천부인권사상은 19세기 중반 이후 동
아시아에 전래되었다.

반면 민권(民權)은 군주권 또는 귀족권에 대립하는 말이다.
인간 삶의 길흉화복은 전적으로 신이 결정한다는 생각이 엷어
지면서, 군주가 민(民)의 생사여탈권(生死與奪權)을 독점하는
상황에 대한 문제의식도 깊어졌다. 신이 인간에게 자기 운명을
결정할 권리를 부여한 것처럼, 군주도 백성에게 자기 운명을
개척할 권리를 부여해야 한다는 생각이 확산했다. 인권과 민권
은 다른 개념이지만 서로 묶여 있었다. 일본에서 백성들의 자
유이동권과 참정권을 요구하는 운동이 일어난 것은 메이지유
신 이후의 일이었다. 1874년 민선의원 설립 건백서(建白書)로
시작한 '민'의 권리 주장은 이른바 '자유민권운동'으로 이어졌
다. 개항 이후 조선에도 자유와 민권의 개념이 도입되기 시작

했다. 특히 1890년대 중반 이후 독립협회와 『독립신문』은 민권의식 확산의 중심이었다.

1898년 봄, 독립협회 주도로 종로에서 만민공동회가 열렸다. 회장은 싸전(미전[米廛]) 상인 현덕호가 맡았다. 이에 앞서 1897년부터 독립신문은 "민(民)을 천하게 여기지 말자"는 계몽을 벌여왔다. 이 집회에 '만민'이라는 이름을 쓴 것은 이 계몽의 연장이었다. 회장직을 굳이 상인에게 맡긴 것에도 '사농공상'(士農工商)의 직업별 위계에 대한 통념을 깨려는 정치적, 사회적 의도가 있었다. 사농공상 순으로 직업을 차별하는 관념은 전래의 천하관과 깊이 결부되어 있었다. 사(士)는 하늘(天)의 뜻을 읽어 세상의 도리를 밝힘으로써 천자를 보필하는 자이며, 농(農)은 땅(地)을 갈아 곡식을 수확하여 만인을 먹이는 자이다. 공(工)은 땅이 낸 산물을 가공하여 그 형태를 바꾸는 자이니 공산품은 곧 인조물(人造物)이었다. 상(商)은 스스로 천하에 보태는 것은 없으나 유무상통(有無相通)하여 사농공(士農工), 곧 천지인(天地人) 각각이 제자리를 지킬 수 있도록 도와주는 자다. 당대인들이 가장 천하게 여겼던 상인에게 '만민공동회' 회장을 맡긴 것은 당대의 귀천(貴賤) 관념을 역전(逆轉)시키려는 의도에서였다.

그해 가을, 의정부 참정 박정양(朴定陽)을 비롯한 정부 고관들이 참석한 관민공동회(官民共同會)가 다시 열렸다. '헌의육조'가 채택된 이 집회에서 개막 연설을 맡은 사람은 백정(白丁) 출신 박성춘(朴晟春)이었다. 독립협회는 불과 반년 사이에 '만민'의 범위를 평민에서 천민으로까지 확대했으며, 1품 고관과

'천민 중의 천민'을 한자리에 나란히 세웠다. 이 극적인 행사가 '민'(民)의 자각에 얼마나 큰 영향을 미쳤는지는 알 수 없으나, 이후로 민권이라는 단어가 빈번히 쓰였고, 1900년부터는 민족(民族)이라는 말도 사용되기 시작했다. 1890년대 후반은 '민'(民) 관념에 중대한 변화가 일어난 시기였다.

시대의 흐름에서 눈을 떼지 않았던 안중근도 새로운 민(民) 개념에 자연스럽게 익숙해졌을 것이다. 초기의 인권 관념이 '천부인권', 즉 신이 인간에게 준 권리라는 범위 안에 머물러 있었던 것처럼, 초기의 민권 관념도 "군주가 민에게 권리를 주어야 한다"는 범위를 벗어나지 못했다. 19세기 말 『독립신문』이 강조한 민권의 핵심은 생명권과 재산권이었다. '민'의 정치적 권리는 '정치적 의견을 낼 권리'에 한정되었다. 전제군주제를 부인할 수 없는 상황에서, 민권은 황제권을 부정하는 것이 아니라 보완하는 것이라는 인식이 일반적이었다. 그러나 군주권이 외세에 의해 억압되는 상황이 벌어지자, 민권은 외세에 빼앗길 군주권을 대신하는 주권(主權)이 되어야 했다. 1907년 이후 국내의 신민회와 국외의 공립협회 등에서 공화제 논의가 시작된 것은 이 때문이다. 안중근도 이런 논의가 진행 중이라는 사실은 알았을 것이다.

안중근이 입헌정치나 공화정을 전망했는지는 아직 논쟁의 영역 안에 있다. 안중근이 거사할 무렵, 그가 읽었던 신문·잡지들은 대개 입헌군주제를 지지했으나, 그에게 직접 영향을 미쳤던 동지들 상당수는 공화정 지지자였다. 『공립신보』는 1908년 12월 9일자 논설 「국민론」에서 "국민이라 일컬음은 백성이 나라의 주인이라 하는 명사"라 하면서 여러 백성이 국가 일에 몸 바쳐 국가의 독립과 국가의 자유를 회복하고 백성이 국가의 주인이 되어 헌법을 정하고 대의정체를 실행한 연후에야 가히 참 국민이 될 수 있다고 했다.[111] 나라의 주인을 군주에서 국민으로 바꾸는 시민혁명의 필요성을 역설한 것이다. 또 같은 호에 게재한 「국민의 권리 의무」라는 논설에서는 국민이 권리와 의무의 주체라는 점을 분명히 밝혔다. 민권(民權) 개념을 주권(主權)의 영역으로 확장한 것이다.

"18-19세기에 이르러 권리와 의무의 관념이 평등하여 국민이 국가에 대한 권리 의무를 회복할 때 전제정체를 파괴하고 어떤 나라는 입헌정체를 쓰며 어떤 나라는 공화정체를 건설하고 국민의 권리 의무의 제한을 법률로 정하였으니 각국 헌법이 있다. 국민된 자 이러한 큰 권리가 있는 고로 중한 의무를 다하는데, 우리 국민은 일찍 권리 있는 줄을 아지 못한 고로 의무를 다하지 아니하였으며, 의무를 다하지 아니한 고로 권리를 찾지 못하였다.

오늘 내외 동포의 사상을 격발할 것은 국민의 권리 의무이다. 국민의 권리를 안 연후에야 강포한 적국과 간악한 소인을 물리치고 국가의 자주독립을 회복할 것이오. 국민의 의무를 안 연후에야 자기의 생명과 재산을 돌아보지 아니하고 국가의 태평복락을 도모하리니, 이제 우리의 힘쓸 바는 한 사람이 천만 사람을 위하여 권리 의무를 알게 하여주며 한 사람이 천만 사람을 위하여 권리

---

111) 『공립신보』, 1908. 12. 9. 논설 '국민론.'

의무를 다할지로다."[112]

민권이 보장되지 않으면 애국심도 생기지 않는다는 것은 이미 널리 퍼진 담론이었고, 안중근의 생각도 같았다. 그러나 그는 말로든 글로든 단 한 번도 대한제국 황제의 권위를 부정하지 않았다. 공판정에서는 오히려 고종황제를 위해 거사했다고까지 주장했다.[113] 정치체제에 대한 그의 구상은 천주교의 삼부론(三父論)과 급진 민족운동가들의 '공화제론' 사이에서 동요하고 있었던 듯하다. 그는 "국가는 국민 상하가 서로 합해야 마땅히 보전할지라"라고 하여 1890년대 『독립신문』과 같은 이야기를 하기도 했고, "나는 삼천리 삼천만 동포를 위해 희생이 되려는 자이며 황실을 위해 죽으려는 자가 아니라"고 하여 국가의 본령이 황실이 아니라 민(民)에 있다고 밝히기도 했다.[114]

독립

안중근은 동양평화와 더불어 '한국 독립'이 가장 중요한 과제라고 생각했다. 그는 연해주 한인들에게 연설할 때도, 『안응칠역사』와 『동양평화론』에도, 일본 검찰관의 심문에 답할 때도 '대한 독립'이나 '한국 독립'이라는 말을 빼놓지 않았다. 그의 「장부가」 마지막 두 구절은 "만세 만세여 대한독립이로다,

---

112) 『공립신보』, 1908. 12. 9, 논설 '국민의 권리의무.'
113) 오영섭, 「안중근의 정치체제 구상」, 『한국독립운동사연구』 31, 2008, 320쪽.
114) 『한국독립운동사자료』 7, 「안중근편 Ⅱ」, 1978, 443쪽.

만세 만세여 대한동포로다"였다. 하지만 안중근 시대에는 독립역시 쓰인 지 얼마 안 된 용어였다.

1876년 일본과 체결한 수호조약의 제1관은 "조선국은 자주지방(自主之邦)으로 일본국과 평등한 권리를 보유한다"였다. '자주지방' 즉 '스스로 주권을 행사하는 나라'라는 표현은 한·중·일 삼국에 각각 달리 해석할 여지를 주었다. 중국과 사대관계를 맺지 않았던 일본은 '평등한 권리'를 내세워 중국과 조선을 분리하려 했다. 반면 중국은 속국(屬國)과 자주지방이 모순되지 않는다고 판단했다. 그들은 자주를 내치(內治)에서 주권을 행사하는 것, 또는 주권의 향방=왕위계승을 스스로 정하는 것에 국한하는 개념으로 이해했다. 예컨대 청나라 초기 중국대륙의 번왕(藩王)들은 황제의 위임을 받아 영지에서 전권을 행사했고, 왕위계승도 임의로 결정했다. 황제의 승인은 형식적이었다. 조선 관료들도 자주의 의미에 대해서는 중국인들과 대체로 같은 생각이었으나, 조선은 번국(藩國)과 다르다고 생각했다.

사실 청나라는 개항 이전까지 조선의 교린(交隣) 외교에 간섭하지 않았다. 그러나 구미 열강이 중국 대륙 곳곳을 침략하고 일본이 그 첨병(尖兵) 노릇을 하기 시작하자 조선의 외교에 직접 개입하기 시작했다. 군사력으로 일본과 열강에 맞설 수 없었던 조선으로서는 국방을 위해서라도 청에 의존할 필요가 있었다. 그러나 군사적 의존은 외교적 굴종으로, 다시 재정(財政) 등 내치(內治)에 대한 간섭 용인으로 이어질 수밖에 없었다. 청나라가 구미 열강에 잇따라 굴복하고, 만국공법이 중화체제를 대체해가는 상황을 주시하던 개화파 인사들은 국권을 지키기 위해서는 청의 간섭에서 벗어나 만국공법이 인정하는 주권국 자격을 갖출 필요가 있다고 판단했다. 1884년 갑신정변을 일으킨 개화파 관료들은 혁신 정강(政綱) 첫 번째에 "대원군을 가까운 시일 내에 돌려보내고 조공하는 허례를 폐지할 것"을 두었다. 청에 대한 사대를 중단하겠다는 선언이었다. 중국에 사대(事大)하는 상태에서도 조선은 '자주국'이었다. 중국 중심의 사대교린 관계에서 벗어난 상태를 의미하는 다른 개념어가 필요했다. 그 개념어가 '독립'이었다.

영어 '인디펜던스'(independence)를 '독립'으로 번역한 사람도 일본인이었다. 독립은 본래 '주변에 아무도 없는 상태에서 홀로 서 있다'는 뜻으로 고립과 비슷한 용어였으나, 일본인들은 이를 국제사회에서 다른 국가들과 대등한 자격을 갖춘 상태라는 의미로 사용했다.[115] 자주는 '오토노미'(autonomy)로서 '자치'(自治)에 가까운 개념이었다. 조선인들도 처음에는 독립이 고립과 유사한 의미라는 사실을 알았을 것이나, 점차 일본적 용례에 익숙해졌다.

『조선왕조실록』에 국가의 지위와 관련하여 '독립'이라는 단어가 처음 사용된 것은 1889년 미국 주재 전권대신 박정양의 귀국 보고 기록에서였다.[116] 이 단어가 조선의 공식문서에 처음 사용된 것은 1894년 청일전쟁 중 조선과 일본 사이에 체결

---

115) 김현철, 앞의 글, 143쪽.
116) 『고종실록』, 고종 26(1889)년 7월 24일.

된 「잠정합동조관」에서였다. 그 서문은 "대조선국과 대일본국 정부는 조선력으로 개국 503년 6월 21일, 일본력으로 명치 27년 7월 23일 두 나라 군사들이 한성(漢城)에서 우연히 충돌한 사건을 타당하게 조정하고 또 조선국의 독립, 자주의 큰 터전을 더욱 공고히 할 것을 꾀하고 아울러 통상 무역의 길을 극력 장려하고 발전시켜 두 나라 사이의 우의를 더욱 두터이하기 위하여 일시적으로 합동조관을 정한다"였다.[117)]

물론 어떤 용어든 정착하는 과정에서는 혼란이 생기기 마련이다. 자주와 독립은 서로 구분되기도 했지만, 같은 뜻으로 쓰이기도 했으며 '자주독립'으로 함께 묶여 쓰이기도 했다. 한국인 대다수가 '독립'이라는 단어를 '국가가 다른 국가로부터 어떤 제약도 받지 않는 상태'라는 현대적 의미로 사용한 것은 독립협회가 창립되고 독립신문이 창간된 뒤였다. 물론 이후에도 독립이라는 단어의 의미는 균일하지 않았다. 청일전쟁 이후 조선은 청나라에 대한 사대 의례를 공식 폐지했고, 조선 사람들은 그 상태를 독립으로 인지했다. 독립협회를 만들고 독립문을 세운 것은 그를 기념하기 위해서였다. 그러나 일본 외교관들은 한국의 독립에 대해 말할 때는 늘 '독립의 기초를 공고히 한다'고 했다. 명실상부한 독립국으로 인정하지 않는다는 의미였다.

한국인들도 그 의도를 잘 알았다. 일본뿐 아니라 국제사회로부터도 당당한 독립국으로 인정받기 위해서는 그들 기준에 부합하는 국가라는 표지가 필요했다. 1899년에 공포된 「대한국

---

117) 『고종실록』, 고종 31(1894)년 7월 20일.

국제」 첫 번째 조항을 '대한국은 세계만국의 공인되온바 자주독립하온 제국(帝國)이니라'라고 한 것도 이 때문이었다. 안중근도 독립을 미래에 도달해야 할 상태라고 보았다. 개혁을 통해 문명을 발전시켜야 독립을 이룰 수 있고, 그래야만 민권과 자유를 누릴 수 있다고 생각했다. 그는 독립을 지상과제로 여겼지만, 그 독립은 민권과 자유를 보장하는 전제라야 했다.

안중근의 생각과 대한민국 헌법정신

안중근 동양평화론의 핵심은 분쟁의 축을 평화의 축으로 바꾼다는 역발상에 있었으며, 이 역발상은 '힘' 만능의 세계관을 극복할 때에만 가능했다. 그는 힘이 아니라 도의로만, 경쟁이 아니라 연대로만 진정한 평화를 이룰 수 있다고 생각했다. 약육강식과 우승열패는 신의 뜻이자 자연법칙이며, 강국들 사이의 일시적 세력균형이 곧 평화라고 주장했던 사회진화론자들과는 정반대 논지를 편 것이다. 사회진화론이 전 세계의 지식 담론을 지배했던 시대에, 그의 생각은 이단적이며 비합리적인 것으로 치부되었다. 이토 히로부미나 일본인 검찰관 미조부치의 관점에서는 안중근이 바보나 광한(狂漢)으로 보일 수밖에 없었다.

그러나 안중근의 평화론은 제국주의 시대 약소민족의 보편적 염원을 담은 것이었으며, 비인도적 제국주의 자체를 공박할 수 있는 논리적, 정신적 근거를 제공하는 것이기도 했다. 그의 생각은 제국주의 침략 논리에 포획되어 있던 한국인들에게 정신적 해방의 전망을 뚜렷이 제시했다. 안중근 의거 직후 한국인들은 그가 민족의 원수를 처단했다는 사실에 기뻐하고 그를 추모했으나, 그가 남긴 동양평화론에 대해서는 알지 못했다. 하지만 안중근 의거 10년 뒤에 발표된 「기미독립선언서」(이하 '선언서'로 약기)는 그의 생각을 거의 그대로 계승했다.

선언서는 독립 선언의 첫 번째 이유로 '인류평등의 대의'를 들었다. 현대인들은 '인류평등'을 당위이자 정언명령(定言命令)처럼 받아들이지만, 20세기 초반에는 그렇지 않았다. 인종과 인종, 민족과 민족 사이에 우열의 차가 있다는 것이 당대의 상식이었다. "동서양, 잘난이, 못난이, 남녀노소를 물을 것 없이" 같이 태평을 누리는 것이 문명이라고 보았던 안중근의 생각은 당대 기준으로는 이단적이었다. 그는 또 한국, 중국, 일본이 서로 평등하게 연대해야 동양평화를 이룰 수 있다고 보았다. 이 역시 당대의 상식적 평화론과는 거리가 멀었다. 약소민족의 일원으로서, 약소민족을 희생시키지 않는 세계평화를 상상했던 안중근의 생각은 시대를 앞선 것이었다. 민족과 민족, 인종과 인종, 국가와 국가 사이의 불평등이 참혹한 전쟁을 낳고, 전쟁이 인류 전체를 파멸로 이끌 수 있다는 생각은 제1차 세계대전을 겪으면서 비로소 시대정신이 되었다. '선언서'가 선포한 새로운 시대정신은 제1차 세계대전 이후의 세계사조인 동시에 10년 전의 안중근 정신이었다.

선언서는 또 생존권의 박상(剝喪), 심령상 발전의 장애, 민족적 존영(尊榮)의 훼손, 세계문화에 기여할 기회의 유실 등 한국이 '구시대의 유물(遺物)'인 침략주의, 강권주의에 희생된 지 10년 동안 겪은 일들과 병자수호조규 이래 일본이 양국간 신뢰를 저버린 일들을 개략적으로 나열했다. 안중근이 '이토의 죄상'으로 제시한 15개 조목과 대략 같은 내용이었다. 선언서는 이어 한국 독립을 "인류통성과 시대양심이 정의(正義)의 군(軍)과 인도(人道)의 간과(干戈)가 되어 호원(護援)"한다고 천명했다. 우승열패, 약육강식의 논리에 지배되는 한 한국의 독립을 바랄 수는 없었다. 힘으로는 일본을 물리칠 수 없었다. 민족대표들은 인류의 양심과 정의, 인도에 의지해야만 독립을 이룰 수 있다고 믿었다. 3·1운동 당시 한국인들이 일본 군경의 총칼 앞에 맨손으로 나설 수 있었던 것도 정의와 인도가 끝내는 승리하리라고 믿었기 때문이다. 안중근도 재판정을 담판장으로 삼아 자기 의거의 정당성 여부를 인류의 양심에 묻고자 했다.

선언서는 일본의 한국 강점이 "양 민족 간에 영원히 화동(和同)할 수 없는 원한의 구덩이"를 깊이 파놓았다고 지적하고, "진정한 이해와 동정에 기본한 우호적 신국면을 타개하는 것이 피차간에 화(禍)를 멀리하고 복(福)을 부르는 첩경"이라고 한 뒤, "분노를 품고 원한을 쌓은 이천만 민족을 위력으로 구속함은 동양의 영구한 평화를 보장하는 일이 아닐 뿐 아니라, 이로 인하여 동양 안위의 주축인 4억 중국인의 일본에 대한 두려움과 의심을 갈수록 짙게 하여 그 결과로 동양 전국(全局)이 함께 무너지고 함께 망하는 비운(悲運)을 불러올 것이 명백하니, 금일 우리의 조선 독립은 일본으로 하여금 사로(邪路, 잘못된 길)에서 벗어나 동양 지지자인 중책(重責)을 완전케 하는 것이며 또 동양평화로 중요한 일부를 삼는 세계평화, 인류행복에 필요한 계단이 되게 하는 것"이라고 단언했다. 안중근의 「동양평화론」을 베낀 듯한 내용이었다.

안중근은 이토의 정략이 한국인들의 마음에 분노와 원한을, 중국인들의 마음에 의심과 걱정을 심어놓음으로써, 동양 삼국이 백인종의 침략 앞에 힘을 합치지 못하고 결국 함께 망할 위기를 초래했다고 지적했다. 또 일본이 잘못된 정략을 고쳐 한국의 국권을 침탈하지 않고 삼국의 평등한 연대를 도모한다면, 진정한 동양평화를 이룰 수 있을 뿐 아니라 일본의 지도적 지위도 유지될 것이라고 설파했다. 안중근도 동양 삼국의 평화가 동아시아 전역의 평화, 나아가 세계평화로 이어질 것이라고 보았다.

선언서는 "위력의 시대가 가고 도의의 시대가 왔도다. 과거 전세기에 연마장양(鍊磨長養)된 인도적 정신이 바야흐로 신문명의 서광을 인류의 역사에 투사하기 시작하도다"라고 하여 '도의의 시대' '인도적 정신의 시대'가 왔다고 천명했다. 안중근도 "각각 천부(天賦)의 성품을 지키고 도덕을 숭상하며 서로 다투는 마음이 없이 제 땅에서 편안히 생업을 즐기면서 같이 태평을 누리는 것"이 문명이라고 생각했다. '민족자결주의'는 제1차 세계대전 이후 미국 대통령 윌슨(Woodrow Wilson)이 천명함으로써 새로운 세계사조이자 신문명이 됐지만, 그것은 윌슨의 사상이기 전에 안중근의 사상이었다. 안중근이 생각한 '문명'을 선언서는 '신(新)문명'이라고 썼다. 안중근의 '문명'이 선언서에서 '신문명'으로 바뀐 것은 안중근의 생각이 얼마나 선구적이었는지를 보여준다.

선언서는 공약삼장 첫째 장에 "금일 우리의 이 거사는 정의·인도·생존·존영을 위하는 민족적 요구이니 오직 자유적 정신을 발휘랄 것이요, 결코 배타적 감정으로 일주(逸走)하지 말라"고 했다. 민족의 생존, 존영보다 인류 보편의 가치인 정의, 인도를 앞세운 것이다. 정의와 인도는 안중근 사상을 구성하는 핵심 개념이기도 했다. 동물적 힘보다 인간의 도덕을 숭상하는 것이 인도였고, 강자의 횡포에 맞서 약자의 권리를 지키는 것이 정의였다.

1921년 11월 5일, 일본 도쿄의 조선인 유학생들이 제2차 조선 독립선언을 준비하다가 체포되었다. 이들은 법정에서 "조선민족뿐 아니라 동양평화를 위하여, 세계평화를 위하여, 정의 인도를 위하여" 한 일이라고 당당히 밝혔다. 이들의 변호사는 "이러한 종류의 행동을 위력으로 압박함은 공연히 조선인의 반항심을 도와서 장래에 몇 안중근이 나게 할 염려가 있다"고 말했다.[118] 이들의 생각이 안중근의 생각이었고, 이들이 제2, 제3의 안중근이 될 수 있는 사람들이었다.

제1차 세계대전에 대한 인류의 집단적 반성은 그리 오래 가지 않았다. 종전 이후 얼마 되지 않아 민족자결주의는 구두선(口頭禪)일 뿐이라는 사실이 밝혀졌다. 정의와 인도에 기초한 평화로운 세계를 향한 이상은 강대국 중심의 국제정치 담론에서 배제되었다. 하지만 정의와 인도의 시대에 대한 염원은 사라지지 않았다. 정의와 인도는 인류의 양심이자 약소민족의 생

---

118) 『동아일보』, 1922. 1. 18.

존을 위한 가치였다.

1948년 7월, 제헌국회는 "유구한 역사와 전통에 빛나는 우리들 대한국민은 기미삼일운동으로 대한민국을 건립하여 세계에 선포한 위대한 독립정신을 계승하여 이제 민주독립국가를 재건함에 있어서 정의 인도와 동포애로써 민족의 단결을 공고히 하며"라는 문장으로 시작하는 헌법 전문을 작성했다. 민족의 단결을 공고히 하는 3대 가치가 정의, 인도, 동포애라고 선언한 것이다. 이는 기미독립선언서가 제시한 핵심 가치이자 안중근 사상의 핵심 가치였다. 대한민국 국민이 공유해야 할 핵심 가치를 정의, 인도, 동포애로 규정한 이 헌법 전문은 제5공화국 헌법을 제외하면 현재의 제6공화국 헌법에 이르기까지 면면히 유지되고 있다. 안중근의 생각은 대한민국 국민들끼리의 약속인 헌법에 깊이 스며 있는 셈이다.

6 휘호에 담은 생각

　안중근은 감옥에서 200여 점에 달하는 휘호를 썼다고 전해 지나[1] 현재 확인된 것은 61점뿐이다. 그중 26점이 국가 보물로 지정되었다.[2] 그는 『명심보감』 『추구』 등 한문 입문서, 『논어』 『중용』 등 유교 경전, 중국 역사서인 『통감』, 중국 병서인 『소서』(素書), 당나라 때 시 모음집인 『당시』, 그밖에 선현(先賢)들 의 구전 문장을 인용하거나 스스로 창작하여 휘호를 썼다.[3] 물 론 개중에는 휘호를 부탁한 사람이 원하는 대로 써준 것도 있 을 것이다.

　죽음을 마주하고 쓴 휘호들에는 그의 지식과 이상, 감상이 고스란히 담겼다. 2018년 최전선이 『동포에게 고함』이라는 책

---

1) 박은식, 『안중근전』.
2) 김재승, 「안중근 의사의 유묵」, 『역사와 실학』 14, 2000, 832쪽.
3) 같은 글, 349쪽.

을 내어 58점의 유묵을 소개한 바 있지만, 여기에서는 필자 나름대로 안중근이 휘호에 담은 뜻을 살펴보기로 한다. 안중근의 글씨로 가장 유명한 것은 '대한국인 안중근' 일곱 자 옆에 낙관(落款) 대신 손가락 하나가 없는 손바닥 도장을 찍은 것이다. 많은 한국인이 이 글귀와 장인(掌印)을 스티커로 만들어 자동차 유리창에 붙이거나, 이 휘호가 새겨진 티셔츠를 입는다. 안중근은 이 일곱 글자로 자기 정체성을 표현했고 자기 행위의 이유를 밝혔다. 그리고 오늘날의 한국인은 이 일곱 글자를 애국심과 민족의식의 표상으로 삼는다.

의거와 동양평화론에 관한 글

1) 동양대세사묘현 유지남아기안면 화국미성유강개 정략불개 진가련(東洋大勢思杳玄 有志南兒豈安眠 和局未成猶慷慨 政略不改 眞可憐)

보물 제569-5호, 1972년 지정. 숭실대학교 한국기독교박물관 소장

"동양의 대세를 생각하면 암담하다. 뜻있는 남아가 어찌 편히 잠을 이루겠는가. 평화 시국이 이루어지지 않아 오히려 분하고 원통한데, 정략(政略)을 고치지 않으니 참으로 가련하구나"라는 뜻이다. 일본인 검찰관과 재판장에게 한 말과 「장부가」의 내용을 압축해 시로 쓴 것이다.

2) 욕보동양 선개정략 시과실기 추회하급(欲保東洋 先改政略 時過失機 追悔何及)

보물 제569-21호. 1991년 지정. 단국대학교 석주선 기념박물관 소장

동양을 보전하려면 먼저 정략을 바꾸어야 한다. 때가 늦어 기회를 잃는다면 후회해도 소용없다. 안중근이 재판장에게 했던 말이자, 동양평화론의 주지(主旨)를 요약한 것이다. 뤼순감옥의 의사였던 오리타 도쿠(折田督)에게 써 준 것인데, 그는 일본 패전 후 이를 조카 오리타 간지(折田幹二)에게 주었다. 오리타 간지의 아들 오리타 쿤조(折田薫三)는 오카야마대학 외과 교수였는데, 1989년 천안 단국대병원 개원기념행사에 초청받아 한국에 왔다가 장충식 단국대 명예총장과 교분을 맺었다. 이를 계기로 오리타 간지는 이 유묵을 단국대에 기증했다.

3) 장탄일성 선조일본(長歎一聲 先弔日本)

긴 탄식 한마디 말로 먼저 일본을 조상(弔喪)하노라. 일본이 지금은 비록 승승장구하는 듯하지만, 일본의 대외 정책은 동양 평화를 해치고 세계 전쟁을 자초하는 것이다. 일본이 한국인과 중국인들을 배신했으니, 다음 전쟁에서 패할 것은 분명하다. 망할 일본을 위해 미리 조상한다. 동양을 보존하려면 먼저 정략을 바꿔야 한다는 앞의 글에 이어, 일본을 보존하기 위해서도 정략을 바꿔야 한다는 내용이다. 2000년 일본 도쿄의 타이완총독부 고위관리 집에서 발견되었다.

4) 일한교의 선작소개(日韓交誼 善作紹介)

일본과 한국이 잘 사귀려면 서로를 잘 소개해야 한다는 뜻이다. 일본인 통역관 소노키 스에키에게 써준 것이다. 통역이란 한쪽의 말을 다른 쪽에 소개하는 일인 만큼, 소노키에게 양국 관계를 위해 힘써 달라고 당부한 글이라고 할 수 있다. 1986년 소노키의 딸이 도쿄 한국연구원에 기증한 것인데, 현재는 어디에 있는지 알 수 없다.

5) 일출로소혜 정합운리 일영필측혜 불각기조(日出露消兮 正合運理 日盈必昃兮 不覺其兆)

해가 뜨면 이슬이 녹는 것은 자연의 이치이다. 해가 차면 반드시 기우나 그 조짐을 모른다. 한자 이름의 뜻에 따라 일본을 해에, 러시아를 이슬에 비유했다. 일본이 러일전쟁에 승리한 것은 한중 두 나라 사람들이 러시아의 횡포에 맞서 함께 싸운 덕이니 하늘의 뜻이요 자연의 이치라 할 수 있다. 그러나 일본이 이겼다고 해서 그 세력이 영원할 리 없다. 하지만 일본은 세력이 기울 때를 대비하지 않고 동양에 참화를 예비하면서도 깨닫지 못한다는 의미이다.

6) 고막고어자시(孤莫孤於自恃)

보물 제569-16호. 1972년 지정. 개인 소장

혼자 우쭐대는 것보다 더 외로워지는 짓은 없다. 『소서』(素書)에 있는 문구다. 동아시아에서 혼자 우쭐대며 한중 두 나라 사람들의 원한을 자초하는 일본에 대한 경구(警句)라고 해도 좋을 것이다.

7) 언충신행독경 만방가행(言忠信行篤敬 蠻邦可行)

보물 제569-25호. 2003년 지정. 안중근의사숭모회 소유, 대한민국역사박물관 소장

말이 성실하고 신의가 있으며 행실이 돈독하고 경건하면 오랑캐의 나라에서도 돌아다닐 수 있다는 뜻이다. 평화란 상대를 힘으로 억눌러 만드는 것이 아니라, 신의와 성실로 교유함으로써 이루어진다는 동양평화론의 주지(主旨)와 같은 내용이다. 뤼순감옥 간수의 손자인 야기 마사즈미(八木正澄)가 소장하다가 2002년 10월 안중근의사숭모회에 기증했다.

8) 연년점검인간사 유유동풍불세정(年年點檢人間事 惟有東風不世情)

해마다 세상일을 헤아려 보니 다만 동풍(東風)만이 세간의 인정을 따르지 않네. 세상사와 인심은 늘 변하기 마련이다. 한

중 두 나라 사람이 러일전쟁을 맞아 과거의 원한을 잊고 일본을 도운 것도 때에 따라 인간사가 변한다는 것을 알았기 때문이다. 여기에서 동풍(東風)은 일본의 은유로 읽힌다. 일본이 세상사가 변화무쌍함을 깨닫지 못하고 힘에만 의존하려 드는 것을 풍자했다고 보아도 좋을 것이다.

9) 백인당중유태화(百忍堂中有泰和)

보물 제569-1호. 1972년 지정. 개인 소장

백번 참는 집에는 큰 평화가 있다는 뜻이다. 『구당서』(舊唐書) 「효우열전」(孝友列傳)에는 장공예(張公藝)라는 사람의 일화가 기록되어 있는데, 그의 집에는 9대가 함께 기거했으나 늘 화목했다고 한다. 당나라 고종이 그 비결을 묻자 장공예는 참을 인(忍)자 100개를 써서 올렸다고 한다. 이에 당나라 고종이 그 집에 백인당이라는 이름을 지어주었고, 이후 백인당은 화목한 가정을 뜻하는 대명사로 쓰였다. 참을 인(忍)자는 마음에 칼날을 품은 상태를 형상화한 것이다. 칼을 쓰고 싶은 마음을 억누르는 것이 인(忍)이다. 이 휘호는 "평화는 무력으로 이룰 수 없다"는 『동양평화론』의 주지(主旨)와 같다. 그는 일본인들에게 무력을 사용하고 싶은 마음을 억누르고 동양 삼국민이 서로 과거의 원한을 잊고 협력해야 평화를 이룰 수 있다는 메시지를 전하고 싶었을 것이다.

10) 인무원려 필유근우(人無遠慮 必有近憂)

개인 소장

사람이 멀리 생각하지 않으면 가까운 곳에 근심이 있기 마련이다. 『논어』 「위령공」편에 있는 글귀다. 일본이 먼 장래의 일을 생각하지 않고 눈앞의 이익에만 급급하여 동양에 근심거리를 쌓고 있다는 취지로 읽힌다. 뤼순감옥 직원이었던 우에무라 시게히로(上村重傳)에게 처형 3일 전에 써준 것이라고 한다. 2008년 경매에서 5억 5천만 원에 낙찰됐다.

11) 인무원려 난성대업(人無遠慮 難成大業)

보물 제569-8호. 1972년 지정. 숭실대학교 한국기독교박물관 소장

"사람이 멀리 생각하지 않으면 대업을 이루기 어렵다"는 뜻으로 앞의 유묵과 비슷한 뜻이다.

12) 등고자비 행원자이(登高自卑 行遠自邇)

높은 곳에 오르려면 낮은 곳에서 시작해야 하며, 멀리 가려면 가까운 곳에서 시작해야 한다. 『중용』에 나오는 문구다. 이웃 나라인 한국을 병탄하고 중국을 멸시하며 세계 열강이 되려 하는 일본을 꾸짖는 글로 읽힌다.

13) 임수선어 불여퇴결망(臨水羨魚 不如退結網)

물가에서 물고기를 탐내는 것은 집에 돌아가 그물을 만드는 것만 못하다. 『한서』(漢書) 「동중서전」(董仲舒傳)에 있는 글귀 '임연선어 불여퇴이결망'(臨淵羨魚 不如退而結網)을 조금 바꾼 것이다. 바라는 일이 있으면 계획을 세워 실천해야 한다는 뜻이다. '인무원려 필유근우'나 '인무원려 난성대업'과 비슷한 의미라고 볼 수 있다. 1987년 일본에서 발견되었다.

14) 인심유위(人心惟危) 도심유미(道心惟微)

"인심은 위태롭고 도심은 미약하다"라는 뜻으로 『서경』 「대우모」(大禹謨) 편에 있는 글귀다. 본래는 이 뒤에 '유정유일(惟精惟一) 윤집궐중(允執厥中)', 즉 "정성을 다해 하나로 해야 진실로 그 중심을 잡을 수 있다"는 대구(對句)가 붙는다. 중국 고대의 순(舜)임금이 왕위를 우(禹)에게 물려주면서 남긴 충고다. '사람 죽이는 기계들'이 세상을 뒤덮는 현실, 그 속에서 인도(人道)를 잊어가는 사람들에게 던지는 경고라고도 할 수 있다. 안중근이 순국 전날 이 휘호를 썼다는 사실은 『황성신문』에도 실렸다.[4]

---

4) 『황성신문』, 1910. 3. 30.

15) 빈이무첨 부이무교(貧而無諂 富而無驕)

가난해도 아첨하지 않으며 부유해도 교만하지 않다. 『논어』 「학이」편에 나오는 글귀다. 자공이 공자에게 여쭙기를, "가난하지만 아첨하지 않으며 부유하지만 교만하지 않으면 어떻습니까?"라 했다. 이에 공자는 "좋다. 그러나 가난하지만 즐겁게 살고 부유하지만 예(禮)를 좋아하는 자만은 못하다"라고 대답했다. 자공은 상인으로 공자의 제자 중 가장 큰 부자였지만 자기 부를 내세우지는 않았다. 아마도 공자에게 칭찬받고 싶어 한 말이었겠으나, 공자는 그것으로는 부족하다고 답했다. 부자이면서 그런 질문을 던진 자공이 예를 잃었다고 생각했는지도 모른다. 공자는 가난해도 아첨하지 않고 부자라도 교만하지 않는 것조차 부족하다고 여겼지만, 보통 사람은 이 경지에 이르기도 어렵다. 이 글귀는 예는 빈부(貧富)를 따지지 않는다는 의미로 널리 회자되었으나, 안중근은 자국의 부유함을 믿고 교만하게 구는 일본을 깨우치려 했을 것이다. 1984년 일본 도쿠토미 로카(德富蘆花) 기념관에서 발견되었다.

16) 모사재인 성사재천(謀事在人 成事在天)

개인 소장

일을 꾸미는 것은 사람이나 그 일을 이루는 것은 하늘이다. 『삼국지연의』에 나오는 글귀다. 사람이 아무리 주도면밀한 계획을 세워도 운이 따르지 않으면 성사되지 않는다는 의미다.

이토의 죽음은 자기의 뜻일 뿐 아니라 하늘의 뜻이기도 하다는 생각을 밝힌 것이라 할 수 있다. 뤼순감옥 간수에게 써준 것인데, 일본 내에서 몇 차례 거래됐다가 한국인이 사들여 2006년 경매에 부쳤다. 4억 6천만 원에 낙찰됐다.

17) 언어무비보살 수단거개호랑(語無非菩薩 手段擧皆虎狼)

말로는 보살 같지 않은 것이 없으나 수단은 호랑이와 이리처럼 악랄하다. 말로는 동양평화 유지와 한국 독립 보전을 내세우나, 한국인의 생명과 재산을 탈취하고 한국 주권을 약탈하는 일본을 직설적으로 꾸짖은 글귀다.

18) 용공난용연포기재(庸工難用 連抱奇材)

보물 제569-7호. 1972년 지정. 국립중앙박물관 소장

"서투른 목수는 아름드리 큰 나무를 다루기 어렵다"는 뜻이다. 『자치통감』(資治通鑑)에 있는 문구다. 이토를 서투른 목수에, 동양을 아름드리 큰 나무에 비유한 것으로 생각된다. 역시 그의 동양평화론과 상통하는 내용이다. 일본인 간수 니시카와 다마노스케에게 써준 것으로, 몇 사람의 손을 거쳐 재일 한인인 일본 고베의 호오도쿠사(法德寺) 법사 유일해에게 넘어갔고, 그는 이를 고베 주재 한국 영사에게 전달했다.

19) 천여불수 반수기앙이(天與不受 反受其殃耳)

보물 제569-24호. 1999년 지정. 개인 소장

하늘이 준 것을 받지 않으면 도리어 재앙을 받는다는 뜻으로 중국 한나라 때 괴통이 한신(韓信)에게 했던 말이다. 안중근은 이토가 하얼빈에 온다는 소식에 접했을 때, '하늘이 준 기회'라며 기뻐했다. 안중근이 그 기회를 받지 않았다면, 한민족의 정신은 어떻게 되었을까 생각하게 만드는 글귀다. 안중근이 사형 집행 전날 뤼순감옥 간수였던 히라바야시 도우이츠(平林統一)에게 써준 것인데, 히라바야시는 퇴직 후 서울의 아들 집에 와 살면서 자기 방에 이 족자를 걸어두었다고 한다. 히라바야시의 아들과 같은 직장에 다니던 정갑식은 그의 집을 방문했다가 우연히 이 족자를 보았다. 해방 당시 대전에 있던 정갑식은 '이렇게 훌륭한 족자를 왜적(倭敵)의 손에 남겨둘 수 없다'고 생각하고 서울로 와 히라바야시의 집을 찾았으나 그의 일가는 이미 짐을 꾸려 떠난 뒤였다. 정갑식은 그들의 뒤를 쫓아 대구까지 갔고, 거기에서 히라바야시를 찾아 짐꾸러미 안에 있던 족자를 빼앗았다. 10월 22일의 일이었다. 당시 상황에서 일본인이 안중근의 유묵을 한국인에게 넘겨주지 않고 버티기는 어려웠을 것이다.[5]

---

5) 『자유신문』, 1943. 12. 25.

20) 약육강식 풍진시대(弱肉强食 風塵時代)

약육강식은 제국주의 침략을 정당화, 합리화했던 사조(思潮)인 사회진화론의 핵심 원리 중 하나다. 육식동물이 초식동물을 잡아 먹는 것이 자연의 철칙이듯, 인류사회에서도 강한 자가 약한 자의 생존권을 빼앗는 것이 사회와 역사 발전의 철칙이라는 것은 당대의 상식이었다. 일본이 아무런 거리낌 없이 한국의 주권을 강탈하고 한국인의 생명과 재산을 빼앗았던 것도, 한국인 일부가 그런 일본의 행위에 오히려 동조했던 것도 이런 믿음 때문이었다. 하지만 안중근은 그 시대를 '풍진시대', 즉 바람에 날리는 먼지 같은 시대라고 표현했다. 비록 약육강식의 바람이 세상을 덮은 듯하지만, 안중근은 그 바람이 곧 멎을 것이요 인간은 제 본성을 찾을 것이라고 믿었다. 사람은 대체로 자기 시대의 사조에 휩쓸리기 마련이다. 그러나 안중근은 역사적 안목에서 보면 어떤 사조도 일시적이라는 것을 알았다. "시대가 영웅을 만드는가, 영웅이 시대를 만드는도다"라는 「장부가」의 구절처럼, 그는 바람을 잠재우는 영웅이 되고자 했다.

21) 인류사회 대표중임(人類社會 代表重任)

인류사회를 대표할 책임을 질 만한 사람이 과연 누구인가? 날마다 사람 죽이는 기계를 만들어 세계도처에서 전쟁의 참상을 연출하는 제국주의 침략자들이 인류사회를 대표하게 해서는 안 된다. 세계평화를 이루겠다는 원대한 뜻을 품고, 그 뜻을 실천하는 장부라야 새 시대를 만드는 영웅이 될 수 있다. 안중근은 그런 뜻으로 「장부가」를 지었고, 스스로 인류사회를 대표하여 책임을 완수했다고 생각했을 터다. 앞의 약육강식 풍진시대의 대구(對句)가 될 만한 글귀다.

장부의 기개와 애국심을 표현한 글

1) 산불고이수려 지불광이평탄 수불심이청청 임불대이무성(山不高而秀麗 地不廣而平坦 水不深而淸淸 林不大而茂盛)

산은 높지 않아도 아름답고, 땅은 넓지 않아도 평탄하며, 물은 깊지 않아도 맑디맑고, 숲은 크지 않아도 무성하다. 고국 땅을 생각하며 쓴 글처럼 보인다. 동양 민족은 예부터 다만 문학에만 힘쓰고 자기 나라를 소중히 지킬 뿐 유럽의 땅 한 치도 침입해 빼앗을 생각이 조금도 없었으나, 유럽인들은 온갖 살인기계를 만들어 사람을 죽여가며 땅을 빼앗는다고 썼던 『동양평화론』 서(序)가 연상되는 글귀다. 남의 강산(江山)을 넘보던 '쥐 도둑' 이토와 그 일당을 점잖게 꾸짖은 것처럼 보인다.

2) 제일강산(第一江山)
보물 제569-14호. 1972년 지정. 숭실대학교 한국기독교박물관 소장

내 나라 강산이 제일이다. 평양 대동강변에 있던 연광정 편액의 글씨이기도 하다. 나라를 사랑하는 마음은 동포를 사랑하

는 마음인 동시에 강산을 사랑하는 마음이다.

3) 검산도수 참운난식(劍山刀水 慘雲難息)

검과 칼이 빽빽이 들어선 산수(山水)에 참담한 구름도 숨쉬기 어렵도다. 의병전쟁과 일본군의 만행으로 참상이 빚어지는 조국의 현실을 읊은 것으로 보인다.

4) 국가안위 노심초사(國家安危 勞心焦思)
보물 제569-22호. 1993년 지정. 안중근의사숭모회 소유, 대한민국역사박물관 소장

나라의 안위를 걱정하며 애태운다. 일본인 검찰관 야스오카 세이시로(安岡靜四郎)에게 준 것이다. 공직에 있는 사람은 늘 나라 걱정을 앞세우라는 뜻으로 써주었다고 할 수 있겠으나, 이 여덟 글자는 안중근 평생의 마음가짐이었다. 야스오카의 딸 우에노 도시코가 소장하다가 1976년 도쿄 한국연구원에 기증했다.

5) 위국헌신 군인본분(爲國獻身 軍人本分)
보물 제569-23호. 1993년 지정. 안중근의사숭모회 소유, 대한민국역사박물관 소장

나라를 위해 헌신하는 것은 군인의 본분이다. 뤼순감옥의 간

수였던 치바 도시치에게 써준 것이다. 안중근은 자기 죽음을 안타까워하는 치바에게 서로가 '군인의 본분'을 지킨 것이니 그럴 필요 없다며 이 글을 썼다고 한다.[6] 이 유묵이 국내에 알려진 것은 1966년 4월의 일이다. 치바가 1933년에 사망한 뒤, 그의 부인이 보관하다가 1965년 임종 시에 조카딸 미우라 구니코에게 물려줬다. 미우라는 변호사인 이종사촌 카노 타쿠미(鹿野琢見)에게 판매를 의뢰했고, 카노는 먼저 이를 복제하여 주일 한국공사관에 보냈다.[7] 진품 판정을 받은 뒤, 치바의 후손은 이를 팔지 않고 구리하라시 다이린사(大林寺)에 기증했다. 다이린사 주지 사이토 타이켄(齋藤泰彦)은 『내 마음의 안중근』이라는 책을 써서 치바 일가가 안중근을 추모한 사연을 소개했다.

6) 임적선진 위장의무(臨敵先進 爲將義務)

보물 제569-26호. 2007년 지정. 해군사관학교박물관 소장

적진에 다다라 앞서 나아감은 장수된 자의 의무다. 앞의 '위국헌신 군인본분'의 대구(對句)에 해당한다. 유로통상 회장 신용극이 전남 순천의 전지훈에게 구입해 소장하다가 1996년 5월 해군에 기증했다. 2016년 3월 26일 해군사관학교 교정에

---

6) 도진순, 「안중근과 일본의 평화 지성, 화이부동과 사이비」, 『한국근현대사연구』 86, 2018, 130쪽.
7) 『동아일보』, 1966. 4. 15.

이 휘호를 새긴 비석이 건립되었다.

7) 지사인인 살신성인(志士仁人 殺身成仁)
안중근의사숭모회 소유

지사와 어진 이는 죽음으로써 인(仁)을 이룬다. 국선변호사 미즈노 요시타로(水野吉太郎)에게 써준 것이다. 안중근은 여덟 자씩으로 짝을 이룬 이상 세 개의 휘호에 자기 죽음에 관한 생각을 오롯이 담았다. 그는 대한의군 참모중장으로서 의병들을 대표하여 나라를 위해 헌신했으며, 한 사람의 지사로서 목숨을 바쳐 인(仁)을 이뤘다. 1986년 일본 고치현의 한 농가에서 발견되었는데, 재판을 취재했던 도요(土陽)신문사 통신원 고마츠 모토고(小松元吾)가 받은 것이다. 2016년 11월 고마츠의 후손 고마츠 료(小松 亮)가 안중근의사숭모회에 기증했다.

8) 독립(獨立)
개인 소장

2000년 7월 일본 히로시마 원선사(願船寺)에서 발견되었다. 뤼순감옥 교도관이었던 히타라 마사오(設樂正雄)에게 써준 것으로, 그의 손자인 원산사 주지 히타라 마사즈미(設樂正純)가 물려받았다.

9) 오로봉위필 청천일장지 삼상작연지 사아복중시(五老奉爲筆 靑天一丈紙 三湘作硯池 寫我腹中詩)

보물 제569-9호. 1972년 지정. 홍익대학교 박물관 소장

"오로봉을 붓으로 삼고 푸른 하늘을 종이로 삼으며 삼상(三湘, 중국의 양자강, 상강, 원강의 세 강)을 연지로 만들어 마음속 시를 쓰겠다"는 뜻이다. 시선(詩仙) 이태백의 시이다. 안중근은 한국 독립만을 생각하지 않았다. 그가 품은 뜻은 동양평화, 나아가 세계평화를 이루는 일이었다. 세계의 대세를 생각하는 안목에서 산봉우리 하나, 강 세 줄기가 무슨 대수겠는가? 그의 포부는 죽음 앞에서도 위축되지 않았다. 이 시 한 수는 장부의 기개를 생생히 드러낸다. 1969년 홍익대 이사장 이도영이 일본에서 매입해 국내로 들여왔다.

10) 담박명지 영정치원(澹泊明志 寧靜致遠)

개인 소장

깨끗하고 맑은 마음으로 뜻을 밝히며, 편안하고 조용한 자세로 원대함에 이른다. 제갈량(諸葛亮)이 아들에게 보낸 편지 「계자서」(誡子書)에 있는 글귀다. 안중근 의거 직후 홍콩의 『화자일보』(華字日報)는 "생명을 버리려는 마음을 가졌기에 그의 마음이 안정되었다. 마음이 안정되었기에 손이 안정되었다. 손이 안정되었기에 탄알마다 명중하였다"고 논평했다. 이 유묵과 대략 같은 뜻이라고 할 수 있다. 2002년 경매에서 2억

1,870만 원에 낙찰돼 서예작품 경매 사상 최고가를 기록했으며, 2009년 다시 경매에 출품돼 4억 원에 낙찰됐다.

11) 견리사의 견위수명(見利思義 見危授命)

보물 제569-6호. 1972년 지정. 동아대학교 박물관 소장

"이익을 보면 의(義)를 생각하고, 위태로움을 보면 목숨을 던져라"는 뜻으로 『논어』 「헌문편」에 나오는 문구다. 군자는 의(義)에 부합하지 않는 이익은 탐하지 않으며 나라를 위해 목숨을 던질 수 있어야 한다는 것인데, 안중근이 평생 좌우명으로 삼았을 만한 내용이다. 안중근이 사형 전날 쓴 휘호 5개 중 하나로 뤼순감옥 간수장으로 있던 미츠이(三井)가 받았던 것이다. 미츠이는 뤼순감옥에서 퇴직한 후 다롄의 요동호텔 포터로 일했는데, 김동만(金東萬)이 그 호텔에 묵었다가 이 사실을 알고 구입, 소장했다. 해방 당시 봉천(奉天)에 머물던 김동만은 귀국 후 이를 국립도서관에 기증했다.[8]

12) 세한연후지송백지부조(歲寒然後知松柏之不彫)

보물 제569-10호. 1972년 지정. 안중근의사숭모회 소유, 대한민국역사박물관 소장

"날이 차가워진 뒤에야 소나무와 잣나무가 시들지 않음을 안

---

8) 『중앙신문』, 1946. 3. 25.

다"는 뜻으로 『논어』 「자한」편에 나오는 문구다. 추사 김정희도 이 글귀에 따라 「세한도」(歲寒圖)를 그렸다. 한겨울에도 잎이 시들지 않는 송백(松柏)은 조선시대 유생들이 숭상했던 충의, 지조, 절개의 상징이었다. 나라가 망해가는 시점에 나라를 위해 목숨을 초개같이 던진 안중근 자신이기도 했다.

13) 장부수사심여철 의사임위기사운(丈夫雖死心如鐵 義士臨危氣似雲)

보물 제569-12호. 1972년 지정. 숭실대학교 박물관 소장

안중근 순국 직후 『대한매일신보』가 유시(遺詩)로 소개한 휘호다.[9] 장부는 죽음 앞에서도 그 마음이 강철과 같고, 의사는 위기에 처해도 그 기세가 구름과 같다. 이 열네 글자가 바로 안중근이다.

인간의 도리를 밝힌 글

1) 일일부독서 구중생형극(一日不讀書 口中生荊棘)

보물 제569-2호. 1972년 지정. 동국대학교 박물관 소장

하루라도 책을 읽지 않으면 입에 가시가 돋는다는 뜻으로 천자문, 사자소학(四字小學)과 함께 조선시대의 대표적 한문 입

---

9) 『대한매일신보』, 1910. 5. 8.

문서였던 『추구』(推句)에 나오는 문장이다. 안중근은 날마다 신문·잡지를 탐독해서 과거와 현재·미래를 통찰할 수 있었다고 했는데, 아마도 그 평생 마음에 새기고 실천한 글귀였을 것이다. 뤼순감옥의 간수에게 써주었던 것을 재일동포 장석이 입수, 소장하다가 1969년 동국대에 기증했다.

2) 황금백만이불여일교자(黃金百萬而不如敎一子)
개인 소장

백만 냥의 황금이 자식 하나 가르치는 것만 못 하다. 유학(儒學) 입문서인 『명심보감』(明心寶鑑)에 있는 문구다. 교육은 사람을 사람답게 만드는 일이요, 100년 앞을 내다보는 일이다. 자녀 교육을 권면하는 평범한 가훈용 글귀 같지만, 당시 일본의 행위를 꾸짖는 글이라고 볼 수도 있다. 한국에 대한 신의를 저버리고 한국인의 생명과 재산을 탈취한 일본의 행위는 인간의 도리를 저버린 짓이다. 눈앞의 재물과 이익을 탐하여 세계평화의 백년지대계를 돌보지 않은 일본이 새겨야 할 말이었다. 1976년 재일동포 김주억이 입수했으며, 2016년 경매에서 7억 3천만 원에 낙찰되었다.

3) 계신호기소부도(戒愼乎其所不睹)
일본 류코쿠대학 소장

남이 보지 않는 곳에서도 늘 경계하고 삼가라. 『중용』에 있는 글귀로 군자는 혼자 있을 때를 삼가야 한다는 『대학』의 '신기독'(愼其獨)과 같은 의미다. 다섯 달 가까이 독방에 갇힌 채 감시하에 지냈기에 늘 삼가면서 이 말의 의미를 되새겼을 것이다. 뤼순감옥 간수였던 쓰다 카이준(津田海純)에게 써준 것이다. 1978년 일본 오카야마현 가사오카시의 조우신사(淨心寺)에서 발견되었고, 주지 쓰다 고토(津田康道)가 류코쿠대학에 기증했다. 2009년 예술의전당 특별전 '독립을 넘어 평화로'에서 국내에 처음 공개되었다.

4) 인내(忍耐)

보물 제569-18호. 1972년 지정. 개인 소장

참고 견디다. 의병전투에서 패한 후 12일 동안 두 끼만 먹으며 산길을 걷는 것, 사형 집행일을 기다리며 감옥에서 하루하루를 보내는 것. 자기가 죽은 뒤에도 언젠가는 독립을 이루리라 믿는 것. 이 모든 것이 인내(忍耐)였다. 인내는 민족운동가들이 선택한 삶의 태도이자 그들에게 강요된 삶의 방식이었다.

5) 일근천하무난사(一勤天下無難事)

한결같이 부지런하면 세상에 어려운 일이 없다. 남송대 유학자 주희(朱熹)의 글이다.

6) 박학어문(博學於文) 약지이례(約之以禮)

보물 제569-13호. 1972년 지정. 서울역사박물관 소장

널리 배워 익히고 예(禮)로써 실천한다는 뜻이다. 줄여서 박문약례(博文約禮)라고도 쓰며, 『중용』에 실린 문구다. 공교롭게도 박문(博文)은 이토의 이름이다. 평화와 인류의 대의를 알지 못하는 이토 히로부미가 한국과 중국에 대해 예를 잃었다는 의미도 담았을 것이다. 1910년 3월에 쓴 것이며, 서울 성북구의 강윤수가 소장하다가 1966년 8월에 공개했다.

7) 민이호학 불치하문(敏而好學 不恥下問)

일본 류코쿠대학 소장

영민하고 배우기를 좋아하며 아랫사람에게 묻기를 부끄러워하지 않는다. 『논어』에 나오는 글귀다. 일본 조우신사(淨心寺) 주지 쓰다 고토(津田康道)가 보관하다가 류코쿠대학에 기증했다. 2009년 예술의전당 특별전 '독립을 넘어 평화로'에서 국내에 처음 공개되었다.

8) 치악의악식자 부족여의(恥惡衣惡食者 不足與議)

보물 제569-4호. 1972년 지정. 소재 불명

"허름한 옷과 거친 음식을 부끄럽게 여기는 자와는 함께 이야기할 수 없다"는 뜻이다. 장부는 그 뜻이 작음을 부끄러워해

야지 가난을 부끄러워해서는 안 된다는 생각은 유교문화권 공통이었다. 일본인 검찰관에게 써준 휘호인데, '이익을 다투어 사람을 죽이는' 제국주의 정책 전반에 대한 비판의식을 담았다. 첫 소절에 "장부가 세상에 처함이여, 그 뜻이 크도다"라고 읊은 「장부가」의 기개를 달리 표현했다고 보아도 좋을 것이다. 1969년 홍익대 이사장 이도영이 일본에서 구입, 소장하다가 청와대에 기증했다. 현재는 어디에 있는지 알 수 없다.

9) 빈여천 인지소오자야(貧與賤 人之所惡者也)

개인 소장

가난함과 천함은 사람이 싫어하는 바다. 앞의 '치악의악식자 부족여의'와 상반되는 뜻인 듯하지만, 일본이 한국인들을 가난으로 몰아넣고 천하게 대하는 현실을 비판한 것으로 해석할 수도 있다. 승려 박삼중이 일본에서 구입해 소장하다가 경매에 출품, 2018년 5월 1억 6천만 원에 낙찰됐다.

10) 불인자 불가이구처약(不仁者 不可以久處約)

일본 류코쿠대학 소장

어질지 못한 사람은 거북한 제약을 오래 견디지 못한다. 역시 『논어』에 나오는 글귀다. 유복한 생활을 버리고 민족운동에 투신한 이후의 삶이나 감옥에서 견디는 일상이야말로 '곤궁한 상태'였다. 그 곤궁한 상태를 스스로 선택한 안중근은 '인'(仁)

의 실천자이기도 했다. 뤼순감옥의 사형수 담당 승려였던 마쓰다 가이준에게 써준 것으로, 일본 조우신사(淨心寺) 주지인 그의 후손이 보관하다가 류코쿠대학에 기증했다. 2009년 예술의전당 특별전 '독립을 넘어 평화로'에서 국내에 처음 공개되었다.

11) 백일막허도 청춘부재래(百日莫虛渡 靑春不再來)

100일은 헛되이 흐르지 않으며 청춘은 다시 오지 않는다. 감옥에 갇혀서도 헛되이 시간을 보내지 않으면서 청춘의 마지막을 불사르겠다는 의지의 표현으로 읽힌다.

12) 끽소음수 약재기중(喫蔬飮水 樂在其中)

나물 먹고 물만 마셔도 그 안에 약이 있다. 하찮아 보이는 것에도 귀한 면이 있다는 뜻이다. 조선이 비록 약하고 작은 나라이나 함부로 대해서는 안 된다는 뜻을 담은 것은 아니었을까?

13) 와병인사절 차군만리행 하교불상송 강수원함정((臥病人事絕 嗟君萬里行 河橋不相送 江樹遠含情)

병석에 누워 인사(人事)를 끊었는데, 그대는 만 리 먼길을 떠나는구려. 다리에 나가 송별하지 못하나 강가 나무에 정이 어렸도다. 당나라 시인 송지문(宋之問)이 친구 두심언과 이별할 때 쓴 시 '별두심언'(別杜審言)을 적은 것이다. 사형 직전 동생들과 헤어지는 마음을 이 시에 투사했을지도 모를 일이다.

신앙심을 표현한 글

1) 천당지복 영원지락(天堂之福 永遠之樂)

천당에서 누리는 복은 영원한 즐거움이다. 현전(現傳)하는 안중근의 휘호 중 천주교도의 신앙의 표현한 유일한 글이다. 휘호를 부탁한 사람에게 천주교 입교를 권면하기 위해 썼을 것이다. 1980년 일본에서 발견되었다.

2) 극락(極樂)

보물 제569-19호. 1972년 지정. 안중근의사숭모회 소유, 대한민국역사박물관 소장

궁극적 즐거움. 한국문화에 뿌리내린 불교 개념이다. '천당지복 영원지락'과 같은 의미다.

3) 경천(敬天)

하늘을 공경하라. 유교에서 군주가 지켜야 할 첫 번째 덕목으로 제시한 것이며, 보통 애민(愛民) 또는 애인(愛人)과 짝이 된다. 뤼순감옥 수장에게 써준 것인데, 1993년 일본의 골동품

수집가가 소장 중이라는 사실이 국내에 알려졌고, 이듬해 승려 박삼중이 1천만 엔에 구입, 국내로 가져왔다. 2012년 12월 KBS의 'TV쇼 진품명품'에 나와 화제가 되기도 했다. 2014년 경매에 나왔으나 유찰되었으며, 서울 잠원동 성당 신부가 박삼중에게 사서 천주교 서울대교구에 기증했다.

4) 승피백운 지우제향의(乘彼白雲 至于帝鄉矣)

저 흰 구름을 타고 황제의 땅에 이르렀도다. 제향(帝鄉)은 천국으로 해석해도 무방하다. 2018년 12월 경매에서 7억 5천만 원에 낙찰되었다.

청탁자를 배려한 글, 기타

1) 일통청화공(日通淸話公)
개인 소유. 한국학중앙연구원 소장

'날마다 맑은 이야기를 나눈 분'으로 해석할 수도, '일본어와 중국어를 통역할 수 있는 분'으로 해석할 수도 있다. 뤼순감옥 간수장 기요타(淸田)에게 써준 것이다. 민족화해협력범국민협의회 공동의장 이인정이 2017년 4월 경매에서 2억 9천만 원에 낙찰받아 한국학중앙연구원에 기탁했다.

2) 통정명백 광조세계(通情明白 光照世界)

서로 통하는 정이 명백하면 세계를 환하게 비춘다. 일본인 통역관 소노키에게 써준 것으로 통역의 역할을 강조한 것으로 볼 수 있다.

통역관이던 소노키의 딸이 보관하다가 1986년에 공개했다.

3) 인지당(仁智堂)

보물 제569-17호. 1972년 지정. 삼성미술관 리움 소장

주자(朱子)의 시(詩) 제목이다. 시의 본문은 '아참인지심(我慚仁智心) 우자애산수(偶自愛山水) 창애무고금(蒼崖無古今) 벽간일천리(碧澗日千里)'로서 "내 인(仁)과 지(智)가 마음에 부끄럽지만, 그대와 함께 산수를 사랑하네. 푸르른 절벽은 옛날과 오늘이 다르지 않고, 푸른 시냇물은 날마다 천리를 흐르네"라는 뜻이다. 안중근이 주자의 시를 떠올리고 쓴 것인지, 청탁자가 원하는 대로 써준 것인지는 알 수 없다. 인(仁)과 지(智)를 강조했다고 보아도 좋다. 홍성의 임병천이 소장하다가 1966년 공개했다.

4) 청초당(靑草塘)

보물 제569-15호. 1972년 지정. 해군사관학교 박물관 소장

푸른 풀이 돋은 언덕이라는 뜻이다. 사형 집행 이틀 전인 3월

24일에 쓴 것이다. 죽은 뒤 커다란 언덕이 되어 나라의 새싹을 키워내겠다는 뜻을 담은 게 아니었을까? 식민지 시기 안중근은 수많은 독립운동가의 정신이 뿌리내린 언덕이었다. 국회의원을 지낸 민장식이 해방 직후 흥남에서 일본인에게 구입했으며, 그의 아들 민병기가 2010년 해군사관학교 박물관에 기증했다.

5) 연년세세화상사 세세연년인부동(年年歲歲花相似 歲歲年年人不同)

보물 제569-3호. 1972년 지정. 삼성미술관 리움 소장

해마다 꽃은 같은데, 해마다 사람은 다르구나. 당나라 사람 유희이(劉希夷)의 시 「백두음」(白頭吟)의 한 구절이다. 유희이의 장인이 이 시구(詩句)를 보고 감탄하여 자기에게 달라고 했으나 유희이가 거절했다. 이에 앙심을 품은 장인이 하인을 시켜 유희이를 흙 부대로 눌러 죽였다는 이야기가 전한다. 한자 문화권에서는 천년 넘게 널리 애송된 시구다.

6) 사군천리 망안욕천 이표촌성 신물부정(思君千里 望眼欲穿 以表寸誠 辛勿負情)

보물 제569-11호. 1972년 지정. 개인 소장

"천리 밖 그대를 생각하니 바라보는 눈이 뚫어질 듯하다. 이로써 작은 정성을 표하니 행여 이 마음 저버리지 말기를"이라

는 뜻이다. 누구에게 써준 것인지는 알 수 없다. 간수가 부탁하는 대로 적었을 수도 있다. 고향에 두고 온 아내를 향한 마음을 담았을지도 모른다.

7) 운재(雲齋)

보물 제569-20호. 1972년 지정. 안중근의사숭모회 소유, 대한민국역사박물관 소장

구름 누각이라는 뜻이지만, 휘호를 부탁한 사람의 호(號)였는지도 모른다.

8) 세심대(洗心臺)

마음을 씻어내는 대(臺). 대는 산자락이나 언덕 위에 펼쳐진 평지. 또는 여러 사람이 올라설 수 있게 쌓거나 세운 구조물을 말한다. 보통 지명(地名)으로 쓰이나 때로는 그 장소에 만든 누각(樓閣)을 지칭하기도 한다. 일본인 소장품으로 2017년 11월 국내에서 진행된 경매에 출품되었다.

9) 백세청풍(百歲淸風)

언제나 맑은 바람. 인왕산 바위에 새겨진 글자였다. 1995년 일본 도쿄에 거주하는 사토 가즈오(佐藤和男)가 선친의 유품을 정리하다가 발견했다. 2005년 '독립운동과 민족 광복의 역사

전'에서 국내에 처음 공개되었다.

10) 자애보(自愛寶)

자신을 보배처럼 아껴라. 자중자애(自重自愛)와 같은 뜻
이다.

3부

안중근에 관한 생각

안중근 의거 장면도

안중근이 의거 직후 러시아 헌병에게 체포되는 장면을 그린 기록화.
1923년 6월 1일자 『조선일보』는 현장에서 안중근을 체포했던 러시아 장교 스테판이
볼셰비키 혁명 이후 원산으로 망명하여 가난과 질병으로 고통받고 있다는 소식을
전했다. "위대한 자기의 생명을 희생한 안중근과 애처롭게도 가슴을 쥐어뜯고 있는
스페판"이라는 표현이 이 장면을 연상하는 한국인들의 관점을 함축적으로 드러낸다.
그런데 당시 안중근을 체포한 러시아군 장교의 이름은 미치올클로프였다.

안중근을 압송해 가는 호송 마차
안중근을 체포한 러시아 헌병은 간단한 인적 사항 조사를 마친 후 그를 일본 헌병에게
인도했다. 의거 현장인 하얼빈역은 중국 영토이자 러시아 관할 구역이었으니,
국제법상 합당한 조치는 아니었다. 안중근을 일본 헌병에게 넘기라고 지시한 사람은
이토와 회담하기로 했던 코코프체프였을 가능성이 크다. 이 결정으로 인해 이토의
죽음은 일본과 러시아 사이의 외교적 현안이 되지 않았다. 일본 헌병은 안중근을
히얼빈에서 뤼순까지는 기차로, 뤼순 역에서 감옥까지는 마차로 압송했다.

이토 히로부미(1841-1909)

일본 에도시대 조슈(長州)번에서 농민 하야시 주조(林十藏)의 장남으로 출생했다.
아명은 하야시 리스케(林利助)였다. 13세 때 조슈번의 하급 병사인 이토 나오에몬의
양자가 되어 이토로 성을 바꿨고, 메이지유신 이후 이름도 히로부미(博文)로 바꿨다.
1863년 영국으로 유학했으며, 귀국 후 메이지유신의 주역 중 한 명이 되었다. 이후
일본의 초대 총리대신, 한국 통감, 추밀원 의장 등 최고위직을 역임했다. 을사늑약 이후
한국의 통치권을 실질적으로 장악하여 일본의 식민지화 정책을 총지휘했기에,
한국인들에게는 '침략의 원흉'으로 알려졌다. 그도 '동양평화 유지'를 구두선으로
내세웠지만, 안중근은 하얼빈의 총성으로 그 논리의 허구성을 폭로했다.

이토 히로부미 국장

1909년 11월 4일, 도쿄 히비야 공원에서 치러친 이토 히로부미 국장(國葬)에는 40만 명이 참석했다. 이 행사에는 한국의 '진사사절단'도 참석했다. 안중근 의거 100주년이자 이토 사망 100주년인 2009년 10월 26일, 한국에서는 안중근 의거 기념행사, 일본에서는 '이토 히로부미 몰후(歿後) 100년 묘전제(墓前祭)'가 거행되었다. 한국의 행사는 그야말로 거국적이었으나, 일본의 행사에는 150여 명만이 참석했으며 일본 주요 신문에는 전혀 보도되지 않았다.

『권업신문』에 연재된 계봉우의 「만고의사 안중근전」

러시아에서 발행된『권업신문』에는 1914년 6월 18일부터 10회에 걸쳐 계봉우의
「만고의사 안중근전」이 연재되었다. 사진은 제9회 분, '교우이신(交友以信)의
안중근'이다. 그는 안중근의 일생이 상무가(尙武家), 대종교가, 대교육가,
대시가(大詩家), 대여행가의 길이었다고 정리하고, 그가 사군이충(事君以忠),
사친이효(事親以孝), 교우이신(交友以信), 임전무퇴(臨戰無退)의 인물이었다고 평했다.

대한의사 안중근공 혈서 카드

카드 왼쪽에 "기유년 2월 초7일에 안의사 중근공이 아라사 연추에 있어 동지 11인과 한가지로 국가를 위하여 몸을 바치기로 단지동맹을 행하고 그 피로써 쓴 글"이라는 설명문을 인쇄했고, 네 귀퉁이에는 각각 다른 안중근 사진들을 배치했다. 일제강점기 독립운동가들은 안중근 사진과 혈서가 담긴 카드들을 독립운동의 '성물'(聖物)로 취급했다.

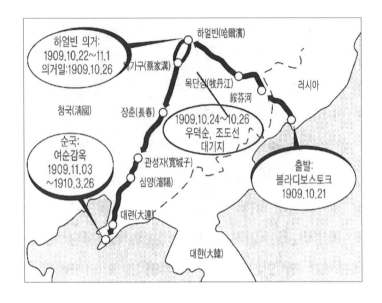

안중근 의거 지도

안중근은 이토의 만주 방문 소식을 러시아 블라디보스토크에서 들었다.
동지들을 만나고 자금을 확보한 안중근은 일주일쯤 뒤 하얼빈 역에서 이토 히로부미를
척살하는 데 성공했다. 일본군은 그를 뤼순으로 압송하여 감옥에 가두고 뤼순에 있는
관동도독부 지방법원에서 재판했다. 블라디보스토크에서 하얼빈을 거쳐
뤼순에 이르는 거리는 대략 1,500킬로미터다. 한·러, 한·중 국교가 수립된 이후
이 길은 '안중근 의거 길 순례' 답사여행 상품으로 한국인들에게도 널리 알려졌다.

안중근이 의거에 사용했던 것과 같은 모델의 브라우닝 자동 권총
안중근 의거 무렵 의병들은 육혈포로도 불린 리볼버를 주로 사용했다.
브라우닝 권총은 리볼버에 비해 살상력은 떨어지나 속사(速射)와 한 손 사격이
가능한 장점이 있었다. 이런 권총에 익숙해지려면 분명 사격 연습이 필요했을 것이다.
후일 최재형의 딸은 안중근이 자기 집에서 사격 연습을 했다고 회고했다.

안중근 동상

근대 이후의 인물 동상은 고대와 중세의 신상에 해당한다. 어떤 사람을
동상으로 만드는 것은 그에게 '영생불멸'의 신성을 부여하는 일이다.
해방 직후 한국인들이 가장 먼저 세우고자 한 동상이 안중근 동상이었다.
그러나 그의 동상 건립은 주로 정치적 이유 때문에 차일피일 미뤄지다가
이승만 동상이 남산에 선 이후인 1959년 5월에야 그 아래쪽에 건립되었다.
현재의 동상은 2010년 10월 26일에 새로 건립된 것이다.

안중근기념관 앞의 '국가안위 노심초사'비
'나라의 안위를 걱정하며 애태운다'는 뜻으로 일본인 검찰관 야스오카 세이시로에게
써준 것이다. 야스오카의 딸 우에노 도시코가 소장하다가 1976년 한국에 기증했다.
이 휘호는 '위국헌신 군인본분', '임적선진 위장의무' 등과 함께 안중근의 사상을
'국가주의'로 해석하는 자료로 널리 이용되었다.

오늘날 무명지 한마디가 잘린 왼손 장인(掌印) 옆에 '대한국인 안중근'이라는 글자가 새겨진 '문양'은 도로 위의 자동차 뒷유리창이나 거리를 지나가는 청년의 티셔츠에서 흔히 볼 수 있다. 한·일 간 축구경기가 열릴 때는 으레 경기장에 이 문양을 새긴 대형 현수막이 등장한다. 2019년 여름, 일본이 '한국인 징용노동자에 대한 일본기업의 민사 배상 책임이 남아 있다'는 한국 대법원 판결에 항의하여 대한(對韓) 수출규제를 감행했을 때는 전국 곳곳에 이 문양을 새긴 플래카드가 내걸렸다. 오늘날 안중근은 한국인들이 존경하는 '역사상의 위인' 앞자리를 점한다. 안중근은 이순신과 더불어 특히 일본을 향해 강력하게 발산하는 한국 민족주의의 대표 상징이다.

내부적으로 '이념 대립'이 심각한 상황에서도, 안중근을 기리는 일은 보수와 진보를 따지지 않는다. 김구를 존경하는 사람은 이승만을 비난하고 이승만을 숭배하는 사람은 김구를 폄하하지만, 어느 쪽이든 안중근을 경시하지는 않는다. 게다가 대다수 독립운동가가 남한과 북한에서 각기 다른 평가를 받고 있으나, 안중근은 북한에서도 민족 영웅이다. 남북한 양쪽에서 버림받은 비운의 독립운동가 김원봉과는 아주 대조적이다. 그런 점에서 안중근은 '민족 통합의 상징'이다. 그렇다고 해서 안중근에 대한 한국인들의 생각이 일치하는 것은 아니다. 안중근의 '군인다움'을 강조하는 사람이 있는가 하면, '평화주의자'의 면모에 주목하는 사람도 있다. 안중근의사숭모회와 안중근의사기념사업회가 별도로 있어, 10·26 기념식과 3·26 추모식도 다른 곳에서 따로 거행한다. 이로써 보자면, 안중근이라는 이

름은 서로 다른 이념이 대립하는 장소라고도 할 수 있다. 한국
인들은 안중근이라는 이름 앞에서 통합되는 듯하지만, 그 이름
의 의미를 두고 서로 대립한다. 이는 한국 민족주의의 주도권
과 성격을 둘러싼 대립이기도 하다.

안중근은 한국인들만의 '위인'이 아니다. 일본, 중국, 러시아
에도 안중근과 관련한 기념물들이 있다. 중국인은 물론 일본인
중에도 안중근을 위인으로 평가하는 사람들이 있다. 안중근만
큼 동북아시아 삼국 학자들의 관심을 받은 한국인은 없다. 안
중근은 한국 민족주의의 상징인 동시에 동아시아 연대의 상징
이기도 한 '모순적 표상'이다. 이 모순은 때때로 동아시아 삼국
간 갈등을 심화하기도 했다. 안중근으로 인해 한·일 관계가 악
화한 적이 한두 번이 아니며, 안중근에 대한 평가 문제가 한·
미·일·중 4개국을 아우르는 국제정치의 현안으로 떠오르기도
했다. 오늘날 안중근을 기리는 일은 동아시아 삼국 연대의 전
망을 넓히는 행위이기도 하고, 그 현실적 한계와 제약성을 드
러내는 행위이기도 하다.

안중근은 한 사람이지만, 사람들 마음속의 안중근은 한 사람
이 아니다. 어떤 사람에게는 장군이고 어떤 사람에게는 의사이
며, 어떤 사람에게는 평화주의자고 어떤 사람에게는 테러리스
트다. 어떤 사람은 그를 '탈(脫)민족주의자'나 '열린 민족주의
자'로 보고, 어떤 사람은 그를 '강경 민족주의자'로 본다.

그가 한국 국민 통합의 상징인 동시에 동아시아 지역 통합의
가능성을 제시하는 '통합의 상징'이 된 것은 역설적으로 이처
럼 서로 분리된 다중적 이미지 때문이다. 안중근은 어떻게 해

서 '분열을 내포한 통합의 상징'이 되었을까? 안중근이라는 이름이 표상하는 가치는 어떻게 변해왔을까? 지금의 한국인들에게 안중근의 어떤 이미지가 더 지배적일까?

1 의거 직후 안중근에 관한 생각

일본인들의 반응

일본인들은 개항 이전에도 부산 인근의 왜관, 초량 일대에서 일시적으로 거주하며 무역에 종사하기는 했으나, 그들이 한반도 전역을 상권(商圈)으로 삼기 시작한 것은 1876년 개항 이후부터였다. 일본 상인들은 부산, 원산, 인천, 서울 등 개항장과 개시장(開市場)에 거류지를 만들고 한인들과 거래했다. 거류지에는 공회당과 병원, 학교 등을 지었고, 이 시설들을 중심으로 일본인 커뮤니티가 만들어졌다. 재한 일본인들은 생활의 편의를 위해 본국 정부에 각종 지원을 요청하는 한편, 대한 정책과 관련해서도 의견을 내곤 했다.

러일전쟁은 한국 거주 일본인들을 일순간에 '특권 집단'으로 만들었다. 일본군 2개 사단이 한국에 상시 주둔하며 전국을 사실상 계엄하에 두었다. 일본 공사관은 통감부로 개편되어 한국의 외교뿐 아니라 내정까지 장악했고, 각 도시의 일본 영사관은 이사청(理事廳)으로 바뀌어 도시 행정 전반을 관장했다. 한국에 일본 관공서가 설치되고 일본인 회사가 늘어남에 따라 군인, 관공리, 거간꾼, 회사원, 작부 등이 한국으로 몰려들었다. 서울의 경우 1903년 3,865명이던 일본인 인구는 1910년 군인을 제외하고도 4만 7,148명으로 10배 이상 늘어났다. 러일전쟁 중 「한일의정서」를 강요하여 '군략상' 필요한 토지를 마음대로 수용할 수 있게 된 일본은 경부, 경의선 철도 부지 명목으로 전국에서 천만 평이 넘는 토지를 강탈했다. 이 토지 일부에 역사(驛舍)를 설치하고 나머지는 일본인들에게 싼값으로 불하했다. 일본인들이 모여 살게 된 역 주변은 새 도시가 되었고, 오래된 도시들은 쇠락해갔다.

한국 거주 일본인 인구가 늘어남에 따라 일본의 대한(對韓) 정책과 한국 내의 각종 정치 현안에 대한 그들의 목소리도 커졌다. 서울, 부산 등 일본인이 많이 거주하는 지역에서 발행되는 일본어 신문들은 재한 일본인의 요구를 대변하는 구실을 했다. 그들은 일본인의 안전 보장과 권리 유지를 가장 중요한 문제로 다뤘다. 하루속히 의병을 진압하고 한국을 일본 영토로 편입해야 한다는 것이 한국에서 발행되던 일본어 신문들의 중론(衆論)이었다.

이토가 사망했다는 소식은 당일 저녁 일본어 신문 『경성일보』(京城日報)와 『조선신문』(朝鮮新聞)을 통해 국내에 전해졌다. 한국 거주 일본인들의 표면적 반응은 당연히 '경악'과 '애통'이었다. 『조선신보』는 일본인과 한국인이 함께 대규모 추도회를 개최하고 이토의 동상을 서울에 건립하여 '일한 양국'의 영원한 기념으로 삼자고 주장했다.[1] 그러나 일본인 대다수가 진정으로 애도했다고 보기는 어렵다. 사실 일본인들은 이토를 그리 좋아하지 않았다. 이토는 사생활과 관련해 재물과 여색을 지나치게 탐한다는 손가락질을 받았으며, 외교적으로는 러시아에 너무 많이 양보했다는 비난을 받았다. 한국 거주 일본인들은 특히 이토가 열강의 눈치를 보느라 의병 진압에 소극적 태도를 보였다고 의심했다. 그들 중에는 한국인들을 복종시키려면 총칼로 다스려야 한다고 믿는 자가 많았다. 러일전쟁 후 5년이 흘렀는데도 일본이 한국을 병합하지 못한 것은 이토가 우유부단하기 때문이라고 생각하는 자도 많았다.

이토가 죽기 직전 자기를 저격한 사람이 누구인지 물었고, 한국인이라는 대답을 듣자 '바카야로'(馬鹿, 바보라는 뜻)라고 하고는 숨을 거뒀다는 말이 오랫동안 사실처럼 유포되었다. 재한 일본인은 물론 한국인 일부도 이 말을 안중근의 오해와 무지를 나무라는 뜻으로 이해했다. 이토는 본국의 강경파와 대립하면서까지 진심으로 한국의 독립을 지켜주려 했는데, 안중근 때문에 그 노력이 수포로 돌아갔다는 것이다. 하지만 이 '설화'는 안중근 의거 당시 이토를 수행했던 무로타 요시아야(室田義文)가 1909년 12월에 처음 언급한 것으로, 사실이라고 볼 다른 근거는 없다.[2] 이토를 포함한 일본 정부가 한국 병합 방침

---

1) 『조선신보』, 1909. 10. 28.
2) 도진순, 「안중근과 일본의 평화지성, 화이부동과 사이비」, 『한국근현

을 정한 것은 러일전쟁 승리 직후였으며, 이토의 하얼빈 방문도 한국 병합 일정을 협의하기 위해서였다.

한국에서 발행된 일본인 신문과 잡지들은 순종 황제가 일본에 건너가 한국인을 대표해 사죄해야 한다고 주장했다. 한국을 즉시 병탄하고 순종을 도쿄로 이주시키자는 극단적 주장을 펴는 자들도 있었다.[3] 물론 그들이 가장 중시한 사후처리는 이 '기회'에 한국 내 반일운동 세력의 뿌리를 뽑는 일이었다. 서울에서 발행되던 잡지 『조선』은 "이들 위험분자를 기르고 선동하는 배일적(排日的) 언론, 문장, 행동을 단속하기 위해 단호한 압박과 검속(檢束)을 실시해야 한다. 배일사상(排日思想) 선동의 혐의가 있는 유생(儒生), 학생, 야소교도, 신문기자, 정치가, 무뢰한 등에 대해 이번 기회에 엄상열일(嚴霜烈日, 싸늘한 서리와 뜨거운 태양)의 태도를 취해야 한다"고 강변했다.[4] 의거 직후 통감부도 국내의 수많은 민족운동가를 체포하여 연루 혐의를 조사했다. 이런 분위기에서 "헌병대가 안중근 연루자로 의심하고 있으니 뇌물을 바쳐야 살 수 있다"며 부호들을 위협, 금품을 갈취하는 일본인 공갈범도 생겼다.[5]

일본 내의 반응도 마찬가지였다. 일본은 100만 명이 넘는 전

대사연구』 86, 2018, 147쪽.

3) 신운룡, 「안중근 의거에 대한 국내의 인식과 반응」, 『한국근현대사연구』 33, 2005, 11쪽.

4) 이규수, 「안중근 의거에 대한 일본 언론계의 인식」, 『한국독립운동사연구』 34, 2009, 112쪽.

5) 『대한매일신보』, 1910. 4. 27.

사자를 내고 러일전쟁에 승리했으나 전리품(戰利品)은 일본인들의 기대에 미치지 못했다. 전쟁 중 호황을 누렸던 일본 경제는 곧 불황에 빠졌고, 메이지유신 이후 40년 넘는 시간이 흐르면서 근대 교육의 유용성도 많이 떨어졌다. 대학을 나오고도 직장을 잡지 못하는 청년이 늘어났다. 이들에게 일자리를 제공하기 위해서라도 한국을 속히 병탄해야 한다는 여론이 높았다. 일본 정부는 진즉에 한국 병탄 방침을 정해놓은 상태였으나 일반인들은 그 사실을 알지 못했다. 온건주의자들이 일본 청년들의 앞길을 가로막는다는 비난이 거셌고, 이토는 그 대표로 지목되었다. 그런데 막상 이토가 죽자 일본의 대다수 언론은 이를 한국 병탄의 기회로 삼고자 했다.

의거 직후 일본에서 발행된 시사잡지 대부분은 안중근을 '광인', 심지어는 '광견'(狂犬, 미친개)으로 비하했다. 그들은 안중근이 자신을 대한의군 참모중장으로 소개한 사실을 들어, 이 기회에 폭도(暴徒)＝의병을 완전히 소탕하여 이토의 원수를 갚고 한국을 병탄해야 한다고 주장했다. 한국과 일본을 왕래하며 활동하던 마츠오 아사이쿠니(釋尾旭邦)는 "공은 결국 기르던 개에게 물렸다. 공을 살해한 것은 일본을 배격하는 미친개다. 공이 밤낮으로 회유·지도·동정한 한국 백의인(白衣人)의 독수(毒手)에 화를 입은 것은 기른 개한테 손을 물린 것과 같은 기이한 화(禍)다"라고 썼다. 모치츠키 류타로(望月龍太郎)도 잡지『태양』에 "조선이라는 나라는 도저히 유약한 정책으로 일을 해나갈 수 없다는 것을 충분히 증명했다"[6]며 무단적(武斷的) 방법으로 신속히 병합을 단행하라고 촉구했다.

이토의 생애를 부정적으로 묘사한 언론도 없지 않았으나, 대다수 언론은 이토의 사망을 한국 병합의 기회로 삼기 위해 그의 공적을 대대적으로 부풀렸다. 이토를 일본 메이지유신의 원훈(元勳)이자 동양평화를 이룩하고 한국을 문명화하기 위해 노력한 불세출의 정치가로 추켜세울수록, 한국과 한국인에 대한 일본인들의 분노와 적개심은 높아졌다. 이토가 사망한 지 9일 뒤인 11월 4일, 도쿄 히비야공원에서 국장(國葬)으로 치러진 그의 장례에는 40만 명이 참석했다.[7]

아주 드물기는 했지만, 안중근 의거에 동정을 표시한 일본인도 있었다. 저명한 평화주의자로서 천황 암살을 계획했다는 이유로 1911년 1월에 처형된 고토쿠 슈스이(孝德秋水)는 "삶을 버리고 의로움을 취했으며 제 몸을 죽여 어짊을 이루었도다. 안중근의 의거로 천지가 모두 진동했도다"(捨生取義 殺身成仁 安君一擧 天地皆振)라는 글귀가 들어간 사진엽서를 구해서 간직했다.[8] 당대 일본에서는 드물었던 기독교 신자이자 톨스토이를 추앙했던 소설가 도쿠토미 로카(德富蘆花)는 1913년 9월부터 11월까지 만주와 조선을 여행하다가 뤼순에서 안중근의 휘호 "빈이무첨(貧而無諂) 부이무교(富而無驕)"를 얻었다. 그는 이 유묵 상단에 자기 생각을 적었다. 이토는 부유하다고 교

---

6) 이규수, 2009, 앞의 글, 95-114쪽.

7) 이태진, 「안중근: 불의 불법을 쏜 의병장」, 『한국사 시민강좌』 30, 2002, 238쪽.

8) 신운룡, 「안중근과 우찌무라 간조의 평화론 연구」, 『신학전망』 176, 2012, 164쪽.

404

만했으나 안중근은 가난했지만 비굴하지 않았다고.[9]

뤼순감옥의 간수였던 치바 도시치(千葉十七)는 퇴직 후 안중근의 사진과 '위국헌신 군인본분'이라 쓴 휘호를 가지고 귀국하여 자기 집에 제단을 차려놓고 평생 안중근의 제사를 지냈다. 그는 평소 "안중근이라는 사람은 참으로 훌륭한 인물이었다. 죽음을 눈앞에 두고 태연한 모습으로 이같이 훌륭한 글씨를 남긴 그는 참다운 군인이다"라고 말하곤 했다고 한다.[10] 치바가 사망한 후에는 그의 부인이 제사를 지냈으며, 부인마저 사망한 뒤에는 친척이 유묵을 보관하다가 다이린사(大林寺)에 기증했다.

한국 귀족과 친일세력의 반응

의거 당일 오후 6시께, 대한매일신보사에 한인이 이토를 처단했다는 소식이 전달되었다. 이튿날인 10월 27일, 『대한매일신보』는 「이등(伊藤) 총 마졌다」는 제목의 기사를 하얼빈 전보로 보도했다. 『황성신문』도 같은 날짜에 의거 소식을 실었으나 제목은 「조위이공」(弔慰伊公)으로 이토 죽음을 애도하는 내용이었다.[11] 한국인들은 사회적 지위와 정치적 태도에 따라 다양한 반응을 보였다.

---

9) 도진순, 2018, 앞의 글, 132쪽.
10) 『동아일보』, 1970. 10. 27.
11) 신운룡, 「안중근 의거에 대한 국내의 인식과 반응」, 『한국근현대사연구』 33, 2005, 11-12쪽.

고종은 식사 중에 이토가 한국인의 총에 맞아 죽었다는 소식을 듣고 숟가락을 떨어뜨릴 정도로 놀랐으며, 약을 먹고 침전에 들었으나 잠을 이루지 못했다고 한다. 순종 역시 두려움에 떨며 어찌할 바를 몰랐다고 한다. 일제는 의거에 대한 순종의 인식을 이렇게 정리했다.

"이토 태사(太師)처럼 온후하고 덕이 깊은 사람은 없다. 그는 우리나라 국사(國事)를 위해 진력하고 태자를 보육한 은인이다. 그런 은인을 우리나라 사람이 암살했다는 것은 큰 치욕이다. 한·일 양국의 친교를 해치는 일은 항상 우매한 도배가 저지른다."

자기와 황실은 이토에게 고마워하는 마음뿐이며, 우매한 도배가 저지른 일로 말미암아 양국 관계에 변동이 생기지 않기를 바란다는 뜻이었다. 고종의 귀비 엄씨는 도쿄에 볼모로 잡혀가 있는 영친왕 걱정에 잠을 이루지 못했으며, 이토와 사제관계를 맺은 영친왕도 식사를 거를 정도였다고 한다. 영친왕은 시종 김응선을 하얼빈에 파견하는 한편 일본 황실에 조문 전보를 쳐달라고 본국에 요청했다.[12]

10월 27일, 순종은 직접 남산의 통감부로 찾아가 조문한 뒤, 이토에게 문충공(文忠公)이라는 시호를 내렸다. 또 제사 비용으로 3만 원, 유족 위로금으로 10만 원을 기탁했다.[13] 이어

---

12) 같은 글, 27쪽.
13) 박균섭, 「안중근의 꿈: 교육자, 독립투사, 평화운동가의 길」, 『한국학연구』 67, 2018, 75쪽.

"(안중근의 행위는) 세계 대세와 국시(國是)를 알지 못하고 일본의 성의를 오해하여 생긴 일대의 한스러운 일"로서 "이토는 동양평화의 유지자(有志者)이자 조선 개발의 일대 은인"이라는 내용의 '조칙'을 내렸다.[14]

이토의 국장(國葬) 당일인 11월 4일에는 시종원경 윤덕영(尹悳榮)을 칙사로 임명, 소네 아라스케(曾禰荒助) 통감을 찾아가 조문하게 했다. 고종도 이날 직접 소네 통감의 관저로 찾아가 "이토 공의 국장일을 당하여 통감의 '통도의 정'(痛悼의 情, 아프고 애도하는 마음)이 가장 절실하리라 생각되어 찾아왔다"고 말했다.[15]

황족(皇族)들은 안중근 의거로 말미암아 자기들 신상에 이상이 생길까 봐 전전긍긍했지만, 이미 나라가 망할 것을 예상했던 정부 고관과 친일파 중에는 이 일을 입신양명의 기회로 삼으려는 자도 많았다. 대한제국 정부는 의거 다음 날 내각회의를 열고 대책을 협의했다. 이 자리에서 황족 1명을 칙사로 임명하여 사죄 사절단을 이끌고 일본을 방문토록 하며, 이토 장례식 당일에는 순종이 직접 통감부에 마련된 식장을 방문한다는 방침이 결정되었다. 또 28일부터 30일까지 3일간 각 학교, 상점, 시장, 연예장에 휴업을 명령했다.[16]

그 직후 순종의 칙사 시종원경 윤덕영, 태상황 고종의 총관

---

14) 신운룡, 2005, 앞의 글, 10쪽.

15) 같은 글, 32쪽.

16) 같은 글, 28~29쪽.

조민희, 총리대신 이완용 등은 일본인 나베시마(鍋島) 참여관, 시마이(島居) 통역관과 함께 만주로 가서 조문하려 했으나, 일제는 뱃길이 위험하다는 핑계로 이들의 승선을 거절했다.[17] 이토의 국장일이 11월 4일로 결정되자 순종은 의친왕을 칙사로 삼아 조문 사절단을 보내기로 하고 관보에 이 사실을 공표했다. 의친왕은 30일 아침 일본 천황에게 보내는 순종의 친서를 휴대하고 출발할 예정이었으나, 일제는 의친왕 파견은 과중하다며 거절했다. 대한제국을 대표하는 '진사(陳謝)사절단'은 원로 대표 김윤식, 창덕궁 대표 민병석, 덕수궁 대표 박제빈, 국민 대표 유길준, 실업가 대표 조진태, 일진회 대표 홍긍섭, 종교계 대표 정병조, 설유가(說遊家) 대표 고희준, 신문사 대표 정운복, 정부 대표 조중응, 궁내부 대표 최석민으로 구성되었다. 이들은 11월 4일 일본 도쿄 히비야공원에서 치러진 이토 국장에 참석했다.[18] 일본 권력자들의 눈에 띌 기회라고 판단하여 '진사 사절단'에 끼려 들거나 별도 '사죄단'을 만들기 위해 운동하는 자들도 속출했다.

국가를 대표하는 진사사절단과는 별도로 '국민사죄단'을 조직해 일본에 파견하자고 주장하는 무리도 있었다. 발기인은 일진회 경북지부 회원들이었다.[19] 이들은 각도 각군에 「고급서」(告急書)라는 문서를 발송했다.

---

17) 박균섭, 2018, 앞의 글, 75쪽.
18) 신운룡, 2005, 앞의 글, 30-31쪽.
19) 같은 글, 10쪽.

"어떤 자는 완고하고 우매하여 나라를 잘못되게 했고, 어떤 자는 간사하고 속이 좁아 나라를 잘못되게 했으며, 어떤 자는 개인의 명예를 위하여 나라를 잘못되게 했다. 이번 사건이야말로 몇몇 미친 놈[狂夫]의 통분(痛憤)할 짓으로 이 나라를 잘못되게 함이 심하디…. 동양의 평화를 유지하고 황색 인종을 보호하려는 큰 책임이 그대의 일신에 있다."[20]

이들은 자기들이 선정한 13도 대표가 일본에 가서 천황에게 벌을 내려달라고 청해야 한다고 주장했다. 이토 장례식 20일쯤 뒤인 11월 25일, 서울 중부 대사동(현재의 인사동)의 청국인 상사(商社) 동순태(同順泰)에서 48명이 모인 가운데 국민사죄단 발기인 회의가 열렸다. 이 자리에서 정해진 회칙은 명칭과 회원 규정 말고는 단 하나였다.

"이토 공의 조난 건에 대하여 대일본 천황께 엎드려 죽여달라고 빌어서(伏誅) 일한 양국을 영구히 친목케 함을 목적으로 한다."

그러나 일진회원들의 국민사죄단은 발기 단계에서 동력을 잃었다. 이들의 속셈이 일본의 환심을 사는 것밖에 없다는 사실은 일제 당국도 잘 알았다. 12월 17일, 일제 당국은 이들에게 일본에 가서 이토 묘소에 참배하는 것은 괜찮지만 천황 및 일본 정부에 문서를 올리는 것은 불가하다고 통보했다. 19일 오전 10시 50분, 이들 중 7명이 서울 남대문 정거장을 출발하여

20) 국사편찬위원회, 『한국독립운동사자료』 7, 1978, 5-7쪽.

부산까지 갔으나 일본행 기선에 타지는 않았다.[21)]

일진회원들은 국민사죄단 파견이 좌절되자 12월 5일, 「일진회 성명서」를 발표했다. 성명서는 일본이 동양평화와 한국 독립을 위해 막대한 희생을 무릅쓰고 청일, 러일전쟁을 치렀음에도, 한국은 일본의 도움에 고마워하기는커녕 헤이그에 밀사를 보내는 등의 행위로 일본을 배신했다고 전제한 뒤, 안중근 의거로 일본 내에서 문제의 '근본적 해결'을 촉구하는 여론이 높아졌다고 주장했다. 여기에서 '근본적 해결'이란 군사적 해결을 의미한다. 성명서는 한국인들이 이 위기에서 벗어나기 위해서는 일본과 합방하는 수밖에 없다고 강변했다.

안중근은 이토를 처단함으로써 민족의 정신을 일깨우려 했으나, 일제의 사주를 받은 일진회원들은 그의 의거를 합방 여론을 부추기는 데 이용했다. 일진회의 성명서에 대해서는 한때 일진회와 합작을 모색했던 대한협회와 서북학회조차 비판했으나, 합방이 '시간 문제'일 뿐이라는 사실을 모르는 사람은 거의 없었다. 문제는 합방 이후에도 민족으로 생존하며 독립을 위해 노력할 것이냐, 아니면 민족의 소멸을 받아들일 것이냐에 있었다. 안중근은 죽음을 선택하면서도 대한독립과 대한 동포를 위해 만세를 불렀으나, 저들은 자기 일신의 영달을 위해 일본인이 되기로 작정했다.

일진회원들과는 별도로 친일 유생들로 구성된 공자회(孔子會)도 사죄단 파견을 주장했다.[22)] 대한협회는 소네 통감을 방

---

21) 신운룡, 2005, 앞의 글, 34-39쪽.

문하여 조사(弔辭)를 전달하고, 이토 유족에게 조전(弔電)을 보냈다. 진사사절단에 끼지 못한 자들은 국내에서 이토 추모 운동을 벌였다. 의거 10일 후인 11월 5일, 장석주, 민경호, 민영우, 이민영 등 20여 명이 '동아찬영회'(東亞贊英會)라는 단체를 조직했다.[23] 동아시아의 영웅을 찬양하는 모임이라는 뜻이다. 이들은 서울 북부 순화방(현재의 통인동 일대)에 이토 동상과 송덕비, 비각(碑閣)을 세우되, 동상은 일본에 주문하여 제작하기로 했다. 이들이 계획한 비각의 규모는 80여 칸, 고종 즉위 40년과 망육순(望六旬, 60을 바라보는 나이, 51세)을 기념해 세운 '황제어극 40년 망육순 칭경기념비전'보다 훨씬 컸다. 건립 비용은 전국 13도에서 호당 10전씩을 거둬 충당하기로 했다. 이듬해 1월에는 이토의 사당을 지어 봄·가을 두 차례 제사를 지낸다는 계획을 추가했다. 그러나 이들이 획책한 일은 실현되지 못했다. 한국인 절대다수에게 이토의 죽음은 애도할 일이 아니라 축하할 일이었다. 통감부도 이들의 의도를 의심했다. 이들의 진정한 목적이 송덕비와 동상 건립을 핑계로 기부금을 거둬 횡령하는 것이라고 판단한 통감부는 계획을 중단시켰다.[24]

이토 장례일인 11월 4일에는 '자발적' 추도회가 곳곳에서 열렸다. 일진회원 300여 명이 서대문 밖 독립관에서 이토 추도회

22) 같은 글, 22쪽.
23) 같은 글, 40-46쪽.
24) 국사편찬위원회, 『한국독립운동사자료』 7, 1978, 49쪽.

를 개최했다. 대한광부회(大韓鑛夫會)도 종로 수전동 사무소에서 추도회를 열었다. 기독교 감리회와 구세군, 천도교 등 종교 단체들도 각각 추도회를 열었다. 가장 규모가 컸던 것은 한성부민회가 장충단에서 개최한 '대한국민 추도회'였다.[25] 참석 인원은 1만여 명, 그중 반 정도가 강제 동원된 학생들이었다.[26]

장충단은 본래 을미사변 때 희생된 장졸(將卒)들의 위패를 봉안하고 제사 지내기 위해 1900년에 만든 제단이었다. 그전에는 남소영(南小營)이라는 군영이 있었다. 1901년에는 문무(文武)를 막론하고 개항 이후 나라를 지키다 목숨을 잃은 사람들의 위패를 모시는 '국가 추모 시설'로 격상되었다. 장충단(獎忠壇)이라는 이름 자체가 '충성을 장려하는 제단'이라는 뜻이다. 그런데 개항 이후의 순국자는 모두 일본 침략에 맞서 싸운 사람들이었다. 따라서 장충단은 자연스럽게 반일(反日)을 고취하는 장소가 되었다. 한국의 국권을 탈취한 일본이 이런 상징물을 그대로 둘 리 없었다. 1904년 러일전쟁이 나자마자 서울의 일본인 거류민단은 장충단 바로 옆에 출정하는 일본군을 위로한다는 명목으로 유곽(遊廓)을 건설했다. 대한제국의 성소(聖所)를 가장 퇴폐적인 시설로 모욕한 것이다. 통감부는 1907년 장충단 제사를 폐지하고 사당을 철거했으며, 1919년 총독부는 부지 전체를 향락을 위한 공원(公園)으로 바꿨다.

김구는 을미사변 때의 원수를 갚겠다고 일본인을 살해했는

---

25) 신운룡, 2005, 앞의 글, 40쪽.
26) 『대한매일신보』, 1909. 11. 3.

데, 한성부민회 간부들은 을미사변 때 희생된 사람들을 위한 제단에서 이토 히로부미 추도식을 열었다. 이는 개항 이후 순국한 사람들을 모욕하는 짓이었다. 추도회의 제주(祭主)는 내각 총리대신 이완용이 맡아 직접 제문(祭文)을 지었다. 이토가 아시아를 개명했고, 동양의 평화를 유지했으며, 한국을 보호하고 종묘와 사직을 지켜주었다는 상투적인 내용이었다. 행사에서는 내각 서기관장 한창수가 제문을 대독(代讀)했다. 이어 한성부민회장 유길준 등 민간인 대표들이 제문을 낭독했고, 군인들과 각 학교 학생들이 이토 영전에 참배했다. 『황성일보』『대한민보』『대한신문』 등 친일적 국문(國文) 신문사 기자와 직원들도 이 추도회에 참석했다.

국내 한인 일반의 반응

안중근 의거 직후 일제에 의해 '배일파'(排日派)로 지목된 국내 인사들은 공개적으로 자기 의견을 밝히기 어려웠다. 하지만 자기들끼리 모인 자리에서는 기쁨을 감추지 않았다. 양기탁, 신채호 등 대한매일신보사 사원들은 의거 소식을 접하고 축하연을 베풀었다. 『대한매일신보』는 안중근이 사형당한 뒤 「안씨 하형(下刑) 후 민정(民情)」이라는 제목의 기사에서 세간의 여론을 전하는 형식으로나마 안중근에게 의사 칭호를 부여했다.

"지난 26일에 안중근 씨가 여순 감옥에서 사형 집행을 당함은 다 아는 바이어니와, 그가 죽은 뒤에 사람들은 분개하면서도 서로 칭찬하여 말하기를, 의사(義士)의 표준이라 희한한 충신(忠臣)이라 하며 심지어 뛰어노는 아이들까지도 모두 칭송하니, 이로써 보건대 한국 사람들의 일반적인 뜻을 가히 알겠다고 일본인들도 한탄한다더라."[27]

의사(義士)는 '의(義)를 위해 목숨을 버린 선비'라는 뜻으로 임진왜란 중 의병을 일으켰다가 전사한 사람들에게 붙이던 칭호였다. 개항 이후 처음으로 '의사' 칭호를 받은 사람은 만민공동회 운동 중 황국협회의 습격을 받아 사망한 신기료장수 김덕구였다. 당시 『독립신문』은 그의 사망 소식을 전하며 '의사'라고 표현했다.[28] 『황성신문』도 그 뒤를 이었다. 그의 장례식에는 수만 명에 달하는 백성이 참여하여 숭례문에서 갈월리에 이르는 연도를 메웠다. 한편 위정척사파의 거두 유인석은 을미사변 이후 선비가 변란에 임하여 취해야 할 행동 세 가지를 제시했다. 이를 '처변삼사'(處變三事)라 하는데, 첫째가 거의소청(擧義掃淸), 즉 의병을 일으켜 난적을 소탕하는 것이고, 둘째가 자정치명(自靖致命), 즉 스스로 목숨을 끊어 청명(淸名)을 보존하는 것이며, 셋째는 거지수구(去之守舊), 즉 도(道)가 살아 있는 곳으로 옮겨 옛 법을 지키는 것이었다. 후일 이 세 가지를 실천한 사람을 각각 의사(義士), 열사(烈士), 지사(志士)라고 불렀다. 대한의군 참모중장 자격으로 일본의 한국 침략을 총지휘한

27) 『대한매일신보』, 1910. 3. 30, 「안씨 하형후 민정」.
28) 『독립신문』, 1898. 11. 28.

이토 히로부미를 처단한 안중근에게 '의사'라는 칭호는 가장
적절했다.

안중근 의거 직후 한국인들이 공개적으로 할 수 있었던 발언
은 안중근을 흉한(兇漢)이라 비난하고 이토의 공적을 찬양하는
내용뿐이었다. 일제가 경찰권과 재판권을 완전히 장악한 상황
에서 안중근을 찬양하거나 이토의 죽음을 기뻐하는 것은 매우
위험한 일이었다. 그러나 기쁜 내색은 남의 눈에도 보이기 마
련이다. 안중근을 파문했던 뮈텔 주교는 자기 눈에 띈 한국인
들의 내심을 이렇게 표현했다.

"이토 공의 이번 암살은 모두의 불행으로 (안중근에 대한) 증오
심을 불러일으켰지만, 그런 모습은 일본인이나 몇몇 친일파 한국
인들에게서만 보일 뿐이다. 민중은 오히려 이를 기쁜 소식으로 받
아들이고 있을뿐더러 그런 감정이 아주 전반적이다. 이토 공이 한
국에 베푼 모든 공적과 실질적인 이익까지도 한국을 억압하려는
수단으로 간주되고 있다. 한국인들은 1895년 10월의 왕비 암살,
1905년 11월의 보호조약, 1907년 7월의 황제 폐위 등을 모두 그
의 책임으로 돌리고 있다. 그러므로 그의 암살을 정당한 복수로
여겨 모두가 기뻐하고들 있다."[29]

이토의 시정(施政) 덕에 한국이 문명화했다는 일본인 검찰관
에게 "그런 것들은 일본인을 위한 것일 뿐 한국인과는 아무 상

---

29) 한국교회사 연구소, 『뮈텔 주교 일기』 4, 2008, 413~414쪽.

관이 없으며, 일본은 오히려 한국인들의 생명과 재산을 약탈했다"고 반박했던 안중근의 생각은 대다수 한국인이 공유하던 바였다. 일본인들의 관찰 결과도 마찬가지였다. 한국인들은 일본인 앞에서 입을 다물었지만, 그래도 본심을 숨기지는 못했다. 잡지 『만한지실업』(滿韓之實業)에는 다음과 같은 기사가 실렸다.

"먼저 연령 20세 이상 40세 정도의 청년 가운데에는 이토 공한 사람을 죽여서는 아무 일도 안 된다, 모든 일본인의 숨통을 끊어놓아야 자기 나라의 태평을 바랄 수 있다고 하면서 이토 공을 죽인 게 무익(無益)하다고 생각하는 자가 많다. 또 50세 이상의 노인들은 소위 한국혼(韓國魂)의 결정물만 남아서 우리나라를 망국으로 이끈 이토 공을 죽인 것은 공적(功績)이자 정말로 바라던 바라며 '아이고 좋다'고 기뻐서 뛰는 놈도 있다. 그리고 20세 이하의 소년들은 순사와 부형에게 주의를 받아 대개는 입을 다물고 말하지 않는다."[30]

안중근이 사형당한 후 한국 각지에서는 청년들이 삼삼오오 모여 은밀히 제례를 지냈고, 상복을 입는 사람도 많았다.[31] 혈연관계가 아닌데도 상복을 입는 것은 왕이나 스승, 선현(先賢)을 대하는 예(禮)였다.

---

30) 이규수, 2009, 앞의 글, 107-108쪽.
31) 『대한매일신보』, 1910. 4. 1.

"너뿐인 줄 아지 마라. 너의 동포 오천만을 오늘부터 시작하여 하나둘씩 보는 대로 내 손으로 죽이리라"며 일본인에 대한 통한(痛恨)을 표현했던 우덕순의 마음은 평범한 한국인 절대다수의 마음이기도 했다. 계봉우는 이런 현상에 대해 "들판을 거닐며 헛된 생각이나 하던 완고한 선비도 다 안중근, 안중근 하며, 궁벽한 촌락의 부인 여자도 다 안중근, 안중근 하며, 깊은 산골의 철없는 나무꾼도 다 안중근, 안중근 하여, 그의 놀라운 생명을 역사에 올리고자 하며 그의 거룩한 공덕을 비석에 새기고자 하며 그의 위업 있는 얼굴을 사진에 박고자 하며 그의 정대한 의기(義氣)를 노래 삼아 부르고자 하니"라고 묘사했다.[32]

안중근의 의거는 일본군의 총검 앞에 위축되어 있던 한국인들의 정신을 일깨웠다. 일본인들은 안중근 의거에 자극받은 한국인들이 소네 통감까지 암살할까 걱정하여 통감부 주변 경계를 대폭 강화하는 한편,[33] 밀정을 풀어 안중근 의거를 칭송하는 사람들을 감시하고 잡아들였다.[34]

안중근 의거는 일제의 '남한대토벌작전'으로 위축되었던 의병들의 사기도 드높였다. 의거 소식이 국내에 전해진 뒤 호남지방에 각지 의병 1천여 명이 집결했고, 그중 한 부대는 10월 29일 오후 추풍령 기슭에 있는 이원역을 습격하여 정거장에 불을 지르고 통신시설 등을 파괴했다.[35]

---

32) 계봉우, 「만고의사 안중근전」, 『권업신문』, 1914. 6. 28-1914. 8. 29.

33) 『朝鮮新聞』, 1909. 10. 28, 「排日黨의 狂態」.

34) 『신한민보』, 1910. 6. 29.

35) 이규수, 2009, 앞의 글, 110쪽.

안중근을 숭모하는 마음은 그와 유족들을 도우려는 실천으로 이어졌다. 국채보상운동 때처럼 신문사가 전면에 나서지도 않았고 송금이 편하지도 않았는데, 안중근 변호사 비용으로 7만 원이 걷혔다. 성인 남성의 하루 일당이 1원 남짓 되던 시절이었다. 일제 경찰 당국은 이 돈의 일부가 민족운동을 위한 '비밀비'로 전용될 가능성이 있다고 판단했다.[36] 일제 경찰의 예측대로 이 '의연금' 일부는 독립운동 자금으로, 다른 일부는 유족 구제비로 사용되었다.[37]

안중근 의거는 특히 청년 학생들에게 깊은 인상을 심어주었다. 의거 직후 서울에서는 안중근 얼굴 사진 옆에 '충신 안중근'이라는 글자를 써넣은 엽서가 날개 돋친 듯 팔려 경시청이 그 발매를 금지해야 할 정도였다.[38] 이 사진엽서는 평양에서도 팔려 경시청이 압수한 것만 300장이 넘었고, 그 사진을 보관하기 위해 액자를 구매하는 사람도 많았다.[39] 조금 시일이 지난 뒤 일제 경찰은 "안중근은 청년·학생 사이에서 뇌리에 아플 정도로 심각하게 박혀 있다. 안중근의 사진을 담은 그림엽서와 복사지가 불령(不逞) 분자들의 가택 수색을 할 때마다 나오지 않는 일이 없다"고 토로했다.[40]

---

36) 『京城日報』, 1910. 2. 6, 「安重根への醵出」.
37) 『권업신문』, 1912. 11. 27.
38) 『조선신문』, 1910. 3. 27.
39) 『조선신문』, 1910. 4. 6.
40) 『동아일보』, 1995. 2. 13.

천주교단의 반응

안중근은 사형당하는 그 순간까지, 자기가 천국에 가리라는 것을 믿어 의심치 않았다. 그러나 정작 한국 천주교단의 생각은 달랐다. 안중근을 복사(服事)로 두었던 빌렘 신부는 의거 닷새 뒤인 10월 31일, 고해성사를 집전하던 중 소식을 들었다. 그는 안중근이 자기에게 종부성사를 부탁한다는 말을 전해듣고 한동안 고민에 빠졌다. 친조카처럼 여기던 사람이었고 그 인품을 누구보다도 잘 알았으나, 십계명의 첫 번째 계율을 어겼으니 신부로서 그 죄를 용서할 수 있을지 확신이 서지 않았다. 게다가 죽은 사람은 전 세계에 알려진 거물이었다. 그는 서울의 뮈텔 주교에게 종부성사를 집전해도 되는지 문의했다. 그러나 뮈텔의 대답은 단호했다. 그는 안중근이 극악무도한 살인 범죄를 저질렀으니 결코 용서할 수 없다고 말했다. 빌렘이 주교의 뜻을 어기고 안중근에게 가서 성사를 베푼다면 상응한 처벌이 있을 것이라는 경고도 덧붙였다.[41]

빌렘은 숙고 끝에 안중근에게 성사를 베풀기로 결심했다. 그는 안중근의 행위가 교리에 위배되지만 변명의 여지는 있다고 판단했다.[42] 그는 뤼순에 가서 안중근을 만나 종부성사를 베풀고 둘만의 미사도 집전했다. 안중근 사형 집행 다음 날인

---

41) 김녕, 「신앙인의 정치적 투신과 종교적 동기: 안중근과 장면을 중심으로」, 『인간연구』 18, 2010, 149쪽.

42) 윤선자, 「안중근 의거에 대한 천주교회의 인식」, 『한국근현대사연구』 33, 2005, 58쪽.

1910년 3월 27일, 뮈텔 주교는 경고했던 대로 그에게 성무 집행 정지령을 내렸다. 빌렘은 부당하다고 호소했으나, 그에게 우호적인 신부는 거의 없었다. 동아시아에 온 유럽인 선교사들은 스스로를 그리스도의 사도일 뿐 아니라 문명의 사도이기도 하다고 생각했다. 그들에게 유럽의 기독교 문명과 현대 문명은 같은 의미였다. 유럽 열강의 제국주의적 팽창 과정은 기독교 문명이 세계로 확산하는 과정이기도 했다. 한국에 들어온 천주교 선교사들도 거의 본능적으로 제국주의 침략정책에 우호적이었다.

뮈텔은 러일전쟁이 발발할 때까지는 러시아에 우호적인 태도를 보였다. 그도 안중근처럼 이 전쟁을 '인종 간 전쟁'으로 보았다. 그러나 일본이 승리하고 을사늑약이 체결되자 태도를 바꾸어 이토가 한국에서 벌인 일들을 높이 평가했다. 그는 자기 행위에서 드러나는 모순을 합리화하기 위해 정교분리와 정치 불간섭주의를 강조했다.[43] 게다가 그가 보기에 일본이 한국에서 한 일들은 프랑스가 베트남에서 한 일들과 별 차이가 없었다. 그런 만큼 안중근이 천주교도라는 사실에 당황했고, 그가 천주교도로 죽을 수 있게 도와준 빌렘에게 분노했다. 그러나 그들은 제국주의의 '문명화'를 강조하면서도, 모든 사람이 그 문명의 혜택을 받아서는 안 된다고 믿었다. 무엇이든 희귀할 때만 가치가 있기 때문이다. 유럽이 아시아에 가져다준 문명은 보이되 잡을 수 없는 별처럼 빛나야 했다. 안중근이 빌렘

---

43) 노길명, 「안중근의 가톨릭 신앙」, 『교회사연구』 9, 1994, 25쪽.

의 동의를 얻어 천주교 대학 설립안을 제출했을 때, 뮈텔이 단호히 거부한 것도 이 때문이었다. 일반 신부들의 태도도 뮈텔과 다르지 않았다. 천주교에서 발행하던 『경향신문』은 안중근이 천주교인이라는 사실을 한 번도 알리지 않았다. 유럽 천주교 신부들의 영향하에서 활동했던 몇 안 되는 한국인 신부들의 생각도 다르지 않았다. 그들 역시 안중근이 천주교도라는 사실을 부끄럽게 여겼고, 빌렘에게 적대적이었다.

한국 천주교단 내에 자기를 지지하거나 동정하는 신부가 거의 없다는 사실에 실망한 빌렘은 파리 외방전교회 신학교 지도자들과 교황청 포교성에 징계가 부당하다고 호소했다. 파리 신학교는 자기들에게는 판단할 권한이 없다고 회답했으며, 포교성은 1913년 7월 "주교가 빌렘의 뢰순행을 금지하고, 명령을 어겼다는 이유로 성무 집행 정지령을 내린 것은 공정보다 엄격했다"고 판결했다.[44] 빌렘의 손을 들어주기는 했지만, 뮈텔의 처사가 부당했다고 명시하지도 않은 판결이었다.

이국땅에서 외톨이가 된 빌렘은 1914년 2월 건강상의 이유로 본국 휴가를 요청했으나 거절당했다. 부주교 두세 신부는 이 기회에 아예 빌렘을 조선에서 축출하기로 마음먹고 그 찬반을 묻는 회람장을 모든 선교사에게 돌렸다. 선교사 100여 명 중 단 두 명을 제외하고 모두 축출에 찬성했다. 1914년 4월, 빌렘은 안태건의 아들이자 안중근의 사촌동생인 안봉근을 데리

---

44) 윤선자, 2005, 앞의 글, 57-58쪽.

고 프랑스로 귀국했고, 이후 조선에는 다시 오지 못했다.[45] 그는 제1차 세계대전 이후 프랑스 베르사유에서 강화회담이 진행될 때, 김규식 등 파리에 간 한국 대표들을 안내했다.[46] 하지만 빌렘이 한국 민족운동을 적극적으로 지지했다고 볼 수는 없다. 안중근의 사촌 안명근이 독립군 양성 자금을 모으러 다닐 때, 그 사실을 뮈텔에게 밀고한 사람도 빌렘이었다. 뮈텔은 일본 헌병대에 직접 찾아가 이를 알렸다.[47] 빌렘은 안중근에게 종부성사를 베푼 자기 행위가 한국 민족운동과는 아무 관계가 없다는 점을 알리고 싶었을 것이다.

국외 한인의 반응

의거 직후 일본 도쿄에서 대한소년회가 발간한 『신한자유종』 제3호는 안중근의 「장부가」를 소개하면서 의거일인 10월 26일을 제1회 적군 공격일로, 순국일인 3월 26일을 제2회 독립군 규합일로 하자는 글을 실었다가 일제 당국의 사전 검열로 발행되지 못했다.[48] 일본 유학생들이 발행하던 최대 규모의 잡

---

45) 오경환, 「안중근과 인천천주교 초대 주임 빌렘신부」, 『황해문화』 2, 1994, 172–178쪽.

46) 『신한민보』, 1919. 5. 10.

47) 윤선자, 「'한일합병' 전후 황해도 천주교회와 빌렘 신부」, 『한국근현대사연구』 4, 1996, 125–126쪽.

48) 장신·황호덕, 「신한자유종(1910) 검열 기록의 성격과 이광수의 초기 활동」, 『근대서지』 5, 2012, 275쪽.

지『대한흥학보』도 의거를 찬양하는 기사를 실었다가 정간(停刊)당했으며,[49] 학교나 지역별로 발행되던 잡지들도 직접적으로든 은유적으로든 안중근을 칭송했다. 의거 당시 일본에서 유학 중이던 이광수(李光洙)는 그를 모델로 하여「옥중호걸」이라는 시를 썼다. 민족주의에 기반한 영웅 숭배사상이 확산하는 한편으로 외국의 영웅과 위인 일대기가 소개되던 무렵이었다. 재일 유학생들이 발행하던『문사신보』(文士申報) 1909년 12월호에 수록된 이광수의 시「옥중호걸」은 우리나라 최초의 한글 영웅시였다. 그는 이 시에서 안중근을 '자유를 사랑하던 호걸, 범'으로 묘사했다. 안중근은 한국문학사에서도 시(詩)로 묘사된 최초의 영웅이었던 셈이다.

"자유를 자랑하던 저 호걸 범의, 좁은 옥(獄)에 갇혀서 속박받는 이 생활! 사람 손에 죽은 고기 한 점 두 점 얻어먹고, 조롱과 금고(禁錮) 중에 생명을 이어가니, 피는 끓고 높은 기운 뛰고, 번뇌 고통 가슴에 차."[50]

일제 권력의 손길이 닿지 않는 곳에서는 안중근과 그 가족을 돕고 의거를 기념하는 일들이 활발히 벌어졌다. 연해주에서 안중근과 함께 활동한 동지들의 최초 목표는 그의 목숨을 구하

---

49)『신한국보』, 1910. 7. 19.
50) 송영순,「이광수의 장시와 안중근과의 연관성: 옥중호걸과 곰을 중심으로」,『한국시학연구』35, 2012, 177쪽.

는 것이었다. 안중근의 의형제이자 동의단지회 동지인 김기룡은 뤼순감옥을 습격하여 안중근을 탈옥시키려 했다. 블라디보스토크 한인 거류민회는 이를 위해 200루블의 자금을 지원하기로 결정했다.[51] 그러나 일본군은 그런 일에 대비해 뤼순감옥 주변의 경계를 크게 강화했다. 구출이 불가능하다고 판단한 동지들은 저명하고 유능한 변호사를 구해 그의 목숨이라도 구하려고 했다. 그들은 공공회(公共會)라는 단체를 조직하여 모금운동을 진행했다.[52] 연해주와 하얼빈 일대는 물론, 국내와 상하이, 블라디보스토크, 페테르부르크 등지에서 성금이 답지했다. 국내에서 7만 원, 해외에서 5만 원이 걷혔다.[53] 이 돈의 일부는 영국, 러시아 변호사 선임비와 여비로 쓰였다. 하지만 일본 재판부는 외국인 변호사는 물론 한국인 변호사 선임도 거부하고 일본인 관선변호사에게 형식적인 변론을 맡겼다.

국외 민족운동가들은 안중근 구명운동과 별도로 해외동포와 외국인들에게 의거의 의미를 바로 알리기 위해 노력했다. 그들은 하얼빈 역두의 총성이 민족의 정신을 일깨우는 종소리가 되어야 한다고 생각했다. 안중근과 긴밀한 관계를 맺었던 대동공보사는 그의 정신을 알리고 유족들을 돕는 데에도 앞장섰다. 『대동공보』는 1909년 10월 28일자 기사 「일인 이토가 한인의 총에 맞아」라는 기사에서 러시아 거주 동포들에게 의거 소식을

---

51) 신운룡, 「안중근 의거에 대한 국외 한인사회의 인식과 반응」, 『한국독립운동사연구』 28, 2007, 107쪽.

52) 『독립신문』, 1920. 3. 25.

53) 『대한매일신보』, 1910. 3. 31.

처음 알렸다.[54] 11월 7일자 기사 「의사의 장례」에서는 안중근을 '의사'로 호칭했다. 당연히 그의 행위는 '의거'가 되었다. 미국에서 발행된 『신한민보』는 가장 먼저 안중근에게 '의사' 칭호를 부여했고, 의거 이후 거의 매호에 안중근 소식을 실었다. 대한제국의 마지막 주러시아 공사였던 이범진은 자결 순국하기 얼마 전 러시아 신문 『레치』(Peyb, 말) 기자와 인터뷰하면서 안중근을 애국자로 칭송하고, 일본이 한국에서 행한 일들에 대해 안중근과 같은 생각을 피력했다. 그는 일본이 한국에 이익을 준 것은 전혀 없으며, 오히려 한국의 영토를 빼앗고 국민을 죽였기 때문에 한국인들은 모두 일본을 불구대천의 원수로 생각한다고 말했다. 그는 일본인이 한국인들의 육체를 없앨 수는 있을 것이나 정신은 없앨 수 없다고 확언했다.[55]

미국인 기자 매켄지가 산골의 의병을 찾아가 이길 수 없는 싸움을 왜 하느냐고 물었을 때도, 그 의병의 대답은 "우리는 언젠가 죽겠지요. 그러나 노예가 되어 사느니보다 자유민으로 죽는 편이 훨씬 낫습니다"였다. 육신은 죽어도 정신은 살 수 있다는 믿음, 국가가 망해도 민족은 소멸하지 않는다는 신념은 당시 민족운동 세력이 공유하던 바였다.

안중근이 사형당한 뒤, 러시아의 한인 민족운동가들은 그를 추도하고 유족들을 돕기 위해 발 벗고 나섰다. 안중근 서거 일주일 뒤인 1910년 4월 2일 오후 7시, 블라디보스토크 한민학교

---

54) 신운룡, 2007, 앞의 글, 102쪽.
55) 국가보훈처, 『아주제일의협 안중근』 3, 1995, 150-153쪽.

에서 윤선(輪船) 합성회사 주최로 안중근 추도회가 열렸다. 이 자리에는 200여 명의 재러 동포가 참석했다. 한민회 서기 조창호는 개회사에서 이후 110년 넘게 변치 않은 '안중근에 관한 한국인의 생각'을 정리했다.

"그는 단지동맹을 통하여 국가의 독립을 위해 일신을 바칠 것을 맹세했고, 결국 의거라는 대사를 실행했다. 그러나 일본 정부는 그를 사형에 처했다. 사형을 당한 것은 오히려 그에게는 영광된 일이며 또한 그의 거사는 대일 투쟁의 모범이 되었다. 이토 처단 그 자체는 큰일이 아니며, 오히려 한국의 독립을 위한 그의 결의야말로 건국 이래의 위대한 일이다. 그러므로 이러한 영웅을 추모하는 것은 슬픈 일이 아니고 오히려 축하할 일이다. 현재와 같은 상황에 이른 것은 국민 각자가 국가 독립을 위해 결심하지 않았기 때문이다. 그러므로 여러분은 국권회복을 위해 투쟁하기로 한 그의 결심을 각자의 마음속에 각인하기 바란다. 한국이 독립하는 날 이러한 위인을 위하여 거액의 자금을 들여서라도 큰 기념비를 건립해야 한다."[56]

이 추도회 장면을 촬영한 영화가 제작되었다는 신문 보도도 있었으나, 사실 여부는 확인할 수 없다.[57] 4월 3일에는 하얼빈 거주 동포들도 추도회를 열었는데, 이 자리에서 안중근 의거

---

56) 신운룡, 2007, 앞의 글, 111쪽.
57) 『신한민보』, 1910. 5. 18.

장면, 독립 쟁취 후 경축하는 장면 등을 묘사한 연극을 공연했다고 한다.

미국에서 발행된 『신한민보』와 『신한국보』도 안중근 관련 소식을 상세히 보도했다. 사형선고를 받고도 태연자약하던 모습, 『동양평화론』을 집필하는 한편으로 휘호를 쓰는 옥중의 일상이 동포들에게 전달되었다. 안중근 사망 사흘 뒤인 1910년 3월 29일자 『신한국보』에는 "그 필법이 자못 교묘하여 서가(書家)의 풍채가 있으며 이에 무명지를 끊어버린 왼손을 도장 찍듯이 날인하였다더라"라는 기사가 실렸다.[58] 휘호를 직접 보고 쓴 듯한 생생한 묘사였다. 4월 17일에는 하와이 동포들이 안중근 추도회 겸 대운동회를 거행했다.[59] 8월에는 샌프란시스코에서도 추도식이 열렸다.[60]

뒤이어 안중근 의사 유족 구제 공동회의가 설립되어 모금 활동에 나섰다. 러시아 한인들뿐 아니라 미국 거주 한인들도 모금에 동참했다. 일제 경찰의 예상대로, 모금된 돈 일부는 독립운동 자금으로 활용되었다. 1911년 6월 18일 블라디보스토크에서 잡지 『태평양』이 창간됐는데, 자금 4천 루블 중 3천 루블은 안중근 의거 직후 모금된 돈이었다.[61] 안중근은 죽어서도 독립운동 자금을 기부한 셈이다.

안중근은 한국 민족운동과 민족주의의 모범이 되었다. 이토

---

58) 『신한국보』, 1910. 3. 29.
59) 『신한국보』, 1910. 4. 26.
60) 『신한민보』, 1910. 8. 10.
61) 신운룡, 2007, 앞의 글, 113쪽.

를 처단했기 때문이 아니라, 자기 목숨보다 민족의 자존을 더 중하게 여겼기 때문이고, 그 생각을 실천으로 옮겼기 때문이다. 안중근은 죽었으나 그에 관한 기억이 있었기에, 한국인들은 식민지 노예로 전락한 상태에서도 자존감을 지킬 수 있었고, 민족의 일원으로서 삶의 좌표를 찍을 수 있었다.

외국 언론의 반응

이토가 국제적 거물(巨物)이었던 데다가 한반도와 만주 문제가 국제정치의 주요 현안이었기 때문에 외국의 언론 매체들도 의거에 관심을 보였다. 외국 언론매체들은 특히 안중근의 태연자약한 태도에 깊은 인상을 받았다.

"그는 이미 순교자가 될 준비가 되어 있었다. 준비 정도가 아니고 기꺼이, 아니 열렬히, 귀중한 자신의 삶을 포기하고 싶어 했다. 그는 마침내 영웅의 왕관을 손에 들고는 늠름하게 법정을 떠났다."

1910년 4월 16일자 영국의 『더 그래픽』(the Graphic)이 묘사한 법정의 안중근 모습이다. 순교자를 뜻하는 영 단어 martyr는 '의사'(義士)로도 번역된다. 이 신문은 "세계적인 재판의 승리자는 안중근이었으며 그의 입을 통해 이토는 한낱 파렴치한 독재자로 전락했다"고 보도했다.

『뉴욕타임스』『월스트리트저널』『샌프란시스코 콜』『데일리

캐피털』『더 벨맨』『모닝 타임스』『엘파소 헤럴드』『하와이 가제트』 등의 미국 신문들과 호주의 『브리스베인 쿠리어』, 싱가포르의 『더 스트레이츠 타임즈』와 『프리프레스』 등도 안중근 의거에 상당한 관심을 기울였다. 『뉴욕타임스』는 안중근 의거부터 사형 집행까지의 경과를 여러 차례에 걸쳐 보도하는 한편, 미국 거주 한인들의 반응도 상세히 소개했다. 『하와이안 스타』지는 당지에서 발행된 중국계 신문 『치보우신』의 기사를 인용하는 형식으로 안중근 의거를 평했다. 『치보우신』의 편집장 로순은 "어떤 나라도 오랫동안 다른 나라 국민을 노예로 만들 수 없다. 그 결과는 스티븐스와 이토의 죽음으로 나타났다"고 썼다가 미국 정부로부터 무정부주의 선동 혐의로 추방당했다.[62] 싱가포르의 『더 스트레이츠 타임즈』는 안중근이 적시한 '이토의 죄상 15개 조'와 처형 직전 일본인 관리들에게 '동양평화를 위해 힘껏 노력해달라'고 했다는 소식까지 전했다.

62) 『뉴시스』, 2014. 5. 14.

2 일제하의 안중근 기념과 독립운동

안중근의 유족들이 망명하여 생활 근거를 확보한 뒤, 안중근에 관한 기억을 보존하고 확산하려는 사업이 본격화했다. 안중근의 전기를 발간하고 안중근 기념 배지를 만들어 보급하며, 안중근 의거를 연극으로 만드는 일 등이었다.

전기 발간

안중근 순국 3주 뒤인 1910년 4월 15일, 국내에서 작자 미상의 안중근 전기가 『근세역사』라는 제목으로 간행되어 은밀히 유통되었다. 이 책에 대해 일본 당국은 이렇게 기록했다.

"이 책은 흉행자(兇行者) 안중근의 행동을 기술한 사본으로 불령자(不逞者) 사이에 애독된 것이다. 책 속에 위협과 협박을 당했으나 끝내 자백하지 않고 조용히 죽음에 임했다고 허구의 사실을 게재하여 칭송하고 있다. 더욱이 각 교도가 강력히 요청하는 것도 역시 이 사본을 본받는 데 있다. 빈번하게 안중근을 칭찬하고『근세역사』라고 제목을 붙여 불손한 문자를 사용한 것은 흉도의 의중을 짐작게 할 만한 하나의 자료인 것이다."[1]

이 책의 일본어 번역본이 1995년에야 발견되었는데, 마지막 부분에는 동포들이 '비분강개의 정을 참지 못해 부르던 노래'가 실렸다.

"수양산은 창창하고 전당수(錢塘水)는 양양(洋洋)한데
인걸은 영특해 고금이 다를 바 없다
한밤에 건곤(乾坤)을 둘러보니 동남풍이 맹렬도 하다
청근(靑斤) 강산이 작다고 해도 척촌(尺寸)의 병사조차 없을쏘냐
박랑사(博浪沙)의 철퇴 소리에 6국의 영웅들이 일어섰듯
하얼빈의 아침 총소리에 동양의 천지가 진동했다
그대가 아무리 강포(强暴)하다 해도 천의인심(天意人心)을 어찌하랴
왕망(王莽) 동탁(董卓)의 대역무도가 만년이 간들 추함을 벗겠는가
문천상(文天祥)의 충성과 큰 절개는 백세를 흘러도 아름다우니

---

1) 日本外交史料館,『不逞事件において得すら朝鮮人の側面觀』「在內地」 제1권.

애도하노라 애도하노라 만고충혼을 애도하노라

남아의 간장을 썩인들 무슨 소용 있으랴

공산명월의 저 두견새야 고국의 흥망을 너는 아느냐

무릉도원 같은 잠에서 하루빨리 깨어나

2천만 우리 형제의 독립정신을 불러일으켜라.”

『근세역사』가 발간된 지 나흘 뒤인 4월 19일, 미국에서 발행된 『신한국보』에는 프랑스인 천주교 신부와 안중근의 친척이 함께 전기를 편찬하는 중이라는 기사가 실렸다.[2] 빌렘과 안명근을 지칭한 것으로 보이는데, 안명근이 군자금을 모집하면서 전기 발간 계획에 대해 말했을 가능성이 있다. 6월 22일, 『신한민보』도 안명근이 ‘안중근의 역사’ 발간을 준비 중이라고 보도했다.[3] 또 『대한매일신보』 4월 23일자는 “일본인 한 명이 안중근 씨가 이등 씨를 살해한 목적과 재판하던 전말과 안씨의 역사를 편집 발간하여 발매하는데 이등 씨와 안중근 씨의 사진까지 그 책에 박았다”고 보도했다.[4] 이 책의 제목이 무엇이며 실재(實在)했는지는 아직 알 수 없다.

1908년 중국에 망명하여 중국인들에게 량치차오에 필적하는 문필가라는 평가를 받았던 김택영(金澤榮)은 의거 직후인 1910년에 『안중근전』을 썼다. 그는 이 책을 필사본으로 만들

---

2) 『신한국보』, 1910. 4. 19.

3) 『신한민보』, 1910. 6. 22.

4) 『대한매일신보』, 1910. 4. 23.

었다가 1916년 개작하여 자기가 일하던 출판사에서 발간, 국내외에 배포했다.[5] 그는 이 책에서 안중근 의거를 '천하 영웅위인의 절의(節義) 정신을 수립'한 일로 평했다.[6] 의거 3주기인 1913년 10월 26일에는 중국에 망명한 민족운동가들이 상하이에 모여 각자 추모시를 지었는데, 김택영의 시는 아래와 같았다.

"예부터 망하지 않은 나라 없건만

언제나 나라 망치는 건 못된 벼슬아치들

하늘을 떠받들 듯 거인이 나타났으니 나라는 망할 때이건만 빛이 나더라."

저명한 양명학자 이건승(李建昇)은 일본이 한국을 병합하자 중국으로 망명하여 『안중근전』을 썼다. 그는 이 글을 간행하지 않고 자기 문집인 『해경당수초』(海耕堂收草)에 실었다. 1911년 8월에는 미국 하와이 신한국보사가 홍종표(洪宗杓, 洪焉)의 『대동위인안중근전』을 간행했다. 1913년 국민회 시베리아 지방총회는 '안의사 전기'를 간행하기로 의결했는데, 이 전기는 아마도 계봉우가 집필했을 것이다.[7] 이듬해 계봉우는 블라디보스토크에서 발행되던 『권업신문』에 「만고의사 안중근

---

5) 윤병석, 「안중근 의사 전기의 종합적 검토」, 『한국근현대사연구』 9, 1998, 105쪽.

6) 박균섭, 2018, 앞의 글, 77쪽.

7) 『신한민보』, 1913. 8. 22.

전」을 10회에 걸쳐 연재했다. 그는 안중근의 일생이 상무가(尙武家), 대종교가, 대교육가, 대시가(大詩家), 대여행가의 길이었다고 정리하고, 그가 사군이충(事君以忠), 사친이효(事親以孝), 교우이신(交友以信), 임전무퇴(臨戰無退)의 인물이었다고 평했다. 유교의 삼강오륜 대신 신라시대 원광의 세속오계를 제시한 것은 안중근을 현세에 되살아난 화랑으로 묘사하고 싶었기 때문일 것이다. 계봉우는 특히 안중근의 「장부가」에 깊이 감동하여 "공은 태백산 박달나무 아래에 강림하온 시신(詩神)이라 할지며 동해상 봉리방정에 내왕하는 시선(詩仙)이라 할지며 무궁한 이 세상에 첫째가는 시왕(詩王)이라 할지니라"라고 썼다.[8] 그는 시(詩)에 사람의 마음을 움직이는 강력한 힘이 있음을 잘 알았고, 안중근의 시가 민족의 노래로 불려지기를 바랐다. 그는 '장부수사심여철 의사임위기사운'(丈夫雖死心如鐵 義士臨危氣似雲), '인심유위(人心惟危) 도심유미(道心惟微)' 등 안중근이 옥중에서 남긴 휘호들에 대해서도 평했는데, 이로써 안중근이 옥중에서 간수들에게 써준 휘호에 관한 정보가 이미 널리 퍼져 있었음을 알 수 있다.

같은 1914년에 박은식도 중국 상하이에서 『안중근전』을 출간했다. 그는 서문에 "내가 이 편(안중근전)을 서술하니 중국 언론이 이름 붙여 부르기를 세계위인전이라 하였다"고 기록했다. 안중근의 아버지 안태훈과 함께 황해도의 두 신동으로 소문났던 박은식이었기에 안중근에 대한 생각은 각별했다. 그는

---

8) 계봉우, 「만고의사 안중근전」(5), 『권업신문』, 1914. 7. 26.

어려운 망명생활 중에도 안중근의 사적(事蹟)을 널리 알리고 그에 관한 기억을 보존하는 것이 민족운동의 기반을 다지는 일이라고 생각했다. 박은식은 이 책에 "그 백성이 무강(武强)하여 용감건투(勇敢健鬪)하는 자는 패왕(霸王)이요 사자나 호랑이지만, 그 백성이 문약(文弱)하여 겁이 많고 죽기를 겁내는 자는 노예요 집돼지라"고 적었다. 안중근을 모범으로 삼아 용감히 싸우자는 격려였다. 그 싸움은 비단 민족의 독립을 위해서뿐 아니라 한국인 각자가 노예나 돼지의 삶에서 벗어나기 위해서도 절실했다. 박은식의 『안중근전』은 신흥무관학교 졸업생들이 조직한 신흥학우단의 학보에도 전재(轉載)되었다.

박은식은 특히 중국 지식인들에게 안중근을 알리는 데에 주력했다. 중국에 망명한 민족운동가들에게는 한국 독립운동에 대한 중국인들의 동정과 지지가 절실했다. 일본이 한국을 식민지화하고 호시탐탐 중국 침략 기회를 노리는 상황에서 한국인과 중국인의 반일(反日) 연대는 필수적이었다.

박은식의 『안중근전』으로 중국인들도 안중근을 '아시아 민족운동의 모범이자 위인'으로 인식할 수 있게 되었다. 중국 언론이 이 책을 '세계위인전'이라고 평한 이유도 안중근이 '한국인들의 위인'을 넘어 전 세계 피압박 민족의 위인이 될 자격을 갖췄다고 인정했기 때문이다. 박은식의 『안중근전』은 미국 거주 동포들에게도 널리 보급되었다.[9]

예부터 역사서를 펴낼 때는 특별한 업적을 남긴 신하들의 행

---

9) 『신한민보』, 1916. 10. 5.

적을 정리하여 열전(列傳)에 수록했다. 조선시대에도 신하들이 왕의 일대기를 정리하거나 아들과 제자가 아버지와 스승의 일대기를 정리하여 행장(行狀)을 쓰는 것은 흔한 일이었다. 허구의 인물을 주인공으로 삼아 소설을 쓰고 거기에 『홍길동전』이니 『전우치전』이니 『박씨전』이니 하여 「~전」을 펴내는 일도 드물지 않았다. 그러나 개인 단위의 '위인전'은 근대의 산물이었다. 20세기 벽두부터 신채호와 박은식은 을지문덕, 최영, 이순신 등의 일대기를 정리하고 그에 '~전'이라는 이름을 붙였다. 그런데 당대의 저명한 문필가들이 자기와 같은 시대를 산 사람의 일대기를 정리하고 그에 '~전'이라는 이름을 붙인 것은 『안중근전』이 처음일 것이다. 일제가 한국을 식민지로 만든 상황에서 안중근 전기를 쓰고 읽는 것은 시급하고도 절실한 일이었다. 안중근 전기는 망국으로 실의에 빠진 사람들에게 희망과 용기를 불어넣고 민족의식을 고취하는 영약(靈藥)처럼 여겨졌다. 식민 통치하의 조선에서 얼마나 많은 사람이 그의 전기를 읽었는지는 알 수 없다. 하지만 안중근 이야기는 입에서 입으로 전해지면서 청년 학생들의 가슴을 뛰게 했다. 일제가 만주사변을 도발하고, '황국신민화' 정책을 강행하던 1938년 10월, 춘천공립중학교 학생 수십 명이 비밀결사 상록회를 조직했다. 이들이 숭배 대상으로 삼은 독립운동의 표상은 안중근이었다.[10]

10) 신운룡, 2005, 앞의 글, 26-27쪽.

기념식과 추모식

일본이 한국을 강제병합한 뒤, 국내에서 공개적으로 안중근을 추모하는 일은 불가능했다. 그러나 해외 동포들은 해마다 10월 26일의 의거일과 3월 26일의 순국일에 기념식과 추도식을 거행했고, 한인 신문들도 관련 내용을 보도했다. 1913년 8월 29일의 국치(國恥) 3주년을 맞아 『권업신문』은 '충신열사 제공(諸公)'을 위한 제문(祭文)을 실었다. 이 제문에서 언급된 인물은 최익현, 민영환, 이준, 안중근 4명이었다.[11]

1914년 안의사 순국일에는 우수리스크에 거주하는 한인 40여 명이 모여 추도회를 열었고,[12] 같은 해 5월에는 수청(파르티잔스크) 거주 한인들이 민영환, 이준, 안중근 합동 추도회를 열고 기금을 모아 명진학교를 창립했다.[13] 1921년 3월 26일에는 상하이 거주 교민들이 민단 사무소에서 12주기 추도식을 거행했다.[14] 추도식에는 안중근의 유족과 박은식, 여운형 등이 참석했는데, 유예균이 추도문 낭독을, 박은식이 안의사 약력 소개를 맡았다. 동의단지회 동지였던 조응순은 자기가 아는 안중근의 행적에 대해 얘기했고, 여운형이 가족들에게 다음과 같은 위로의 말을 했다.

"그는 일개 늙은이인 이토를 죽임으로써 거사를 끝낸 것이

11) 『권업신문』, 1913. 8. 29.
12) 『신한민보』, 1914. 6. 4.
13) 『권업신문』, 1914. 6. 14.
14) 『독립신문』, 1921. 3. 26.

아닙니다. 그는 동양의 꿈꾸는 호랑이와 조는 사자를 놀라게 해 깨웠으며 온 천하의 혁명아(革命兒)를 낳았습니다. 그는 혁명의 아버지요 혁명의 신이 되었으므로 벌써 부활했고 영원히 인류의 마지막까지 함께 살 것입니다."[15)]

안중근 의거 기념식과 순국 추도식은 임시정부의 주요 의례였다. 임시정부는 상하이사변 이후 여러 차례 이동하는 급박한 상황에서도 안중근 추모 행사를 치르곤 했다. 다만 일본군과 밀정의 눈을 피해야 했기 때문에 비밀리에 거행했다. 1938년 순국 29주기 추도식에 대해 임시정부에서 발행하던 잡지 『한민』은 "모처(某處)에 있는 인사들은 모(某) 장소에서 기념식을 거행"했다고 보도했다.[16)]

유품과 사진, 기념품

사괘 자리에 '대한독립'(大韓獨立) 네 글자를 피로 써넣은 '안중근의 태극기'는 일제하 한국 민족운동의 성물(聖物)로 여겨졌다. 1911년 7월 블라디보스토크 주재 일본 총영사관 통역 키토(木藤)의 보고에 따르면, 동의단지회 결성 당시에 만든 혈판(血判), 동맹서, 대한독립 태극기 등은 회원 중 한 명인 백규삼 또는 최재형이 보관하다가 안중근의 동생 정근에게 전달됐다. 한국 민족운동가들은 이 물건들을 신물(神物)로 여겨 조선

15)『독립신문』, 1921. 4. 2.
16)『한민』 17, 1938. 4. 3.

에서 망명한 사람들은 일부러 찾아가 예배를 청하기까지 했다고 한다.[17]

안중근의 사진도 한국 민족운동의 성물(聖物)이었다. 1910년 4월, 이와다(岩田)와 카네다(金田)라는 서울의 두 일본인 사진관에서는 안중근 사진을 다량 복제해 판매했다. 또 서울의 어떤 한인은 '충신(忠臣) 안중근'이라는 글자가 적힌 그림엽서를 제작·판매했다. 평양에서는 안중근 사진 수백 장이 팔렸고, 사진관에 복제를 부탁하는 사람도 줄을 이었다.[18] 경시청은 치안 방해죄로 사진들을 압수하고 발매를 금지했으나 이미 시중에 상당량이 풀린 뒤였다.[19] 국외에서는 안중근 사진을 자유롭게 사고팔 수 있었다. 1910년 5월, 미국의 한 한인 출판사는 책을 구입하는 사람에게 '의사 안중근' 사진을 사은품으로 주었다.[20]

1911년 7월, 일본 경찰 쿠니토모(國友謙稿) 경시는 「불령(不逞) 사건으로 얻은 조선인의 측면관(側面觀)」이라는 보고서에 조선의 청년 학생들이 안중근 사진을 어떻게 대하는지, 다음과 같이 기록했다.

"실로 안중근의 그림엽서는 불평자의 가택에서 발견되지 않는

---

17) 반병률, 「러시아에서의 안중근의 항일 독립운동에 대한 재해석」, 『한국독립운동사연구』 34, 2009, 43쪽.
18) 『신한국보』, 1910. 4. 26.
19) 『신한국보』, 1910. 4. 19.
20) 『신한국보』, 1910. 5. 3.

곳이 없고, 저명한 배일자(排日者) 안태국 같은 무리는 안중근의 사진을 복사하여 벽에 걸어놓고 존숭(尊崇)의 뜻을 표하였다. 불평자 간의 선배만이 이와 같겠는가. 그 나머지에 있어서도 존숭은 남자만에 그치는 것이 아니라 경신여학교 졸업생 홍은희와 같은 여자는 안중근의 초상을 명찰 형태로 만들어 매일 품 안에 넣고 본다. 현재 이들 불령자(不逞者)들이 부르는 안중근 창가가 있다."[21]

연해주에서 발행된 『권업신문』은 안중근 전기 간행비를 모금하기 위해 그림엽서를 한 장당 25전에 판매한다는 광고를 실었다.[22] 안중근 그림엽서는 여러 곳에서 발행됐고, 국내에도 적잖이 유포되었다. 1912년 겨울, 미국의 신한민보사는 호랑이 형상으로 그린 한국 지도와 안중근 사진을 넣은 달력을 만들어 한인사회에 보급했다.[23] 1913년 국민회 시베리아 지방총회는 안중근 기념표를 발행, 판매하여 수익금을 유족 지원에 쓰기로 결의했다.[24] 1913년 겨울, 권업신문사는 안중근 전기 발간 비용을 마련하기 위해 '안중근이 하얼빈에서 이등박문을 죽일 때모양'과 '뤼순 옥중에서 유언하던 모양' 등 4종의 사진을 제작,

---

21) 日本外交史料館, 「不逞事件にわいて得する朝鮮人の側面觀」, 『在內地』 제1권.
22) 신운룡, 「안중근 의거에 대한 국외 한인사회의 인식과 반응」, 『한국독립운동사연구』 28, 2007, 105쪽.
23) 신운룡, 2007, 앞의 글, 122-123쪽.
24) 『신한민보』, 1913. 8. 22.

각각 25전씩에 판매했다.[25] 이에 대해 『신한민보』는 "공의 장렬한 기백을 모범하며 공의 경의를 숭배하는 우리는 각각 한 벌씩 사다 두고 엄연한 유상을 날로 대함이 가장 필요"하다며 미국 거주 동포들의 구매를 알선했다.[26]

1920년 10월, 독립군을 잡기 위해 간도의 한인들을 닥치는 대로 살육(＝경신참변[庚申慘變])하던 일본군은 한 마을에서 안중근의 사진을 '의사의 존신(尊神)'으로 받들어 모시고 제사지내는 사람을 체포했다.[27] 1924년 2월, 일본 경찰은 고베항에 입항한 미국 기선에 의열단원 두 명이 탔다는 첩보를 입수하고 그들의 소지품을 검색하다가 안중근의 사진을 발견했다.[28] 그들이 중국 여권을 가진 데다가 일본 땅에 발을 딛지 않았기 때문에 체포되지는 않았으나, 이 일은 일본 신문들에 대대적으로 보도되었다. 1926년 1월에는 황해도 재령에서 '쇠사슬에 묶인' 안중근 사진을 복제하여 판매하려 한 청년이 일제 경찰에 체포되었다.[29] 돈을 주고서라도 안중근 사진을 구해 소장하려는 사람이 많았다는 방증이다. 1928년 5월 하얼빈 일본 총영사관 경찰이 공산주의 선전 혐의로 체포한 청년의 품에서도 안중근 사진이 나왔다.[30]

---

25) 『권업신문』, 1913. 12. 14.

26) 『신한민보』, 1914. 3. 19.

27) 『매일신보』, 1920. 10. 22.

28) 『동아일보』, 1924. 2. 26.

29) 『조선일보』, 1926. 1. 17.

30) 『동아일보』, 1928. 5. 10.

안중근 사진을 넣은 엽서나 달력은 독립운동 자금 염출을 위한 주요 기념품이었다. 1914년 권업신문사는 단군, 을지문덕, 이순신, 민영환, 이준, 안중근의 사진을 넣은 한반도 지도를 제작, 판매했다. "한국민족 된 이는 벽에 걸어놓고 아침저녁으로 보고 숭배"하라는 취지에서였다.[31] 1926년, 일제 경찰은 안중근 사진을 비밀리에 판매하던 민족운동가들을 검거했다.[32] 국외의 한인 민족운동가들은 안중근 기념비 건립 계획도 세웠다. 1910년 5월, 일제 경찰은 연해주에 거주하는 류승하라는 사람이 안중근 기념비 건립 의연금을 모으기 위해 귀국했다는 정보를 입수하고 수사에 착수했다.[33]

시와 창가

안중근 순국 직후, 미국에서 발행되던 『신한민보』는 그의 「장부가」를 한글로 번역하여 게재했다.[34] 이 시가는 편지나 구전(口傳)으로 광범위하게 유포되었을 것이다. 1911년 일제 경찰이 확인한 '안중근 창가'의 가사는 아래와 같았다.

"노청(露淸) 두 나라를 지날 때 / 앉으나 서나 드리는 / 우리 기도를 살펴주소서 / 주 예수여 이 기도를 들어주소서 / 동쪽 반도

---

31) 『권업신문』, 1914. 7. 12.
32) 『조선일보』, 1926. 1. 17.
33) 『대한매일신보』, 1910. 5. 17.
34) 『신한민보』, 1910. 5. 18.

대제국을 / 우리 바라는 대로 구해주소서 / 오호라 간악한 늙은 도적이여 / 우리 2천만을 죽이지 못하리라 / 금수강산 삼천리를 소리 없이 빼앗아 / 흉악한 수단을 쓰더니 / 이제야 너의 명줄을 끊었구나 / 너도 이제 한없으리 / 갑오 독립을 선언하고 / 을사조약을 맺었더라 / 이제 네가 북으로 가더니 / 너도 몰랐으리 / 덕을 닦으면 덕이 오고 / 죄를 지으면 죄가 온다 / 너만 아니라고는 생각 말지어다 / 너의 동포 5천만을 / 하나하나 이렇게 / 나의 손으로 죽여 보이리라."[35]

지금까지 알려진 것 외에도 안중근을 찬양한 노래는 무척 많았을 것이다. 민족운동가와 청년 학생들이 사적으로 작성한 메모나 낙서 형식의 노랫말들을 어떻게 다 헤아릴 수 있을 것인가. 1912년 일제 경찰은 만주 쥐쯔제(局子街)의 한인 가택을 수색하다가 「영웅모범가」라는 노랫말이 쓰인 쪽지를 발견했다. 가사는 "늙은 이토가 하얼빈에 도착하자 단포 3발을 연속하여 쏘아 장쾌하게 죽인 안중근의 그 의기를 우리의 모범으로 삼아야 한다"였다.[36]

1914년 8월부터 이듬해 9월 사이 개성 한영서원(현 송도고등학교)과 호수돈여학교 교사와 직원들은 비밀리에 『창가집』 두 책을 출판하여 학생들에게 보급했다가 출판법, 보안법 위반 및

---

35) 日本外交史料館, 「不逞事件において得する朝鮮人の側面觀」, 『在內地』제1권.
36) 申雲龍, 2007, 앞의 글, 128쪽.

불경죄로 체포되었다. 이 창가집에 실린 '영웅의 모범'이라는 노래는 일본의 침략에 맞서 싸운 역대 '위인'의 사적을 읊었는데, 그 가사는 다음과 같다.

"계림의 개돼지가 될지언정 일본의 신하는 되지 않겠다며 목숨을 던질 것을 결심했던 박제상의 충성은 우리들이 모범으로 삼아야 하리.

일본 황제를 사내종으로, 일본 황후를 계집종으로 삼아 부리고자 다짐했던 석우로(昔于老)의 굳센 마음은 우리들이 모범으로 삼아야 하리.

임금이 욕을 당하면 신하가 임금을 위해 죽는 것은 당연한 일, 한산의 적을 격퇴할 때 적수공권으로 적병을 몰살시켰던 조중봉(趙重蜂)과 칠백 의사의 담력과 지략은 우리들이 모범으로 삼아야 하리.

한산도와 영등포에서 거북선 타고 일본 함선을 모조리 복멸시킨 이순신의 전략은 우리들이 모범으로 삼아야 하리.

하늘에서 내려온 홍의장군 좌충우돌 분투하여 쥐와 같은 왜적들을 도처에서 베어버린 곽재우의 용맹은 우리들이 모범으로 삼아야 하리.

의병을 일으켜 싸우다가 드디어 대마도에 갇히어 일본의 곡식을 먹지 않고 태연히 굶어 죽은 최익현의 절개는 우리들이 모범으로 삼아야 하리.

늙은 도적 이등박문을 러시아 하얼빈에서 습격하여 3발 3중 사살하고 대한만세를 부른 안중근의 의기는 우리들이 모범으로 삼아야 하리."[37]

안중근 창가 역시 의거 10여 년이 지난 후에도 만들어지고 애창되었다. 서도소리 대가였던 김관준은 의거 직후 '안중근 가'을 만들었는데, 일본의 한국 강점 이후 1급 금지곡으로 지정된 뒤에도 비밀리에 전승되었다고 한다. 1986년 KBS는 이 노래를 김경복 노인에게서 채집하여 창(唱)으로 복원, 삼일절에 방송했다.[38] 판소리 명창 박동실(1897-1968)도 '안중근 열사가'를 만들어 제자들에게 전수했다. 해방 후 박동실이 월북한 탓에 남한에서 실전(失傳)되었다가 2009년 북한 음반에 실린 것이 뒤늦게 발견되었다. 판소리 가사의 일부는 아래와 같다.

"뜻밖에 어떤 사람이 권총을 손에 들고 번개같이 달려들어, 기세는 추상같고 심산맹호 성낸 듯 이등 앞으로 우루루루. 이등을 겨눠 쾅, 쾅, 또다시 쾅, 쾅. (중략) 감추었던 태극기를 번듯 내여 휘두르며 나는 원수를 갚었다. 이천만 동포들 쇠사슬에 얼귀 놓은 우리 원수 이등박문, 내 손으로 죽였오. 대한독립 만세 우렁찬 소리로 외치니 할빈역이 진동."[39]

1921년 3월, 평안남도 용강군에 거주하는 김종조라는 청년

---

37) 박균섭, 2018, 앞의 글, 82-83쪽.
38) 『조선일보』, 1986. 2. 22.
39) 『연합뉴스』, 2009. 10. 30.

은 겸이포에서 '안중근 타령'이라는 노래를 부르고 다니다가 치안방해 혐의로 체포되었다.[40] 가사 내용은 알 수 없으나 이런 종류의 '타령'은 각지에 적지 않았을 것이다. 1926년 2월 22일, 중국 지린성 영안현 한인들이 3·1운동 기념호로 발행한 『신진소년』 4호에 실린 「독립군가」 중에는 "안중근의 의열심으로 우리도 적을 쳐부수자"라는 노래가 있었다.[41]

연극과 영화

안중근 의거 당시 하얼빈역에 있던 러시아인 페브 파 코브체프는 이토 히로부미가 총에 맞아 쓰러지는 장면을 우연히 영화 카메라로 촬영했다. 필름 한 본은 일본인이 1만 5천 엔에 사들여 2월부터 일본에서 상영했다. 한국에는 5월경에 반입되어 구리개(=현재의 을지로)에 있던 일본인 영화관에서 상영되었다. 하지만 영화를 관람하던 한인 관객들이 이토가 거꾸러지는 모습을 보고 손뼉 치며 환호하자 영화관 주인은 즉시 영사기를 끄고 다시는 상영하지 않았다고 한다.[42] 1909년 12월에 발행된 미국 잡지 『버라이어티』(*Variety*)에는 러시아의 한 영화사가 이토 히로부미 저격 동영상을 판매한다는 광고가 실렸고,[43] 1910년 8월 미국 『뉴욕타임스』는 '러시아 촬영기사가 찍은 동

---

40) 『조선일보』, 1921. 3. 30.
41) 신운룡, 2007, 앞의 글, 129쪽.
42) 『신한민보』, 1910. 6. 1.
43) 『연합뉴스』, 2014. 3. 17.

영상'에 대해 보도했다.

1912년 8월에는 러시아 블라디보스토크에서도 "안중근 씨가 이등(伊藤)을 쏘아 죽인 활동사진"이 상영되었는데,[44] 아마도 1910년 서울에서 상영된 필름의 복본(複本)이었을 것이다. 안중근의 의형제 엄인섭은 재력 있는 동포들에게 의연금을 걸어 하루 동안 영화관을 대관, 한인들만 입장시켰다. 그날 한인 수천 명이 이 영화를 보았고, 이토가 쓰러지는 장면에서는 박수 소리와 만세 소리가 천지를 진동할 정도였다고 한다.[45]

안중근 의거 직후 상영된 필름들의 그 후 행방은 알 수 없으나, 1939년에도 안중근 의거 장면을 촬영한 영화 필름이 다시 발견됐다. 이 필름이 의거 직후에 공개된 것의 원본인지는 단정할 수 없다. 하얼빈에서 러시아어 신문을 발행하던 촬영자의 아들 니콰 코브체프는 이 필름을 하얼빈 일본인 거류민회에 기증했다. 만주사변 이후 하얼빈 일대가 '만주국' 관할이 된 상태였기 때문에 '외교적' 선택이었을 가능성이 크다. 일본인 거류민회는 이 필름을 다시 하얼빈 철도회사에 이관했고, 철도회사는 이를 의거 30주년을 맞아 일본과 만주국 전역에서 상영할 계획을 세웠다. 조선에서는 이 필름이 상영되지 않았다.[46]

1910년 말에서 1911년 초에 창작되어 중국에서 상연된 『영웅루』(英雄淚)는 안중근 의거를 소재로 삼았는데, 작가 계림(鷄

44) 『권업신문』, 1912. 8. 25.
45) 『권업신문』, 1912. 8. 29.
46) 『조선일보』, 1939. 10. 19.

林) 냉혈생(冷血生)은 한국인으로 보인다.[47] 한편 김규식·여운형 등의 망명 한인들과 우산(吳山), 황징완(黃敬頑) 등의 중국인들이 함께 창립한 한중호조사(韓中互助社)는 1925년 안중근 연극을 만들어 상하이 중국기독교청년회관에서 상연했다.[48] 1928년에는 상하이 백합영법공사(百合影法公司)에서 안중근을 주인공으로 한 영화 「애국혼」을 제작, 개봉했다. 시나리오는 정창근이 썼고 감독은 정기탁이 맡았다.[49] 정기탁과 영화사를 연결해준 사람이 여운형이었던 것으로 보아, 안중근 의거를 영화화한다는 구상도 여운형이 했을 가능성이 있다.[50] 이 영화가 개봉했다는 소식은 신문기사를 통해 국내에도 알려졌다.[51] 흥행도 성공적이어서 정기탁은 이 영화로 큰돈을 벌었다.[52]

한인 학교 학예회에서 안중근을 주인공으로 삼은 창작 연극이 얼마나 많이, 자주 상연되었는지는 알 수 없다. 1909년 박용만, 정한경 등이 미국 네브라스카주에 설립한 한인 소년병학교에서는 1912년 안중근의 이등박문 총살을 주제로 한 연극을 상연했다.[53]

---

47) 손염홍, 2009, 「안중근의거가 중국의 반제민족운동에 미친 영향」, 『한국독립운동사연구』 34, 71쪽.
48) 신운룡, 2007, 앞의 글, 131-132쪽.
49) 신운룡, 2007, 앞의 글, 130쪽.
50) 『만국부인』, 1. 1.
51) 『조선일보』, 1928. 10. 25.
52) 『동광』 23, 1931. 7.
53) 『국민보』, 1913. 8. 16.

안중근 의거를 둘러싼 담론(談論) 투쟁

식민지 시기 '안중근' 세 글자는 식민통치자의 관점과 민족해방운동의 관점이 첨예하게 대립하는 투쟁의 현장이었다. 한인 절대다수는 안중근을 깊이 존경하고 흠모했다. 많은 젊은이가 안중근을 모범 삼아 독립운동에 뛰어들었다. 일본 군국주의자들은 안중근의 육신은 죽였으나 한인들 마음속의 안중근 정신까지 죽이지는 못했다. 한인들에게 안중근은 식민지의 어둠을 밝히는 한 줄기 빛이었고, 해방의 길로 인도하는 별이었다. 식민지 통치 권력은 이 상황을 방치해서는 안 된다고 판단했다. 그들은 안중근에 대한 한인들의 흠모를 혐오와 증오로 바꾸려고 했다. 그들은 안중근 의거의 역사적 의미를 왜곡해 전파함으로써 안중근을 두 번 죽이려 들었다. 1914년, 총독부 기관지 『매일신보』는 「조선민족관」이라는 글을 사설로 연재하면서 안중근 의거가 강제병합의 일차적 원인이었다고 주장했다.

"(헤이그 밀사 사건에 뒤이어) 흉한(兇漢) 안중근이 이등(伊藤) 공을 하얼빈 정거장에서 암살하는 사건이 일어났다. 고심(苦心)과 열성(熱誠)으로 조선 민족의 지식을 계발하고 복리를 증진하기 위해 제 몸을 돌보지 않던 이등 공이 조선인의 흉수에 서거함은 그 일의 중대함이 헤이그 사건보다 못하지 않은지라. 이로써 조선은 모든 일이 소용없는 지경에 이르렀도다. 다시 누구를 원망하며 누구를 탓하리오. 이 사건은 비록 한 흉한(兇漢)의 손에서 발생했으나 조선의 정령(政令)이 두 길로 나와 인민이 귀의할 바를 모르고 상하가 의구심을 품어 불령(不逞)한 무리의 민심을 선동하는 재료가 되고 무뢰배가 간사한 말을 퍼뜨리는 구실이 된 것이 원인이었다 할지로다. 고로 일본은 반복무상(反覆無常)하고 지식 미개한 조선 상하를 회유정책으로 대하여 기꺼이 복종케 하고 그 나라를 부강케 함은 도저히 불가능한 일임을 크게 깨닫고 근본적 해결을 위하여 완전한 주권하에서 이를 통치하고자 하여 드디어 일한병합을 단행하기에 이르렀으니, 일본의 보호하에서도 오히려 배척의 행동을 한 헤이그 사건과 하얼빈 사건이 즉 일한병합의 근인(近因)이라 할지로다."(원문을 현대어에 가깝게 일부 수정 – 필자).[54]

이토는 한국의 독립을 보전하고 동양평화를 이룩하기 위해 신명을 바쳤으나, 그 이토를 안중근이 죽임으로써 일본의 대한(對韓)정책이 바뀌었다는 주장이다. 이 주장은 이토가 죽기 직전 자기에게 총을 쏜 사람이 한국인이라는 말을 듣고 '바보'라고 했다는 이야기와 한데 묶여 설득력 있는 주장처럼 유포되었다. 이로 인해 안중근이 온건파 이토 히로부미를 죽임으로써 한국 병합이 앞당겨졌다는 '신화'가 만들어졌다. 그러나 일본의 한국 병합 방침은 을사늑약 이전에 이미 확정된 상태였다. 『매일신보』는 같은 제목의 연재물에서 '암살병'이 만연하여 조선민족이 대불행(大不幸)을 겪는다고도 주장했다.[55] 그들은 암

---

54) 『매일신보』, 1914. 12. 4.
55) 『매일신보』, 1914. 12. 9.

살이 '미개의 증거'이며, 미개한 조선인을 깨우치기 위해서는 무단통치가 불가피하다고 강변했다. 하지만 정치적 이유로 인한 암살은 메이지시대 일본에서 특히 흔했다. 피해자들이 겪는 불행의 책임을 피해자의 저항 탓으로 돌리는 것은 제국주의 침략자들의 전형적인 논리였다.

『매일신보』는 이후에도 가끔 안중근을 언급했지만, 대개 '광한'(狂漢), 즉 '미친놈'으로 규정했다. 안중근 일파가 만주와 연해주 일대에서 활동한다는 정보를 전하면서도, "미친놈이 별도로 당파를 가졌다는 말은 믿을 수 없다"고 썼다.[56] 한인들에게 안중근의 이미지를 흉한(兇漢), 광한(狂漢)으로 고착시키려는 담론 전술이었다. 반면 이토 히로부미는 메이지유신의 원훈(元勳)이자 한민족의 은인(恩人)으로 추켜세웠다. 조선총독부는 안중근 의거 20주년이자 이토 히로부미 사망 20주년인 1929년 10월 26일에 경성공회당에서 성대한 추도회를 거행했다.[57] 의거 23주년인 1932년 10월 26일에는 장충단을 내려다보는 곳에 이토 히로부미를 기리는 사찰 박문사(博文寺)가 완공되었다. 박문사를 굳이 장충단 위에 세운 데에는 정치적 의도가 있었다. 총독부 권력은 대한제국의 충신 열사들을 이토 히로부미의 발 밑에 놓음으로써 한국인들의 반일 민족주의 의식을 조롱했다. 게다가 1937년에는 안중근의 아들 준생을, 1941년에는 딸 현생을 강제로 박문사에 참배시켰다. 이토 히로부미와 안중

56)『매일신보』, 1916. 9. 5.
57)『매일신보』, 1928. 10. 27.

근의 화해라는 '기만극'을 만들어 '황국신민화'의 도구로 삼은 것이다.

안중근과 이토 히로부미 이야기는 일본에서도 문학작품이나 연극으로 만들어졌다. 1931년 일본인 다니 조지(谷讓次)는 「안중근: 14장면」이라는 희곡을 써서 『중앙공론』에 게재했다. 당시에도 이 글을 본 한인은 '양심 있는 작가'의 글이 아니라고 평했으나[58] 이태호가 『하르빈 역두의 총성』이라는 제목으로 번역, 삼중당에서 출간했다.[59]

국내에서 발행된 신문·잡지들은 총독부의 검열 때문에 안중근에 대해 긍정적 기사를 쓸 수 없었지만, 우회적이거나 은유적인 방식으로 안중근에 대한 생각을 표현하곤 했다. 하얼빈역에서 안중근을 체포했던 러시아군 장교는 일본 정부로부터 훈장을 받았는데, 볼셰비키 혁명 이후 조선으로 망명하여 원산에서 거주했다. 1923년 『조선일보』는 만년(晩年)의 그가 가난과 질병으로 고생하는 상황을 전하면서 '위대한 자기의 생명을 희생한 안중근'과 '애처롭게도 가슴을 쥐어뜯고 있는 스테판'을 극명하게 대비시켰다.[60] 한글 신문들은 간혹 일본의 한국 병합 과정을 회고하는 기사를 실었는데, 안중근과 그 일가에 대해서는 조심스럽게 공경의 뜻을 표하곤 했다. 의거 20주년인 1929년, 『동아일보』는 20년 전의 신문기사를 다시 소개하

---

58) 『동아일보』, 1931. 4. 2.
59) 『동아일보』, 1931. 5. 15.
60) 『조선일보』, 1923. 6. 1.

는 형식으로 안중근 관련 기사를 여러 차례 실었다.[61] 1931년
에는 잡지『삼천리』에 '안중근 사건 공판 속기록'이 실렸고,[62]
잡지『혜성』과『제일선』등에도 안중근 의거를 다룬 기사가 실
렸다.[63] 신문과 잡지들이 안중근을 수시로 소환함으로써 안중
근이라는 이름은 의거 당시 어린이였던 사람들의 뇌리에까지
깊이 새겨졌다.

　한글 신문들은 안중근의 자녀와 모친, 형제, 친척들의 동향
도 수시로 보도했다. 안중근은 황해도와 관련해서도 자주 거론
되었다. 황해도 출신자들은 이승만, 김구, 안중근과 동향(同鄕)
이라는 사실을 자랑으로 여겼다.[64] 총독부 경찰은 안중근 일가
의 동향에 촉각을 곤두세웠으며, 그 반작용으로 한인들 사이
에도 여러 소문이 돌았다. 1934년 여름에는 '안중근의 동생 안
정근 입경설'이 대대적으로 보도되었고,[65] 1935년 봄에는 안
중근 친동생이 기선 기관사가 되어 흥남에 입경했다는 헛소문
까지 기사화됐다.[66] 안중근이라는 이름에 대한 대중의 신망(信
望)이 높다 보니 안중근을 팔아 사익을 취하려는 자도 있었다.
1928년 황해도 재령에서는 안중근의 사촌을 사칭한 자가 사람
들에게 거액을 사취하는 일이 벌어졌다.[67] 1932년 경기도 이

61)『동아일보』, 1929. 11.13, 11. 19 외.

62)『삼천리』17, 1931. 7.

63)『혜성』1-6, 1931. 9;『제일선』2-9, 1932. 10.

64)『개벽』61, 1925. 7;『동아일보』, 1926. 6. 20.

65)『조선일보』, 1934. 9. 4; 동 1934. 9. 19;『조선중앙일보』, 1934. 9. 21.

66)『조선일보』, 1935. 4. 8.

천군에서도 안중근의 동생을 사칭한 사람이 20여 명에게 돈을 걷은 사건이 발생했다.[68] 이런 일이 가능할 정도로 많은 사람이 안중근이라는 이름을 '보증수표'처럼 생각했다.

그러나 중일전쟁 이후 총독부의 '황국신민화' 정책이 본격화하면서 한글 신문들의 안중근에 대한 긍정적 보도는 자취를 감췄다. 한글 신문들도 이토 히로부미의 아들과 안중근 아들의 '극적인 화해' 장면을 비장미 넘치게 보도하거나, 10월 26일을 안중근 의거보다는 '이토 공(公)의 조난(遭難)'에 초점을 맞추어 기념했다.[69]

민족운동가들은 연설문이나 격문, 선언문에서 안중근을 수시로 언급했다. 1919년 9월에 결성된 대한독립창의단은 "하얼빈 정거장에서 공적(公敵) 이토를 쏘던 안중근이 다시 없는가? 있거든 속히 그 의협(義俠)을 발할지며"라 했고,[70] 1920년 만주 관티안현(寬甸縣)에서 창립된 광한단(光韓團)은 '이천만 동포에게 격고(檄告)함'이라는 격문에서 "나라의 원수를 양을 잡듯 통쾌히 죽인 안중근은 그대들의 선배가 아닌가"라고 썼다.[71] 또 1921년 충북 옥천군의 류긍렬은 안중근을 본받자는 독립선언서를 작성, 배포했다.[72] 1922년 5월 전라남도 장흥 청

67)『동아일보』, 1928. 2. 26.
68)『동아일보』, 1932. 3. 11.
69)『조선일보』, 1939. 10. 24.
70)『독립신문』, 1919. 9. 25.
71)『독립신문』, 1921. 2. 17.
72)『매일신보』, 1921. 2. 9.

년회 모임에서는 참석자 한 사람이 안중근 모친의 실정을 설명하다가 경찰의 제지를 받았다.[73] 1927년 4월 경상북도 상주에서는 청년회원들이 사회주의 선전물을 인쇄, 배포하고 안중근의 사상을 선전하다가 체포되었다.[74] 각지 청년회, 농민회 등의 모임에서 이런 일은 드물지 않았을 것이다. 상하이에서 발행된 임시정부 기관지『독립신문』과 미국에서 발행된『신한민보』에는 한민족 구성원 모두 안중근 정신으로 무장하자는 시론과 기고문이 여러 차례 실렸다.

국내외에서 무장투쟁과 의열투쟁을 벌인 독립운동가들에게 안중근은 본보기였다. 1919년 남대문정거장에서 신임 총독 사이토에게 폭탄을 던지고 순국한 강우규 의사는 평소 안중근의 순국일자를 벽에 써놓고 그를 본받으리라 다짐했다.[75] 1920년 가을 간도에서 활동하던 독립군의 황병길 부대원 11명은 동의단지회를 본받아 선언서를 작성한 뒤 왼손 무명지를 자르고 장인(掌印)을 찍었다.[76] 1922년 4월, 안중근의 동의단지회 동지 조응순은 국내에 들어와 '의용결사대'(義勇決死隊)를 조직했다가 일본 경찰에 체포되었다.[77]

1926년 4월, 대한제국 마지막 황제 순종이 서거하자 총독이

---

73)『동아일보』, 1922. 5. 11.

74)『매일신보』, 1927. 4. 14.

75) 윤병석,「안중근 의사 전기의 종합적 검토」,『한국근현대사연구』9, 1998, 123쪽.

76)『매일신보』, 1920. 10. 22.

77)『매일신보』, 1922. 4. 7; 동 1922. 5. 4.

조문(弔問)할 것이라고 예상한 송학선(宋學先)은 칼을 들고 금호문 앞에서 기다렸다. 총독의 생김새를 몰랐던 그는 경성부회 평의원들이 탄 차량에 뛰어들어 그들을 칼로 찔러 죽였다. 그는 범행 동기를 묻는 경찰에게 "3년 전 진고개를 지나다가 어느 일본인 상점에서 안중근 청년의 사진을 보고선 그와 같이 하기로 결심했다"고 말했다.[78] 그날 이후 그는 늘 품속에 칼을 넣고 다녔다. 6·10만세운동 당시 조선총독 및 총독부 고관 처단의 임무를 띠고 국내로 들어와 서울 동소문 파출소와 이천경찰서 등을 공격했던 참의부원 이수흥(李壽興)도 "참의부의 명령에 따른 행동이 아니라 안중근의 행동을 본받아 하기 위함"이라고 말했다.[79] 송학선과 이수흥 모두 안중근과 마찬가지로 사형당했다. 1933년 중국 베이징에서 일본군 보초에게 총을 쏘았다가 체포된 조경시의 소지품에서는 "안중근 소임을 맡아 하겠다"는 메모지가 나왔다. 일본군은 이를 근거로 그가 일본군 수뇌부를 암살할 계획을 세웠다고 판단했다.[80] 1936년에도 조안득이 조선신궁 앞에서 총독과 고관들을 폭살(爆殺)하려다 사전에 발각되었다. 그 역시 평소 동료들에게 안중근을 모범으로 삼자고 말하곤 했다.[81] 안중근의 죽음은 동지와 후배 민족운동가들의 마음을 벼리는 망치였다. 많은 젊은이가 그의 죽음에 감명을 받아 독립운동에 투신했다.

---

78) 『조선일보』, 1926. 5. 2; 『개벽』 71. 1926. 7.

79) 『동아일보』, 1928. 6. 29; 『매일신보』, 1928. 12. 15.

80) 『동아일보』, 1933. 5. 23.

81) 『조선일보』, 1936. 8. 17.

중국인들의 안중근 추모와 한·중 반일 연대

안중근 의거는 중국 지식인들의 한국에 대한 인식에도 큰 영향을 미쳤으며, 한·중 양 민족의 반일(反日) 연대투쟁의 정신적 기반이 되었다. 조선 지식인들이 중국을 대국으로 섬겼던 만큼 중국 지식인들도 오랫동안 조선을 소국으로 얕잡아 보았다. 이런 인식에 변화가 생기기 시작한 것은 청일전쟁 이후였다. 청일전쟁 패배는 중국 지식인들의 자존심에 큰 상처를 주었다. 그 상처에서 조선에 대한 동병상련(同病相憐)의 의식이 자라기 시작했다. 일본이 러일전쟁에서 승리하고 중국 침략을 확대해감에 따라 그런 의식은 계속 커졌다.[82] 이 과정에서 안중근 의거가 일어났기에 많은 중국 지식인이 이를 자기 일처럼 생각했다. 중국 지식인들의 한국인에 대한 인식은 한국 독립운동과 사활적 관계에 있었다. 중국을 독립운동 근거지로 삼기 위해서는 중국인들과 우호적 관계를 맺어야 했다. 안중근은 한국의 영웅일 뿐 아니라 세계의 위인이기도 하다는 중국 지식인들의 생각은 일반 민중에게로 확산했다.

의거 직후 중국 신문사 중 몇 곳은 국내 신문들보다 더 열성적으로 안중근 관련 기사를 내보냈다. 상하이에서 발행되던 『민우일보』(民佑日報)는 안중근 의거 다음 날인 10월 27일부터 21일 동안 54개의 기사, 사설, 논평 등으로 이 사건을 집중

---

82) 김진욱, 「안중근 의거를 통한 중국 지식인의 조선 인식 연구: 문학작품을 중심으로」, 『중국인문과학』 30, 2005, 269쪽.

보도했다. 동병상련의 심정에서 일본의 한국 침략을 규탄하고 안중근을 반침략 투쟁의 의사이자 영웅으로 칭송하는 내용들 이었다. 기사 몇 개를 보자.

"암살은 혁명군의 보충적인 방법으로 된 한 가지 기능이다. 그들의 이유로 국내의 것과 국제의 것이 있으나 자유를 희망하고 평등을 사모하면서 하늘이 준 인권을 회복하고 인도주의를 견지하는 것은 같다."(1909. 10. 28 사설)[83]

"고려의 원수는 우리의 원수다. 그들은 고려를 만주로 가는 무지개다리로 삼고 요동과 심양을 일본에 귀속시키려고 한다. 그래도 삼한에는 사람이 있어서 일본이 길게 내뻗은 팔다리를 꺾었다. 비록 한인이 자기의 원수를 갚았다고 하지만 역시 우리의 원수를 갚은 것이 아닌가. 우리의 행운이다."(1909. 10. 29 사설)[84]

"한국에 이런 인물이 있기에 한국은 망하지 않는다. 중국에 이런 인물이 있었다면 오늘 같은 중국은 없었을 것이다."(1909. 11. 7 논설)[85]

『민우일보』는 '고려의 원수는 우리의 원수'라는 반일 연대의

---

83) 『민우일보』, 1909. 10. 29.
84) 이목회 외, 2009, 앞의 글, 238쪽.
85) 같은 글, 245쪽.

식을 기반으로 안중근 의거를 천부인권 의식과 인도주의에 입각한 것으로 평가했다.[86] 이런 논조는 일본과 청국 사이의 외교 문제로까지 비화하여 『민우일보』는 결국 1909년 11월 19일 청국 정부에 의해 폐간되었다.[87]

텐진(天津)에서 발행된 『대공보』(大公報)는 10월 28일자 시사평론에서 안중근 의거를 "동아시아 역사에서 크게 기념할 천고(千古)의 기문(奇聞)"이라고 극찬했고, 11월 9일자 논설에서는 "조선이라는 나라는 망했다고 할지라도 조선의 인심은 죽지 않았다"고 평했다. 『상해시보』(上海時報)도 10월 28일자 사설에서 안중근의 행동은 약소민족에게 희망을 준 것으로서 그 뜻이 공경할 만하다고 썼다.[88] 『대동일보』(大同日報)도 1909년 12월 12일자 「통쾌한 일격이로다. 고려에 아직 사람이 있었네(快哉一擊高麗尙有人也)」라는 기사에서 "조선은 비록 망했으나 안중근은 그 인민이 망하지 않았음을 증명했다"고 역설했다.[89] 홍콩에서 발행된 『화자일보』(華字日報)는 "생명을 버리려는 마음을 가졌기에 그의 마음이 안정되었다. 마음이 안정되었기에 손이 안정되었다. 손이 안정되었기에 탄알마다 명중하였다"[90]고 하여 안중근의 의지와 인품에 경의를 표했다.

86) 손염홍, 2009, 앞의 글, 62쪽.
87) 이목희 외, 2009, 앞의 글, 233쪽.
88) 같은 글, 240-244쪽.
89) 이태진, 「안중근과 양계초: 근대 동아시아의 두 개의 등불」, 『진단학보』 126, 2016, 103쪽.
90) 이목희 외, 2009, 앞의 글, 242쪽.

창춘(長春)에서 발행된 『길장일보』(吉長日報)는 사형 집행을 앞둔 안중근의 근황과 동양평화론의 내용을 상세히 소개했다.

중국의 일부 신문이나마 안중근을 제국주의 침략에 당당히 맞선 약소민족의 영웅이자 중국인의 모범으로 평한 것은 중국인들의 한국인관에 상당한 영향을 미쳤다. 국가가 망해도 민족이 살 수 있으며, 민족이 살아 있는 한 망한 나라라도 되살릴 수 있다는 믿음은 제국주의 침략으로 국권 피탈의 위기에 놓인 피압박 민족의 지식인들이 공유하는 바였다. 이 공유된 인식이 한국인과 중국인의 반일 연대투쟁을 가능하게 한 동력이었다.

중국의 저명한 지식인들도 안중근에 대한 인물평이나 의거에 대한 소감을 남겼다. 특히 19세기 말 한국 지식인들에게 큰 영향을 미쳤던 사상가이자 정치가였던 량치차오는 『화자일보』(華字日報) 기자 자격으로 뤼순에서 열린 안중근 재판을 직접 방청했다.[91] 그는 1902년에 『신민설』(新民說)을 저술하여 "하늘이 인간에게 부여한 선천적 자주권"이 곧 민권(民權)이며, 민권이 결합한 것이 곧 국가의 강권(强權)이라고 함으로써 '근대적 국민국가론'을 본격 정립했다. 그는 "민권이 일어나면 국권이 서고 민권이 멸하면 국권도 망하는 것"이라고 설파했다.[92] 민권을 갖춘 사람이 곧 '신민'(新民)이라는 그의 생각은 한국의 계몽 지식인들이 '신민회'를 만드는 데에도 영향을 미쳤던 것으로 보인다. 『신민설』을 맨 앞에 실은 량치차오의 『음

---

91) 이태진, 2016, 앞의 글, 104쪽.
92) 같은 글, 113쪽.

빙실문집』(飮氷室文集)은 당대 한국 지식인들의 필독서 중 하나였으며, 사회진화론 역시 이 책을 통해 전해졌다.

힘이 지배하는 시대에 일본을 강국으로 만든 이토의 공적을 높이 평가했던 그는 이 재판을 통해 안중근이 천명한 의(義)의 가치를 재발견했다. 그는 살아서 나라를 부강케 한 것을 이토의 공적으로, 죽어서 천추만대에 의(義)를 깨우쳐준 것을 안중근의 공적으로 보았다. 그는 안중근 의거에서 느낀 바를 시로 지어 「추풍단등곡」(秋風斷藤曲)이라고 이름 붙였다. '가을바람이 등나무 넝쿨을 끊은 노래'라는 뜻이다. 가을은 오행의 방위로 서쪽에, 서쪽은 오상(五常)의 의(義)에 해당하며, 등나무는 이토(伊藤)의 이름에 들어 있는 글자이니 '의사가 이토의 목숨을 끊었다'라는 뜻이기도 하다.

"흙모래 대지를 휩쓸고 강쇠바람 울부짖는데
칼날 같은 흰 눈이 흑룡강에 쏟아진다.
다섯 발자국에 피 솟구치게 하여 대사를 이루었으니
웃음소리 대지를 진동하여 떨게 하는구나.
장하다 그 모습, 영원토록 빛나리
…

그 사나이 평소마냥 태연자약하고
공개재판에 나서서도 떳떳하게 법관 질문에 대답하기를
내가 사나이 대장부로 태어나서 자기 죽음을 예사로 여기지만
나라의 치욕을 씻지 못했으니 어찌 공업(功業)을 이루었다 하리오.

...

나는 이 세상에 살아 있는 한 사마천이 안자(晏子)를 추모하듯 그대를 경중(敬重)하리.

내가 이 세상을 떠나게 되면 내 무덤 의사의 무덤과 나란히 있으리.[93]

안자는 춘추시대 제나라의 재상 안영(晏嬰)을 말하며, 사마천은 『사기』(史記)에서 그를 역대 최고의 재상으로 꼽았다. 량치차오는 이토를 '시대에 맞는' 명재상으로 인정하면서도 안중근은 '시대를 초월하는 의사'라고 보았다. 자기 시대가 '힘 중심의 시대'라는 사실을 긍정하면서도 그 역사적 제한성을 인식한 결과일 것이다.

『아큐정전』(阿Q正傳)의 작가로서 근대 중국을 대표하는 문호(文豪) 루쉰(魯愼)도 하와이 호놀룰루에서 발행되는 『자유신문』에 "4억 중국인은 부끄럽게 여기고 죽어야 한다"는 글을 기고했다.[94] 청나라 말기를 대표하는 사상가 장빙린(章炳麟)도 「한안중근군전」(韓安重根君傳)이라는 글을 썼다. 이 글은 1914년 3월 상하이에서 발행된 『아언』(雅言)에 게재되었고, 그의 제자 황칸(黃侃)이 박은식 저 『안중근전』 서문에 「안군비」(安君碑)라는 제목으로 전재했다. 1915년에 발간된 장빙린의

---

93) 같은 글, 104-106쪽.
94) 신운룡, 「안중근 의거에 대한 국내의 인식과 반응」, 『한국근현대사연구』 33, 2005, 9쪽.

문집 『태염문록』(太炎文錄)에는 「안군송」(安君頌)이라는 제목으로 실렸다.[95] 그 역시 "의협의 함성은 사방에 진동하였으니 국가 제사는 끊어졌어도 백성은 망하지 않으리"라고 썼다.[96]

1913년 3월 중국 금릉대학교에서 영문과 한문으로 발행된 월보 『금릉광』(金陵光)에는 아래와 같은 기사가 실렸다.

"한국 의사 안중근 씨는 자기의 민족을 위하며 자기의 국가를 위하며 동양의 평화를 위하여 한편 눈으로 조선을 돌아보며 자기의 생명을 돌아보지 않고, 한편 눈으로 중국을 돌아보아 동양평화를 방해하는 현세 간웅 이등(伊藤) 후작을 총살하였은즉, 그의 공의와 영광을 어찌 섭정(聶政)이나 형가(荊軻)와 같은 일개 자객에게 비교하리오. 오호라, 안군은 참으로 영웅이며 인인(仁人)이며 자객은 아니로다."[97]

'안중근은 테러리스트'라는 제국주의적 논리에 대한 때 이른 반박이었던 셈이다. 1914년에는 예톈니(葉天倪)가 상하이에서 『안중근전』을 발간했다. 중국 학자가 쓴 최초의 안중근 전기인 이 책은 2010년에야 우리나라에 알려졌다. 그는 이 책에 "(안중근은) 인도(人道)를 중시하는 세계평화에 크게 기여했으므로 널리 칭예(稱譽)되는 열사, 의민(義民), 협객, 애국지사 등의

95) 노용필, 「章炳麟의 韓安重根傳」, 『한국근현대사연구』 87, 2018, 180-182쪽.
96) 같은 글, 194쪽.
97) 『신한민보』, 1914. 1. 1.

이름만으로는 부족하고 세계의 위인이라 함이 마땅하다"고 썼다.[98] 1920년에는 정위안(鄭沅)도 장사(長沙)에서 『안중근』을 발간했다.[99]

단문(短文)이나 시(詩)로 안중근의 공적을 찬양한 중국 지식인은 무척 많았다. 박은식의 『안중근전』에는 많은 중국인이 서문을 실었는데, 그 일부를 소개한다.

"그 작은 한국에 일대 호걸이 나타났는데 유독 우리나라에 그런 인물이 없을 수 있느냐. 이내 2년이 채 되지 않아 지사들이 황화강을 피로 물들였고 무창에서 봉기하여 우리 민족의 주권을 회복하였다. 그렇다면 안씨의 의거가 우리들에게 정신적인 도움을 주었다고 할 수도 있으니 이것 역시 우리들이 감격해 마지않는 또 하나의 원인이라."-루오난샨(羅南山)

"중근의 기적(奇蹟)은 족히 온 세상을 놀라게 하고 귀신이라도 감동하게 할 수 있는 것으로서 오로지 정치적 이해득실만 따지는 무리의 생각과는 비교할 바 아니다. 그런즉 안중근은 세계의 영웅호걸이다. 그의 이야기를 전하여도 천고(千古)에 이르겠고 전하지 않아도 또 천고(千古)에 이를지니 어찌 이를 사람의 전기라 하겠는가."-가오관우(高冠吾)

---

98) 葉天倪撰述, 『안중근전』.
99) 손영흠, 「안중근의거가 중국의 반제민족운동에 미친 영향」, 『한국독립운동사연구』 34, 2009, 80쪽.

"안중근이 이토를 저격한 것은 국가를 위하여 복수한 것일 뿐아니라 실로 세계를 위하여 공적(公敵)을 제거한 것이다…. 안군이 이토를 저격함은 왜인(倭人)의 야심정책을 소멸시킨 치명적인타격이라. 그 공이 중화민국에 대하여 어찌 적다 하겠는가. 지금한국 지사들이 속속 중국으로 오니 우리는 정의를 받들어 그들을도와줌으로써 앞으로 삼한 옛땅에 또 하나의 공화민국을 건립하여 우리나라와 함께 동아시아에 일어서도록 해야 한다. 이것이 안군의 공에 보답하는 길이니, 안군의 영혼이 있다면 또한 하늘에서웃음지을 것이다."-증용(曾鏞)

"안중근의 전기가 나온 후에야 그가 이토를 죽인 것은 조국을위해 복수한 일일 뿐 아니라 세계평화의 공적(公敵)을 처단한 일이며, 따라서 안군은 한국의 위인이자 동아의 위인이며 세계의 위인임을 알았다."-조우하오(周浩)

"만일 안중근의 일격이 없었다면 한국뿐 아니라 5년이 못 되어동아시아의 화평은 파괴되고 중국의 운명도 알 수 없었을 것이다.그러니 안씨의 행동은 한국을 위하여 원수를 갚은 것만이 아니라실로 세계를 위하여 공적(公敵)을 처단한 것이다. 또 일본의 음모를 좌절시키고 한민(韓民)의 지기(志氣)를 더욱 단련시켰다. 국가는 멸할 수 있을지언정 인심(人心)은 죽지 않는다. 일본이 한국을병합한 후로 안중근을 따라 일어나 순의(殉義)한 사람이 부지기수요, 백절불굴의 정신으로 나라를 되찾으려 하는 사람들이 지금껏 해이해지지 않음은 다 안중근이 기운을 북돋운 공로다."-판

시앙레이(潘湘纍)

중국 지식인들도 안중근 의거를 인도주의와 세계평화를 위한 행위로 보았으며, 그의 의거가 한국인들뿐 아니라 중국인들에게도 깊은 영향을 미쳤다고 인정했다. 나아가 중국인들은 한국 독립을 위해 싸우는 '삼한의 지사'들을 도와야 한다고도 했다. 안중근을 흠모한 중국 지식인들은 망명해 싸우는 한국 독립운동가들의 든든한 지원군이었다.

신해혁명을 이끈 쑨원(孫文)은 안중근을 추모하여 「안중근을 조상함(弔安重根)」이라는 시를 지었다.

"공은 삼한을 덮고 이름은 만국에 떨치니
백살 사는 사람은 없으나 죽어 천년을 가리
약한 나라 죄인이요 강한 나라 재상이라
처지를 바꾸어 보면 그 역시 이등이라."[100]

1884년부터 10년간 조선에서 총독과 같은 위세를 떨쳤으며, 신해혁명 이후 중화민국 초대 총통이 된 위안스카이(袁世凱)도 안중근을 추모하는 시를 남겼다.

"평생을 벼르던 일 이제야 끝냈구려
죽을 땅에서 살려는 자는 장부가 아니로다

---

100) 신운룡, 2007, 앞의 글, 129쪽.

몸은 삼한에 있으나 세계에 이름 떨쳤네
삶은 백년을 가지 못하나 죽음은 천년을 가네.”

  1919년의 3·1운동은 중국 지식인들에게 한국문제를 새삼 환기시켰다. 그해 3월 초 『소년중국신보』는 열강이 폴란드 독립을 승인하면서 조선 독립을 승인하지 않는 것은 ‘정의와 인도를 유럽인들의 것’으로만 취급하는 행위라고 비판하고, ‘세계 인류의 공동한 물건’인 정의와 인도를 위해 싸운 대표적 의협으로 안중근을 지목했다.[101]

  중국 지식인들의 안중근에 대한 연대의식은 각 분야, 각 계층으로 확산했다. 중국인들도 대중의 의식을 각성시키기 위해 안중근을 주인공으로 삼은 연극, 소설 등을 창작했다. 청나라 말기부터 중국에는 ‘지사반’(志士班)이라는 이름의 연극단체들이 생겨났는데, 이들은 만주족의 청 황조(皇朝)를 타도하고 민족혁명을 이루기 위한 선전 활동의 방편으로 연극을 활용했다. 이들 중 ‘우천영’(優天影)이라는 단체는 안중근 의거 직후 「안중근이 이토를 죽이다」(安重根刺伊藤)라는 연극을 만들어 공연했다.[102] 같은 무렵 상하이 최초로 조직된 중국식 연극단체인 ‘진화단’도 안중근 의거를 소재로 연극을 만들어 우한, 창사 등에서 공연했다.[103] 소설가 공샤오친(貢少芹)은 안중근 의거

101) 『신한민보』, 1919. 3. 13.
102) 손염홍, 2009, 앞의 글, 72쪽.
103) 이목희 외, 2009, 앞의 글, 246쪽.

를 소재로 한 희곡 『망국한전기』(亡國韓傳奇)를 지었다. 신해혁명 직후에는 한동안 시놉시스만 적은 극본으로 진행하는 '막표제'(幕表制) 연극이 성행했는데, 이런 연극을 '문명희'(文明戱) 또는 '문명신희'(文明新戱)라고 했다. 문명희 중 저명한 작품이 '사회종' '망국한' '안중근'이었다.[104] 이런 연극들의 영향을 받았음인지 1911년 4월에 발생한 황화강 봉기는 '대암살'로 불릴 정도로 안중근 의거에 큰 영향을 받았다.[105]

1921년, 상하이에서 한인과 중국인 민족운동가들의 협력 기관으로 중한호조사(中韓互助社)가 결성되었다. 안정근도 이 단체에 이사로 참여했다. 1923년 중한호조사가 주최한 '유예대회'(遊藝大會)에서도 '안중근전'이라는 제목의 연극이 상연되었다.[106] 안중근에 관한 이야기가 여러 경로로 중국에 널리 퍼졌기 때문에 중국인들은 한국인을 만나면 안중근을 화제로 삼아 말문을 트곤 했다. 심지어 안중근이 중국인인 줄 아는 사람도 많았다.[107] 중국을 방문한 한인들은 "중국 사람들이 안중근이라면 숭배하는" 현상에 마주치곤 했다.[108] 중화민국 제3대 총통을 지낸 리위안홍(黎元洪)도 한인 기자와 인터뷰에서 "중국인으로 고려인 안중근을 모르는 사람은 지식계급에는 없을

---

104) 『동아일보』, 1930. 12. 6; 동 1931. 4. 1.

105) 손염홍, 2009, 앞의 글, 71-72쪽.

106) 『독립신문』, 1923. 3. 7.

107) 『동아일보』, 1921. 5. 24; 동 1921. 7. 13.

108) 『조선일보』, 1929. 1. 29.

것입니다"라고 말했다.[109] 1930년 혁세단(革世團)이라는 한인 독립운동 단체는 중국인들에게 '안중근 기념비' 건립기금을 모으기도 했다.[110]

사회주의 운동이 시작된 뒤에는 중국 사회주의자들도 안중근을 혁명가의 표상으로 삼았다. 공동체를 위해 자기 목숨을 던지는 헌신은 이념이 아니라 태도의 문제였다. 러시아 사회주의 혁명을 성공으로 이끈 레닌은「제국주의에 대한 노트」에서 안중근의 이토 처단을 20세기 초반의 중요 사건으로 꼽았다.[111] 중국 사회주의 신문화운동의 선구자 첸두슈(陳獨秀)는 1915년 9월『청년잡지』창간호의「청년들에게 고함」이라는 글에서 "나는 청년들이 톨스토이와 타고르가 되기보다는 콜럼버스와 안중근이 되기를 바란다"고 했다.[112] 그는 1919년 3월에는『매주평론』에 이렇게 썼다.

"조선의 독립운동은 위대하고 정근(精勤)하며 비장한 것이다. 무력이 아닌 민의(民意)로 정확한 관념을 세워 세계혁명사에 새로운 기원을 열었다…. 조선인들의 활동을 살펴보라! 무기가 없다는 이유로 반항을 포기하지 않으며, 주인공 자격을 버리고 제3자가 되려 하지 않는다. 우리는 조선 사람에 비하여 너무나 부끄럽다."[113]

---

109)『조선일보』, 1924. 11. 1.

110)『조선일보』, 1930. 11. 29.

111) 박보리스,「안중근의 위대한 업적」,『안중근과 동양평화』, 안중근의 사 순국 제87주년 국제학술회의 보고서, 1997. 3. 25, 183쪽.

112) 손염홍, 2009, 앞의 글, 79쪽.

첸두슈와 함께 초창기 중국 사회주의 운동을 이끌었던 리타다오(李大釗)도 「안중근이 이등박문을 죽이다」(安重根刺殺伊藤博文)라는 극본을 썼으며, 대중에게 인기가 높았던 예술가 쳉자오자이(成兆才)도 같은 제목의 극을 만들어 하얼빈에서 공연했다. 중국 사회주의 혁명 이후 총리와 외교부장을 지낸 저우언라이(周恩來)는 중국에서 5·4운동이 한창이던 1919년, 톈진 난카이대학교에서 안중근을 주인공으로 삼은 연극을 만들어 공연했다. 이때 안중근 역은 여학생 덩잉차오(鄧潁超)가 맡았는데, 이 일을 계기로 두 사람은 부부가 되었다.[114] 1937년 만주사변이 발발하자 저우언라이는 궈모뤄(郭沫若) 등과 함께 다시 중국식 연극 「안중근」을 만들어 적군(赤軍)이 지나는 마을 곳곳에서 공연했다.[115] 죽은 한국인 안중근이 산 중국인들의 항일(抗日)의지를 북돋운 셈이다. 이에 앞서 1931년 일본군이 만주를 침공하여 괴뢰 만주국을 세운 뒤 일본군 점령지구에서는 '안중근 애도가'가 유행했다.[116]

저우언라이는 평생 안중근을 영웅으로 숭모했다. 그는 안중근이 중국인들의 항일전쟁에서 수행한 역할을 이렇게 정리했다.

"중일 갑오전쟁(=청일전쟁) 후 중조(中朝) 인민의 일본 제국주의 침략에 반대하는 공동투쟁은 본세기 초 안중근이 하얼빈

113) 이목희 외, 2009, 앞의 글, 245쪽.
114) 이태진, 2016, 앞의 글, 103쪽.
115) 손영흠, 2009, 앞의 글, 82-83쪽.
116) 이목희 외, 2009, 앞의 글, 246쪽.

에서 이토 히로부미를 격살한 때부터 시작되었다."[117]

중국의 학교나 노동조합, 농민회 또는 적군(赤軍) 진영에서
안중근 이야기가 얼마나 퍼졌는지는 알 수 없다. 1949년 중화
인민공화국이 수립된 뒤, 안중근 이야기는 각지 소학교 교과서
에 실렸다.[118] 안중근은 동아시아 반제국주의 항일운동의 공동
표상으로서 한국과 중국의 반일 운동가들을 연결하는 교량이
었다.[119]

군벌(軍閥) 장쉐량(張學良)이 지배하던 중국 동북지역의
36개 모범소학교 학생들은 아침마다 '안중근의 노래'를 합창했
다는 증언도 있다.[120] 아버지 장쭤린(張作霖)이 일본군에 폭살
당한 뒤, 장쉐량은 강경한 반일(反日)정책을 고수했다. 국민당
과 공산당 세력 사이에 내전이 치열하게 벌어지던 1936년, 장
쉐량은 시안(西安)을 방문한 장제스(蔣介石)를 감금한 뒤 내전
중지와 국공합작을 요구했다. 장제스가 이를 수락함으로써 중
국인들은 반일(反日)투쟁에 역량을 집중하게 되었다. 장쉐량이
안중근을 반일투쟁의 상징으로 여겼을 가능성은 충분하다.

---

117) 같은 글, 235쪽.
118) 윤선자, 「해방 후 안중근 기념사업의 역사적 의의」, 『한국독립운동
　　　사연구』 34, 2009, 131쪽.
119) 손염홍, 2009, 앞의 글, 78쪽.
120) 조홍용, 「테러와 저항권의 구분 기준에 관한 연구: 안중근 의사의
　　　하얼빈 의거를 중심으로」, 『한국군사학논집』 71(2), 2015, 23쪽.

3 해방 후의 안중근에 관한 생각

해방 직후의 안중근 기념

1945년 8월 15일 일본이 항복했다. 한국인들이 가장 먼저 한 일은 총독부가 전시 생활복으로 강요한 국민복과 '몸뻬'를 벗어던지고 한복으로 갈아입는 것이었다. 거리에 있던 사람들은 집에 돌아가 옷을 갈아입었고, 집에 있던 사람들은 옷을 갈아입고 거리로 나왔다. 일장기 가운데에 선을 그어 태극 모양으로 만들고 네 귀퉁이에 순서가 뒤죽박죽인 사괘를 그려 태극기를 만들어 들고 나온 사람도 있었다. 해방은 일차적으로 몸의 해방이었다.[1)]

사람들이 의식했건 그렇지 않건, 한복으로 갈아입는 것은 먹고 입고 말하고 행동하는 것 전체를 감시하고 통제했던 군국주

---

1) 전우용, 『현대인의 탄생』, 이순, 2011, 14쪽.

의 저질 생체권력으로부터 해방되었음을 선언하는 행위였다.

몸의 해방은 즉각적이었으나, 정신과 의식이 해방되는 데에는 시간이 더 필요했다. 사회구조와 물질세계는 쉽게 변하지 않았다. 한국인들은 총독부 기관과 기업들을 접수하여 자치적으로 운영하려 했으나, 미군은 군정을 본격 개시하기까지 '현상'을 유지하라고 지시했다. 일본 식민지 지배가 만들어 놓은 구조가 '현상'이었다. 행정기관과 교육기관, 사회단체, 학교 등의 조직만이 아니라 사람들의 생활 공간 역시 과거 그대로였다.

도시 경관은 일본식 건물들과 일본어 간판들이 지배했다. 일본인의 이름을 딴 거리 이름도 그대로였다. 서울 사람들은 일본 메이지 천황의 이름을 딴 메이지마치(明治町, 현재의 명동)의 술집에서 축배를 들었으며, 2대 총독 하세가와 요시미치(長谷川好道)의 이름을 딴 하세가와쵸(長谷川町, 현재의 소공동)의 이발소에서 머리를 다듬었고, 임오군란 당시 일본 대리공사였던 다케조에 신이치로(竹添進一郞)의 이름을 딴 다케조에마치(竹添町, 현재의 충정로)를 배회했다. 서울에는 이토 히로부미를 기리는 박문사(博文寺)가 있었고, 역대 조선 총독을 기념하는 기념관이 있었다. 무대는 그대로인데, 배우들의 복장만 바뀐 격이었다.

1945년 시점에 대다수 사람은 학교에서 배운 것이나 신문에서 읽은 것들을 '진실'이라고 믿었고, 그 믿음은 일본이 만들어 놓은 상징물들과 굳게 결합해 있었다. 대동아공영권, 황국신민, 일등국민, 총후보국(銃後報國), 국체명징(國體明澄), 현인신(現

人神) 같은 개념들이 공식 언론매체와 교과서들을 통해 사람들의 의식을 지배했다. 한국 땅에서 '평범하게' 살았던 사람들 대다수는 사이고 다카모리, 노기 마레스케, 이토 히로부미, 시라카와 요리노리 같은 일본의 영웅들은 알았으나 한국의 위인과 영웅들은 잘 몰랐다. 안중근, 윤봉길 같은 일제하의 독립운동가는 물론, 이순신 같은 역사적 인물들에 대해서조차 함부로 입에 올릴 수 없었던 세월이 너무 길었다.

해방 이후 한국인들은 새로운 지식을 배우고 새로운 상징과 모범을 찾아야 했다. 고등교육을 받은 '지식인'들도 한글을 기초부터 새로 배워야 할 정도였으니, 학교 교육조차 받지 못한 대다수 한국인의 자기 문화와 역사에 대한 지식 수준은 극히 낮은 상태였다. 식민지 노예 생활에 익숙해진 사람들을 주권자로 재탄생시키고 그들의 의식 안에서 사멸했던 '민족'을 소생시키는 것은 국가 건설에 앞서는 과제였다.

역사 기억을 공유하지 못하는 사람들을 하나의 '국민'으로 통합할 수는 없었다. 민족국가를 재건하기 위해서는 민족을 하나로 묶을 표상들이 필요했고, 식민지 시기에도 민족사가 끊이지 않고 연속되었다는 신념을 민족 구성원들끼리 나누기 위해서는 독립운동의 표상도 만들어야 했다. 하지만 누구를 표상으로 삼아 '해방된 민족'이라는 이름에 실체를 부여할 수 있을지는 심각한 고민거리였다.

당장 독립운동 역사에 대한 지식도 부족했을뿐더러 특정한 독립운동가를 기념하는 행위와 의식 자체가 독립운동사, 나아가 민족사의 정통성 인식과 관련되어 있었다. 해방 직후 여러 사회 세력이 수많은 정치집단으로 나뉘어 서로 대립하는 상황에서, 그리고 저마다 자기들이 독립운동의 정통이라고 주장하는 상황에서, 모두가 인정하는 '민족의 영웅'을 선정하는 것은 결코 쉬운 일이 아니었다. 일례로 '서울'이라는 행정구역 명칭과 주요 가로명이 정해지는 과정을 보자.

조선총독부가 붙인 '경성부'라는 이름을 '서울시'로 바꾼 것은 1946년 5월의 일이었다. 그 직후 서울시 산하에 가로명제정위원회가 설치되어 일본인들이 '제멋대로' 바꾼 행정구역 명칭과 거리 이름을 새로 정하는 작업에 착수했다. 위원회는 먼저 1936년 경성부의 영역을 확장할 때 일본식 마치[정(町)]로 바꿨던 행정구역 명칭을 동(洞)으로 되돌렸다. 그 '동'조차 조선시대의 것이 아니라 1914년 일제가 만든 행정구역이라는 사실은 무시했다. 이어 주요 가로에는 한국 역사상의 위인들 이름이나 시호를 붙이기로 했다.

조선시대부터 정치의 중심이던 경복궁과 총독부 앞길은 광화문통에서 세종로로 바뀌었다. 우리 역사상 가장 훌륭한 정치를 펼친 세종의 묘호를 딴 것이다. 서울 거주 일본인의 중심 거류지이자 일본 문화의 발신지였던 혼마치[본정(本町)]는 충무로가 되었다. 일본인들이 땅에 새긴 역사를 충무공의 시호로 지우려는 의도에서였다. 같은 맥락에서 중국인이 많이 살았던 고카네쵸오[황금정(黃金町)]에는 을지문덕의 성을 써서 을지로라는 이름을 붙였다. 누군가 독립운동가도 한 사람쯤은 있어야 하지 않겠느냐고 제안했다. 위원들은 을사늑약 이후 가장 먼저 순국(殉國)한 사람의 이름을 따는 쪽으로 의견을 모았다. 이에 따라 다케조에마치[죽첨정(竹添町)]는 민영환의 시호를 딴 충정로로 바뀌었다. 다케조에마치는 임오군란 당시 일본 공사 대리였던 다케조에 신이치로를 기념하는 이름이었다. 당시 서울시장이었던 김형민은 이 무렵 경성부를 우남시(雩南市)로 바꾸자는 압력에 시달렸다고 회고했다.[2] 우남은 이승만의 호(號)였다. 산 사람의 호를 도시 이름으로 삼자는 압력이 있을 정도로 이 무렵 '독립운동의 대표 표상'을 둘러싼 싸움은 현실의 정치투쟁 못지않게 치열했다.

정치 상황이 어떻게 전개될지 모르는 상황에서, 현실 정치에 영향력을 행사할 수 있는 사람에게 '대표 표상'의 지위를 부여하는 것은 위험했다. 서울시 가로명제정위원회 위원들뿐 아니라 대다수 지식인이 '죽은 사람들'의 이야기를 중심으로 독립운동사를 구성하는 것이 안전하다고 판단했다. 죽은 이들은 산 자들의 동정과 연민, 추모를 받는 존재이자 스스로 반박하거나 항변하지 않는 존재다. 그들에 관해 '틀린 사실'을 이야기하더라도, '서로 다투는 여러 견해 중 하나'로 인정받을 수 있었다.

죽은 사람 모두가 현양(顯揚) 대상은 아니었다. 이념 대립이 극심했기 때문에 이념의 색채가 뚜렷한 사람은 민족 구성원 모두의 대표가 될 수 없었다. 하지만 1920년대 이후 민족주의든 사회주의든 '진영'과 무관하게 독립운동을 벌인 사람은 없었다. 서울시 가로명제정위원회가 독립운동가를 기리는 '유일한 거리'에 '최초로 순국한 사람'이라는 기준을 정한 이유도 이 때

2) 김형민, 『김형민회고록』, 1987, 범우사.

문이었다.

해방 직후 여러 정치세력이 여러 종류의 '잊지 말아야 할 순국열사' 명단을 만들어 유포했다. 이들 명단은 대개 최익현, 민영환, 이준, 안중근 등 1910년 이전에 순국한 사람들의 이름으로 채워져 있었다. 이들이 민족 독립운동사를 대표하는 인물로 거론된 데에는 일본이 만들어 유포한 역사상(歷史像)의 영향도 있었다. 을사늑약, 헤이그 밀사 사건, 안중근의 이토 처단은 일본의 '한국병합사'(韓國倂合史)를 이룬 큰 줄기였다. 식민지 시기의 관변 매체들과 조선총독부 발행 역사 교과서는 의병 봉기, 헤이그 밀사, 안중근 의거 등의 '행위'들 때문에 일본이 애초의 방침을 바꾸어 한국을 '병합'할 수밖에 없었다고 주장했다. 이 역사상(歷史像)을 전복(顚覆)하기 위해서는 각 사건의 행위자들을 '일본의 한국 병합을 유도한 자'에서 '일본의 침략에 맞서 민족의 의기를 드높인 자'로 바꾸어 인식해야 했다.

조선총독부 발행 교과서로 공부한 젊은이들에게 민족의 학문과 민족의 역사, 민족의 위인들에 대해 가르쳐야 한다는 생각은 누구나 했을 터이지만, 당장 그 결과물이 나올 수는 없었다. 해방 이후 치러진 경성대학교(경성제국대학교, 지금의 서울대학교) 입학시험에 '국어' 과목을 넣을 것이냐를 두고 논란을 벌이던 시절이었다. 식민지 시기에도 안중근이라는 이름은 국내외에서 끊임없이 거론되었고, 그를 본받아 독립운동에 나선 사람도 적지 않았지만, 그 이름을 모르거나 알더라도 '광한'(狂漢)이나 '불령선인'(不逞鮮人)으로만 기억하는 사람이 너무 많았다. 안중근의 이름을 알리거나 그의 공적을 현양하려는 일들이 자발적으로, 또는 상업적으로 전개되기 시작했다. 안중근을 비롯한 민족운동가들을 기리는 일은 민족공동체를 재결집하기 위해 반드시 필요했고, 이 일을 추진한 사람들도 명료하게든 모호하게든 그 의의를 알고 있었다.

해방 3개월이 채 지나지 않은 1945년 11월, 조선시보사는 『벽혈(碧血)을 뿌린 열사의 군상(群像): 안중근편』이라는 책을 출간했다. 이듬해에는 같은 제목으로 김상옥(金相玉), 이재명(李在明), 강우규(姜宇奎) 등을 소개한 책도 나왔다. 1945년 12월에는 『순국투사 혈루기(血淚記): 쾌걸 안중근』이, 이듬해 1월에는 의열사들의 간략한 전기 모음집인 『삼천만의 열원(熱願) 조국광복이 성취되기까지』가 각각 발간되었다. 『신천지』1946년 8월호에는 이병기의 '안중근 선생전'이 수록되었고, 같은 해에 백성강이 『대한매일신보』 등에 연재됐던 공판 기록을 정리해 『안중근 선생 공판기』(경향잡지사)로 펴냈다. 이어 김진복이 『(왜놈 이토 죽인) 안중근 실기』(중앙출판사)를 냈고, 1947년에는 김용필의 『안중근 의사』(동아일보사)와 김춘광의 『안중근 사기』(삼중당), 그리고 만화책 『의사 안중근』이 발간되었다. 안중근이 돈의학교를 운영하던 시절 그 학교 학생이던 이전(李全)도 같은 해에 『안중근혈투기』를 집필했다. 이 책은 1949년 연천중학교 기성회가 간행했다.[3]

전기 발간과 거의 동시에 공연물 창작도 시작되었다. 실질

---

3) 윤선자, 「해방 후 안중근 기념사업의 역사적 의의」, 『한국독립운동사 연구』34, 2009, 130쪽.

문맹률이 80% 정도 되던 시절이었으니 연극, 가극, 영화 등은 책보다 파급력이 컸다. 1945년 11월 7일, 혁명극장은 연극「안중근」제작에 착수했다고 발표했다. 연출은 후일 영화「고종황제와 의사 안중근」을 감독한 전창근이 맡았다.[4] 그달 29일에는 순국의열사봉건회(殉國義烈祠奉建會)의 의뢰에 따라 라미라 가극단이 가극「의사 안중근」을 제작, 수도극장에서 상연했다.[5] 순국의열사봉건회는 순국 의열사들의 사당을 짓기 위해 조직된 단체였다. 1946년 1월에는 김춘광 작, 안종명 연출의 연극「안중근의 사기(史記)」가 역시 수도극장 무대에 올랐다.[6] 이 연극은 '장안의 인기를 독차지'했다는 평과 '의열사를 상업적으로 모독'했다는 평을 아울러 들었다. 수도극장에서 시작했던 가극「의사 안중근」은 서울과 지방 여러 극장에서 순회 상연되었다. 서울의 각 전문학교 학생들도 여름방학 중「안중근의사의 최후」라는 연극을 만들어 농촌 곳곳으로 다니며 공연했다.[7] 1946년 5월 12일에는 계몽구락부 문화부가 제작한 영화「안중근」이 개봉되었다. 이 영화는 명동극장과 우미관에서 처음 상영되었고,[8] 1947년 초부터는 지방 각지 공회당에 배급되었다. 1948년에는 방의석 각본, 이구영 감독의「안중근사기」가 국도극장에서 상영되었다.[9]

---

4) 『중앙신문』, 1945. 11. 7.

5) 『중앙신문』, 1945. 11. 29.

6) 『중앙신문』, 1946. 1. 5; 동 1946. 3. 7.

7) 『동아일보』, 1946. 6. 12.

8) 『동아일보』, 1946. 4. 12.

안중근에 대한 관심이 고조되면서 관련 자료들도 속속 발굴되었다. 1945년 11월에는 안중근이 동생들에게 유언하는 장면을 촬영한 사진이 새로 공개되었다.[10] 같은 해 12월 25일에는 정갑식이라는 청년이 귀환하는 일본인에게서 안중근 의사의 유묵을 빼앗아 공개했다. '천여불수 반수기앙이'(天與不受 反受其殃耳)라 쓴 휘호였다.[11] 1946년 1월에는 조선총독부 도서관에 비공개 자료로 묶여 있던 「안중근공판속기록」이 일반에 공개되었다.

1945년 말에는 안중근 동상 건립운동도 시작되었다. 당시까지 한국 땅에 선 동상은 사립학교 설립자들의 것 몇 개를 빼면 일본인과 구미인들의 것뿐이었다. 자기 땅에서 남의 나라 사람, 그것도 식민지 지배자들의 동상을 우러러보아야 했던 것이 식민지 원주민들의 운명이었다. 해방은 그 운명을 바꾸려는 의지를 북돋웠다. 1945년 12월 12일, 서울 장충단공원에 대한민국임시정부 요인을 비롯한 수백 명이 모여 '장충단 재건 및 안중근 의사 동상 건립기성회'(이하 '기성회'로 약기[略記])를 결성했다. 회장에는 이종대, 부회장에는 우덕순과 고오가 선임되었다.[12] 참석자들은 박문사 안의 이토 히로부미 동상을 철거하고 안중근 의사 동상을 조성해 건립하기로 결의했다. 앞에서도 언급했듯이 장충단은 대한제국의 '국가 추모 시설'이었다. 영

9) 『동아일보』, 1948. 2. 29.

10) 『자유신문』, 1945. 11. 28.

11) 『자유신문』, 1945. 12. 25.

12) 『동아일보』, 1945. 12. 12.

국의 웨스트민스터사원이나 미국의 알링턴국립묘지처럼 국가 추모 시설은 사람들을 '국민'으로 만드는 장치이자 국가적 성소(聖所)이다. 옛날의 왕들은 신전 앞에서 서약했으나, 현대의 국가 원수들은 자국의 '국가 추모 시설' 앞에서 서약한다. 대한제국의 장충단은 그만큼 중요한 성소였다.

장충단을 국가 추모 시설로 재건하는 일은 끊어진 나라의 역사를 잇는 일이었다. 물론 해방이 제국의 부활로 이어져서는 안 되었다. 1919년 3·1운동 이후 '대한'이라는 이름을 승계하면서 국체(國體)를 '민국'으로 바꾸었듯이, 장충단을 재건하되 민족국가의 이상에 부합하는 사람들을 모셔야 했다. 그 첫 번째 인물로 안중근이 거론된 것은 어쩌면 당연했다. 국내에서건 국외에서건, 안중근은 이토 히로부미와 함께 붙어다닌 이름이었다. 일본인들이 이토 히로부미가 한국에 베푼 은덕을 찬양하면 할수록, 안중근의 이름도 알려질 수밖에 없었다. 국내에 있던 사람 중 국외에서 활동한 독립운동가들에 대해 잘 아는 사람은 극소수였다. 그러나 안중근을 모르는 사람은 드물었다. 게다가 국외에서 귀국한 동포들에게 안중근은 한국 독립운동과 한국인의 민족정신을 대표하는 위인이었다.

기성회는 모금을 위해 임원들이 순회강연에 나서는 한편, 안중근 유묵을 복제하여 판매했다. 이때 복제된 유묵들은 후일 골동 서화 시장을 어지럽히기도 했다. 1946년 5월에는 기성회와 별도로 '기린각(麒麟閣) 건립기성회'가 이승만, 김구, 김규식 등의 발기로 결성되었다. 민영환, 이준, 안중근 등 129명의 선열을 추모하기 위해 기린각이라는 이름의 시설을 만들고 선열들의 동상도 건립한다는 취지였다. 사무소는 종로 기독교청년회관(YMCA)에 두었으며, 총재는 이종태였다.[13]

기성회 결성 10여 일 뒤인 1945년 12월 23일에는 해방 후 순국선열을 기리는 첫 번째 대규모 공개행사가 열렸다. 이에 앞서 '순국선열 추념대회 준비위원회'가 조직되었다. 총재는 김구, 위원장은 신익희였으며 정인보, 홍명희, 김활란, 김성수, 송진우, 안재홍, 박헌영 등이 위원을 맡았다. 국내에 있던 사람들보다 임시정부 요인들을 우대하는 형식이었다. 주요 정치지도자 중 이승만과 여운형은 명단에서 빠져 전체적으로 임시정부가 주도하는 모양새였다.[14]

물론 순국선열 추모의식이 대규모 공개행사에서만 거행되지는 않았다. 당시 모든 독립운동 세력은 집회 때 '순국선열'(殉國先烈)이나 '혁명열사'(革命烈士)에 대한 묵념을 반드시 집어넣었으니,[15] 이 관행이 오늘날 '국민의례'로 이어졌다. 순국선열에 대한 묵념을 의례화한 것은 임시정부였다. 이 의례에는 임시정부가 의병전쟁을 비롯한 독립운동의 정통을 계승한다는 선언적 의미도 있었다.

순국선열의 유해를 찾아 봉환하는 일도 대한민국임시정부 관계자들이 먼저 시작했다. 김구는 11월 23일 환국하자마자 일

---

13)『자유신문』, 1946. 5. 14.

14)『조선일보』, 1945. 12. 21.

15) 전우용, 「한국인의 국기관과 국기에 대한 경례: 국가 표상으로서의 국기를 대하는 자세와 태도의 변화과정」,『동아시아문화연구』56, 2014.

본으로 사람을 보내 순국자들의 시신을 찾도록 했다. 이봉창, 윤봉길, 백정기 3의사의 유해는 이듬해 6월 3일 환국했다. 김구는 직접 부산에 내려가 현지에서 추도식을 지낸 후 유해를 서울 효창원에 안장했다.[16] 묘단에는 '유방백세'(流芳百世, 꽃다운 향기 영원하리)라는 휘호를 새겼다. 1948년에는 다시 중국 충칭에서 이동녕, 차리석의 유해를 수습해 국내로 옮겨 안장했다. 그러나 김구가 독립운동가의 전범(典範)으로 삼았던 안중근의 유해는 찾을 수 없었다. 중국 전역이 치열한 내전 상태였기 때문이다. 김구는 후일 안중근의 유해를 찾으면 안장할 수 있도록 효창원에 가묘(假墓)를 만들도록 했다.

안중근 의거 36주기인 1945년 10월 26일에는 따로 기념식이 열리지 않았다. 해방된 지 두 달밖에 안 된 때라 기념식을 앞장서 준비할 주체가 없었다. 안중근이라는 이름이 대중에게 널리 알려진 것은 안중근 관련 책과 공연물들이 나오기 시작한 1945년 겨울부터였다. 3·1운동 27주년인 1946년 3월 1일 전후에는 신문들이 다투어 독립운동가들의 생애와 사적(事蹟)을 소개했다.

1946년 2월 '고 안중근 선생 제36주기 추도회 발기 준비회'가 결성되었다. 참여 단체는 대한독립협회, 민중당, 기독교 조선성결교회 본부, 조선 기독교 남부대회, 유도회 총본부, 성균관, 천도교 총부, 조선 불교 중앙 총무원, 삼일동지회, 학병거부

---

16) 정운현, 「독립운동사의 거목 백범과 안중근의 영원한 인연」, 『민족21』, 2009. 6, 162쪽.

자연맹, 국학연구회, 중립동지회 등이었고 위원장은 우덕순, 부위원장은 백남훈, 명제세, 이종대였다.[17] 준비회는 안중근 약력을 전국 각 학교와 단체에 무료 배부할 것, 안중근 추모가를 중앙방송국에서 전국에 방송할 것 등의 목표를 정했으나, 실현 여부는 알 수 없다.[18] 김경운 작사, 계정식 작곡의 '안중근 의사 추넘가'는 3월 19일 신문에 공개되었다.[19]

1946년 3월 26일, 서울운동장에서 순국 36주기 추도회가 개최되었다. 이리, 전주, 구례, 개성 등 지방 도시들에서도 추도회가 열렸다. 안중근을 기념하는 해방 후 첫 번째 행사였다. 이 자리에는 김구, 김규식, 조소앙, 홍진, 김창숙, 정인보, 김능권, 각 정당 대표, 유가족 대표, 뉴맨 미군정 공보국장, 중화민국거류민단대표 정원한 등이 참석했다. 신탁통치 찬반 문제로 한창 시끄러울 때였고, 이 행사 직전에는 삼일절 기념행사조차 좌익과 우익이 따로 치렀다. 좌우의 대립은 독립운동의 정통성 문제와도 직결되었다. 사회주의자들도 안중근 의거를 평가절하하지는 않았으나, 그보다는 이름도 알려지지 않은 채 희생된 대중에게 더 주목했다. 반면 대한민국임시정부 관계자들은 국외, 특히 중국과 만주에서 독립운동을 벌인 사람들을 중심으로 독립운동사를 구성하려고 했다. 의거 기념식이 서울운동장에서 성대하게 치러졌음에도 당대에 정치적 영향력이 컸던 이승

---

17) 『조선일보』, 1946. 2. 28.
18) 『자유신문』, 1946. 3. 12.
19) 『주선일보』, 1946. 3. 19.

만, 여운형, 박헌영 등은 참석하지 않았다.

안중근은 임시정부 수립 10년 전에 순국했기 때문에 임시정부와는 직접 관계가 없었다. 하지만 김구, 안창호, 박은식 등 임시정부 요인들이 안중근과 생전에 인연이 있었던 데다가 안중근의 동생과 조카들 대다수가 임시정부에서 활동했기 때문에 많은 사람이 안중근과 임시정부를 묶어서 인식했다. 1945년 12월 강화에서 임시정부 환영회가 열렸는데, 참석자들은 "임시정부 만세, 김구 주석 만세, 안중근 의사 만세"를 삼창했다.[20] 해방 정국에서 안중근은 임시정부 세력의 정치적 자산이었다. 같은 맥락에서 임시정부를 반대하는 세력에게는 안중근 추모와 숭배가 그리 달갑지 않았다.

이 추도식을 준비한 '안중근 선생 추도 준비회'는 행사 후 해산되고 대신 '안중근 선생 기념사업협회'가 결성되었다. 위원장은 우덕순, 부위원장은 방응모, 김낙영, 김효석, 고문은 권동진, 오세창, 이시영 외 13명이었다.[21] 대구 등지에서 협회의 지방 지부도 결성되었다. 같은 해 10월 26일 의거 37주기에는 YMCA에서 '안중근 선생 기념사업협회' 주최로 첫 번째 기념식과 강연회가 개최되었다. 이 행사에는 유족 대표로 안우생과 안미생이 참석했다.

이후 안중근 의거일과 순국일에는 거의 매년 '기념사업협회'

---

20) 『자유신문』, 1945. 12. 26.
21) 『동아일보』, 1946. 5. 12. 같은 날짜 『자유신문』은 고문이 32인이라고 보도했다.

주최의 기념식과 추도식이 열렸으나, 시기에 따라 규모와 격식에 상당한 차이가 있었다. 1946년 10월의 기념식과 1947년 3월의 추도식은 YMCA에서 열렸다. 37주기 추념식에는 조소앙이 참석하여 강연했으나, 36주기에 비하면 무척 축소된 규모였다. 37주기에 유족들은 기념사업협회의 추념식에 참석하지 않고 명동성당에서 열린 추도미사에 참석했다. 이기준 신부가 집전한 추도미사에는 김구, 러취 군정장관, 노기남 주교도 참석했다. 기념사업협회와 유족 사이에 갈등이 있었기 때문인지 또는 협회 위원장 우덕순에게 일본군 밀정 혐의가 있었기 때문인지는 알 수 없다.

1948년 3월의 38주기 추도식은 시공관에서 열렸다. 함석훈이 사회를 보았고 서울 주재 중국 총영사가 추념사를 했으며, 안현생이 답사를 했다. 다른 저명인사가 참석했다는 기록은 없다. 누가 주도했는지는 분명치 않으나 순국선열을 기념하는 날을 따로 만들려는 움직임도 있었다. '순국선열 기념절 준비위원회'는 1947년 11월 17일을 '순국선열 기념절'로 정하고 서울운동장에서 기념식을 거행했다. 이 자리에는 오세창과 딘 군정장관 등이 참석했다. 이날은 이회영의 15주기 기일이기도 했으나, 임시정부 관계자들이 참석했다는 기록은 없다.[22] '순국선열 기념절' 행사는 이것이 처음이자 마지막이었다.

안중근을 민족 재결집과 국민 통합의 구심점으로 삼으려는 집단 의지는 교육에도 반영되었다. 1946년 여름에 처음 치러진

---

22) 『소신일보』, 1947. 11. 17; 『중앙신문』, 1947. 11. 18.

상급 학교 입시에서는 안중근과 관련된 문제들이 출제되었다. 중등학교 입시에는 '안중근과 관련된 사람'이 누구인지를 묻는 문제가,[23] 경성대학교(현 서울대학교) 입시에는 안중근에 대해서 쓰라는 주관식 문제가 출제되었다.[24]

이승만 정권기의 안중근 기념: 안중근의 3·26과 이승만의 3·26

독립운동가 기념이 이념에 규제되는 현상은 1946년 초에 시작되었으나, 1948년 8월 15일 단독정부 수립 이후에는 이승만 개인의 성향과 관심에도 영향을 받았다. 물론 안중근은 한국 민족운동이 이념으로 나뉘기 전에 순국한 사람이었다. 하지만 그는 김구, 안창호 등 이승만의 정적(政敵)들과 가까웠고, 대중도 그를 임시정부의 정치적 자산으로 인식했다. 임시정부 요인들이 안중근을 혁명가의 '전범'(典範)으로 추앙한 것과는 반대로 이승만은 의열투쟁을 혐오했다. 그는 의거 당시에도 "세계 각국이 비폭력을 주장하는 세상에서 암살폭력을 용납할 수 없다"고 주장했다.[25]

이승만은 자기와 대립했던 독립운동가들의 공적을 인정하지 않았다. 1949년 4월 27일 대통령령으로「건국공로훈장법」

---

23)『영남일보』, 1946. 7. 9.
24)『동아일보』, 1946. 7. 16.
25)『국민보』, 1952. 7. 9.

이 제정되어 같은 해 8월 15일 광복절에 첫 수여자가 나왔는데, 훈장을 받은 사람은 대통령 이승만과 부통령 이시영 둘뿐이었다. 1950년 3월 1일에는 12명이 훈장을 받았는데, 모두 외국인이었다. 그중에는 호레이스 알렌, 호머 헐버트 등 대중에게 알려진 사람도 일부 있었으나 절대다수는 이승만과 개인적 친분을 맺었다는 것 말고는 독립운동에 무슨 공헌을 했는지 알기 어려운 인물이었다. 게다가 공교롭게도 안중근의 순국일인 3월 26일은 이승만의 생일이기도 했다. 이승만 본인이 의사를 밝히지는 않았겠지만, 그의 측근들은 '이승만 탄신 경축식'이 '안중근 순국 추념식'에 묻혀서는 안 된다고 생각했을 것이다.

정부 수립 직후에 닥친 전쟁과 그 후유증, 이승만 한 사람만을 독립운동의 영웅으로 추앙해야 했던 사회 분위기, 안중근의 순국일보다 이승만의 탄신일을 기념하는 데 열심이었던 관료들과 기업인들로 인해 해방 직후 뜨겁게 분출했던 안중근 추모 열기는 급속히 냉각되었다. 1949년 3월 26일, 정부 수립 후 처음으로 안중근 의사 추념식이 기념사업협회 주관으로 서울 시공관(현재의 명동예술극장)에서 열렸다. 기념사업협회 위원장은 신익희로 바뀌었으며, 우덕순은 고문으로 물러났다. 당일 개회사는 신익희, 추념사는 우덕순이 했으며, 부통령 이시영을 비롯한 정부 인사들의 추념사는 모두 다른 사람들이 대독했다.[26]

1949년 10월 26일의 의거 40주기에는 행사 기록이 없다.

26) 『경향신문』, 1949. 3. 26.

1950년 3월 26일의 40주기 추념식은 상공회의소 강당에서 열렸다. 시공관보다는 공식성도 떨어지고 장소도 협소했다. 이 행사에는 우덕순, 이강, 김상돈, 이범석, 윤치영 등이 참석했다. 1949년 6월 26일에 김구가 사망한 뒤, 이승만의 최측근이었던 윤치영은 김구와 가까웠던 사람들을 자기편으로 끌어들이려 했는데, 안중근 40주기 추념식에 참석한 것도 그런 의도 때문이었을 가능성이 있다. 윤치영은 안중근이나 그 동생들과 알고 지낸 적도 없었고, 안중근의 독립운동 방식에 동조하지도 않았다. 윤치호의 사촌인 그는 식민지 말기에 윤치호와 비슷한 행적을 보였다. 하지만 40주기 추념식 참석을 계기로 윤치영은 안중근 기념사업과 깊은 관계를 맺었다. 이번에도 유가족들은 기념사업협회 행사에는 모습을 드러내지 않았으며, 명동성당에서 열린 추념 미사에만 참석했다.

1950년 6월 25일 한국전쟁 발발 뒤로는 한동안 순국 추도식이나 의거 기념식에 관한 기사가 보이지 않는다. 우덕순, 이강 등 의거 관계자들과 유가족들은 조촐하게나마 행사를 치렀을 테지만, 이승만 우상화 광풍 속에서 다른 독립운동가들을 기념하는 일은 대중의 관심에서 멀어졌다. 4·19로 이승만이 물러날 때까지 천주교회와 전남 장흥의 만수사에서 열린 추념식을 알리는 기사는 있었으나 기념사업협회가 주관한 기념식이나 추모식에 관한 기사는 없었다. 신익희, 장면 등 야당 지도자들도 천주교회의 추모 미사에 참석했다.

당시 대중은 신익희 등의 임시정부 요인들과 안중근을 한편으로, 이승만을 그 반대편으로 인식했다. 1955년 가을, 안현생은 신익희와 장면 등이 창당한 민주당에 입당하여 중앙위원이 되었다.[27] 1956년 6월, 효창원에서 '모처'(某處)의 지시로 현대식 운동장 건설공사가 시작되었다. 김구, 안중근, 삼의사 등의 묘역에 사람들을 끌어 모아 웃고 떠들게 만드는 것은 선열들을 능욕하는 행위라는 세론은 공사에 아무런 영향을 미치지 못했다.[28] 이승만 정권은 김구와 관련된 독립운동가들을 능욕하는 데 더 관심을 기울였다.

1956년 5월 안중근의사기념사업협회 위원장이던 신익희가 대통령선거 유세 도중 사망한 뒤 사업회 회장은 3·1운동 민족 대표 33인 중 한 사람이었던 이명룡이 맡았다. 하지만 그도 같은 해 11월 사망했고, 일본군 장교 출신 김석원이 그 뒤를 이었다. 이 무렵 안중근의사기념사업협회 임원진에는 친일 전력이 있는 사람이 적잖이 포진했다.[29] 김석원이 회장으로 취임한 직후인 1956년 12월 12일, 안중근의사기념사업협회는 사단법인 허가를 얻었다.[30] 1959년에는 회장이 이강으로 바뀌었다. 안중근의 동지였던 이강은 후일 "이승만과는 뜻이 맞지 않아 번번

---

27) 『조선일보』, 1955. 9. 6.
28) 『동아일보』, 1957. 8. 24.
29) 1956년 6월 현재 안중근의사기념사업협회의 임원 명단은 다음과 같다. 총재 함태영, 고문 장면, 김병노, 김유택, 구용서, 남상철, 이강, 이은상, 이한원, 방일영, 박순천, 손재형, 유진오, 정일형, 조경규, 장기봉, 최규남, 최두선, 한창우, 황의돈. 회장 이명룡. 부회장 김석원. 이사장 조동식. 이사 김상돈 외 19명. 『조선일보』, 1956. 6. 19.
30) 『동아일보』, 1957. 1. 6.

이 등져 지내왔다"고 술회했다.[31]

1956년, 전라남도 장흥의 만수사(萬壽祠)에서 수십 명이 모여 조촐한 추도식을 거행했다. 만수사는 고려 말의 유학자 안향(安珦)을 기리기 위해 죽산 안씨 후손과 지역 유림이 지은 사당으로, 1957년 안중근 의사 사우(祠宇)를 추가로 건설하고 해동사로 이름 붙였다. 안중근은 순흥 안씨이지만, 그의 제사를 지내는 후손이 없다는 이야기를 듣고 죽산 안씨 문중에서 대신 제사를 지내기로 한 것이다. 사당 건립식장에서는 안현생이 안중근의 영정을, 안춘생이 위패를 들었다. 대통령 이승만은 '해동명월'(海東明月)이라는 친필 휘호를 보냈다. 사당 이름이 해동사가 된 연유다. 이곳에서는 이후 매년 안중근 추도식이 열렸다.

1959년은 의거 50주년이었다. 하지만 일부 신문에 의거 50주년이라는 짤막한 기사가 실렸을 뿐이다. 전남 장흥에서 열리는 '문중 행사'까지 보도했던 언론의 태도를 고려하면, 이승만 정부는 의거 50주기에 아무런 관심을 보이지 않았다고 해도 무방하다. 이듬해 3월 26일 순국 50주기에는 순국선열기념사업 전국위원회와 안중근의사기념관건립회가 안중근 동상 앞에서 '간단한' 추념식을 거행했고, 이틀 뒤에는 안중근의사기념관건립회 주최로 시공관에서 다시 추념식이 열렸다. 이 행사에도 정부 관계자는 참석하지 않았다. 4·19 이후인 1960년 10월 26일의 의거 기념식도 기념관건립회 주최로 시공관에서 조촐

---

31)『경향신문』, 1960. 10. 2.

하게 열렸다.

이승만 정권이 민간의 안중근 기념조차 백안시하는 상황에서도 안중근에 대한 정보는 여러 매체를 통해 조금씩이나마 대중에게 전달되었다. 라디오 방송국은 종종 안중근의 일대기를 소개하는 강연이나 방송극, 국악 작품을 송출했다. 『동아일보』는 1956년 황의돈의 「위국 항일 의사 열전: 안중근 편」을, 1957년에는 안중근 의거를 다룬 박계주의 소설 『대지의 성좌』를 연재했다. 1959년에는 신동우의 『만화 안중근』이 발행되었다. 하지만 출판물이든 공연물이든 해방 직후와 비교하면 양과 질 양면에서 비교조차 할 수 없는 정도였다.

의거 50주년인 1959년 초, 태백영화사가 당시까지의 영화 제작비로는 최고액인 1억 원을 투자하여 「고종황제와 의사 안중근」 제작에 착수했다.[32] 감독과 주연은 해방 직후 연극 「안중근」을 연출했던 전창근이 맡았다. 러시아인과 주한미군 등 외국인 100여 명이 출연했으며, 출연자 연인원은 2만여 명에 달했다. 영화사 측은 안중근 순국일인 3월 26일에 개봉하려 했으나, 석연치 않은 이유로 연기되었다. 그날은 이승만의 84회 생일이기도 했다. 당시 영화 제작 스태프 일동은 "안의사의 불멸의 장거(壯擧)에 대한 후세의 존경을 배가(倍加)하는 뜻 외에 타의(他意)가 없다"는 '연기의 변'을 신문광고로까지 냈다.[33] 안중근 영화를 예정대로 개봉하지 못하는 것이 이승만의 생일

---

32) 『조선일보』, 1959. 1. 18.
33) 『경향신문』, 1959 3 26,

때문이라는 고백과 다를 바 없는 내용이었다. 영화는 4월 6일에야 개봉했다.

「고종황제와 의사 안중근」이 흥행에 성공을 거두자, 같은 해 겨울 반공예술단은 1억 원이 훨씬 넘는 예산을 투입해 「독립협회와 청년 이승만」 제작에 착수했다. 당대 최고의 감독과 영화배우들을 동원한 대작(大作)이었는데, 3·15 부정 선거를 앞두고 전국 모든 극장에서 일제히 개봉했다. 제작비 대부분을 정부와 자유당이 지원했다는 사실은 4·19 이후에 밝혀졌다.[34]

안중근 동상 건립 사업도 숱한 곡절을 겪었다. 해방되자마자 시작되었던 '장충단 재건 및 안중근 의사 동상 건립 운동' 중 장충단 재건은 1948년 정부수립 후 한때 실행에 옮겨졌다. 정부는 장충단 부지에 사당을 새로 지어 장충사라 이름 붙이고 내전 상황에서 사망한 군경의 위패를 봉안했다. 그러나 한국전쟁 발발로 전사자가 기하급수적으로 늘어나자 도저히 감당할 수 없어 동작동에 국군묘지를 새로 만들었다. 그런 점에서 현재의 국립현충원은 재건된 장충단이라고 해도 무방하다. 반면 동상 건립 사업은 동력을 얻지 못했다. 정치적 광풍이 몰아치던 시기에, 이런저런 단체 운영비조차 조달하기 어렵던 상황에서 민간인들이 안중근 동상 건립비를 모으는 일은 쉽지 않았다. 더구나 새 정부의 요직을 차지한 사람들의 안중근에 대한 태도는 일반인들보다 훨씬 냉담했다.

한국전쟁 중인 1952년 4월 13일, 해군본부가 있던 경상남도

---

34) 『조선일보』, 1960. 5. 18.

진해에 충무공 동상이 건립되었다. 해방 후 이 땅에 선 최초의 동상이었다. 제작 기간 1년, 높이는 16척, 중량은 3톤, 제작비는 1억 6천만 원이었다. 국민방위군으로 끌려간 수만 명이 사망한 직후였다. 충무공 영혼의 힘이라도 빌리고 싶은 마음이 없었다면, 동상 제작에 이토록 큰돈을 쓰지는 않았을 것이다.

독립운동가 동상 건립 논의는 휴전 이후에야 재개되었다. 가장 먼저 거론된 인물은 이승만이었다. 1955년 3월, 국회의사당에서 국회의장 이기붕(李起鵬) 주도로 '이승만 대통령 80회 탄신축하위원회'가 결성되었다. 위원회가 계획한 핵심 사업은 이승만 동상 건립이었다. 같은 해 11월 17일, 역시 이기붕이 회장으로 있던 '대한소년화랑단'이라는 단체가 높이 240센티미터의 이승만 동상을 제작, 한동안 시청 앞 광장에 세워두었다가 이듬해 3월 31일 탑골공원으로 옮겨 제막식을 거행했다. 탑골공원에 이승만 동상을 세운 것은 그에게 '3·1운동으로 건립된 대한민국'의 대표이자 3·1운동의 '정신적 지도자'라는 권위를 부여하기 위해서였다.

탄신축하위원회가 만든 동상은 '왜정시대 왜인들의 성지(聖地)로서, 일본의 조선 식민지배를 상징했던 곳'인 남산 구(舊) 조선신궁 터에 건립되었다. 제막식은 제11회 광복절이자 제7회 대한민국 정부수립 기념일이며, 제3대 대통령 취임일인 1956년 8월 15일에 거행되었다. 본체 높이는 7미터, 좌대 높이 18미터, 총 높이 25미터로서 척수(尺數)로는 81척이었다. 탄신축하위원회는 '80회 탄신을 기준으로 다시 한 걸음 나아가는 재출발의 첫걸음'을 표현하기 위해서 동상 높이를 81척에 맞추었다고 설명했다. 동상은 '민족의 태양'이라는 이미지에 맞도록 해 뜨는 동쪽을 바라보게 세웠다. 남산 자락에 높이 솟아 서울 시내 전역을 오시(傲視)하던 이 동상은 당시 세계 최대 규모라는 '찬사'를 받았다.

이승만 동상 건립이 준비되던 무렵, 안중근 동상 건립운동도 재개되었다. 처음 동상 건립을 추진했던 단체는 소멸하고 대한애국선열유가족원호회라는 단체가 생겨 장충단공원에서 먼저 안중근 의사 동상 건립 지진제(地鎭祭)를 거행했다.[35] 지진제란 '땅 기운을 누르는 제사'라는 뜻으로 지진이 잦은 일본에서 건축 공사 전에 지내던 제례를 말한다. 이와 별도로 1956년 2월 대한순국충렬기념사업협회는 안중근, 이준 등 순국선열 5인의 동상을 세우기로 계획하고 장충단공원을 안중근 동상 부지로 선정했다.[36]

그러나 이 두 단체의 동상 건립 작업은 전혀 진척되지 않았다. 1956년 6월, 안중근의사기념사업협회는 자기들이 동상 건립을 주도하겠다는 성명을 내고 사업 책임자로 김석원을 선임했다.[37] 김석원은 일본군 장교 출신으로 일본인들에게 '중일전쟁의 영웅'으로 불렸던 인물이다. 이런 경력을 가진 사람이 안중근 의사 기념사업에서 중책을 맡는 것은 어울리지 않았으나, 1950년대 중반은 군(軍)의 지원 없이는 어떤 일도 하기 어려운

---

35) 『경향신문』, 1955. 6. 26.
36) 『조선일보』, 1956. 2. 21.
37) 『조선일보』, 1956. 6. 19.

시대였다. 전쟁 직후의 한국은 세계에서 가장 가난한 나라였고, 미국의 원조 자금과 원조 물자에 의존하여 겨우겨우 지탱해나가는 상태였다. 군부는 미국으로부터 원조 자금과 원조 물자를 받아 국내에 배분하는 핵심 기관이었다.

1957년 3월, 애국선열유가족원호회 회장 서형이 동상 건립기금 횡령 혐의로 체포되었다. 경찰은 그가 주로 공무원을 상대로 모금하는 한편, 건립기금을 마련한다는 명목으로 안중근 메달을 개당 32환씩에 만들어서는 300환씩에 팔아 착복했다고 발표했다.[38] 이 사건의 여파로 동상 건립기금 모금에 차질이 생기자 대한애국선열기념사업협회와 안중근의사기념사업협회 등 7개 단체는 서형과 자기들은 무관하다는 성명을 내고, '안중근의사동상건립위원회'를 공동 결성하기로 합의했다고 발표했다. 참가 단체는 대한애국선열기념사업협회, 애국동지원호회, 장충단 기념사업기성회, 안중근의사기념사업협회, 충국열사기념사업회, 황해도 도민회, 하얼빈 친목회였다.[39] 하지만 기념사업협회는 동상 공동건립에 합의한 바 없다고 부인했다. 안현생도 유족은 기념사업협회만을 '절대 신임 지지'한다는 신문광고를 냈다.[40]

안중근 동상 건립을 둘러싼 잡음이 끊이지 않자 국회가 개입했다. 1957년 5월, 국회 교육위원회와 문화위원회 상임위원들

---

38) 『경향신문』, 1957. 3. 17.
39) 『경향신문』, 1957. 3. 28.
40) 『경향신문』, 1957. 4. 12.

은 연석 간담회를 열어 동상 건립 제1 후보지를 세종로, 제2 후보지를 장충단공원으로 하며, 2,200만 환의 예산으로 조각가 김경승에게 제작을 맡기기로 결정했다.[41] 공무원과 중고등학교 학생들을 주 대상으로 한 모금도 급진전했다. 그런데 안중근 동상 기공식은 1957년 9월 4일 서울역 광장에서 열렸다. 남산의 박문사를 헐고 장충단에 안중근 동상을 세운다는 데에는 해방 직후부터 사회적 합의가 이어져온 바였으나, 이승만 정부는 그 장소를 탐탁지 않게 여겼다. 항일 민족운동의 '대표 상징' 자리를 두고 안중근과 이승만이 경쟁하는 구도를 원치 않았기 때문일 터다. 또 중앙청 앞길인 세종로는 국가를 상징하는 장소이자 이승만이 자주 지나다니는 장소였다. 1957년 9월, 정부는 동상 건립 사업을 문교부에서 주관하도록 했다. 문교부는 동상 높이 12척, 대석 18척, 도합 30척으로 81척짜리 이승만 동상의 1/3을 조금 넘는 크기의 동상을 서울역 광장에 세우겠다고 발표했다.[42] 그러나 그 직후 문교부장관은 서울역 광장 사용을 불허했다. 그는 안중근 동상 자리로는 '조선토지조사시 정기념비' 자리(현재의 반공청년운동기념비 자리)가 적합하다고 주장했다. 장충단공원과 서울역 광장 대신 사람들 눈에 잘 띄지 않는 자리에 동상을 세우라고 한 것이 문교부장관 개인의 뜻만은 아니었을 터다.

건립 장소가 결정되지 않은 상태에서 국회의원들은 동상 건

41)『경향신문』, 1957. 6. 1.
42)『조선일보』, 1957. 9. 14.

립비로 1인당 1천 환씩을 걷었고, 기념사업협회는 동상 제작이 완료되었다고 공표했다. 이런 상황에서 문교부는 돌연 동상 건립을 취소했다. 기념사업협회와 대한애국선열기념사업협회가 별도로 동상 건립을 추진하는 형편에서 어느 한쪽의 손을 들어줄 수 없다는 것이 이유였다. 하지만 기념사업협회의 동상은 완성되었으나 대한애국선열기념사업협회는 모금조차 시작하지 못한 상태였다. 동상 건립 취소로 이어진 갈등의 한 당사자인 대한애국선열기념사업협회 회장은 자유당 소속 민의원 황경수였다.[43] 이로부터 10개월이 지난 1958년 11월 14일, 기념사업협회는 신문에 광고를 내어 '본의는 아니지만' 정부의 권고를 받아들여 '통감부 건물이 있던 남산 밑, 서울방송국 서편'(현재의 숭의여자대학교 안)에 동상을 세운다고 공표했다.[44] 옛 경성신사와 통감부 사이라서 안중근 의거를 기리는 데 적격이라는 것이었다. 하지만 이보다는 안중근의 자리를 '민족의 태양' 이승만 아래에 배치하는 '공간정치'의 일환이었다고 보는 편이 더 적절할 것이다. 안중근 의사 동상 제막식도 순국 49주기인 1959년 3월 26일로 계획되었으나, 이 또한 영화 「고종황제와 의사 안중근」과 마찬가지로 연기되어 5월 23일에 거행되었다. 제막식에는 장면 부통령과 한의석 국회부의장, 김세완 대법관, 주한 중국대사, 안중근의 며느리 정옥녀 등 유가족이 참석했다. 이승만 대통령의 치사는 조정환 외무부장관이 대독

43) 『경향신문』, 1958. 1. 25.
44) 『경향신문』, 1958. 11. 4.

했다.[45] 동상 제막식 6일 뒤인 29일, 이승만은 비서들을 거느리고 안중근 동상에 가서 헌화(獻花)하고는 '서울중앙방송국 정원을 산책'했다.[46] 이 박사가 안중근을 냉대한다는 여론이 부담스러웠기 때문일 터다. 동상이 건립된 뒤 동상건립위원회는 안중근의사기념관건립회로 개편되었다.

군사정권 시절의 안중근 기념

박정희 정권과 안중근

정부가 안중근을 기념하는 일에 관심을 기울이기 시작한 것은 1961년 5·16 군사정변 이후였다. 정권을 잡은 군인들 다수가 만주군관학교나 일본 육군사관학교 출신이었고, 그들에게 합세한 민간 정치인 중에도 친일 경력자가 많았다. 이들은 정권 장악 과정의 정당성 문제, 정권 주도 세력의 역사적 정통성 문제를 덮는 방안으로 '독립유공자 현양(顯揚)'을 선택했다. 「5·16 혁명공약」 첫 번째에 "반공을 국시의 제일의(第一義)로 삼고"를 넣은 것이 박정희의 남로당 경력에 대한 의심을 피하려는 의도에 따른 것이었듯, '독립유공자 현양'도 친일 혐의에서 벗어나기 위한 것이었다.

1962년 3월 1일, 국가재건최고회의는 독립유공자 208명에게 건국공로훈장을 수여했다. 정부 수립 직후에 해야 할 일이

45) 『조선일보』, 1959. 5. 24.
46) 『동아일보』, 1959. 5. 30.

었으나, 이승만은 자기와 친분을 맺은 외국인들에게만 훈장을 주었을 뿐 한국인 독립운동가들의 공적은 인정하지 않았다. 이때 안중근은 최익현, 이강년, 허위, 김좌진, 오동진, 민영환, 조병세, 윤봉길, 이준, 강우규, 김구, 안창호, 신익희, 김창숙, 손병희, 이승훈, 한용운 17명과 함께 최고 훈장인 '중장'(重章)을 받았다. 4월 16일에는 「독립유공자 및 월남 귀순자 특별원호법」이 제정·공포되었다. "이 박사 생일에 눌려 안중근 순국 추모 행사도 있는지 없는지 모를 정도"[47]였던 상황이 끝났고, 안중근은 이승만의 그늘 밖으로 나왔다. 이에 앞서 5·16 두 달 뒤인 1961년 7월 23일, 재건국민운동 경북지부와 중앙신문통신연합촉진회 공동 주최로 '시민 위안의 밤' 행사가 열렸다. 5만여 군중이 운집한 가운데 명창 송영석이 '안중근 의사의 일대사'를 불렀다.[48]

모든 정치권력이 그렇지만, 특히 박정희 정권은 '역사'를 정권 정당화 도구로 삼는 데 관심이 많았다. 1966년 국무총리 김종필은 '역사상의 인물'들을 국민교육의 자료로 활용한다는 목표하에 '애국선열조상건립위원회'를 결성하고 스스로 위원장이 되었다. 1968년에 박정희 이름으로 공포한 '국민교육헌장'의 첫 문장은 "우리는 민족중흥의 역사적 사명을 띠고 이 땅에 태어났다"였으며, 유신 선포 이후에는 '민족사적 정통성'을 강조했다. 역사는 본래 '국민 만들기'의 핵심 도구이다. '군사주의

---

47) 『조선일보』, 1962. 3. 27.
48) 『동아일보』, 1961. 7. 23.

에 친화적인 국민'을 만들기 위해서는 사람들에게 군사주의적 역사관을 보급할 필요가 있었다. 군사정권 시절에는 안중근 기념도 '군사주의적 관점'에 규정되었다.

박정희 정권은 여러 독립운동가 중에서도 안중근에게 각별한 관심을 보였다. 한국 역대 인물 중 이순신을 특별히 우대한 것과 같은 맥락에서였다. 당시 정권은 이순신에게 '성웅'(聖雄)이라는 칭호를 붙였고, 서울의 중심이자 나라의 중심인 세종로 입구에 충무공 동상을 세웠으며, '충무공의 노래'를 만들어 학교 조회시간마다 부르게 했다. 정권은 충무공의 정신이 곧 민족정신이라고 가르쳤고, 그 민족정신은 군인정신과 같은 의미였다. 군사문화가 사회 전체를 지배한 것이 5·16 이후의 일만은 아니었다.

식민지 시기 조선 총독은 모두 육해군 대장 출신이었다. 해방 뒤에도 3년의 군정기를 거쳤고, 정부 수립 이후에도 전국 곳곳이 계엄 상태였다. 이승만 정권은 1949년 '우리의 맹세'를 제정하여 교과서는 물론 모든 서적 뒷면에 빠짐없이 싣도록 했다. "1. 우리는 대한민국의 아들딸, 죽음으로써 나라를 지키자. 2. 우리는 강철같이 단결하여 공산 침략자를 쳐부수자. 3. 우리는 백두산 영봉에 태극기 날리고 남북통일을 완수하자"의 세 문장으로 구성된 이 '맹세'는 모든 학생과 국민에게 '군인'이 되라고 요구했다. 이승만 정권은 같은 해 고등학교와 대학교에 학도호국단을 설치하여 군사훈련을 의무화했다. 이로써 학생들은 '준(準)군인'이 되었다.

한국전쟁은 군사적 필요를 모든 것에 앞세우는 문화를 만들었다. 휴전이 되었어도 문화는 바뀌지 않았다. '군인다움'과 '국민다움'은 사실상 같은 의미였으며, 군대식 상명하복(上命下服)은 사회 모든 영역에서 표준적 규율이 되었다. 군사주의는 반세기 넘는 동안 한국인들의 의식과 행위 전반을 강력히 통제했고, 한국인들은 그런 통제에 익숙했다. 그 익숙함은 군사정권과 정합적이었다. 박정희 정권은 일본인들이 만들어 한국인들에게 강요했던 군사적 통제 방식을 수시로 부활시켰다. '교육칙어'는 '국민교육헌장'으로 바뀌었고, '동방요배'(東方遙拜)는 '국기에 대한 맹세'가 되었으며, '애국반상회'가 '반상회'로 개칭되었다. 조선총독부의 '농촌진흥운동'은 '새마을운동'으로, '의례준칙'은 '가정의례준칙'으로, '황국신민체조'는 '국민체조'로 각각 부활했다.

1962년 3월 26일, 정부 수립 후 처음으로 국가 수반이 안중근 순국 추념사를 발표했다. 국가재건최고회의 의장 박정희는 추념사에서 '후진 상태에서 벗어나는 것' '복지국가를 지향하는 자유와 평화의 번영을 이루는 것' '암흑치하에서 신음하는 북한 동포를 구출하는 것'이 안중근 의사의 유지를 계승하는 일이라고 밝혔다.[49] 안중근의 의거와 5·16 군사정변의 목적이 같다는 선언이었다.

반공 제일주의는 군사정권 시절에 다시 강해졌으나 이승만을 중심으로 독립운동사를 써야 한다는 제약은 사라졌다. 전쟁이 사람들의 정신에 남긴 후유증도 조금씩 극복되었다. 사

---

49) 『동아일보』, 1962. 3. 27.

람들의 생활 형편이 나아지면서 학문 활동의 저변도 넓어졌다. 식민지 시기와 해방 직후를 지배했던 '실증사학'은 종결된 지 30년이 되지 않은 사건은 다루지 않는 것을 원칙으로 삼았다. 이 때문에 식민지 시기의 인물과 사건들은 연구 대상조차 되지 못했다. 그러나 1960년대 중반 '식민사학 비판'이 본격화함에 따라 '실증사학'의 도그마도 깨지기 시작했다. 안중근 관련 자료들이 속속 발굴, 정리되었고, 그를 토대로 한 학문적 연구가 시작되었으며, 문학작품, 영화, 드라마 등도 만들어졌다.

1962년 3월, 『동아일보』는 「안중근공판속기록」을 연재했다. 1931년 잡지 『삼천리』에 일부가 게재되었고 1946년에 '비밀 해제'되었으나, 이승만 정권 때에는 신문이나 잡지에 실리지 않은 자료였다. 1965년 한일협정이 체결된 뒤에는 일본 정부와 민간이 소장한 안중근 관련 기록과 안중근의 유묵들이 국내에 알려지기 시작했다. 1966년 4월에는 일본에서 '위국헌신(爲國獻身) 군인본분(軍人本分)'이라 쓴 안의사의 유묵이 발견되었다. 당시 신문들은 '처형 5분 전에 쓴 것'이라고 보도했다.[50] 하지만 이 유묵 발견의 파장(波長)을 키운 것은 시점(時點)이 아니라 내용이었다. 이 유묵 발견을 계기로 안중근은 '민족의 영웅'인 동시에 '군인정신의 화신(化身)'이 되었다. 군사정권에는 관제 민족주의에 군사주의를 녹여 넣을 수 있는 좋은 자료였다. 이때부터 신문과 방송들에서는 안중근이 일본인 검찰관에게 밝힌 '대한의군 참모중장'이라는 직함이 자주 언급되

50) 『동아일보』, 1966. 4. 15 외.

었다.

1970년 2월, 『안응칠역사』 필사본이 일본 도쿄의 암송당(巖松堂) 서점에서 발견되었다. 비록 내용 일부가 누락된 일본어 번역본이었으나, 이로써 안중근이 옥중에서 쓴 자서전의 내용이 한국인들에게 처음 알려졌다. 안중근의사숭모회는 이 필사본을 같은 해 11월에 『안중근의사 자서전』이라는 제목으로 발간했다. 1976년 2월 안중근의 유묵 '국가안위 노심초사'가 사형 집행 직전에 촬영된 안중근 사진과 함께 환국했다. 사진에는 '집행 5분 전'이라는 글자가 찍혀 있었다. 다음 달에는 뤼순 감옥소장이었던 구리하라의 딸 후사코가 안중근의 사진을 한국 정부에 기증했다. 그녀는 집에 안중근 사당을 만들어두고 31년 동안 하루도 빠짐없이 제사를 지냈다고 말했다.[51] 10월에는 재일동포 김주억도 안중근의 유묵 '황금백만량 불여일교자'(黃金百萬而不如敎一子)를 한국에 보냈다. 1978년 2월에는 안중근의 유묵 '계신호 기소부도'(戒愼乎其所不睹)와 그때까지 알려지지 않았던 안중근 사진들이 일본 오카야마현 조우신사(淨心寺)에서 발견되었다. 같은 달, 일본 나가사키현의 와타나베 쇼오시로(渡邊庄四郞)가 좀더 완전한 『안응칠역사』 필사본을 주일 한국 공사에게 조건 없이 기증했다.[52] 이 책은 안중근을 하얼빈에서 뤼순까지 호송했던 사카이 기메이(酒井喜明) 소유였는데, 그의 부인이 서적상을 하던 와타나베에게 판 것이

51) 『경향신문』, 1976. 7. 5.
52) 『동아일보』, 1978. 2. 14.

다. 1978년 4월에는 경주에서 가족 면회 장면 등 안중근 사진 9점이 발견되었다. 대한민국임시정부에서 활동했던 이위우의 후손이 보관하던 것이었다.

새로운 자료들이 발견, 정리되는 데 발맞추어 연구와 출판 활동에도 속도가 붙었다. 안중근에 대한 학문적 연구는 1970년대에야 시작되었다. 1965년 북한의 『력사과학』에 「강좌: 열렬한 반일 애국렬사 안중근의 생애와 그의 옥중투쟁」이 실렸고, 같은 해 남한에서는 오세창이 『인물한국사』 5편에 「민족혼의 화신 안중근」이라는 글을 실었지만, 모두 짜임새 있는 논문은 아니었다. 논문 형식을 갖춘 글은 일본에서 먼저 나왔다. 1970년 재일동포 사학자 박경식이 「안중근과 그의 사상」을, 이듬해 일본인 학자 야마시타 츠네오(山下恒夫)와 요시다 다케시(吉田武)가 「열사 안중근: 일본의 근대화를 거절한 하얼빈의 총성」을 각각 발표했다. 1972년에는 역시 재일동포 사학자 김정명(金政明, 일본명 이치카와 마사아키[市川正明])이 『이등박문(伊藤博文) 암살기록』을 출간했다. 1974년에는 판팅제(范廷傑)의 「한국을 망친 이토와 그를 저격한 안중근」이 타이완에서 발행되는 『전기문학』(傳奇文學)에 실렸다. 1980년대 초까지는 일본 학자들의 안중근 연구가 한국 학자들의 연구보다 오히려 활발했다. 한국에서는 국사편찬위원회가 1976년에 『한국독립운동사 자료: 안중근편』과 『의열투쟁사』를 발간했고, 이 뒤에야 안중근에 관한 학문적 연구가 본격화했다. 참고로 국사편찬위원회의 『한국사연구휘보』를 토대로 1980년대까지 안중근 관련 연구의 상황을 보면 다음 〈표〉와 같다.

	한국	북한	일본	중국과 타이완
1960년대	1	1		
1970년대	6	1	5	1
1980년대	5	2	12	8

안중근의사동상건립위원회의 후신인 안중근의사기념관건립회는 5·16 군사정변 직후 안중근의사선양회로 개편되었다. 회장은 이강, 부회장은 윤치영이었다. 군사정변 5개월 뒤인 1961년 10월 26일의 의거 52주기에는 선양회 단독으로 간소한 기념식을 치렀으나, 10개월 뒤인 1962년 3월 26일 순국 52주년 추념식은 국민회당(현 서울시의회)에서 성대하게 거행되었다. 이 자리에는 천주교의 노기남 대주교, 국가재건 최고회의 손창규 문교사회위원장, 최덕신 재건국민운동 본부장, 윤치영 전 내무부장관 겸 선양회 부회장, 류위완(劉馭萬) 중국 대사 등이 직접 참석했고, 박정희 국가재건최고회의 의장, 송요찬 내각 수반 등이 추념사를 대독시켰다.

1963년 12월, 선양회는 안중근의사숭모회(이하 '숭모회'로 약기)로 이름을 바꾸어 문화공보부로부터 사단법인 설립 승인을 받았다.[53] 발기인은 이은상, 김홍일 등 15명이었으며 이사장은 윤치영이 맡았다. 이강이 물러난 이유는 분명치 않다. 윤

---

53) 윤선자, 2009, 앞의 글, 132쪽.

치영은 조선총독부 중추원 찬의를 지낸 윤치소의 동생이자 정부 수립 이후 반민특위에 체포되었던 윤치호의 사촌이며 제2대 대통령 윤보선의 삼촌이었다. 1910년대 국내에서 이승만과 인연을 맺은 후 미국에 유학하여 그의 최측근이 된 윤치영은 1935년 귀국하여 YMCA, 흥업구락부 등에서 활동하다가 '전향 성명서'를 발표하고 조선총독부의 시정(施政)에 협력했다. 해방 후에는 이승만 비서실장을 거쳐 초대 내무부장관이 되었다. 이후 국회부의장, 유엔총회 한국 대표, 대한국민당 최고위원을 지냈다. 4·19 이후 조카가 대통령이 되었으나 이승만을 배신했다는 이유로 가까이하지 않았다. 5·16 군사정변 이후에는 공화당 창당 준비위원장, 공화당 의장, 박정희 대통령 선거대책위원장 등을 역임하고 1963년에 서울시장이 되었다. 1982년 건국포장을 받았으나 친일 행적이 밝혀져 2010년 서훈이 취소되었다. 그의 스승 이승만은 안중근을 좋게 평가하지 않았으며, 그의 삶 역시 안중근과는 대조적이었다. 윤치영뿐 아니라 다른 발기인 상당수에게도 친일 혐의가 있었다.

하지만 일본군 장교로 독립운동가들을 '토벌'하던 사람이 독립운동가들에게 훈장을 주던 시대에, 친일 경력자가 독립운동가 기념사업을 한다고 비난하기는 어려웠다. 당대의 이른바 '사회 지도층'은 식민지 시기에 고등교육을 받은 사람들로 채워져 있었다. 5·16 군사정변 주역 중에도 일본군 출신이 많았다. '사회 지도층'과 '정치적 유력자'를 빼고 유지될 수 있는 사회단체는 없었다. 다른 독립운동가 기념 단체들도 사정은 비슷했다. 친일파가 독립운동가를 기념하는 역설의 현상이 곳곳에서 벌어졌다. 독립운동가의 이름이 친일 경력을 지닌 사람들의 경력 세탁용으로 사용된 셈이다.

선양회 주최로 국민회당에서 열린 1963년 3월의 순국 53주년 추념식에도 정부 요인들이 참석했으며, 박정희 의장은 화환을 보냈다. 같은 무렵 문화재관리국은 가난한 안중근 의사 후손들에게 서삼릉의 땅 2만 6천여 평을 농토로 무상 대부해주었다. 하지만 형식상의 민정(民政) 이양 절차를 거쳐 박정희가 대통령이 된 뒤 군사정변 주도세력의 안중근에 대한 관심은 일시 시들해졌다. 1964년 3월의 추모식과 10월의 기념식은 안중근 의사 동상 앞에서 조촐하게 열렸다. 문화재관리국은 안중근 의사 후손에게 대부했던 땅도 '아무 연고 없는 예비역 장성'에게 '정실 매각'했다.[54]

한일협정 타결을 앞둔 1965년 3월 24일, 서울대와 고려대 학생들이 '굴욕적 한일협정 반대'를 외치며 시위를 벌였다. 다음 날에는 전국에서 8만여 명이 시위에 동참했다. 박정희 정권 수립 이후 최대 규모의 시위였다. 박정희가 일본군 출신이라는 사실, 박정희가 5·16 군사정변 직후 일본에 가서 만주군관학교 교장이던 나구모 신이치로(南雲親一郎)에게 큰절을 올리고 '메이지유신의 지사들을 존경'한다고 말했던 사실, 박정희 대통령 취임식 특사로 온 자민당 부총재 오노 반보쿠(大野伴睦)가 "아들의 경사에 온 것 같아 기쁘다"고 말했던 사실 등은 "박정희가 친일파라 일본에 굴욕적"이라는 주장에 대중적 설득력

---

54) 『주선일보』, 1964. 5. 6.

을 부여했다. 정권으로서는 비난 여론을 무마할 방도를 찾아야했다. 3월 26일 시민회관에서 열린 순국 55주기 추모식의 규모는 이례적이었다. 숭모회 전임 이사장 윤치영이 서울시장 자격으로 참석했고, 문교부장관이 추도사를 읽었다. 숭모회 새 이사장은 이은상이었다. 그는 박정희 정권 시절 정부에서 건립한 기념비 문안을 혼자 다 썼다는 소문이 돌 정도로 박정희의 신임을 받은 사람이었다.

박정희 정권이 6·3사태의 파고(波高)를 넘은 뒤 정부 관계자들의 기념식과 추념식 참석은 다시 중단되었지만, 숭모회의 활동은 활기를 띠었다. 숭모회 이사장 이은상이 박정희 정권의 대표적 이데올로그였기 때문에 민간의 자발적 기념사업이라는 형식을 취하면서도 그 내용에 정권의 요구를 반영할 수 있었다. 안중근 기념사업은 정권 담당자들의 '친일혐의'를 불식하는 데에도, '군인정신'을 사회 전체로 확산하는 데에도 유용했다.

1966년 10월 1일, 숭모회는 궁벽한 비탈에 서 있는 안중근의사 동상을 남산공원 야외음악당 옆으로 옮기고, 유물전시관(=기념관)을 건립하며, 안중근 관련 전시회를 개최하겠다고 공표했다.[55] 이틀 후 동상 이안(移安) 기공식이 거행되었다. 비용은 대통령의 특별하사금과 각계 인사들의 성금으로 충당했다. 이듬해 3월에는 중앙공보관에서 '순국 57주년 기념 추모전시회'가 열렸고, 4월 24일에는 동상이 이전됐다. 1968년 6월

55)『동아일보』, 1966. 10. 1.

에는 안중근 동상 뒤편에 아동식물원이 개관하여 시민의 발길을 끌었다. 동상을 사람들 눈에 잘 띄는 곳으로 옮기자 실제 모습과 다르다는 지적이 나오기 시작했다. 숭모회도 이 사실을 인정하고 1973년 4월 동상의 개작(改作)에 착수하여 5월에 완성했다.[56]

총력안보를 기치로 전 사회를 군사화한 유신체제는 여러 면에서 태평양전쟁 중의 일본 식민지 지배체제와 유사했다. 조선총독부가 내걸었던 '국체명징'(國體明澄)이라는 네 글자 구호는 '한국적 민주주의 이 땅에 뿌리 박자'라는 서술형 문장으로 바뀌었고, 정권에 대한 사소한 비판도 용납하지 않는 강력한 사상 통제 체제가 구축되었다. 현대 한국을 지배한 군사문화는 일본 군국주의에서 기원했지만, 상무정신(尙武精神)을 강조한다는 점에서는 초기 민족주의와 어울리는 면이 있었다. 이순신같은 전쟁 영웅이나 안중근 같은 의열사(義烈士)는 일본 군국주의가 이식한 군사문화를 한국 전통문화인 양 꾸미는 데에 유용했다. 일본 군인의 정신이나 한국 군인의 정신이나 군인정신이기는 마찬가지였다. 군사정권은 사람들이 이순신과 안중근을 민족의 모범이자 '민족정기(民族正氣)의 화신'으로 인식하기를 원했고, 이는 대체로 성공적이었다. 안중근은 '위국헌신군인본분'이라는 휘호를 남겼으나, 군사정권은 국민 모두에게 군인처럼 살라고 요구했다. 당시 위국헌신은 군인의 본분을 넘어 국민의 본분이었다.

---

56) 『조선일보』, 1973. 4. 15.

순국 60주년인 1970년 3월 26일의 추념식은 안중근의사기념관 상량식을 겸해 성대하게 거행되었다. 이 자리에는 정부에서 국무총리와 서울시장이 참석했다. 안중근 기념행사에 국무총리가 직접 참석한 것은 이때가 처음이었다. 정부가 안중근에게 독립운동가 중 최고의 위격(位格)을 공인한 셈이다. 같은 해 7월, 대통령 박정희는 기념관 건립비로 금일봉을 '하사'하는 한편, 공화당 재정위원장 김성곤에게 자금 지원을 지시했다.[57] 이로써 기념관 건립은 대통령과 정부 여당의 사업처럼 되었다.

박정희 본인도 대중이 자기에게서 안중근의 이미지를 발견하기 바랐던 듯하다. 그는 안중근 기념사업에 상당한 관심을 보였고, 안중근처럼 수많은 휘호를 썼다. 최고 권력자의 관심사라면 관료들과 기업인들이 자발적으로 나서서 해결하려 드는 것은 당대의 관행이자 문화였다. 박정희가 관심을 보이자 지지부진하던 기념관 건립 사업이 급물살을 탔다. 기념관 준공식은 의거 71주기인 10월 26일에 거행되었다. 상량식이 열린 지 7개월만의 일이었다. 장소는 식민지 시기 조선신궁이 있던 곳이자 1956년부터 1960년까지 이승만 동상이 있던 곳 바로 옆이었다.

조선시대에는 왕궁이 내려다보이는 곳에 건물을 지을 수 없었다. 신민(臣民)이 왕보다 높은 자리를 차지하는 것은 참월한 짓이었기 때문이다. 인가 없는 산자락이었던 이곳에 인공 건조물이 들어선 것은 안중근 의거가 있던 1909년의 일이었다. 이

---

57) 『매일경제』, 1970. 7. 27.

해 통감부는 한국인과 일본인이 함께 어울릴 공원이 필요하다며 이곳에 공원을 조성했고, 태상황이 된 고종의 친필을 받아 한양공원이라 쓰인 비석을 세웠다. 일본이 한국을 병합한 후 조선총독부는 이곳에 관립(官立) 신사(神社)를 건립하기로 하고 1912년부터 예산을 편성했다. 서울 전역을 굽어보는 곳에 일본 종교시설인 신사를 세우기로 한 것은 일본의 권위를 시각적으로 드러내기 위해서였다.

조선총독부는 1920년 지진제(地鎮祭)라는 착공식을 치르고 1925년에 시설 전체를 완공했다. 주신(主神)은 일본의 건국 시조인 아마데라스 오미카미(천조대신[天照大神])와 메이지 천황으로 정했다. 1925년 일본 내각은 이 신사의 격(格)을 높여 일본 최고위 신사인 관폐대사(官幣大社)로 삼았고 이름을 신사에서 신궁(神宮)으로 바꿨다. 조선신궁은 자체로 일본 식민통치의 상징이었으나, 1930년대 중반까지는 일본인들의 종교시설에 머물렀다. 그러나 1930년대 말 전시 총동원 체제가 구축되고 황국신민화 정책이 강행되면서부터 총독부는 경성부민들에게 수시로 집단 참배를 강요했다. 한국인에게 일본인의 정신을 주입하기 위한 작업이었다.

해방을 맞자마자, 한국인들은 조선신궁에 달려가 건물을 부수고 쓸 만한 기물(器物)들을 자기 집으로 가져갔다. 남산의 조선신궁뿐 아니라 전국의 신사(神社)가 같은 일을 겪었다. 개개인의 종교적 신념까지 억압한 신사는 한국인들의 마음속에 원한을 쌓은 시설이었다. 조선신궁 건물들은 한동안 폐가처럼 방치되었다가 미 군정에 의해 완전히 헐렸다. 폐허가 된 신궁 터는 한국전쟁 이후 한동안 겨울철 스키장 등으로 사용되었다. 1956년 8월 15일, 조선신궁 배전(拜殿, 신도들이 참배하는 장소)이 있던 자리에 이승만 대통령 동상이 섰다. 일본의 한국 지배를 상징하던 장소의 이미지를 한국 독립을 상징하는 인물의 동상으로 뒤집겠다는 발상에서였다. 하지만 4·19 이후 시민들은 이 동상의 목에 밧줄을 걸어 쓰러뜨렸다. 독립유공자를 홀대하고 친일파를 우대하면서 독립운동의 공적을 독점하려 한 데 대한 응징이었다.

이승만 동상이 쓰러진 뒤 다시 황량해진 이곳을 서울시가 정비하기 시작한 것은 1968년부터였다. 이해에 서울시는 조선신궁 본전(本殿)이 있던 자리에 식물원을 조성했으며, 이듬해에는 이승만 동상 자리에 분수대를 설치했다. 15미터 높이까지 솟는 이 분수는 서울의 명물로 오랫동안 시민들의 사랑을 받았다. 안중근의사기념관이 건립된 1970년에는 남산동물원도 개장했다. 당시 서울시가 의식했다고 단정하기는 어려우나, 일제가 조선왕조의 역사를 모욕할 목적으로 창경궁에 배치했던 시설들이 조선신궁 자리로 옮겨진 격이었다. 정부와 서울시의 의도야 어쨌든, 이로써 안중근의사기념관 바로 옆은 동물원·식물원 분수대가 갖춰진 서울의 대표 공원이 되었다.

식민지 시기에는 일본의 건국 시조와 메이지 천황의 자리였던 곳, 이승만 정권기에는 이승만의 자리였던 곳이 안중근의 자리로 바뀌었다. 정부가 안중근을 독립운동가 중 최고 인물로 공인한 것으로 해석될 수 있는 일이었다. 1972년 10월유신 선포를 전후하여 안중근을 선전 자원으로 활용하려는 정권의 시도는 더 활발해졌다. 1972년 새해 첫날, 박정희는 '조국통일(祖國統一) 세계평화(世界平和)'라는 휘호를 써서 안중근기념관에 '하사'했다. 한국 독립과 동양평화를 희구했던 안중근을 연상케 하는 행위였다.

유신 선포 두 달 전인 1972년 8월 15일, 대통령 박정희는 광복절 경축사에서 "민족 수난의 역사를 반성하고 그것을 되풀이하지 않기 위하여 스스로의 힘으로 민족의 진로를 개척하고 분단된 조국을 통일하고 한반도에 항구적인 평화를 이룩하여 복지사회를 건설하는 것이 우리에게 부과된 시대적 사명이요 민족의 소명"이라고 말했다. 1962년 3월 26일의 안중근 순국 추념사와 거의 같은 내용으로, 조국 통일과 복지사회 건설이라는 민족적 과제를 달성하기 위해 안중근 정신으로 살라는 메시지였다.

다음 날, 문화재관리국은 안중근 의사의 유묵 25점을 윤봉길 의사의 유품 68점과 함께 국가 보물로 지정했다. 독립운동과 관련된 유물이 보물로 지정된 첫 사례일 뿐 아니라, 대한제국기와 식민지 시기에 제작된 물건이 보물로 지정된 첫 사례이기도 했다.[58] 1976년 3월, 홍익대 이사장 이도영은 보물 제569-4호인 안중근의 휘호 '치악의악식자 부족여의'(恥惡衣惡食者不足與議)를 청와대에 기증했다. 이 유묵은 현재 소재 불명이어서 문화재청 정보란에 '도난 분실'로 기재되어 있다. 언제, 누가 훔쳤는지도 알 수 없는 상태다.

---

58) 유선자, 2009, 앞의 글, 132쪽.

유신 선포 1년 반 뒤인 1974년 5월, 박정희는 '내 일생 조국과 민족을 위하여'라는 휘호를 썼다. 10년 넘게 절대 권력을 누린 사람의 휘호라기보다는 순국한 독립운동가의 유서라고 해야 어울릴 문구지만, 지금껏 박정희 휘호 중 대표작으로 인식되고 있다. 1979년 9월 2일, 박정희는 안중근의사기념관에 다시 '민족정기의 전당'이라는 휘호를 하사했다. 이 휘호는 거대한 석비(石碑)로 만들어져 기념관 입구에 섰다. 그가 생애 마지막으로 쓴 휘호였다.

'안중근 정신'이 '유신의 정신'으로 부각되는 상황에서, 안중근 기념사업에 대한 민간의 협찬도 활발해졌다. 1973년 9월 2일에는 황해도 출신 기업인 최성모가 안중근 의사 어록비를 기념관에 헌납했다. 이듬해 2월에는 황해도 출신 월남민들이 성금을 모아 안중근의 새 동상을 만들었다. 1959년에 조성된 동상은 전라남도 광주의 육군보병학교로 이전되었다. 월남민들의 성금으로 만든 새 동상은 안중근의사기념관 옆에서 북쪽을 바라보고 섰다. 고향을 그리는 월남민들의 마음, 의거 현장인 하얼빈의 위치, 북진통일에 대한 의지 등이 동상의 '좌향'(坐向)에 반영되었다. 이 동상은 2009년 현재의 동상이 건립된 뒤 숭의여대 구내로 옮겨졌다.

1974년 9월 2일, 안중근 의사 탄신 95주년 기념식이 숭모회 주최로 남산에서 열렸다. '탄신 기념식'이 열린 것은 이때가 처음이었다. 1976년 9월에도 탄신 97주년 '묵념식'이 거행되었다. 순국 76주년인 1976년 3월 26일, 대한생명보험 최석모 회장, 전경련 김용완 전 회장, 성보실업 윤장섭 사장 등이 '안의사

애국시비' '한국인 안중근 소회비' 등을 만들어 기념관 앞에 세웠다.

지방 몇 곳에도 안중근을 기리는 기념물이 세워졌다. 1961년에는 전라남도 광주공원 내 일본 신사와 일본군 충혼비가 있던 곳에 안중근의사숭모비가 건립되었다. 기념비로는 전국 최초였다. 이 비석은 1987년 광주공원이 택지로 개발되면서 중외공원으로 이전되었는데, 1995년 안중근 동상을 건립하는 과정에서 사라졌다가 2016년 광주의 한 석재상에서 발견되었다. 광주시는 2019년 안중근 의거 110주년을 맞아 이 석비를 중외공원에 다시 세웠다.[59] 1979년 4월에는 한 상인이 진해의 해군통제부 동문 옆에 자비(自費)로 '위국헌신 군인본분'을 새긴 유묵비를 세웠다. 이 석비는 이후 진해기지 사령부 신병들의 의무 참배 대상이 되었다.

정치적 관심은 학문적, 문화적 관심에도 영향을 미쳤다. 유신 정권하에서 안중근은 국가가 공인한 위인들의 앞자리에 있었다. 정치적 유용성과 상업적 유용성은 대체로 비례하기 마련이다. 해방 직후의 열기와 비교하기는 어려우나, 이승만 정권기에 안중근이 냉대받던 상황과는 사뭇 다른 현상이 나타났다. 1972년 2월, 국도극장에서 영화 「의사 안중근」이 개봉되었다. 외국인만 300여 명, 출연자 연인원 4만여 명, 제작비 6천만 원에 달하는 '압도적 스케일의 제왕거편(帝王巨篇)'이었다.[60]

---

59) 『동아일보』, 2019. 10. 28.
60) 『조선일보』, 1972. 2. 11.

10월유신 선포 열흘 뒤, 이 영화는 당대 최고의 영화상이던 '대종상' 최우수 작품상을 받았다.[61] 1975년 9월에는 안중근 의거를 다룬 창극(唱劇) 「대업」(大業)이 국립극장 무대에 올랐다. 이 듬해 5월에는 무형문화재 김정연, 오복녀가 서도소리 '안중근 의사' 발표회를 열었다. 1977년 광복절에는 국립극장 대극장에서 안중근의 옥중생활을 묘사한 창극이 공연되었다. 1978년 광복절에는 KBS가 특별기획 드라마 '안중근'을 방영했다.

1979년은 안중근 탄생 100주년이자 의거 70주년이 되는 해였다. 의거 기념일인 10월 26일에 대통령 박정희가 암살당할 때까지 안중근과 관련한 방송, 공연, 출판 활동이 활발했고, 그 결과 안중근이라는 이름은 사람들의 뇌리에 깊이 새겨졌다. 1979년 1월 초에는 도쿄 한국연구원이 러시아 육군 사진사 코프체프가 촬영한 의거 당시의 필름을 입수했다. MBC는 1월 11일 이 필름을 공개했고, 3월에는 다시 '역사의 인물: 안중근 편'을 방송했다. 같은 달 숭모회는 안중근 탄생 100돌 기념으로 누락 부분이 보충된 『안중근 옥중 자서전』을 발간했다. 8월에는 KBS도 광복절 특집으로 안중근의 일생을 다룬 '대한국인'을 방송했다. 같은 달 안중근 등의 일생을 노래한 판소리 '열사가'가 초연되었으며, 안중근 관련 강연회도 여러 차례 열렸다.

9월 2일, 국립극장에서 안중근 탄신 100주년 기념식이 열렸다. 이른바 '8·11사건'이 일어난 지 20일 뒤의 일이었다. 1979년 8월 11일, 경찰은 1천여 명의 병력을 동원하여 신민당

---

61) 『동아일보』, 1972. 10. 28.

사에서 농성 중이던 YH무역 노동자들을 체포했다. 이 과정에서 국회의원, 기자들이 폭행당했으며, 노동자 김경숙은 사망했다. 이를 '8·11사건'이라고 한다. 이 폭거를 계기로 정치, 언론, 종교, 문화계 등에서 반(反)유신운동이 공공연해졌으며, 이는 다시 김영삼 신민당 총재 의원직 제명과 부마 민주항쟁으로 이어졌다. 유신체제가 종말로 치닫는 상황에서 열린 탄신 기념식은 규모에서나 격식에서나 역대 최고였다. 기념식에는 최규하 국무총리를 비롯한 3부 요인과 뤼순감옥 소장이었던 구리하라의 딸 이마이 등 1,500여 명이 참석했다. 최규하는 기념식사에서 "의사의 숭고한 애국정신을 우리 모두의 생활지표로 받들어 우리의 국가적 과업인 평화적 통일과 민족중흥을 이룩해나가는 원동력으로 삼을 것을 다 같이 다짐하자"고 말했다.[62] 안중근의 정신이 곧 유신의 정신이라고 재차 강조한 셈이다. 이보다 100여 일쯤 전인 5월 21일, 숭모회장 이은상은 대통령 박정희에게 "안중근 의사 탄신 100주년을 계기로 성역화 사업을 추진"하자는 '건의서'를 보냈다. 이순신을 성웅(聖雄)으로 추앙하는 이데올로기 작업의 기획자이기도 했던 이은상은 이순신과 안중근을 '유신의 상징'으로 삼자고 건의했고, 박정희는 '안중근 의사의 위격(位格)을 이충무공과 동격으로 높이는 성역화 사업'을 승인했다. 이어 청와대 정무수석, 문공부장관, 서울시장, 숭모회 임원들로 '안중근 의사 성역화 사업 추진위원회'가 구성되었다. 탄신 100주년 기념식 사흘 후, 박정희는 '민족정기

─────────

62) 『동아일보』 1979. 9. 3.

의 전당'이라는 휘호를 써서 안중근기념관에 '하사'했다.[63]

탄신 100주년 기념식이 열리기 하루 전, 재일동포 사학자 김정명이 일본 국회도서관 헌정자료실에서 『동양평화론』을 발견하여 18일 공개했다. 『동양평화론』은 9월 20일부터 『동아일보』에 연재되었다. 이 자료의 발견과 공개는 '안중근의 정신'을 더는 애국주의나 민족주의에만 묶어둘 수 없게 만들었다. 유신 체제가 종말을 고하기 직전에 안중근 사상의 전모를 파악할 결정적 자료가 발견된 것도 무척이나 공교로운 일이다.

1979년 10월 26일은 의거 70주년이 되는 날이었으나, 정부가 주관하는 기념식은 물론이고 숭모회의 자체 기념식조차 없었던 듯하다. 당일 조간신문들에 의거 70주년이라는 짤막한 단신이 실렸을 뿐이고, 숭모회의 활동 연혁에도 기념식 관련 내용이 빠져 있다. 그날 밤, 궁정동의 비밀 요정에서 중앙정보부장 김재규가 박정희를 저격, 살해했다. 이로써 역사적 기념일인 10·26은 안중근 의거일에서 박정희 사망일로 변경되었다. 1980년 3월 26일의 순국 70주년 추념식은 박정희가 남긴 휘호 '민족정기의 전당'을 새긴 60톤짜리 현무암 석비 제막식을 겸해 남산 안의사 기념광장에서 열렸다. 대통령 유고의 비상 상황이라 정부는 관여하지 않았으나 박근혜가 주빈 자격으로 참석했다.

전두환 정권과 안중근

---

63) 『프레시안』, 2003. 10. 30.

박정희 정권을 이은 전두환 정권도 '국가안위 노심초사'나 '위국헌신 군인본분'이라는 휘호에서 안중근의 정신을 추출하여 대중에게 홍보하는 데에만 관심을 기울였다. 민족상잔의 비극과 분단체제는 안보를 최우선으로 삼는 가치관을 보편화했다. 군사정권은 이런 가치관을 정권 유지를 위한 자원으로 동원했다. 인간의 기본권이든 민주주의의 원칙이든, 안보를 위해 제한할 수 있다는 것이 당대의 상식이었다. 조국과 민족을 위해 자기 목숨까지 버린 안중근 이야기는 이런 상식을 보강하는 데에 유용했다.

안의사 순국 80주년인 1980년 3월 26일은 유신헌법 철폐를 요구하는 시민들과 정권 장악 계획을 추진하던 신군부가 날카롭게 대치하던 때였다. 순국 추념식이 사회적 관심을 끌 상황은 아니었으나, 기념관에서는 숭모회 주최의 추념식이, 명동성당에서는 추모미사가 거행되었다. 이날 안중근 유족들이 주도한 '안중근 의사 기념 장학회'가 발족했다. 국권회복의 방략으로 '교육의 발달'을 최우선 순위에 두었고, 스스로 삼흥학교와 돈의학교를 세웠던 안중근의 유지를 이으려는 취지였다. 초대 회장은 안춘생이었으나,[64] 전두환 정권 출범 이후 이사장은 서북청년단 경기도지부 위원장을 지낸 안명근의 손녀사위 전태준으로 바뀌었으며, 장학회로서는 이례적으로 상임고문 직위가 생겨 전일환이 그 자리에 앉았다.

재벌 기업인들이 안중근 휘호를 새긴 거대한 석물(石物)을

---

64) 『가톨릭신문』, 1980. 4. 6.

만들어 안중근의사기념관에 기증하는 일은 1980년대 들어 더 활발해졌다. 전두환이 대통령에 취임한 이듬해, 현대그룹 회장 정주영이 「장부가」가 새겨진 석비를 기증했다. '일일부독서 구중생형극'이 새겨진 석비와 '인류사회 대표중임'이 새겨진 석비도 같은 때 섰다. 1986년에는 이문욱 안중근의사기념관장이 '인심결합론'을 새긴 석비를 세웠다.

1982년, 일본 역사 교과서에 식민지 침탈을 미화하는 내용이 실렸다. 일본의 식민통치가 한국 근대화를 촉진했다는 '전통적' 내용 외에 안중근 관련 기술도 있었다. 몇몇 교과서는 안중근을 장사(壯士), 즉 건달로 표현했고, 마쓰노 유키야스(松野幸泰) 일본 국토청장관은 양국 관계를 해치는 건 '이토 히로부미를 원흉이라고 부르면서 암살자인 안중근을 영웅시'하는 한국 교과서라고 주장했다.[65] 이 사실이 알려지자 전국에서 일본의 역사 왜곡에 반대하는 시위가 잇따랐다. 당시 정권으로서는 애국주의와 민족주의에 호소하는 시위에 폭력으로만 대처할 명분이 없었다. 정권은 "반일은 국익에 도움이 되지 않는다"며 힘을 길러 일본을 이기자는 '극일'(克日) 논리를 만들어 유포하는 한편, 독립기념관 건립 계획을 발표했다.

독립기념관 건립 논의는 애초 1970년께부터 민간에서 시작되었다. 1972년 광복절 직후에도 일부 언론은 사설 등에서 독립기념관 건립을 제안했고, 1973년에는 광복회에서 독립기념관 건립을 촉구했다. 박정희 정권은 1976년에 독립기념관의 성

---

65) 『경향신문』, 1982. 8. 6; 『매일경제』, 1982. 8. 7.

격을 갖는 '민족박물관'을 짓겠다고 발표했으나, 예산을 한 푼도 배정하지 않아 결국 백지화했다. 1982년에 이르러 전두환 정권이 갑작스럽게 독립기념관 건립을 결정한 것은 반일 여론의 방향을 바꿔야 했기 때문이다.

1980년 광주에 공수부대를 보내 평범한 시민들을 학살하고 정권을 잡은 신군부는 권력 기반을 다지기 위해 회유와 폭압을 병행했다. 야간 통행금지 해제, 교복 자율화, 외국산 성인 영화 개방, 국풍 81 개최, 88 서울올림픽 유치, 프로스포츠 개시, 컬러TV 방송 시작 등이 회유책이었다면, 삼청교육대 운영, 야당 정치인 정치 활동 금지, 재야 민주인사 체포와 고문, 대학 내 경찰 상주, 시위 참가 대학생 강제징집 등은 폭압책이었다. 그러나 전두환 정권의 폭압책에도 불구하고 대학가에서는 81년 초부터 광주민주화운동의 진상을 알리려는 반정부 시위가 계속되었다. 1982년 일본 역사교과서 왜곡 사태는 대학생들에게 거리로 나설 기회를 주었다. 1982년 광복절에는 전국 각지에서 일본을 규탄하는 시위가 벌어졌으며, 대학생들은 시위대에 섞여 광주학살의 진상을 폭로했다. 이때도 경찰은 폭력으로 대처했지만, 정당한 반일운동조차 억압한다는 여론은 정권에 부담을 주었다. 정부가 독립기념관 건립 계획을 전격 발표한 것은 이런 여론을 무마하기 위해서였다. '친일 정권'이라는 비난을 면하기 위해 '독립운동가 선양'을 내세우는 전형적 정치 술수였다. 전두환 정권은 독립기념관 건립 기금을 범사회적 모금운동으로 조달했다. 기업체들은 준조세 성격의 기부금을 냈고, 공무원과 교사들은 물론 학생들도 반(半)강제로 성금을 냈다.

그 과정에서 독립운동과 독립운동가들에 대한 사회의 관심도 높아졌다.

1982년 9월 2일, 안중근 탄신 103주년 기념식이 열렸다. 초대 육군참모총장 이응준, 초대 내무부장관 윤치영, 광복회장 김상길 등이 이 자리에 참석했다. 2000년대 이후 역사인식 문제로 인한 한·일 간 외교 갈등의 중심에 '위안부 문제'가 있었다면, 이 시기에는 '안중근 문제'가 있었다. 이에 앞서 한국 내 분위기를 파악하기 위해 방한했던 일본 국회의원 두 명이 귀국 직전 안중근 의사 동상에 참배했다.[66] 반일 감정을 완화하려는 정치적 제스처였다. 전두환 정권에도 '안중근 예우'는 국민의 분노를 가라앉히는 데 필요한 일이었다.

1982년 10월 5일, 독립기념관 건립추진위원회가 정식 발족했다. 추진위원장에는 안중근의 조카 안춘생이 선임되었다. 독립기념관이 개관한 뒤 안춘생은 초대 관장이 되었다. 10월 8일에는 안중근을 도안으로 한 우표가 발행되었다. 1984년 8월, 정부는 제3국 인사를 통해 중국 정부와 교섭하여 안중근의 유해를 찾아와 독립기념관에 봉안(奉安)하겠다는 계획을 발표했다.[67] 이 이후 안중근 유해 봉환은 역대 정권의 과제가 되었다. 하지만 이듬해 중국에 다녀온 한국계 미국인 학자는 안중근 묘를 찾을 수 없다고 제보했다.[68]

독립운동가들에 대한 기억이 정치적으로 동원되는 상황에

---

66) 『동아일보』, 1982. 8. 25.
67) 『경향신문』, 1984. 8. 31.

서 이와 관련한 문화콘텐츠의 제작도 활발해졌다. 1980년대 초 이른바 '삼저호황'(三低好況)에 편승한 고도 경제성장, 컬러 TV 방송과 야간 통행금지 폐지, 성인용 콘텐츠에 대한 규제 완화 등은 문화산업의 시장을 키웠다. 전두환 정권 때 처음 제작된 안중근 관련 공연물은 1981년 국립극단이 창작한 '한만선'(韓滿線)이었다. 일본 역사 교과서 왜곡 파동을 겪은 뒤에는 안중근에 대한 상업적 관심도 높아졌다. 1984년 1월부터 KBS는 안중근 의거의 배경을 다룬 대하 드라마 '독립문'을 방영했다. 3월에는 연극단 공간사랑이 안중근 의사 추모 동해안 오귀굿을 공연했다. 1986년에는 이호철이 안중근 의거를 주제로 한 소설 『까레이 우라』를, 1987년에는 복거일이 역시 같은 주제로 소설 『비명(碑銘)을 찾아서』를 발표했다. 독립기념관 건립, 독립운동 관련 문화콘텐츠 증가 등은 안중근에 대한 대중의 주목도를 높였다. 안중근을 항일의 표상이자 민족혼의 화신으로 인식하는 태도가 확산했다. 1984년 8월, 국회의원 김영광은 안중근의사숭모회 등 4개 단체의 서명을 받아 안중근의 초상을 화폐에 넣어달라는 건의서를 작성, 국무총리에게 전달했다.[69]

1982년 9월 18일, 20년 가까이 안중근의사숭모회장을 맡던 이은상이 사망했다. 초대 숭모회 이사장이었던 윤치영이 다시 회장에 취임했다. 이후 1986년까지 기념식과 추념식에는 정부 인사가 참석하지 않았고, 탄신 기념식도 열리지 않았다. 안

---

68) 『경향신문』, 1985. 10. 15.
69) 『매일경제』, 1984. 7. 28.

중근 순국 77주기인 1987년 3월 26일은 박종철 고문치사 사건이 일어난 지 한 달 남짓 지난 때였다. 박종철의 사인에 대한 대중적 의심과 분노가 고조된 시점이어서 안중근 순국일에 대한 사회적 관심은 미미했다. 하지만 이날의 추념식은 다른 때보다 성대했다. 신병현 전 부총리와 일본의 안의사연구회 회원 등 200여 명이 참석했고, 「최후의 유언비」「안중근의사 사적비」등 6개의 석비 제막식이 함께 거행되었다.[70] 4월에는 안중근이 설립했던 삼흥학원을 재건한다는 계획도 발표되었다. 그러나 안중근 정신을 소환하는 것으로 민주화운동의 파고를 낮출 수는 없었다. 6월 29일, 경찰의 최루탄과 몽둥이에 맞서 싸우며 직선제 개헌을 요구한 시민들에게 정권이 항복을 선언했다.

6월 민주항쟁 두 달 뒤인 8월 15일 광복절에 충남 천안에서 독립기념관이 개관했다. 1986년 광복절에 개관할 예정이었으나 화재로 한 해 늦어진 것이다. 독립기념관 제5전시관 앞에는 왼쪽부터 윤봉길, 안중근, 김좌진 세 사람의 동상이 나란히 섰다. 안중근 동상을 한가운데에 배치한 것은 세 사람에 대한 당대의 인식을 고려한 결과였다. 안중근 동상의 좌대에는 '국가안위 노심초사'라는 휘호를 새겼다. 전두환 정권이 내세웠던 안보 제일주의에 부합하는 내용이었다.

5·16 군사정변 이후 1987년 6월 민주화운동으로 군사독재 체제가 종식될 때까지, 안중근은 이순신 다음가는 민족 영웅으

---

70)『동아일보』, 1987. 3. 26.

로 추앙받았다. 한편으로는 식민지 시기 내내 독립운동가의 표상이자 모범으로 인식되었던 역사가 있었기 때문이고, 다른 한편으로는 그가 강조한 '군인정신'이 정권에 유용했기 때문이다. 당대 정권은 사람들의 뇌리에 "국가를 위해 헌신하고 안보를 위해 희생하는 것이 국민의 도리"라는 생각을 새기려 했고, 안중근은 그런 생각의 정당성을 입증하는 데에 아주 적합한 표상이었다.

민주화 이후의 안중근 기념: 1987-2008

1987년 6월 민주화운동과 그에 뒤이은 국제관계의 변화는 안중근에 대한 한국인들의 생각과 태도에도 중대한 영향을 미쳤다. 민주주의적 형식과 절차를 넘어 그 실질과 내용을 확장하려는 움직임이 활발해졌으며, 사회 각 영역에서 시민의 자발성이 고조되었다. 1980년대를 풍미했던 '민중운동'이라는 말의 사용 빈도가 줄어드는 대신 '시민운동'이라는 개념이 새로 출현했다. 생태환경, 교육, 학술, 문화, 지역 등 부문별 시민단체들이 속출했다. 일본의 식민통치와 군사독재하에서 깊이 뿌리내렸던 군사주의와 관(官) 주도 문화를 극복하고 시민의 이해(利害)와 관점을 앞세워야 한다는 생각이 확산했다. 정치권력이 독단으로 '민족적 과제'를 설정하고 대중을 계도, 동원하는 방식은 정당성을 주장할 수 없게 되었다. 사회적 의제(議題)를 정하는 데에서 정치 권력의 힘은 줄고 언론의 힘이 늘었다.

1980년대 말에 급진전된 소련의 개혁개방은 소련과 동유럽

사회주의 체제의 붕괴로 이어졌다. 1970년대부터 개혁개방 정책을 추진한 중국도 자본주의 국가들과 경제 교류를 확대했다. 한국은 1990년 러시아와, 1992년에는 중국과 각각 공식 외교 관계를 맺었다. '북한 공산집단의 후원세력'이자 '민족 분단의 원흉'으로 지목되었던 두 국가와 수교함으로써 한국인들의 의식에도 큰 변화가 생겼다. 한국인 절대다수가 공유했던 이념 중심의 세계관에 균열이 생겼고, 그 틈새로 다원주의적 관점과 태도가 스며들었다. 민족주의, 애국주의, 군사주의에 강력히 결부되어 있던 안중근을 다른 관점에서 조명하려는 시도들이 나타났다. 한·러, 한·중 수교와 해외여행 자유화의 결과, 한국인들은 의거 현장을 답사하고 새로운 자료를 수집할 수 있었다. 안중근 관련 담론이 풍부해지고 다양해졌으며, 한국인 일반의 안중근에 대한 관심도 고조되었다.

자료와 연구

1989년부터 중국과 러시아행 항로(航路)가 열리면서 중국 내 안중근 관련 자료들도 속속 발굴·공개되었다. 1991년 안중근 순국 직전의 사진을 담은 엽서가 발견되었고, 1992년 7월에는 임시정부가 안중근의 휘호 '제일강산'을 새겨 제작한 현판, 다음 달에는 역시 임시정부가 제작한 안중근의 흉상이 각각 러시아로부터 국내에 들어왔다. 흉상에는 '대한민국임시정부 국무령 김구 등 조(租)'라는 글자가 새겨져 있었다.[71] 물론 일본 외무성 외교사료관과 민간이 소장 중이던 자료의 발굴·수집도 계속되었다. 1993년 3월, 일본의 안중근연구회는 안중근이 사형 직전 통역 소노키에게 전달했던 안의사의 가족사진 원본을 찾아 공개했다. 1995년에는 최서면이 최초의 안중근 전기인 『근세역사』일본어 번역본을 외교사료관에서 찾아냈다. 『동아일보』는 2월 13일자부터 이 자료 전문을 연재했다. 다음 달에는 역시 최서면이 같은 곳에서 일본 고등법원장과 안중근의 면담 기록인 「청취서」를 찾아 공개했다. 『동양평화론』의 미완성 부분을 추론할 수 있는 중요 자료였다.[72] 이 역시 『동아일보』에 전문이 게재되었다. 4월에는 한림대 아시아문화연구소가 안중근의 기고문이 실린 『해조신문』 사본을 입수했고, 8월에는 역시 외교사료관에서 안중근의 사형 집행 과정을 상세히 기록한 『이등공작 만주시찰 일건』(伊藤公爵 滿洲視察 一件)이 발견됐다. 국가보훈처는 이 자료를 영인해 『아주(亞洲) 제일의협 안중근』이라는 제목으로 발간했다. 안중근의 옥중 휘호도 일본에서 여러 점이 발견되었으며, 일부는 국내로 반입되었다.

1997년에는 안중근 의거 무렵 러시아 주재 일본대사관과 러시아 정부 사이에 오고 간 외교문서가 발견되었다. 1999년에는 고려학술문화재단이 블라디보스토크 극동문서보관소에서 안중근 의사 추모 행사 통문과 안중근 일대기가 담긴 동포학교 교재 『애국혼』등 3천여 점의 자료를 찾아 공개했다.[73] 1998년 3월 윤병석은 중국인 정위안(鄭沅)의 『안중근전』, 홍종표의

---

71) 『동아일보』, 1992. 8. 2.
72) 『동아일보』, 1995. 3. 25.
73) 『동아일보』, 1999. 10. 30.

『대동위인 안중근전』, 계봉우의 『만고의사 안중근전』, 김택영의 『안중근전』, 이건승의 『안중근전』 등 중국과 미국, 러시아에서 발간된 안중근 전기 5종을 수집·공개했다.[74]

학문과 사상에 대한 정권의 통제력은 1987년 민주화 이후 상당히 약해졌다. 냉전체제가 해체되고 소련, 중국과 수교함으로써 전쟁과 대결보다는 평화와 공존을 중시하는 가치관이 확산했다. 탈냉전, 탈이념, 평화와 공존이 시대의 화두가 되었다. 국내 정세와 국제관계 모두가 바뀐 상황에서, 연구자들은 반일 민족주의와 애국주의의 표상이던 안중근을 평화의 아이콘으로 재인식하기 시작했다. 1979년에 발견·공개된 『동양평화론』은 안중근 재평가를 위한 기본 텍스트였다. 20세기 말에야 유럽에서 실현되고 동아시아에서 모색되는 '평화론'을 20세기 벽두에 제시했다는 점에서 안중근은 '평화의 사도'이자 '평화론의 선구자'로 평가하기에 충분한 인물이었다. 그런데 사실 안중근 사상의 정수를 '평화주의'로 이해하는 태도가 이때 처음 출현한 것은 아니다. 박은식은 이미 1914년에 안중근을 '위대한 평화사상가'로 평한 바 있다. 이 시기에 들어와 안중근의 평화주의가 새삼 주목된 근본 이유는 안중근 사상의 실체를 가렸던 냉전 이데올로기와 군사주의라는 장막이 걷힌 데에서 찾아야 한다.

새로 발굴·정리된 자료가 늘어나고 근현대사 연구에 대한 학문외적 제약이 줄어든 데다가 연구자의 저변이 확대되

---

74) 『조선일보』, 1998. 3. 14.

고 관점도 다양해짐으로써 안중근 관련 연구는 급증세를 보였다. 1980년대 10년간 5편에 불과하던 안중근 관련 학술논문은 1990년대에 수십 편으로 늘어났고, 교양서도 다수 발간되었다. 1990년에는 최이권이 『애국충정 안중근 의사』를 썼고, 1992년에는 독립기념관에서 『안중근의 생애와 구국운동』을 발간했으며, 1994년에는 일본 내 안중근 관련 사료 수집에서 큰 역할을 한 최서면이 『새로 쓴 안중근 의사』를 냈다. 의거 90주년인 1999년에는 신성국이 『의사 안중근(도마)』을, 러시아의 박보리스가 『하얼빈역의 보복: 이토 히로부미에 대한 안중근의 총성』을 냈다. 박보리스의 책은 2009년 신운룡 등이 번역·출간했다.

안중근을 주제로 한 학술회의도 자주 열렸다. 1991년 3월 26일, 숭모회와 한국청년회의소 서강지부는 「안중근 사상의 현대적 조명」을 주제로 심포지엄을 공동 개최했다. 이 자리에서 한국과 일본의 발표자 모두 '동양평화론'을 재평가해야 한다고 역설했다. 이 무렵부터 안중근의 '동양평화론'을 유럽연합(EU) 구상과 연결짓는 학문적 논의가 활발해졌다. 이후 독립기념관, 숭모회, 각 대학, 역사연구단체 등이 주최하는 안중근 관련 학술행사가 거의 매년 열렸고, 주제는 대개 '동양평화론'이었다. 특히 1994년 1월의 유럽연합(EU) 출범은 동아시아 공동체의 필요성과 가능성에 대한 논의를 촉발했다. 베이징·서울·도쿄를 잇는 '베세토'(BESETO)라는 말이 유행했고, 한·중·일 삼국 학자들이 참여하는 국제 심포지엄이 성행했다. 안중근의 동양평화론은 이런 학술행사들의 핵심 키워드였다.

2001년부터는 러시아 학자들도 안중근 관련 논의에 참여하기 시작했다. 이해 10월 러시아 블라디보스토크 극동대학교 한국학대학에서 '안중근 의거 92주년 기념 한·러 국제학술회의'가 열렸다. 2004년 10월에는 숭모회가 「안중근 의사의 위업과 사상 재조명」이라는 주제로 한·중·일·러 4개국 학자 16명이 참여하는 국제학술회의를 열었다. 2005년 3월에는 안중근의사기념사업회(이하 '사업회'로 약기)가 「안중근 의거에 대한 인식」이라는 주제로 한·중·러 국제학술대회를 주최했다.

추념식과 기념식

1989년 3월 26일의 순국 79주기 추념식에는 이례적으로 국무총리 강영훈이 참석했다.[75] 그때까지 국무총리가 안중근 관련 기념식에 참석한 것은 1970년의 순국 60주기 추념식과 1979년의 탄신 100주년 기념식뿐이었다. 이해 3월 20일, 소설가 황석영이 북한 땅을 밟았다. 추념식 하루 전인 25일에는 목사 문익환도 방북했다. 이에 앞서 대통령 노태우는 88 서울올림픽을 앞두고 남북 간 민간 교류를 적극 추진하겠다는 내용의 '7·7선언'을 발표한 바 있었다. 이어 러시아, 중국과 수교 협상이 진척되는 등 남북 관계에서 중대한 변화가 예상되는 시점이었다. 북한 당국이 보낸 초청장을 황석영과 문익환에게 전달한 것도 한국 정부였다. 그러나 정부는 이들의 방북을 '밀입국'으로 규정하고 「국가보안법」으로 처벌하겠다고 공언했다.

---

75) 『매일경제』, 1989. 3. 27.

휴전 이후 최초의 민간인 방북으로 여론이 들끓는 상황에서 국무총리의 추념식 참석이 던지는 정치적 메시지는 무엇이었을까? 남북한과 중국, 러시아를 잇는 가교 역할을 할 만한 '역사적 위인'으로 안중근만 한 사람이 없었다. 하지만 안중근의 연고지는 북한 땅인 황해도였다. 동북아 냉전체제가 평화체제로 전환하는 과정에서 안중근이라는 '외교적 자산'에 대한 남한의 연고권을 주장하는 한편, 안중근 기념을 매개로 한 남북 간 민간 교류에 제동을 걸려는 의도는 아니었을까?

이해 10월 26일은 안중근 의거 80주기였다. 국회의장 김재순 등 500여 명이 참석한 가운데 남산 서울과학교육원 강당에서 성대한 기념식이 열렸다. 한·중수교를 앞둔 시점에서 안중근은 한·중 양 국민에게 '항일 연대의 기억'을 떠올릴 수 있게 해주는 최적의 인물이었다. 국교가 수립되기 전이었지만, 중국 창춘에서 한·중·일 국제 학술 심포지엄이 열렸고 숭모회 관계자와 한국 학자들이 중국 하얼빈역을 답사했다. 이후 안중근 의거 현장 답사기와 사진은 국내 신문들에 자주 실렸다. 이에 대해 『조선일보』는 '박정희 사망 10주년 추모식을 피해 가려는 의도'라고 의심하기도 했다.[76] 하지만 이듬해 3월 26일의 순국 80주기 추념식에는 정부 관계자가 참석하지 않았다.

1992년 의거 83주년 기념식에는 기념식과 추념식 사상 처음으로 국가보훈처장이 정부를 대표해 참석했다. 이 이후 특별히 격을 높인 행사가 아닌 한 숭모회 주최의 기념식과 추념식에는

76) 『조선일보』, 1989. 10. 26.

대개 국가보훈처장이나 차장이 참석했다. 민간 행사에서 정부 공식 행사로 성격이 바뀐 셈이다. 1994년 의거 기념식에는 일본 다이린사 주지 사토 타이겐과 교사 나가노 키오(中野喜夫) 등 일본인 10여 명이 참석했다. 이후 안중근 유묵을 기증한 일본인들이나 일본 학생 수학여행단의 기념식과 추념식 참석은 매년 계속되었다.

1995년은 광복 50주년이었다. 정부는 광복절 행사의 하나로 경복궁을 가로막고 있던 구 조선총독부 청사를 철거하기로 했고, 이와 관련해 식민지 시기 역사를 재조명하려는 시도가 활발해졌다. 안중근에 대한 관심도 높아졌다. 이해 3월의 숭모회 주관 85주기 추념식은 3월 25일에 열렸고, 26일에는 천주교 정의구현 전국사제단이 안의사기념관에서 추념식을 열었으며, 27일에는 명동성당에서 추모미사가 거행되었다. 정부는 광복 50년 및 유엔창설 50주년 기념주화도 발행했는데, 5천 원짜리에는 김구, 1만 원짜리에는 안중근의 초상을 넣었다. 이해 10월의 의거 기념식에는 교육부장관, 여당 대표와 국회의원, 합동참모본부 간부들도 참석했으며, 숭모회의 해방 50년 특별 기념사업으로 안중근 흉상 제막식도 열렸다.[77] 당시 정부 여당은 야당 대표 김대중을 '좌파적 인사'로 규정하며 '안보 이데올로기' 강화를 주요 국가적 의제로 내세웠다. 안중근 기념식에 여당 대표와 장관, 군 고위 간부들이 참석한 것은 대중에게 익숙한 안중근의 이미지를 안보 이데올로기와 연결지으려는 의

---

77) 『동아일보』, 1996. 10. 27.

도에서였을 것이다. 이듬해 3월 14일 전쟁기념사업회가 전쟁기념관에서 안중근 의사 추모식을 따로 개최한 것도 같은 맥락에서 이해할 수 있는 일이다. 제15대 대통령 선거를 두 달 앞둔 1997년 10월의 의거 기념식에는 자유민족회의 상임의장 이철승, 한국자유총연맹 총재 안응모 등이 참석했다. 이들 단체는 당시 여당의 외곽단체라는 평을 들었으니, 대통령 선거 운동을 방불하는 행사였던 셈이다. 하지만 대통령 선거가 끝난 뒤, 우익 관변단체의 기념행사에 대한 관심은 시들해졌다. 이후 의거 100주년 무렵까지 숭모회 주최의 기념식과 추념식은 국가보훈처장 또는 차장, 광복회장, 숭모회원, 일본인 방문객과 일반인들이 참여하는 통상적 행사로 매년 계속되었다.

안중근의사숭모회와 안중근의사기념사업회

1994년 유럽연합 출범 이후 광역 공동체에 대한 범 세계적 관심, 1997년 외환위기를 계기로 한 애국주의 열풍, 안중근의 구상과 유사한 동북아 개발은행 설립 추진, 안중근의 평화주의를 강조하는 학술연구 성과와 출판물 등으로 2000년대에 접어들어 안중근의 '민족 대표성'은 더욱 커졌다. 이런 상황에서 당시까지의 안중근 기념사업을 비판하는 여론이 일기 시작했다. 안중근의사숭모회 역대 이사장과 임원 중에 친일 경력이 있는 사람이 다수 있으며, 과거 군사정권과 유착하여 안중근을 독재자 우상화 도구로 이용했다는 것이 비판의 요점이었다.

숭모회는 창립 이래 30년간 박정희와 가까웠던 윤치영과 이은상이 번갈아 이사장을 맡았다. 1993년 황해도 출신 기업인

최태섭이 잠시 이사장이 되었으나, 1994년에는 노태우 정권에서 국무총리를 지냈던 정원식이, 1999년에는 전두환 정권에서 외무부장관, 국가안전기획부장, 국무총리를 역임한 노신영이, 2002년에는 김영삼 정권에서 국무총리를 지낸 황인성이 차례로 뒤를 이었다. 국무총리를 지낸 사람들이 이사장직을 맡음으로써 안중근 기념사업의 격이 높아졌다고 할 수는 있겠으나, 이들이 군사독재 정권하에서 승승장구했던 사람들이라는 점에서는 비판받을 소지가 있었다.

김대중 정권이 들어선 뒤, 평생 권력의 양지만 좇으며 불의(不義)에 협력한 사람들이 안중근 의사 기념사업을 주도하는 것은 적절치 못하다는 비판이 제기되기 시작했다. 숭모회와 별개의 안중근 기념사업 단체를 만들려는 움직임은 천주교계에서 시작되었다. 1993년 3월, 천주교계 인사들은 신부 안중석과 신성국의 집전으로 안중근 의사 동상 앞에서 미사를 올리고 '성역화 사업' 추진을 선포했다.[78] 그해 12월 23일, '안중근의사 남산 성역화 추진위원회'가 결성되었다. 그러나 뒤이은 서울시의 '남산 제모습 찾기 사업'으로 '추진위원회'의 계획은 좌절되었다.

2001년, 군사독재 정권에서 국무총리를 지낸 사람들이 주도하는 숭모회와 별도로 시민들이 주도하는 안중근의사기념사업회(이하 '사업회'로 약기)를 따로 설립하려는 움직임이 시작되었다. 대표는 인권운동과 민주화운동에서 많은 역할을 했던 천

---

78) 윤선자, 2009, 앞의 글, 147쪽.

주교 신부 함세웅이 맡았다.[79] 사업회의 첫 사업은 오페라 제작이었다. 2001년 9월, 사업회는 독일 베를린시가 운영하는 헤벨극장, 한국의 동임극단과 함께 오페라 「아시아의 횃불 안중근」을 제작하여 헤벨극장에서 공연했다. 대본은 독일의 유명 시인 알버트 오스터마이어가 썼고, 빈 국립음대 교수를 지낸 하인츠 레버가 작곡을, 독일인 프랑크 크루그가 연출을 맡았다.[80] 이 오페라는 이듬해 4월 한국에서도 공연되었다.

하지만 애국지사 한 사람당 하나씩의 기념단체만을 인정하는 국가보훈처 규정 때문에 사업회는 임의단체로 활동할 수밖에 없었다. 국민 통합의 상징인 안중근을 기념한다며 두 단체가 병립(竝立)하는 것도 보기 좋은 일은 아니었다. 이에 사업회 추진자들은 먼저 숭모회 개혁을 추진했다. 2003년, 이들은 신부 함세웅과 민족화해협력범국민협의회 상임위원장 조성우를 숭모회 이사로 추천했다. 그러나 기존 이사들은 "전과자는 이사 자격이 없다" "천주교 신부 같은 친북세력을 영입할 수 없다"며 이사 승인을 거부했다.[81] 그 직후, 변호사 이돈명을 대표로 하여 '안중근의사숭모회 개혁을 촉구하는 모임'이 결성되었다. 이들은 민주화운동으로 투옥됐던 사람들을 '전과자'라고 비하하는 것은 민족운동을 벌이다 사형당한 '전과자' 안중근을 비하하는 것이며, 평화통일을 위해 노력한 사람들을 '친북

79)『매일경제』, 2001. 7. 24.
80)『한국경제』, 2001. 7. 29.
81)『경향신문』, 2003. 6. 10.

세력'이라고 부르는 것은 자주독립, 사회정의, 평화를 핵심으로 하는 안중근 정신을 배신하는 것이라고 비판했다.[82] 사업회와 숭모회의 대립이 격화하면서 안중근기념관 앞의 박정희 휘호비를 철거하자고 주장하는 사람들도 나타났다.

이후 사업회는 숭모회를 개혁하려는 시도를 중단하고, 독자적인 기념사업을 전개했다. 숭모회는 남산의 안중근의사기념관에서 매년 추념식과 기념식을 거행했으며, 사업회는 효창공원의 안중근 가묘 앞이나 백범기념관에서 행사를 개최했다. 숭모회와 사업회의 갈등은 기실 우리 사회 기층에서 진행된 이념대립의 표현이었다. 2000년대 중반부터 안중근은 대립을 내재한 통합의 표상으로 작동하기 시작했다. 군사주의와 평화주의라는 정반대 지향들이 안중근이라는 표상 안에 공존했다.

사업회 외에 안중근을 기념하는 다른 단체들도 생겼다. 사업회가 발족하기 10년쯤 전인 1993년 11월, 통일교와 세계일보사는 재단법인 여순순국선열기념재단을 만들어 공보처의 승인을 받았다. 초대 이사장은 세계일보사 사장이자 통일교의 '2인자'였던 박보희가 맡았다. 창립 당시 이사는 초대 문교부장관 안호상, 전 동국대 총장 정재각, 자유총연맹 대표 이철승, 『세계일보』 편집인 손병우 등이었다. 재단 설립을 위한 홍보와 모금은 세계일보사가 맡았다. 재단의 이름은 여순순국선열재단이었으나 역시 뤼순감옥에서 순국한 신채호 기념사업은 벌이지 않았고, 안중근 기념사업에만 집중했다. 당시 통일교의 북

---

82) 『경향신문』, 2003. 6. 10.

한 및 동북아 선교에 안중근의 이미지를 이용하려 한다는 일각의 비판이 있었으나, 중국 내 안중근 기념사업에는 상당한 역할을 했다.

2002년에는 가톨릭 신부 신성국 등이 '안중근 평화운동'이라는 단체를 조직해 매년 '안중근평화상'을 시상했다. 첫 번째 수상자는 '평화를 여는 가톨릭 청년'이었다. 안중근평화상은 2004년부터 사업회 주관으로 바뀌었고, 제3회 수상자는 독일 뮌스터대학교 교수 송두율이었다. 당시 그는 북한을 여러 차례 왕래하며 조선노동당에 입당했다는 혐의로 기소되어 1심에서 징역 7년을 선고받았다가 2심에서 집행유예로 풀려난 상태였다. 한편 2007년 5월 15일에는 안중근의사기념관에서 '안중근 평화재단 청년아카데미' 창립 발기인 대회가 열렸다. 이 단체는 학술포럼, 강연회, 안중근 유적지 탐방, 웅변대회, 안중근 평화마라톤대회, 안중근 동상 건립기금 모금 골프대회 등을 진행했으며, '안중근 평화대상'을 제정해 2009년부터 시상했다. 수상자는 대개 기초자치단체장들이었다.

유해 봉환 문제

중국과 교류가 시작되면서 안중근의 유해 봉환은 비로소 실현가능한 문제가 되었다. 1993년 8월, 한국 정부는 중국 정부에 안중근 유해를 찾아달라고 정식 요청했다.[83] 그러나 중국 정부는 하얼빈 공원묘지가 사라져 찾기 어렵다고 답했다. 중국

83) 『동아일보』 1993. 8. 13.

은 뤼순감옥을 문화유적으로 지정한 1971년부터 1986년까지 여러 차례 안중근 유해를 찾기 위해 대대적인 조사를 벌였다. 북한도 1970년대 중반 안우생을 단장으로 파견하여 유해 찾기에 나섰으며, 1986년 7월에는 중국과 공동으로 발굴조사를 진행했다.[84] 하지만 매장 추정지는 당시에 이미 아파트 단지로 변한 상태였다.[85]

1998년 중국 국가주석 후진타오가 방한했다. 양국 정상회담 석상에서 안중근 유해 발굴 문제가 화제에 올랐고, 그는 협조하겠다고 약속했다. 하지만 이 뒤로도 오랫동안 유해 발굴은 진행되지 않았다. 2004년, 통일부장관은 중국 정부에 유해 공동발굴을 다시 제안했다. 2005년 남북 장관급회담에서는 안중근 의사 유해 발굴사업을 공동 추진하기로 합의했다.[86] 이 합의에 따라 9월부터 이듬해 3월까지 개성에서 3차례 실무회의가 열렸고, 남북 공동 유해발굴 및 2010년 순국 100주년 기념사업 남북 공동추진 등이 결정되었다.[87] 하지만 이명박 대통령 취임 직후부터 남북관계는 이상 징후를 보이기 시작했다. 2008년 3월의 현지 조사는 북한 측이 참여하지 않아 한국 정부 단독으로 진행했다.[88] 그 직후 금강산에서 남한 관광객 피살 사건이 일어남으로써 남북 공동발굴은 다시 거론할 수 없는 일

---

84) 『연합뉴스』, 2008. 4. 7.
85) 『동아일보』, 1993. 9. 15.
86) 국정브리핑, 2005. 6. 23.
87) 통일부 브리핑, 2007. 4. 12.
88) 『연합뉴스』, 2008. 3. 25.

이 되었다. 한국 정부는 국가보훈처 보훈국장을 단장으로 하여 몇 차례 더 현지 발굴 조사를 진행했고 중국 정부도 그해 10월 한국인 매장 추정지로 알려진 뤼순감옥 인근 야산을 조사했으나 아무런 상과를 거두지 못했다.

안중근 관련 문화콘텐츠

민주화 이후에는 정부와 언론의 안중근 홍보와는 별도로 상업적인 안중근 마케팅도 활발해졌다. 독립운동가, 민족주의자, 애국주의자, 의사(義士), 군인, 평화주의자라는 복합적 이미지를 지닌 안중근은 '다각도'로 조명할 수 있는 인물이었으며, 안중근의 상품화는 창작자의 가치관이 어떻든 '올바른 가치관의 보급'이라는 공익(公益)에 부합하는 것으로 여겨졌다.

안중근은 문화체육부 선정 1993년 8월의 문화인물, 전쟁기념사업회 선정 1996년 3월의 호국인물, 국가보훈처 선정 1999년 10월의 독립운동가였다. 어떤 분야에서든 '이달의 인물'로 선정되면 정부 산하기관이나 지자체, 국공립 도서관 등에서 해당 인물을 주제로 한 강연회나 전시회 등을 개최하는 게 관행이었다. '이달의 인물'로 선정될 때마다 안중근이라는 문화상품의 시장은 넓어졌다.

방송사들은 러시아와 중국 여행이 가능해진 조건을 활용하여 안중근 의거 현장을 소개하는 프로그램을 여러 차례 방송했다. 뒤이어 방송에 소개된 장소들을 탐방하는 여행 상품들이 쏟아져 나왔다. 신문사나 시민단체 또는 지방자치단체들이 여행사와 협력하여 교육용 탐방 프로그램을 운영했고, 일부 신문은 답사기를 연재했다. 수많은 사람이 블라디보스토크·하얼빈·뤼순으로 이어지는 길을 밟으며 안중근을 마음에 새겼다. 남북 관계가 개선됨에 따라 북한에서 제작된 안중근 관련 콘텐츠가 국내에서 방송되기도 했다. 1998년 9월, SBS는 북한에서 1979년에 제작된 드라마 「안중근, 이등박문을 쏘다」를 방영했다.

1992년 3월 25일부터 27일까지 중국 하얼빈에서는 하얼빈 문화국장 왕훙빈(王洪彬)이 극본을 쓰고 후난성 가무단 음악단장 리우젠규(劉振球)가 작곡한 오페라 「안중근」이 공연되었다. 하얼빈 가극단원 등 80여 명의 출연자와 100여 명의 연주자가 참가한 대규모 오페라로 한국 정부나 민간단체와는 무관한 작품이었다.[89] 이 작품은 이듬해 광복 50주년을 맞아 예술의전당 무대에 올랐고, 대통령 김영삼을 비롯해 각 부처 장관과 정치인들이 관람했다. 서울 공연이 끝난 후에는 지방 순회공연이 이어졌고, TV로도 방송되었다. 이 오페라는 2001년 다시 세종문화회관 대극장 무대에 올랐다.

1994년 광복절에는 창작 판소리 「안중근의사가」가 국립극장 야외무대에서 공연되었으며, 1998년 10월에는 서울시립극단이 정부수립 50주년, 안중근 탄생 120주년 기념 뮤지컬 「대한국인 안중근」을 창작하여 세종문화회관 무대에 올렸다. 2005년 6월에는 연극 「안중근과 이등박문」이 전국 여러 극장에서 상연되었고, 9월에는 숭모회와 서울시가 의거 96주년 기

---

89) 『조선일보』, 1992. 4. 10.

넘음악회를 열었다. 2006년 9월에는 의거 97주년 기념 국악 뮤지컬「그날이 오면 춤추며 노래하리라」가 국립극장에서 공연되었다.

2004년에는 서세원이 감독을 맡아 영화「도마 안중근」을 제작했다. 해방 이후 안중근 의거를 소재로 한 네 번째 영화였다. 첫 시사회는 평양 장충성당에서 열렸고, 이 자리에는 천주교 정의구현 사제단 신부들과 남북한 영화인들이 참석했다.[90] 광복절에 서울 제기동성당에서 열린 시사회에는 김수환 추기경이 참석했다.

안중근을 다룬 문학작품도 여럿 출간되었다. 1991년에는 삼중당에서 다니 조지(谷讓次)의『하르빈 역두의 총성』을 60년만에 중간(重刊)했다. 1995년에는 일본인 간수 치바 도시치와 그 후손이 안중근을 숭모하게 된 사연을 소개한 사이토 타이겐(齋藤泰彦)의 책『숨겨진 진실: 내 마음의 안중근』이 번역·출간됐다. 이 책에는 사실로 인정하기 어려운 대목이 적지 않으나 한국인들 사이에 상당한 반향을 불러일으켰고, 사이토가 주지로 있는 다이린사(大林寺)는 한국인들의 관광명소가 되었다. 조정래, 한석청, 송원희, 금성 등의 한국인 문인들도 안중근을 주인공으로 한 소설을 발표했다. 2006년에는 북한 소설『안중근, 이등박문을 쏘다』도 출판되었다. 안중근을 다룬 어린이용 위인전도 여러 종이 나왔다.

안중근, 분열을 내재한 통합의 상징

---

90)『스포츠조선』, 2004. 7. 8.

안중근에 관한 연구와 출판, 기념행사 등이 활발해짐에 따라 대중의 의식 안에서 안중근의 위상은 대단히 높아졌다. 1970년대 대학교수들을 대상으로 한 설문조사에서 안중근은 '한국을 대표하는 인물' 10위권 밖에 있었다. 그러나 1999년 '전문가가 뽑은 한국의 인물'에서는 박정희, 김구, 이승만, 김일성, 김대중에 이어 6위를, '네티즌이 뽑은 한국의 인물'에서는 서태지와 아이들, 김대중, 박정희, 김일성, 전태일, 정주영, 김구에 이어 8위를 차지했다.[91] 같은 때 MBC가 조사한 '20세기에 가장 사랑받았던 한국 인물'에서는 1위를 차지했다.[92] 2006년 문화관광부는 전문가 자문과 여론조사를 통해 우리 민족문화를 대표하는 100대 상징을 선정했다. 그중 역사상의 인물은 단군, 광개토대왕, 원효, 세종대왕, 이황, 이순신, 정약용, 안중근, 유관순 9명이었다.[93]

안중근은 '한국인다움'을 표현하는 인물들의 대표격이 되었으나, 그 '한국인다움'은 통합적이지 않았다. 평화통일론자들도, 극단적 반공주의자들도, 세계주의자들도, 반일 민족주의자들도, 저마다 안중근의 이미지를 자기주장의 설득력을 높이는 데에 이용하려고 했다. 2000년 국회 아시아태평양정책연구회와 21세기 동북아연구회가 공동주최한 '동북아개발은행의 의미와 역할' 토론회에서는 동북아개발은행 설립 계획을 '안중근

---

91) 『한겨레』, 1999. 12. 3.
92) 『조선일보』, 1999. 12. 23.
93) 『매일경제』, 2006. 7. 26.

플랜'으로 명명했다.

2005년, 정부는 북핵 문제 해결을 위해 남한의 전력을 북한에 공급한다는 계획을 세우고 그에 '안중근 계획'이라는 이름을 붙였다. 2006년 3월 26일, '북파공작원 애국청년회'라는 단체는 안중근의 순국일을 맞아 그의 대형 초상화를 달고 남산일대에서 카퍼레이드를 벌였다.[94] 이 단체는 '특수임무수행자회'로 이름을 바꾼 뒤에도 매년 안중근 순국일에 카퍼레이드와 반일 시위를 벌였다.

다양한 욕망과 의지들이 안중근이라는 이름 안에 공존함으로써 안중근의 이미지는 소비자를 차별하지 않는 대중적 상품이 되었다. 1997년 겨울, 국가 부도 위기 상황에서 한국 정부는 IMF(국제통화기금)에 자금 지원을 신청했다. 사람들은 이를 새로운 형태의 '국난'(國難)으로 인식했다. 정부와 언론은 "애국심으로 국난을 극복하자"는 캠페인을 벌였고, 많은 시민이 자발적으로 협조했다. 외채 상환을 위한 '금 모으기 운동'이 벌어졌고, 이는 '제2의 국채보상운동'이라는 이름을 얻었다. 1900년대 국채보상운동 때든, 1920년대 물산장려운동 때든 애국심과 애족심을 표현하는 데에는 돈이 들었다. 이때도 마찬가지였다. 전국적으로 '애국열'이 끓어오르자, 애국심을 자극하고 표현하는 데 유용한 '상품'들이 시장에 모습을 나타냈다. 애국적 문구나 애국자의 사진이 들어간 의류와 소품, 기념품들은 인기 상품이 되었다. 안중근의 장인(掌印)과 얼굴 사진도 이때

94) 『연합뉴스』, 2006. 3. 26.

처음 상표(商標)로 등록되었다.[95] 이 무렵에는 '대한국인 안중근'이라는 글자나 안중근 얼굴 사진이 들어간 티셔츠와 바지가 거리 패션을 주도했다.[96]

2004년 한·일 올림픽 축구대표팀 친선경기가 열린 상암 월드컵경기장 관중석에는 '안중근 열사' 플래카드가 걸렸다. 안중근이 한·일 스포츠경기 응원 도구로 등장한 것은 이때가 처음이었다. 2005년에는 문화관광부가 안중근과 유관순을 모델로 광복 60주년 기념 캐릭터를 제작해 보급했다.

같은 해 광복절에는 독일의 카메라업체 라이카가 '대한국인' 모델을 60대 한정판으로 만들어 출시했다.[97] 2006년 월드컵을 앞두고는 안중근 초상화가 그려진 '월드컵 응원 티셔츠'가 국내는 물론 개최국인 독일에서도 판매되었다. 2007년에는 월드컵 홍보 연주단으로 활동한 아트엔젤스 오케스트라가 '안중근 의사의 얼굴'을 특허상표로 등록했다. 2008년 6월 진수식을 한 해군의 3번째 잠수함에는 '안중근함'이라는 이름이 붙었다. 이 배는 2010년 1월 1일 취역했다. 2008년에는 '안중근 티셔츠 보급운동협의회'라는 단체까지 생겨 재외동포들에게 안중근 티셔츠를 판매했다.

의거·순국 100주기와 그 이후

---

95) 『경향신문』, 1998. 6. 3.
96) 『한겨레』, 1998. 11. 30.
97) 『세계일보』, 2005. 8. 15.

2009년 10월 26일은 안중근 의거 100주년, 2010년 3월 26일은 순국 100주년이었다. 이 두 시점을 전후하여 한국 사회는 물론, 국외의 재외동포 사회에도 안중근 열풍이 거세게 불었다. 2005년 12월 26일, 전 국무총리 이수성을 위원장으로 하는 사단법인 안중근의사기념관 건립위원회가 발족했다. 기존 건물이 낡고 협소하여 안중근의 위격(位格)에 어울리는 새 기념관을 짓겠다는 취지였다. 위원회는 국민 성금 50억 원과 국고보조금 130억 원으로 새 기념관을 짓기로 하고 2006년 5월 정부에 사업 지원을 요청했으며, 정부는 이를 승인했다. 안중근 의거 100주년 기념사업의 시작을 알리는 신호탄이었다.

2006년 1월에는 사업회가 '안중근 의사 하얼빈 의거 100주년 기념사업 100인 추진위원회'를 따로 조직했다. 위원진은 백낙청, 이돈명, 강만길 등 주로 1970-80년대 민주화운동을 주도했던 인사들로 구성되었다. 하지만 이 위원회는 2008년 2월 이명박 정권이 수립된 뒤 유야무야되었다. 정부의 지원 없이 하기 어려운 일이었으나, 새 정권은 위원회 인사들에게 호의적이지 않았다. 2009년 3월, 사업회와 민족문제연구소 등 50여 개 시민단체는 '안중근의사 의거·순국 100주년 기념사업 추진위원회'(이하 '추진위'로 약기)를 구성하여 공동으로 기념사업을 벌이기로 합의했다. 기념사업은 국제학술대회 개최, 자료집 발간 등의 학술사업, 전시회, 시민강좌, 유적지 순례, 청소년 평화캠프 운영 등의 대중 교양 사업, 공연, 서예대전, UCC 공모전 등의 문화사업으로 나누어 진행하기로 했고, 기념주화와 우표도 발행하기로 했다. 내국인에게 시상하던 '안중근평화상'도 '안중근국제평화상'으로 격을 높여 아시아의 평화운동에 공헌한 국내외 인물을 선정, 상금 1만 달러와 함께 시상하기로 했다. 공동사무국은 민족문제연구소에 두었으며, 2009년 10월 26일부터 2010년 3월 26일까지 6개월간을 '안중근의사 독립정신·평화사상 계승 특별 추모기간'으로 정했다. 기념사업 선포식은 순국 99주기 하루 전인 2009년 3월 25일에 열렸다.[98]

추진위와는 별도로 정부 기관, 숭모회, 지방자치단체, 대학, 기타 시민단체들도 다양한 100주년 기념사업을 마련·추진했다. 주최측은 신경을 쓰지 않을 수 없었으나 일반인들에게 안중근 기념은 대표성이나 주도권을 따질 문제가 아니었다. 2009년과 2010년은 안중근이라는 이름과 그의 이미지, 그의 필적(筆跡)이 한국인 대다수의 뇌리에 깊이 새겨진 해였다.

자료와 연구

2000년대까지 안중근 관련 주요 자료가 소장되어 있을 만한 곳은 다 뒤진 상태였기 때문에 새로 발견된 자료는 많지 않았다. 안중근이 청년 시절에 쓴 것으로 추정되는 소장(訴狀), 중국인들이 쓴 안중근 전기(傳記)류, 러시아 정부와 언론의 기록물, 미공개 유묵 몇 점, 유럽과 미국, 싱가포르 등지 언론 기사들이 100주년을 전후해서 발견되었다. 북한의 안중근 기념 실태도 이 무렵에 알려졌다. 안중근 관련 자료에 대한 대중의 관

---

98) 『오마이뉴스』, 2009. 3. 23.

심이 높다 보니 이미 알려진 자료가 '새로 발견된 자료'로 홍보되는 해프닝도 몇 차례 있었다. 자료에 관해서는 여러 곳에 흩어져 있는 것들을 집대성하는 것이 더 시급한 문제였다. 숭모회와 사업회, 독립기념관 한국독립운동사연구소와 국가기록원 등의 정부기관, 기타 개인들이 편집한 자료집이 여러 종 출간되었다. 특히 2009년 『안중근자료집』 1차분 5권을 간행했던 사업회는 2014년부터 2017년까지 3차에 걸쳐 안중근 관련 자료를 망라한 『안중근자료집』 세트를 발간했다. 인쇄비는 서울시에서 지원했다.

자료는 찾는다고 찾아지는 것이 아니었으나 연구는 달랐다. 100주년을 전후하여 한국연구재단, 정부 산하 역사 관련 기관, 민간 단체의 안중근 관련 연구 지원비가 폭증했고, 그 덕에 안중근 관련 연구 논문과 저서들이 쏟아져 나왔다. 1990년대 중반까지 20여 편에 불과했던 안중근 관련 연구 논문은 2010년 3월 기준으로 남한에서만 224편으로 늘어났고 단행본도 93종, 어린이용 위인전을 포함하면 237종에 달했다.[99]

연구의 결과 또는 중간 과정으로서 안중근의 의거와 사상을 주제로 한 국내 및 국제 학술회의도 헤아릴 수 없을 정도로 많이, 자주 개최되었다. 안중근을 매개로 한 한·중·일 삼국 역사학자와 국제정치학자, 경제학자들의 지식 교류가 급증했다. 안중근 관련 학술회의는 100주년 이후에도 한동안 계속되었다. 국제정치적으로는 안중근에 관한 문제가 '살아 있는' 문제였기

---

99) 『한겨레』, 2011. 5. 23.

때문이고, 국내적으로는 안중근에 대한 대중의 관심이 높아졌기 때문이다. 안중근 관련 학술회의는 흥행에 실패할 가능성이 적은 콘텐츠였다. 안중근 관련 강연도 공익성과 대중성을 함께 만족시키는 문화콘텐츠였다. 전국 각지의 지방자치단체, 박물관, 도서관들이 안중근 '전문가'들을 초청해 강연회를 열었고, 안중근에 관한 강연을 TV프로그램으로 만든 방송사도 있었다.

신문과 인터넷 매체들은 안중근 전기(傳記)와 의거 현장 답사기 등을 다투어 실었다. 학술회의 발표문의 요지를 소개하기도 했다. 특히 의거 100주년인 2009년 10월 26일에는 대다수 일간지가 2~3개 면을 안중근 관련 특집 기사로 채웠다. 방송들도 안중근 업적 알리기에 열심이었다. 2009년 3월에는 EBS가 안중근 의사 일대기를 조명한 4부작 프로그램을, MBC가 다큐멘터리 「안중근, 북위 38도」를 방송했다. 같은 해 광복절에는 KBS가 「꼬레아 우라! 대한민국 안중근」을, 그다음 날에는 SBS가 「의거 100년, 대한국인 안중근」을 내보냈다. 같은 해 10월 21일에는 연합뉴스가 「안중근 의거 100년」을 특별 편성했고, 25일에는 KBS의 '열린음악회'가 의거 100주년 특집으로 마련되었다. 2010년 3월 26일의 순국 100주년에는 MBC가 안중근의 유해 발굴 시도 경과를 다룬 「안중근, 북위 38도」(재방송)와 북한 내 안중근의 친척과 유적지들을 취재한 「안중근, 분단을 넘다」를, KBS는 안중근의 유묵(遺墨)을 소개하는 「안중근의 마음」을 각각 특집 프로그램으로 편성했다. EBS는 특집 다큐멘터리 「안중근 순국 백년: 안의사의 유해를 찾아라」를 통해 안중근 유해 매장지에 대한 새로운 증언과 자료들을 제시했다.

100주년 이후에도 TV 방송사들은 수시로 안중근 관련 프로그램을 방송했다. 안중근에 관한 온갖 정보가 부정확하거나 사실이 아닌 정보까지 포함해서, 대중에게 다가갔다.

기념식과 추념식

순국 99주년인 2009년 3월 26일, 남산에서 새 안중근의사기념관 기공식이 열렸다. 1년 반가량의 공사 끝에 개관식과 새 동상 제막식이 거행된 것은 의거 101주년인 2010년 10월 26일의 일이었다. 새 동상 건립은 서울시가 맡았다. 서울시는 '안중근의사 동상위원회'를 구성하고 초청작가 선정 심의를 거쳐 서울대 조소과 교수 이용덕의 시안을 당선작으로 선정했다. 태극기를 든 안중근을 형상화한 동상의 높이는 4.5미터, 기단 포함 7.35미터였으며, 제작비는 6억 원이었다. 새 기념관 준공 및 개관식에는 국가보훈처장, 유족, 독립운동 관련 단체장, 광복회원 등 1천여 명이 참석했다.

2009년 10월 26일, '백년의 애국, 천년의 번영'이라는 제하에 정부가 주관하는 의거 100주년 기념식이 안중근의사기념관 앞 광장에서 열렸다. 이 행사에는 국무총리와 정부 주요 인사, 광복회원과 외국 거주 유족 등 1,200여 명이 참석했다. 국무총리 정운찬은 기념사에서 "안중근 의사는 우리의 자랑스러운 민족혼의 표상이며 세계평화를 일깨우는 등불이 되고 있다"고 했다.[100] 식민지 민족주의가 평화주의와 결합한다는 점을 인식한 '새로운 안중근관'을 공식 천명한 셈이다. 하지만 그는 동시에 "일류국가 건설이 안중근 의사의 뜻을 이루는 길"이라며 안중근의 생각을 정권이 만든 의제와 합치하려는 관행적 시도도 멈추지 않았다. 사업회는 이와 별도로 중국 뤼순에서 국제학술회의를 겸한 기념식을 진행했다.

2010년 3월 26일의 순국 100주기 추념식도 정부가 주관했다. 서울광장에서 열린 추념식의 주제는 '겨레의 등불, 평화의 횃불'이었다. 국무총리 등 정부 인사와 유족, 광복회원, 시민 등 2천여 명이 참석했고, 식이 끝난 후 시청광장부터 광화문광장까지 1킬로미터 구간에서 '평화대행진'이 펼쳐졌다. 국무총리 정운찬의 추념사 요지는 이번에도 "선진 일류국가로 우뚝 서는 것이 안의사의 유지를 잇는 길"이었다. 사업회와 민족문제연구소 등은 이와 별도로 효창원에서 추모제를 열고 3일에 걸친 참배 분향 행사를 시작했다. 경기도 부천시, 전남 함평군 등 일부 지방자치단체는 독자의 추념식을 거행했으며, 중국 뤼순과 미국 뉴욕 등지에서도 추념식과 유묵 전시회, 기념강연회 등이 열렸다.[101]

100주년 이후 기념식과 추념식은 다시 통상적 방식으로 열렸다. 숭모회 주관 행사는 국가보훈처가 홍보하고 보훈처장이나 차장이 참석했다. 사업회 주관 행사는 효창공원 안중근 묘역이나 백범기념관에서 열렸다. 안중근 기념 문제가 한·중·일 사이의 외교 현안으로 부각되었던 2013년에는 기념식에도 변화가 있었다. 숭모회 주관 의거 기념식에는 사상 처음으로 육

100) 『연합뉴스』, 2009. 10. 26.
101) 『세계일보』, 2010. 3. 26.

군참모총장이 참석했으며, 사업회 주관 기념식은 하얼빈에서 남북한 공동 미사 형태로 진행되었다. 이 미사에는 남한에서 사업회 이사장 함세웅과 가톨릭 신부 곽동철 등 50명이, 북한에서는 조선 가톨릭교 중앙위원회 서기장 서출수와 장충성당 회장 김철웅 등 4명이 참석했다.[102]

이에 앞서 의거 100주년을 코앞에 둔 2009년 9월, 숭모회 이사장이 황인성에서 안응모로 바뀌었다. 1994년에 취임한 정원식 이래 숭모회 이사장은 모두 전직 국무총리였다. 그러나 이번에는 김대중, 노무현 정권 때의 국무총리를 건너뛰고 한나라당 국책자문위원장이 선임되었다. 숭모회가 정치적으로는 공화당-민주정의당-민주자유당-신한국당-한나라당으로 이어지는 계보상에 있다고 공표한 셈이었다. 당시 숭모회는 의거·순국 100주년을 앞두고 정부의 지원을 받아 새 기념관과 새 동상 건립을 중점 사업으로 추진하는 중이었다. 정부 지원이 결정된 것은 노무현 정부 때였으나 지원금은 이명박 정부가 지급했다. 이런 상황에서 숭모회 역대 임원들과 숭모회의 사업을 지원하는 언론사의 친일 행적에 대한 비판이 거세졌다. 정부 지원으로 지은 기념관 운영과 관련한 '이권'(利權)이 안중근 의사를 이용해 친일 경력을 세탁하려는 세력에게 돌아갈 것이라는 비판이었다.[103]

숭모회가 정치적 색채를 분명히 함으로써 숭모회와 사업회

---

102) 『연합뉴스』, 2013. 10. 29.
103) 『경향신문』, 2009. 9. 3.

의 병립(竝立)은 정치적 대치선을 표현하는 것으로 인식될 수밖에 없었다. 2011년 12월에는 안중근의사기념사업회, 몽양여운형선생기념사업회, 단재신채호선생기념사업회, 우당이회영선생기념사업회, 운암김성숙선생기념사업회, 홍범도장군기념사업회 등이 '항일 독립운동가 기념사업 단체 연합회'를 창립했다. 숭모회는 이에 참가하지 않았다. 2015년 10월의 사업회 주관 기념식에는 새정치민주연합 대표 문재인이 참석하여 추념사를 낭독했다. 정부 기관장은 남산에서, 야당 지도자는 효창공원에서 추념사를 하는 모양새가 연출되었다. 2017년 문재인 정권이 출범한 뒤 숭모회 이사장은 이명박 정권의 국무총리였던 김황식으로 다시 바뀌었다. 이후에도 국가보훈처장이나 차장은 계속 숭모회 주관 기념식에 참석했지만, 2020년의 사업회 주관 기념식에는 독립기념관장과 광복회장이 참석했다. 정부 기관장과 광복회장이 유일하게 공인된 안중근 기념단체라는 숭모회의 위상을 흔든 셈이다.

숭모회와 사업회의 '정치적' 성향은 기념행사의 내용에도 반영되었다. 숭모회 주관 행사에는 1992년 이래 일본인 추모단의 참석이 관례화했다. 2000년대 이후에는 삼군사관학교 생도, 해군 안중근함 승조원, 육군참모총장 등 군 관계자들의 참석이 잦아졌다. 반면 사업회는 특히 안중근을 매개로 한 남북 교류에 힘을 쏟았다. 사업회 임원들은 국내에서 의거 100주년 기념식을 치른 직후인 11월 3일, 북한에서 의거 100주년 기념 남북 공동모임을 했다. 조선중앙통신은 이에 대해 양측이 10월 26일부터 3월 26일까지를 '안중근 열사 기념 반일 공동투쟁 기간'으로 정하고 '대중적 운동을 과감히 벌여 나가는 방안'에 관한 토론이 진행되었다고 보도했다.[104] 사업회는 2010년 2월 5일에도 개성에서 북한 측과 회담하고 3월 25일부터 사흘간 뤼순에서 '안중근 의사 순국 100주년 남북한 공동 추모 행사'를 열기로 합의했다.[105] 당일의 남북 공동 추모식에는 북한에서 조선종교인협의회장 장제언 등 6명이 참석했다. 남북 참가자들은 이 자리에서 10월 26일 평양에서 남북 공동 학술회의를 개최하고 황해도 신천 청계동의 안중근 생가도 복원하기로 합의했다.[106] 사업회는 황해도 해주와 신천군 청계동 일대를 '안중근 벨트'로 조성하고 숙박 시설 등을 지어 관광 자원으로 삼을 구상이었고, 북한의 반응도 긍정적이었다. 하지만 2010년 3월 26일의 천안함 사건과 북한의 핵실험으로 남북관계가 급속히 악화함으로써 남북 공동 안중근 기념사업은 심각한 난관에 봉착했다. 경향적으로 보자면 숭모회는 애국주의와 군사주의를, 사업회는 평화주의와 협조주의를 더 강조했다.

의거·순국 100주년의 안중근 열풍 속에서 숭모회와 사업회, 여순순국선열기념재단 외에 안중근의 이름을 딴 신생 단체들이 생겼다. 2011년 안중근의사기념관 건립위원회 고문 이수성은 '의사 안중근 장학회'를 만들었다. 기념관 건립 성금 잔액인 15억 원으로 장학회를 만들려 했으나 정부와 법원이 불허함에

104) 『연합뉴스』, 2009. 11. 3.
105) 『연합뉴스』, 2010. 2. 9.
106) 『경향신문』, 2010. 3. 26.

따라 개인이 운영하던 우범장학재단의 이름을 바꾼 것이다. 하지만 이 장학회는 사모펀드에 맡긴 돈이 글로벌 금융위기로 증발함으로써 장학금을 지급하지는 못했다. 2014년에는 '안중근 애국단지동맹협회'라는 단체가 결성되어 부천 안중근공원에서 의거 105주년 기념식을 열었다. 이밖에 '안중근 뼈대찾기 사업회' '안중근 의사 정신문화협회' '안중근 의사 교육문화재단' 등이 만들어졌다.

유해 봉환 문제

2008년의 발굴 조사가 성과 없이 끝났지만, 의거·순국 100주년을 맞아 유해 봉환 여론은 다시 뜨거워졌다. 사실 그때까지의 발굴 조사는 애초에 성과를 바랄 수 없는 일이었다. 안중근의 유해인지 확인하기 위해서는 혈족의 유전자를 얻어 비교해야 했지만, 어떤 이유에서인지 친손자 안웅호는 유전자 정보 제공을 거부했다. 정부가 안중근 후손의 혈액을 확보한 것은 2009년 10월 26일의 의거 100주년 기념식 때였다. 이때 안중근의 손녀 안연호와 안웅호의 아들 토니안이 혈액을 제공했다.[107] 유전자 정보를 확보한 정부는 2010년 3월 국가보훈처, 외교부, 독립기념관 관계자들로 '합동유해발굴단'을 구성해 중국에 파견했다.

발굴단은 안중근 묘소에 참배한 적이 있다는 현지 주민의 증언을 채록한 것 외에 이번에도 아무런 성과를 거두지 못했

---

107) 『연합뉴스』, 2009. 10. 26.

다. 매장 장소로 추정된 지역은 고층빌딩 단지로 변한 지 오래된 상태였다. 그러나 국무총리는 순국 100주년 추념사에서 유해 발굴을 위해 최대한의 노력을 기울이겠다고 다짐했으며, 대통령도 기자들에게 '유해 봉환에 최선을 다하겠다'고 말했다. 2010년 5월 19일, 정부는 다시 '안중근의사 유해 발굴 추진단'을 결성했다. 이 무렵 유해 발굴 문제는 한·일 간 외교 현안으로까지 비화했다. 2010년은 안중근 순국 100주년이자 일본의 한국 강제병합 100주년이었다. 한국에서는 일본 정부가 과거사에 대해 재차 반성의 뜻을 표해야 한다는 여론이 높았으나, 일본은 오히려 독도 영유권 주장의 수위를 높였다. 이로써 한일관계가 나빠지자 한·일 양쪽에서 일본 천황 아키히토의 방한으로 경색 국면을 타개하자는 주장이 나왔다. 이에 대해 국가보훈처장은 "안중근 의사 유해 문제가 해결되기 전에는 일본 천황의 방한에 반대한다"고 밝혔다.[108] 일본이 안중근 유해 발굴에 협조하지 않거나 방해한다는 느낌을 줄 수 있는 발언이었다. 이 발언 이후 몇몇 단체가 일본의 비협조를 규탄하는 시위를 벌였고, "안중근 의사의 유해를 봉환하지 못하는 것은 일본의 방해 때문"이라는 주장이 널리 유포되었다.

한국인들 사이에서 안중근의 위상이 높아지는 만큼 유해 발굴 및 봉환의 실현 가능성을 따지는 것은 부적절한 일이 되었다. 유해 발굴은 무조건적 국가 사업이 되었다. 유해 발굴 관련 예산이 매년 책정되었고, 발굴 추진단은 성공 가능성이 극

---

108) 『연합뉴스』, 2010. 1. 8.

히 적은 일을 계속했다. 2012년 3월, 국가보훈처는 매장 추정지 중 한 곳이 아파트 단지로 개발된다는 정보를 입수하고 중국 정부의 협조를 얻어 해당 지역을 다시 조사했지만, 이번에도 허사였다. 2014년 2월에는 '유해 발굴 자문위원단'이 하얼빈 일대를 방문하여 '사전 조사'를 진행했고, 11월에는 외교부가 일본 정부에 안중근 매장 관련 자료를 넘겨달라고 요청했다. 같은 해에 우리 정부는 아파트가 들어섰거나 개간된 지역을 지표 투과 레이더로 조사할 수 있게 해달라고 중국 정부에 요청했으나, 중국 정부는 남북이 함께 추진할 경우에만 허가하겠다고 통보했다. 북한과 연고권 문제로 분쟁이 생길 가능성 때문이었다. 이후에도 '유해 발굴 자문위원단'은 존속했으나, 2016년 고고도 미사일 방어체계(THAAD) 배치로 한·중 갈등이 심해짐으로써 발굴 작업은 완전히 중단됐다.

유해 발굴 사업이 재론된 것은 2018년 4·27 남북 정상회담 이후의 일이었다. 판문점 회담 당시 대통령 문재인은 북한 국무위원장 김정은에게 3·1운동 100주년 기념사업 공동추진과 안중근 유해 공동 발굴에 관해 논의한 것으로 알려졌다. 같은 해 8월 14일, 대통령은 독립유공자와 유족을 청와대로 초청하여 환담하는 자리에서 남북한 공동으로 유해 발굴 사업을 추진하겠다고 말했다.[109] 2019년에는 '삼일운동 및 대한민국임시정부 100주년 기념사업'의 하나로 '안중근 의사 유해 남북 공동 발굴'이 선정되었다. 매장지를 정확히 파악할 자료가 없는데다

---

109) 『한국일보』, 2018. 8. 16.

가 매장 추정지 대부분의 지형이 훼손된 상태라서 성공 가능성은 극히 희박하지만, 안중근 유해 발굴 및 봉환은 가능성이 없어도 포기해선 안 되는 '믿음'의 문제가 되었다.

안중근 홍보 이벤트와 문화콘텐츠

의거·순국 100주년을 전후한 시점에서 정부와 민간의 안중근 알리기는 절정에 달했다. 2009년 6월 3일, 연극 「대한국인 안중근」 제작진과 출연진이 국립극장에서 '대한국인 안중근 손도장 프로젝트'라는 홍보 이벤트를 시작했다. 서경덕이 기획한 이 프로젝트는 안중근의 장인(掌印)을 밑그림으로 한 가로 30미터, 세로 50미터의 대형 천에 각자의 손바닥 도장을 찍는 것이었는데, 기대 이상의 큰 성공을 거뒀다.[110] 이 대형 천은 전국 각지를 거쳐 일본, 중국, 러시아, 미국으로까지 이동했으며, 행사는 9월 27일 서울과 뉴욕에서 동시에 마무리되었다. 3만 2천여 명의 손도장이 찍힌 대형 천은 10월 24일 서울 광화문 KT 지사 벽면에 걸렸다.

정부도 사람들의 얼굴과 손도장 이미지를 모아 안중근의 얼굴과 손을 형상화하는 「안중근, 2009년의 대한민국을 만나다」라는 온라인 이벤트를 진행했다. 10월 23일에는 상암 월드컵 경기장 주변에서 「청소년 나라사랑 띠잇기 행사」가, 25일에는 「안중근 장군 하얼빈 작전 100주년 기념 평화 대행진」이라는 이름의 행사가 서울 남산에서 열렸다. 26일에는 우정사업본부가 '의

---

110) 『연합뉴스』, 2009. 6. 3.

거 100주년 기념엽서'를 발행, 판매했고, 조폐공사는 28일 안중근 초상을 넣은 '한국의 인물 시리즈 메달'을 발행했다.

민관(民官) 합동의 대대적인 '안중근 알리기'는 안중근을 대중적이고 공익적인 '문화상품'으로 만들었다. 국가가 앞장서서 홍보하는 상품에 시장을 걱정할 이유는 없었다. 2009년 6월, 창작 오페라 「대한국인 안중근」이 서울올림픽 홀에서 초연되었고, 같은 제목의 연극도 국립극장 무대에 올랐다. 연극은 하얼빈에서도 공연되었다. 2009년 10월에는 창작 뮤지컬 「영웅」이 LG아트센터에서 막을 올렸다. 이 작품도 거의 매년 재공연되었으며, 2011년 8월에는 뉴욕 링컨센터에서, 2015년 2월에는 중국 하얼빈에서 현지 관객들을 만났다. 「영웅」은 그해 6월 제4회 '뮤지컬어워즈'에서 최우수 창작 뮤지컬상, 연출상 등 6개 상을 휩쓸었다.

2010년 3월 광주시립국극단은 창극 「안중근」을 무대에 올렸다. 같은 해 7월 27일에는 안중근과 안준생의 이야기를 다룬 연극 「나는 너다」와 안중근의 일대기를 다룬 창작 뮤지컬 「장부가」가 초연되었다. 소극장이나 대학 동아리들도 여러 편의 안중근 관련 연극과 퍼포먼스를 선보였다. 안중근 의거·순국 기념 음악회도 여러 차례 열렸다. 2009년 10월 22일, 민족문제연구소는 미국 뉴욕의 센트럴 필하모니 오케스트라를 초청해 서울광장에서 의거 100주년 기념 시민음악회를 열었다. 26일에는 안중근하얼빈학회 주최로 남산 국악당에서 '안중근을 기리는 평화 콘서트'가 열렸다. 2010년 3월에는 중랑구청이 정례적인 금요음악회를 서거 100주년 기념행사로 치렀으며, 9월에는 서울시 국악 관현악단의 정기연주회가 'NEO ACTISM 안중근 그 오래된 미래'라는 주제로 열렸다.

안중근 관련 전시회도 성황이었다. 의거 100주년에 숭모회는 예술의전당에서 안중근 의사 유묵전을, 독립기념관은 의거 기념 특별기획전을 열었다. 같은 때 국회 의원회관에서는 안중근의 유묵을 베껴 쓰는 서예전이, 국립중앙도서관에서는 「책과 영상으로 만나는 안중근 의사」전이 열렸다. 순국 100주년인 2010년에는 2월에 대구박물관이 「순국 100년 안중근 국채보상운동, 동양평화로 피어나다」라는 특별전을, 3월에 국립대전현충원이 「안중근 특별전」을, 청계천 광교 갤러리는 「순국 100주년 기념 사진전」을 열었다.

안중근 관련 여행 상품도 쏟아져 나왔다. 2009년 8월 6일, 한국철도협회, 한국철도대학, 안중근하얼빈학회는 공동으로 '철도 100주년 기념 및 안중근 장군 의거 100주년 기념'으로 12박 13일간 「역사의 길: 녹색의 비전 대륙철도 횡단 행사」를 진행했다. 숭모회는 2010년과 2011년 여름에도 롯데백화점의 후원을 받아 대학생들을 모집, 「안중근 의사 항일 독립 투쟁지 탐방」 행사를 진행했다. 언론사나 교육청이 기획 또는 후원한 탐방 프로그램도 많았다. 안중근은 문학작품의 주인공으로도 인기를 끌었다. 이문열은 2009년 1월부터 조선일보에 「안중근 불멸」을 연재했다. 이 연재물은 2010년 2월에 책으로 묶여 나왔다. 안중근 의거를 다룬 소설은 2009년과 2010년 두 해에만 10종 가까이 출간되었다.

안중근의 이름과 사진, 필적을 활용한 상품도 다수 출시되었다. 2009년 10월에는 삼익악기사가 의거 100주년 기념 '전자기타'를 제작, 출시했다. 안중근의 장인(掌印)과 '대한국인 안중근' 글자를 함께 인쇄한 차량용 스티커도 여러 업체에서 생산, 판매했다. 순국 100주년 무렵에는 2002 한일월드컵 공식 티셔츠 제조업체 협의회가 안중근 티셔츠를 제작, 판매했다. 2010년 5월, 일본 문부성이 2011년부터 초등학교 모든 사회 교과서에 독도 영유권을 표기한다고 발표하자 안중근 티셔츠는 다시 반일 애국주의의 표상으로 부상했다. '안중근 티셔츠 보급협회'라는 단체까지 생겼다.[111]

넓은 시장을 확보한 문화상품의 소비가 갑자기 줄지는 않는 법이다. 그 상품이 이념이나 가치관 등 개인의 정체성과 관련된 것이라면 더욱 그렇다. 의거·순국 100년을 계기로, 안중근은 한국인들에게 '불멸의 존재'로 그 입지를 굳혔다. 그는 의거·순국 100주년 이후에도 다큐멘터리, 소설, 영화, 연극, 강연, 음악회, 전시회, 여행 상품 등으로 계속 제작되고 소비되었다. 안중근을 다룬 문화콘텐츠만큼 상업성과 공익성을 모두 충족하는 상품은 거의 없었다. 대작 영화와 드라마 제작은 2010년대 중반 이후에 오히려 활기를 띠었다.

2014년 12월 16일, 영화 제작사 즐거운상상은 중국 화인TV의 투자금 50억 원을 포함, 제작비 100억 원을 들여 영화 「영웅 안중근」을 제작한다고 공표했다. 주경중이 감독을 맡고 2016년 10월 제작발표회까지 했으나, 영화는 완성되지 못했

---

111) 『뉴시스』, 2010. 5. 13.

다. 2017년 9월에는 영화 제작사 JK필름이 안중근 의거를 다룬 뮤지컬 영화 「영웅」 제작에 착수했다. 2020년 순국 110주년을 맞아 개봉할 예정이었으나, 코로나19로 개봉이 연기되었다. 2018년에는 더윤미디어그룹이 중국과 합작으로 400억 원을 투입해 안중근 의거를 다룬 드라마 「설국의 태양」을, 2019년에는 KBS가 안중근의사기념사업회와 항일독립운동가단체연합회의 후원으로 「의군: 푸른 영웅의 시대」라는 드라마를 각각 제작했으나 모두 방송되지 않았다.

일부 기업과 일부 지방자치단체, 대학은 안중근을 마케팅에 활용하기도 했다. 롯데백화점은 2010년 이후 숭모회가 주관하는 '안중근 의사 항일 독립투쟁지 탐방' 행사를 매년 후원했으며, 『안중근 의사 일대기 도록』을 발간하여 초중고등학교에 보급했고, '안중근 의사 상징 디자인 공모전' 등을 개최했다. 지방자치단체 중 안중근 마케팅을 가장 먼저 시작한 곳은 중국 하얼빈시와 자매도시 관계를 맺은 경기도 부천시였다. 부천시는 2004년부터 하얼빈시와 협상을 벌여 2006년 7월 하얼빈 역사에 안중근 의사 홍보관을 설치하기로 합의했다.[112] 2009년에는 하얼빈시에 세워졌다가 중국 정부의 지시로 11일 만에 철거된 안중근 동상을 시내 중동공원에 유치했다.

하얼빈시에서 철거된 동상은 2006년 1월 재중(在中) 사업가 이진학이 사비로 만들어 세운 것이다. 철거 후 이진학의 사무빌딩 안에 있다가 2009년 9월 안중근 평화재단 청년아카데

---

112) 『내일신문』, 2006. 7. 12.

미에 의해 국내로 반입되었다. 하지만 당장 갈 곳을 정하지 못해 국회 헌정기념관 앞에 임시로 세워두었는데, 2009년 9월 초에 부천시는 이 동상을 관내에 유치하겠다고 나섰다. 그 이틀 뒤 전남 함평군도 같은 제안을 했다. 함평군은 이에 앞서 독립운동 기념을 군(郡)의 역점 사업으로 정하고 2009년 6월 상하이 임시정부 청사 모형을 지은 바 있었다. 유치전에서 승리한 부천시는 10월 26일에 맞춰 시청 옆 중동공원에 동상을 세우고 공원 이름을 '안중근공원'으로 바꿨다. 공원 안에는 안중근 어록비, 기념비 등을 설치했으며, 부천 시외버스터미널 부근에는 '안중근 야외공연장'도 만들었다. 2010년 3월의 순국일에는 추념식과 추념 음악회를 따로 개최했다. 이후 의거일과 순국일에는 매년 기념식과 추념식도 따로 거행했다. 2011년 의거 102주년에는 길이 21미터, 높이 3미터의 화강암 대형 기념조형물도 만들었다. 안중근과 아무런 연고도 없는 부천은 이렇게 '안중근의 도시'가 되었다.

동상 유치에 나섰다가 실패한 함평군은 대신 '안중근 장군 천도제' 행사를 열었다. 안중근 위패를 모신 해동사가 자리 잡은 장흥군도 안중근 연고지라는 점을 부각하기 위해 노력했다. 2010년 4월 장흥군은 화순군과 함께 '백범 김구 선생, 안중근 의사 유묵 전시회'를 열었다. 장흥군은 이후 매년 별도의 추모식을 거행했다. 2014년에는 군포시도 독자의 추모행사를 개최했다. 2019년 안중근 순국일에는 만세운동을 재현하기도 했다.

경기도 의정부시도 뒤늦게 안중근 마케팅에 뛰어들었다. 의정부시는 2015년 7월, 중국 차하얼학회와 한국국제교류원이 제작 중인 안중근 동상을 들여와 관내에 세우겠다고 발표했다. 의정부 시장은 중국 국가주석 시진핑이 이 동상 제작을 지시했다고 주장했으나, 외교부는 사실 여부를 확인할 수 없다고 밝혔다. 동상은 2017년 4월 국내로 반입됐으며, 의정부시는 8월에 이를 의정부역 광장 근린공원에 설치했다. 설치 직후 지역 시민단체 등은 동상 제작 경위가 불분명하고 안중근 의사와 닮지 않았다며 철거를 요구했으나,[113] 이미 2016년 6월의 '안중근 의사 순국 106주년 기념 국제 전시회', 2017년 6월의 '안중근 평화 아카데미' 등으로 안중근 마케팅을 본격화한 의정부시는 이 요구를 일축했다. 2017년 의거 기념일에는 '안중근 정신 찾기 자전거 대행진'을 주관했고, 이어 반환받은 미군 기지를 공원으로 조성하고 여기에 안중근 동상을 이건(移建)한 뒤 '평화공원'으로 명명했다.

대구가톨릭대학도 안중근을 학교의 상징으로 만들었다. 2010년 3월, 순국 100주년을 기해 안현생이 1950년대 효성여대 교수로 임명된 사실을 보여주는 사령원부가 공개됐다. 석달 뒤인 6월, 대구가톨릭대학은 대구시민회관에서 '안중근 의사 순국 100주년 추모음악회'를 열었다. 10월에는 교내에 추모비와 동상을 세웠으며, 2011년 5월에는 '안중근 연구소'를 설립했다. 연구소는 이후 매년 안중근 관련 학술대회와 서예대전을 열었고, 2019년 5월에는 한·중·일 삼국 대학생들을 대상으로 '동양평화 캠프'를 마련했다.

---

113) 『한국일보』, 2017. 8. 9.

안중근 정치

2009년 초부터 전국적으로 안중근 열풍이 불면서, 사람들의 생각 속에서 안중근의 위치는 수직상승했다. 2009년 10월 '애국' 하면 생각나는 것이 무엇인지 묻는 여론조사에서 안중근은 태극기, 이순신에 뒤이어 3위를 차지했다.[114] 11월에 치러진 대학 수학능력시험에는 안중근 의거의 의미를 묻는 문제가 출제되었다. 2012년 8월, 독립기념관 한국독립운동사연구소는 광복절 기념행사의 하나로 '우리 국민이 좋아하는' 독립운동가를 조사했다. 1위가 김구, 2위가 안중근, 3위가 유관순이었다.[115] 2018년 8월의 빅데이터 조사결과에 따르면 2014년 이후 5년간 국민적 관심도가 가장 높은 독립운동가로 안중근이 압도적 1위에 올랐다.[116] 안중근은 특히 청년들 사이에서 인기가 높았다. 2000년대 초반까지 청년들이 입는 티셔츠에 그려진 인물 1위는 남미의 혁명가 체 게바라였다. 그러나 2009-2010년에는 그 자리를 안중근이 차지했다.[117]

2009년 3월, 월드베이스볼 클래식 한·일전이 열렸다. 한국 관객들은 안중근에 대한 기억을 소환하여 이 경기에서 승리투수가 된 봉중근을 '봉중근 의사', 메이저리거인 일본 타자 스즈키 이치로를 '이치로 히로부미'라 불렀다. 2010년 한·일 축구

---

114) 『뉴시스』, 2009. 10. 26.

115) 『연합뉴스』, 2012. 8. 21.

116) 『문화일보』, 2018. 8. 1.

117) 『시사인』, 2010. 3.

대표팀 평가전에서도 관중석에는 이순신과 안중근의 대형 걸개그림이 걸렸다. 이순신과 안중근의 모습이 그려진 대형 현수막은 한·일전 응원의 필수 도구처럼 되었다. 일본 정부는 '역사 관련 현수막'이 정치적 주장을 금지하는 FIFA 규정에 위반된다며 제소할 뜻까지 비쳤다.[118] 이후 한·일 국가대표팀 간에 경기가 벌어질 때마다 이런 일이 반복되었다. 3·1운동 및 대한민국임시정부 100주년인 2019년에는 이순신과 안중근 초상을 그린 대형 걸개그림이 한국 대 호주의 축구대표팀 평가전 때에도 걸렸다.

2010년 3월 육군본부에 '안중근 장군실'이 생겼다. 안중근의 존칭을 '장군'으로 바꾸자는 일부의 주장을 받아들여 잠수함에 '안중근함'이라는 이름을 붙인 해군에 상응하는 조치를 한 것이다. 2000년 전후부터 안중근의 평화주의를 중시하는 담론이 널리 퍼졌지만, 안중근을 애국주의와 군사주의에 묶어두려는 사람이 적지 않았고, 군은 그런 경향성이 가장 강한 집단이었다. 2010년 9월 국방부는 조선일보사와 공동으로 '위국헌신상'을 제정, 11명에게 시상했다. 10월 29일에는 공군 제19전투비행단도 영내에 '위국헌신 군인본분' 기념비를 세웠다. 2017년에는 공군사관학교에도 '안중근홀'이 생겼다.

2011년 2월 14일, SNS는 이날을 '밸런타인데이'가 아니라 '안중근 사형선고일'로 기억하자는 청년들의 자발적 캠페인으로 뒤덮였다. 캠페인에 동참한 사람들은 '밸런타인데이' 풍습

---

118) 『머니투데이』, 2013. 7. 29.

이 일본 초콜릿 기업의 상술 때문에 만들어졌다고 주장하며 이 캠페인을 '반일(反日) 민족주의'와 결부했다. 이후 이 캠페인은 매년 되풀이되었으며, 2월 14일에 안중근의사기념관을 찾는 젊은 남녀가 늘어났다.

한국인이면서 안중근을 모른다는 것은 일종의 '죄'가 되었다. 2016년 5월, 모 케이블 방송은 인기 아이돌 그룹 멤버들의 '역사 상식'을 묻는 프로그램을 내보냈다. 출연자들은 안중근이 누구인지 몰랐다. 멤버 중 한 명은 안중근 사진을 보고 '긴또깡'(김두한의 일본어 발음)이라고 답했다. 이는 일종의 '사태'로까지 비화했다. 어린 연예인들의 '안중근에 대한 무지'를 비난하는 여론이 끓어올랐다.

의거·순국 100주년을 거치면서 안중근은 절대다수 한국인에게 신성불가침이면서 친근한 상징이 되었다. 애국주의와 평화주의라는 다소 모순된 지향들을 함께 표상하면서 국민 절대다수의 추앙을 받는 이 상징은 활용도 높은 정치적 자산이었고, 시대의 가치관을 조율하는 기준이었다. 상업적으로 유용한 표상은 정치적으로도 유용했다. 2000년대에 들어 정치인들은 다투어 안중근의 이미지를 차용하려 들었다.

2010년 3·1절 경축사에서 대통령 이명박은 한·일 강제병합 100년, 안중근 순국 100년이라는 사실을 환기한 후, "세계 평화와 번영을 주도하는 선진 일류국가를 향해 힘차게 나아가자"고 말했다.[119] 역대 대통령의 경축사에서 안중근이 거론된 것은 이때가 처음이었다. 하지만 안중근의 생각은 정권의 핵심 슬로건이었던 '선진화'에 종속되었다. 의거 100주년 기념사와 순국 100주년 추념사에서 국무총리도 대통령과 똑같이 '선진화'를 강조했다. 안중근이 정권의 슬로건을 정당화하는 표상으로 동원된 것이다.

2012년 7월 11일, 새누리당 김태호 의원은 남산 안중근의사 기념관에서 대통령 선거 출마 선언을 했다. 그때까지 대통령 선거 예비후보들이 출마 선언을 앞두고 찾은 곳은 대개 국립현충원이었다. 그는 안중근의 정신으로 국가를 이끌겠다고 선언한 셈이다. 같은 해 10월 26일은 안중근 의거 103주년이자 박정희 사망 33주년이었다. 이날 새누리당 박근혜 후보는 국립현충원의 박정희 묘소를, 민주통합당 문재인 후보는 안중근 가묘가 있는 효창원을 참배했다. 안중근은 10월 26일을 어떤 날로 기억할 것인가를 묻는 메시지 정치의 상징으로 떠올랐다. 선거전이 한창 치열하던 12월, 문재인 후보 공동선거대책위원장이던 시인 안도현은 자기 SNS에 안중근의 유묵 '치악의악식자 부족여의'(恥惡衣惡食者 不足與議)를 박근혜 후보가 가지고 있거나 도난에 관여했을 가능성이 있다고 썼다. 이는 상당한 논란을 일으켰고, 박근혜 후보 측은 안도현을 선거법 위반죄로 고소했다. 재판은 박근혜 당선 뒤에 진행되었다. 국민참여재판으로 진행된 1심에서는 배심원단 전원이 무죄로 평결했으나 재판부는 이례적으로 유죄를 선고했다. 2심과 대법원은 무죄로 판결했다.

한국인 일부에게 안중근은 박정희와 대립하는 정치적 상징

---

119) 『연합뉴스』, 2010. 3. 1.

이 되었으나, 박근혜 정권에도 안중근은 여전히 유용했다. 특히 한·중 우호 관계를 다지는 데에는 안중근만 한 매개체도 없었다. 하지만 '항일운동에 대한 기억'을 통해 한중관계를 개선하는 방식은, 한일관계에는 부정적 영향을 미쳤다. 2013년 6월, 중국을 방문한 대통령 박근혜는 중국 국가주석 시진핑에게 중국 내 안중근 관련 유적 보존과 자료 열람, 기념 표지석 설치 등에 협조해달라고 부탁했다. 시진핑은 이에 대한 '이해'를 표시하고 관련 기관들에게 잘 검토하라고 지시했다. 언론사들은 안중근이 일제강점기 '한·중 공동 항일정신'의 상징이었다는 점을 이용한 '대일 압박 전략'이라고 보도했다.[120] 그해 11월 중국 외교담당 국무위원 양제츠가 방한했고, 대통령 박근혜는 '안중근 표지석'을 설치한 중국 정부에 감사를 표했다. 이에 대해 일본 관방장관 스가 요시히데는 "일본에서 안중근은 범죄자로서, 이러한 움직임은 한·일관계에 도움이 되지 않는다"고 평했다. '안중근은 범죄자'라는 일본의 공식 발언은 곧바로 한·중·일 삼국 간의 외교문제로 비화했다. 한국 외교부 장관은 "있을 수 없는 발언"이라며 강한 유감을 표시했고, 중국 외교부 대변인 홍레이도 "안중근은 중국에서도 존경받는 항일 의사"라며 "일본 군국주의가 저지른 역사적 범행을 직시해야 한다"고 말했다.[121]

2014년 1월 중국 하얼빈에 '안중근의사기념관'이 개관했을

120) 『동아일보』, 2013. 6. 29.
121) 『한겨레』, 2013. 11. 19.

때도, 일본 외무성 관리는 주일 한국대사관과 주일 중국대사관에 전화를 걸어 '매우 유감'이라고 항의했다. 일본 관방장관 스가 요시히데는 다시 한번 "안중근은 테러리스트"라고 주장했다. 한·중 양국 정부는 이번에도 함께 대응했으며, 북한의 『노동신문』도 "반일애국 열사를 함부로 모독하지 말라"고 썼다. 한국, 중국, 북한이 모두 일본 정부를 규탄하자 일본 총리 아베 신조는 한 걸음 물러나 "안중근은 사형 판결을 받은 인물"이라고 재규정했다.[122] 동아시아 과거사 문제를 압축적으로 드러낸 '안중근 문제'는 미국 『뉴욕타임스』도 보도했다.

한국인들 사이에 일본 정부에 대한 분노가 높아가는 가운데 "2월 14일은 밸런타인데이가 아니라 안중근 사형선고일"이라는 캠페인이 재개되었다. 경기도교육청은 이런 내용의 광고문을 주요 신문에 내기도 했다. 언론사들은 '안중근의 어머니 조마리아의 편지'라는 글을 다투어 소개했다. 조마리아가 아들에게 편지를 전하지는 않았으나, '감동 마케팅'에 대한 욕망은 사실과 허구의 경계를 허물었다. 밸런타인데이를 안중근의사기념관에서 보내자는 캠페인에 많은 청년이 호응했다.

한·중 공동의 안중근 기념으로 인한 외교적 갈등은 계속되었다. 그해 3월 헤이그 정상회담에서 시진핑은 "안중근 의사는 양국 우호협력과 국민감정을 돈독히 하는 상징물"이라고 말했다. 이에 대해 일본 관방장관은 "지역 평화 구축에 전혀 도움이 안 되는 말"이라고 즉각 반발했고, 며칠 후 다시 "안중근기념관은

---

122) 『국민일보』, 2014. 2. 5.

범죄자, 테러리스트 기념관"이라고 주장했다. 이 무렵의 안중근은 한·일갈등과 한·중유대를 함께 표상했다. 2014년 7월 3일, 청와대에서 한·중 정상회담이 열렸다. 이 자리에서 시진핑은 박근혜에게 양국 공동으로 항일전 승리 70주년 기념식을 열자고 제안했다. 박근혜는 이에 즉각 화답하지 않았다.[123]

안중근은 '역사 교과서 국정화'를 정당화하는 데에도 이용되었다. 2013년 정부는 '한국사 필수화'를 시도하면서 젊은이들이 안중근에 대해 잘 모른다는 점을 주요 이유로 제시했다. 당시 '한국사 필수화'는 여론의 폭넓은 지지를 받았으나, '역사 교과서'의 내용과 관련해서는 상반되는 의견이 첨예하게 대립했다. '뉴라이트' 측은 한국 근현대사 서술이 '좌파적' 관점에 지배되고 있다며, 시장경제의 발전과 산업화의 역사를 중시하는 교과서를 새로 만들어야 한다고 주장했다. 교학사는 그들의 견해를 담은 교과서를 만들어 교육부에 검정신청본으로 제출했다. 안중근은 이 교과서의 적부(適否)를 판단하는 주요 지표였다. 안중근 의거에 관한 내용이 단 한 줄뿐이며 색인에서도 안중근을 뺐다는 사실은 사람들로 하여금 교학사 교과서를 '친일 교과서'로 인식하게 만들었다.[124] 이 교과서가 국사편찬위원회 검정 심의 본심사를 통과한 뒤에는 전국적으로 채택 반대운동이 벌어졌다. 2013년 9월 12일, 정부서울청사 앞에서 '친일·독재 미화 뉴라이트 교과서 규탄대회 및 검정 무효화 국민 네트

123) 『국민일보』, 2014. 7. 5.
124) 『오마이뉴스』, 2013. 9. 10.

워크 출범식'이 열렸다. '사업회'를 비롯한 독립운동가 기념사
업회 일부도 이 네트워크에 참여했다.[125] 2014년 3월 26일 새
정치민주연합은 창당대회장에 안중근을 기리는 플래카드를 걸
었다.

친일 교과서 파동에 이어 친일 총리 파동이 닥쳤다. 2014년
6월, 대통령은 총리 후보로 언론인 출신 문창극을 지명했다. 그
직후 그가 과거에 "일본의 식민지배는 하나님의 뜻"이라고 발
언한 사실이 알려졌다. 문창극은 안중근의사기념관에 찾아가
자기가 가장 존경하는 사람이 안중근이라고 주장했다. 친일 혐
의를 벗기 위해 안중근을 이용한 것이다. 하지만 대중은 이 변
명에 수긍하지 않았다. 그와 함께 안전행정부장관으로 임명된
정종섭은 취임하자마자 안중근의사기념관을 방문했다. 그는
임기 중 여러 차례 안중근기념관을 찾는 것으로 '정치적 메시
지'를 전했다. 후임인 홍윤식 장관도 취임하자마자 안중근의사
기념관을 방문했다.

정부 여당 인사들이 거듭 '안중근 숭모'의 뜻을 표시했으나
그들의 언행이 안중근 사상과는 배치된다는 비판에서 벗어날
수 없었다. 안중근은 오히려 정부 비판세력에게 유리한 정치적
상징이었다. 2015년 2월, 새정치민주연합 대표 문재인은 다시
효창원의 안중근 가묘에 참배했다. 그는 같은 해 광복절에도
효창원을 다시 찾았다. 2015년 10월 26일은 박정희 기일이자
안중근 의거일이었다. 당시 여당인 새누리당은 박정희 추모 행

---

125) 『오마이뉴스』, 2013. 9. 12.

사에, 야당인 새정치민주연합은 안중근 추모 행사에 참여했다. 국립현충원에 모인 새누리당 인사들은 박정희 추도식에서 "역사 교과서가 박정희 대통령의 업적을 깎아내리고 있다"며 "역사 교과서 국정화"의 필요성을 강조했고, 새정치민주연합은 백범기념관에서 의거 기념식 겸 최고위원회의를 열었다. 행사장 안에는 '안중근 의사님, 역사책은 저희가 지키겠습니다'라는 현수막이 걸렸다.[126]

2015년 10월, 정부가 역사 교과서 국정화를 공식 발표하자, "권력의 입맛대로 역사책에 손대지 마시오"라고 적힌 포스터가 곳곳에 내걸렸다. 포스터에는 안중근의 장인(掌印)이 찍혔다. 박정희와 안중근은 각각 역사 교과서 국정화 찬성 측과 반대 측이 내세우는 상징 인물이 되었다. 이 무렵 '탕탕절'이라는 용어가 처음 등장했다. 안중근의 이토 저격과 김재규의 박정희 저격을 함께 기념하자는 취지였다. 2019년 10월에는 광주시 교육감 장휘국이 국회에서 이 용어를 사용해 새누리당의 후신인 자유한국당 의원들의 거센 항의를 받았다.[127]

제19대 대통령 선거를 앞둔 2017년 1월, 반기문 유엔 사무총장은 귀국하자마자 백범 김구 묘역과 안중근 가묘를 참배했다. 2월에는 바른정당 대통령 후보 유승민이 효창원을, 3월 1일에는 국민의당 대통령 후보 안철수가 안중근의사기념관을 방문했다. 거의 모든 후보가 '안중근 정신 계승'을 표방한 셈이

126) 『경향신문』, 2015. 10. 26.
127) 『국민일보』, 2019. 10. 28.

다. 안중근이라는 이름은 그만큼 강한 정치적 영향력을 발휘했다. 2017년 8월, 대통령 선거에서 낙선한 안철수는 당대표 선거에 출마하면서 "조국을 구하지 못하면 살아서 돌아오지 않겠다는 각오로 얼어붙은 두만강을 건넌 안중근 의사의 심정으로, 당을 살리고 대한민국 정치를 살리는 길로 전진하겠다"고 말했다. 대통령에 당선된 문재인은 그해 광복절 경축식에 참석하기 직전 다시 효창공원에 참배했다. 그는 2018년 삼일절 기념사에서도 안중근을 가장 먼저 거론했고, 6월 러시아 하원에서 연설할 때도 안중근을 가장 먼저 언급했다. 서로 다른 정치적 지향들이 안중근에게로 모여들었다. 안중근은 계층으로, 출신 지역으로, 세대로, 성별로, 정치 성향으로 분열된 한국인들이 그래도 통합된 '하나의 국민'이라는 사실을 보여주는 아주 드문 상징이었다. 근대 이후의 인물 중 안중근 정도의 '통합력'을 발휘한 사람은 없었다.

3·1운동 및 대한민국임시정부 100주년과 안중근

2019년은 3·1운동 및 대한민국임시정부 100주년이었다. 대한민국이 대한민국임시정부의 법통을 계승했다고 천명한 헌법 정신에 따르면 '건국 100주년'이 되는 의미 깊은 해였다. 그런데 이 몇 해 전부터 뉴라이트는 1948년 8월 15일의 정부 수립일을 '건국절'로 지정하자는 운동을 벌여왔다. 3·1운동 이후 독립운동가들이 선포한 '대한민국'은 영토, 인민, 주권을 온전히 가진 나라가 아니며, 대한민국임시정부는 여러 독립운동 단체 중 하나에 불과했기 때문에 대한민국임시정부 수립을 대한민국 건국으로 볼 수 없다는 것이 그들 주장의 요지였다. 이 주장에 따르면 식민지 시기의 독립운동은 대한민국 건국과 직접 관련 없는 일이 되고, 해방 이후 남한 단독정부 수립에 참여했느냐가 '건국 공로'를 따지는 유일 기준이 된다. 단독정부 수립에 반대한 김구는 건국 방해자가 되고, 이승만과 그 지지 세력만이 건국의 공로자가 되는 것이다. 실제로 '건국절'을 제정할 경우, 그동안 '건국훈장'을 받은 사람들의 상훈을 재조정해야 하는 현실적 문제가 뒤따를 수밖에 없었다. 이에 대해 대다수 역사학자와 독립운동 관련 단체들은 독립운동의 역사와 대한민국의 역사를 단절시켜 친일 반민족 행위자들에게 역사적 면죄부를 주려는 의도라고 비판했지만, 박근혜 정권은 뉴라이트의 주장에 동조하여 목전에 닥친 3·1운동 및 대한민국임시정부 100주년 기념 행사와 관련한 준비를 거의 하지 않았다. 2017년 5월 문재인 정권이 들어선 뒤에야 '100주년 기념사업' 준비가 시작되었고, 이 때문에 사업은 다분히 졸속으로 진행되었다. 그렇지만 기념사업의 성격상 독립운동가들에 대한 기억이 수시로 소환될 수밖에 없었다.

국가보훈처는 월별로 2019년의 독립운동가 12인을 선정했다. 안중근은 10월의 독립운동가였다. 100주년 기념사업 항목에는 '안중근 의사 유해 남북 공동 발굴'이 포함되었다. 삼일절을 앞둔 2월 26일, 대통령 문재인은 다시 효창공원을 찾아 안중근 묘에 참배했다. 그에 앞서 안중근 묘비는 새로 단장된 상태였다. 삼일절에는 사상 처음으로 백범기념관에서 국무회의가 열렸다. 이 자리에서 대통령은 "친일을 청산하고 독립운동을 제대로 예우하는 것이 민족정기를 바로 세우고 정의로운 나라로 나아가는 출발"이라고 말했다. 대한민국 헌법 정신이 곧 독립운동의 정신이라는 선언이었다.

3월 26일은 안중근 순국 109주기였다. 숭모회의 추모식에는 정부를 대표해 서울지방보훈청장이 참석했다. 국가보훈처장이나 차장이 참석하던 예년에 비하면 격이 낮아진 셈이다. 사업회는 이에 앞서 3월 23일 효창공원에서 추모식을 열었다. 사업회는 또 경기문화재단과 '3·1운동 및 대한민국임시정부 수립 100주년 기념' 기획 지원사업 업무협약을 맺고 안중근 관련 특별사진전을 고양 아람누리에서 열었다.

2019년 초 여름, 한국 대법원은 식민지 시기 한국인 징용 노동자에 대한 일본 전범기업의 배상 책임이 남아 있다고 판결했다. 한국 정부에는 대법원 판결에 따라 일본 전범기업에 배상을 강제할 의무가 생겼다. 일본 기업이 배상에 불응할 경우 한국 정부는 그 기업의 한국 내 재산을 처분하는 수밖에 없었다.

일본 정부는 즉각 강력히 반발했다. 한국인 노동자에 대한 보상 문제는 1965년 한일협정으로 영구히, 불가역적으로 해결됐다는 것이 일본 정부의 일관된 주장이었다. 그러나 한일협정에서 일본 정부와 기업의 불법 행위로 인한 피해는 거론되지 않기 때문에 한국 대법원의 판결대로 '비인도적 처우'에 대한 배상 문제는 남아 있었다. 그런데도 일본 정부는 불화수소 등 주요 반도체 소재의 한국 수출을 제한했다. 일본의 대한 수출규제를 적반하장의 조치라고 여긴 시민들은 일본 제품 불매운동에 돌입했다. 반일 담론이 급속히 확산했으며, 안중근은 다시 그 대표 상징으로 부각되었다. 곳곳에서 일본 규탄 시위가 벌어졌으며, 많은 시민이 안중근 티셔츠를 입고 집회에 참가했다. 뒷 유리창에 '대한국인 안중근' 스티커를 붙인 차량도 늘어났으며, 더불어민주당은 회의실 걸개 그림을 안중근의 유묵 '독립'으로 바꾸었다.

2020년 4월 총선을 앞두고 많은 사람이 안중근의 사진과 필적으로 정치적 의사를 표현했다. 일본의 대한 수출규제와 위안부 문제 등으로 반일 정서가 고조된 상황에서 안중근은 야당과 일부 언론의 친일적 행태를 규탄하는 선봉장이었다. 전국 곳곳에 '친일파 없는 국회를 만들자'는 글귀와 안중근의 필적을 담은 현수막이 내걸렸다. 대통령은 이해의 삼일절 기념사에서도 "안중근 의사는 일본의 침략에 무력으로 맞섰지만, 일본에 적대하기 위해서가 아니라 함께 동양평화를 이루자는 것이 본뜻이었다"며 다시 안중근을 언급했다. 일본 정부의 대한 수출규제에는 당당히 맞서겠지만, 일본을 적대할 의도는 없다는 메시지였다.

논란 속의 안중근: 의거와 테러 사이에서

2000년, 김완섭은 친일파 덕에 한국이 근대화할 수 있었다는 주장을 골자로 한 『친일파를 위한 변명』이라는 책을 냈다. 그는 이 책에서 김구와 안중근 등 독립운동가들은 한국 역사 발전에 기여한 바 없으며, 친일파들이 오히려 민족사 발전의 주역이었다고 썼다. 이 책은 청소년 유해도서로 지정되어 국내 판매가 중단되었으나, 일본에서는 번역본이 30만 부 이상 팔렸다. 이런 주장이 국내 학계 일각에서 대두한 것은 소련과 동유럽 사회주의가 몰락하던 1980년대 말부터였다.

1980년대 한국 민중운동은 대체로 사회주의적 전망과 결합해 있었기에 현실 사회주의의 몰락은 민중운동 노선에 대한 회의로 이어졌다. 일부 지식인은 계급투쟁과 민족해방투쟁 중심의 역사관을 폐기하고 자본주의 발달사 중심으로 역사를 다시 써야 한다고 주장했다. 이들은 당대에 미국과 유럽에서 맹위를 떨쳤던 '신자유주의'를 적극 수용하여 자기 논리를 구축했다. 이들에게는 생산과 소비가 증가하고 시장이 확대되는 것만이 역사발전이었다. 이들에 따르면, 식민지 시기 독립운동은 공공시설을 파괴하고 사회질서를 교란했을 뿐 역사발전에 실제로 기여한 바는 전혀 없었다. 이들은 오히려 일제의 식민 통치에 협력하면서 자본주의적 기업 경영법과 노동 규율을 익힌 사람들을 역사 발전의 진정한 주역으로 설정했다. 일본인들에게 근대적 지식과 기술을 배운 총독부 관리나 친일 기업인들을 높이 평가하고 독립운동가들을 '시장 질서 교란자'로 폄하하는 역사관은 1980년대 말부터 1990년대 초 사이 한국 학계 일각에 깊이 뿌리내렸다. 하지만 이런 생각을 공공연히 표현한 사람은 거의 없었다. 독립운동가를 공공연히 폄하했다가는 거센 사회적 비난에 직면할 게 뻔했기 때문이다.

김완섭은 신자유주의 지식인들이 사석(私席)이나 강의실에서 하던 이야기를 책으로 펴냈고, 곧바로 사회적 논란의 중심에 섰다. 한국인 절대다수는 그를 '21세기 신친일파'나 '매국노'라고 비난했으나, 일부는 '용기 있는 사람'으로 보았다. 그런데 당시는 아프가니스탄 탈레반의 테러 행위가 국제적 관심사로 떠오른 때였다. 이어 2001년 9월 11일에는 알카에다 조직원들이 미국 뉴욕의 세계무역센터 건물 두 동에 항공기 자살 폭탄 공격을 감행했다. 2004년에는 이라크의 이슬람 무장단체가 한국인 김선일을 공개 참수하는 만행을 저질렀다. 중동에서 벌어진 일련의 사태는 테러리즘에 대한 사회적 공분(公憤)을 불러일으켰으며, 동시에 식민지 시기 한인 독립운동가들의 '의열투쟁'과 이슬람 근본주의자들의 '테러'를 구별하는 문제에 대한 관심을 촉발했다. 사람들은 안중근을 테러리스트로 규정한 김완섭 등의 주장에 분개하면서도, 마땅히 반박할 논거를 찾지 못했다. 당장 '의사'(義士)나 '의거'(義擧)를 영어로 번역하기도 쉽지 않았다. 의사의 번역어로 쓰는 마터(martyr)는 본래 '순교자'라는 뜻이고, 의거의 번역어인 히어로익 디드(heroic deed)는 '영웅적 행위'라는 뜻으로 주체의 '죽음'과 바로 연결되지 않는다. 2009년 내한(來韓)한 안중근의 증손자 토니안은 함께 온 독립운동가 후손 재미동포가 안중근을 어새신(assassin), 즉 '암살자'라고 불렀다고 말했다.

테러와 의거의 차이에 대한 관심이 고조되자, 이 문제에 대한 연구 논문도 나왔다. 안중근은 대한의군 참모중장 자격으로 군사작전을 수행했으니 테러가 아니라던가, 식민지 민족해방 투쟁은 기원후 4-5세기경 아우구스투스(St. Augustus)가 설파한 '정의의 전쟁'에 해당한다는 견해가 제시되었으나, 어느 견해든 테러와 의거의 경계선을 명확히 그었다고 하기는 어렵다. 안중근이 '군인' 신분이라서 테러가 아니라면 강우규, 김상옥,

나석주, 송학선, 윤봉길 등의 의거는 어떻게 평해야 하는가? 안중근만 테러리스트가 아니고 나머지는 테러리스트인가? 민중의 직접 테러를 선동한 신채호는 또 어떻게 평해야 하는가? 식민지 민족해방투쟁이 '정의의 전쟁'이라면, 이슬람 과격단체가 주장하는 '민족해방투쟁'과는 무엇이 다른가?

테러라는 말이 널리 사용되기 시작한 것은 프랑스혁명 중 공포정치 시기부터였다. 혁명 과정에서는 개인 또는 집단이 사사로이 무장하고 살인과 방화로 정치적 의사를 표현하는 일이 흔했다. 러시아 혁명기에는 볼셰비키 지지자들이 하면 적색 테러, 무정부주의자가 하면 흑색 테러, 정부 측에서 하면 백색 테러라고 불렀다. 테러라는 말은 현재에도 흔히 쓰이지만 정작 국제적으로 통용되는 정의(定義)는 만들어지지 못했다. 1937년 11월 6일 국제연맹 이사회에서는 「테러의 방지 및 처벌을 위한 협약」 체결을 시도하면서 테러를 구체적으로 정의하려 했으나 합의에 도달하지 못했다. 나라마다 용어가 다르고, 각국이 서로 유리한 문구를 고집했기 때문이다. 오늘날 테러에 대해서는 100여 가지 정의가 있다고 한다.[128]

유엔 평화작전 요원 훈련교재는 테러를 "민간인을 상대로 사망 혹은 중상을 입히거나 인질로 잡는 등의 위해를 가하여, 대중 또는 어떤 집단의 사람 또는 어떤 특정한 사람의 공포를 야기함으로써 어떤 사람, 대중, 정부, 국제조직 등으로 하여금 특

---

128) 조홍용, 「테러와 저항권의 구분 기준에 관한 연구: 안중근 의사의 하얼빈 의거를 중심으로」, 『한국군사학논집』 71(2), 2015, 4-6쪽.

정 행위를 실시하도록 강요하거나 혹은 특정 행위를 하지 못하도록 막고자 하는 의도를 가진 범죄 행위"로 정의하는 반면, 미국 국무부는 "대중에게 영향을 미치기 위한 정치적 의도로 비국가단체들 또는 비밀요원들에 의해, 비전투원들을 목표로 하여, 사전에 치밀하게 준비된 폭력"으로 정의한다. 미국 국무부가 '비국가 단체' 또는 '비밀요원'을 테러의 주체로 적시한 것은 공인된 국가들로 이루어진 현존 국제체제를 유지하려는 의지의 표현이다. 이에 따르면 자기 생활공간을 지배하는 현존 권력에 반대하여 독립운동의 일환으로 벌이는 무장투쟁도 테러로 규정된다. 하지만 이 경우 역사상의 모든 독립운동, 심지어 국가체제를 수립하기 전에 전개된 미국 독립전쟁조차 테러가 된다.

테러는 일단 개인과 국가를 막론하고 정치적 목적을 달성하기 위해 무고한 민간인을 공격함으로써 대중의 공포를 유발하는 일체의 행위로 정의하는 것이 타당하다. 국가도 테러를 할 수 있고, 그에 대항하여 개인도 테러를 할 수 있다. 어떤 행위가 테러이냐 아니냐는 '누가' 했느냐가 아니라 '누구를' 대상으로 했느냐에 따라 판단해야 할 것이다. 이 경우 문제가 되는 것은 공격 대상 선정의 정당성 여부다. 예컨대 독일의 나치당원들에게 대량 학살의 위협을 받는 유대인이 '민간인'인 나치당원을 공격하는 것은 정당한가 아닌가? 약소국에 대한 군사 행동을 결정하는 비무장 관료를 약소민족 구성원이 개인적 또는 집단적으로 공격하는 것은 정당한가 아닌가? 무장한 군인이나 경찰의 밀착 경호를 받는 비무장 인사에 대한 공격은 정당한가 아닌가? 미국 국무부의 정의대로라면 이런 행위도 테러가 되지만, 본래 민족운동이란 현존 국제질서를 변경하기 위한 운동이다. 민주주의를 위한 운동이 현존 국내질서를 변경하기 위한 운동인 것과 마찬가지다. 국제질서를 변경하기 위해 가장 흔히 사용된 수단이 전쟁이다.

전쟁은 생명을 중심으로 쌓아올린 인간적 가치를 뒤집는 비인간적이고 비인도적인 사건이자 상황이다. 그런데도 전쟁을 개시한 세력은 그 불가피성을 거듭 강조하곤 했다. 대중에게 전쟁의 불가피성을 선전하는 도구로 만들어진 것이 '정의의 전쟁론'이다. '정의의 전쟁론'은 기원후 4, 5세기경 아우구스투스가 설파한 뒤 6가지 '정당화 논거'를 만들어냈다. ① 정당한 명분, ② 선한 의도, ③ 비례성, ④ 성공 가능성, ⑤ 최후의 수단, ⑥ 적법한 권한. 여기에서 '비례성'이란 상대의 행위에 상응하는 정도를 의미한다. 물론 이 6가지 정당화 논거가 누구에게나 명백한 것은 아니다. 안중근은 일본 경찰에게 "이토 때문에 피살된 몇만 명을 대신하여 이토 한 사람을 죽인 것"이라며 '정의의 전쟁론'을 설파했으나 일본 경찰은 납득하지 않았다. 이 평행의 대치선은 현재까지도 이어지고 있다. 한국인과 중국인 절대다수는 안중근을 '의사'로 부르지만, 일본 정부와 절대다수 일본인은 그를 '테러리스트, 범죄자'라고 부른다. 정의란 무엇인가라는 질문에 단일한 답을 찾을 수 없는 이상, 의사와 테러리스트 사이에 명료한 구분선을 그을 수는 없다. 다만 한자문화권에서는 군인이 아닌 사람이 '정의의 전쟁'을 수행할 때 집단으로 하면 '의병', 개인으로 하면 '의사'라고 해왔다. 의거와 의사라는 용어가 있는데 굳이 테러와 테러리스트라는 용어를 쓰는 것은 제국주의자의 관점으로 사안을 보기 때문이라는 비판은 타당하다.

장군인가, 의사인가?

2009년 9월, 안중근 평화재단 청년아카데미는 안중근 존칭을 '의사에서 장군'으로 바꾸자고 제안했다. 안중근 본인이 '대한의군 참모중장'이라고 밝힌 데다가 '개인 자격'으로 한 일이 아니라 '국가를 대표하는 군인'으로 한 일이니 '장군'이 적합하다는 주장이었다. 의사(義士)에 해당하는 영어단어가 없어 안중근 의거를 국제적으로 알리는 데에 제약이 따르며, 장군이라고 해야 테러리즘 논란에서 벗어날 수 있다는 것도 제안 사유였다. 이 제안을 둘러싸고 학계와 시민사회에서 한동안 논쟁이 벌어졌다. 이에 반대하는 사람들은 '의사'라는 존칭은 민족운동 과정에서 정착한 고결한 이름이며, 장군은 수천 명이지만 '의사' 존칭을 받을 자격이 있는 사람은 얼마 안 되는 데다가 윤봉길, 이봉창, 김상옥 등 다른 '의사'들에 대한 예가 아니라고 반박했다.[129] 그러나 청년아카데미는 한민족평화통일연대라는 단체와 함께 '대한의군 참모중장 안중근의 신분을 복원하고 직위를 대한의군 대장으로 1계급 특진'시키자는 국회의원 서명운동까지 벌였다.[130]

육군은 2010년 3월 23일 안중근의 호칭을 '장군'으로 공식화

---

129) 『연합뉴스』, 2009. 9. 20.

하고 먼저 계룡대 육군본부 지휘부 회의실을 '안중근 장군실'로 개칭했다. 군의 한 간부는 "장군 호칭은 계급적인 의미가 아니라 국가 위기 시에 몸을 던진다는 상징적이고 포괄적인 무관의 의미"라며, "사회에서 의사라고 호칭하는 것을 반대한다는 뜻도 아니다"라고 주장했다.[131] 반면 국가보훈처장 김양은 "수십 년에 한 명 나올까 말까 한 의사를 매년 60명씩 배출되는 장군으로 부르는 건 부적절하다"며, "의사를 장군으로 칭하는 것은 오히려 강등시키는 셈"이라고 했다. 이 논쟁은 사람들의 의식 안에서 분열된 안중근을 반영하는 것으로서 애초에 합의될 수 있는 사안이 아니었다. 대체로 안중근의 무력 투쟁과 애국주의를 강조하는 사람들은 '장군'이라는 호칭을 선호했고, 그의 국제적 보편주의와 평화주의를 중시하는 사람들은 '장군' 호칭에 반대했다. 하지만 한국 육군이 공식적으로 '장군' 계급을 부여한다고 해서 국제적으로 '테러리즘 논란'에서 벗어날 수 있는 것은 아니며 안중근을 제외한 다른 의사들에 대한 예가 아니라는 지적만큼은 '장군' 호칭을 고집하는 사람들이 경청할 필요가 있다.

안중근 폄하 논란

2014년 3월, 인터넷 커뮤니티 일간베스트에 '안중근은 천황 폐하의 나라에 이빨을 들이댄 금수'이며, '유관순은 3·1폭동을

---

130) 『뉴시스』, 2010. 3. 17.
131) 『연합뉴스』, 2010. 3. 23.

3 해방 후의 안중근에 관한 생각 585

전국으로 퍼뜨린 악질 선동꾼'이라는 글이 올라왔다. 인터넷 커뮤니티와 SNS에는 게시자를 비난하는 글들이 폭주(暴注)했으나, 표현이 직설적인 게 문제일 뿐 내용 자체는 정당하다고 주장하는 사람도 드물지 않았다. 10여 년 전 '김완섭 사태' 때와는 사뭇 달라진 분위기였다.

식민지 시기 독립운동의 정신사적 가치를 폄훼하고 친일 관료 및 기업가들을 역사 발전, 즉 경제성장의 주역으로 설정하는 것은 뉴라이트의 일관된 논지였다. 2010년대에 들어 뉴라이트 세력의 정치집회 현장에서는 "김구는 테러리스트이며 대한민국 건국을 방해한 좌파의 거두"라는 발언이 공공연히 나오곤 했다. 일간베스트는 뉴라이트의 주장을 선정적이고 패륜적인 언어로 대중에게 전달해온 커뮤니티였다. 안중근 매도를 용납하지 않는 사람이 여전히 다수이기는 하나, 독립운동가들을 멸시하고 친일 모리배들을 추앙하는 사람은 계속 늘어나고 있다.

2016년 8월에는 급진적 여성주의 인터넷 카페인 워마드에 안중근과 윤봉길을 조롱·모욕하는 게시물이 올라왔다. 이 역시 큰 논란을 야기했다. 급진적 여성주의자들은 모든 남성, 특히 한국 남성들을 '잠재적 범죄자'로 취급하며, 남성들의 이야기를 중심으로 쓰인 역사를 폐기하는 것이 여성들의 의무라고 주장한다. 그들은 한국인들이 위인이자 영웅으로 평가하는 안중근, 윤봉길 등은 남성의 여성 지배를 정당화하는 '상징'일 뿐이라고 생각한다. 어떤 이유에서건 안중근을 모욕·조롱하는 게시물들이 생산되고 있는 것은 한국인 절대다수에게 내면화한 안중근의 '신성불가침성'이 흔들리고 있음을 의미한다.

한국 천주교와 안중근

안태훈이 천주교로 개종한 이후 안중근과 그 일가는 천주교도로 살았고, 천주교도로 죽었다. 그러나 안중근의 순국 당시 한국 천주교는 그의 교도 자격을 부인했다. 안중근에게 종부성사를 베푼 빌렘은 한국 천주교로부터 배척당해 귀국할 수밖에 없었다. 식민지 시기 내내 천주교계는 안중근을 '흠'으로 인식했을 뿐 결코 '자랑'으로 여기지 않았다. 해방은 안중근과 천주교계의 관계를 역전시켰다. 안중근을 파문한 것이 천주교의 주요한 흠이 되었다. 천주교를 빼고 안중근을 논할 수 없었기에 안중근을 빼고 천주교를 논할 수도 없었다.

1947년 3월 26일, 안중근 유족들의 요청으로 명동성당에서 37주기 추모 연미사가 거행되었다. 이기준 신부가 집전한 이 연미사에는 노기남 주교가 참석했다. 명시적 표현은 없었지만 안중근을 천주교도로 복권한 의례였다. 이후 천주교는 거의 매년 안중근 추모 미사를 거행했으며, 때로는 대주교가 직접 참석했다. 우덕순 등이 주도한 안중근선생기념사업협회와 유족들의 관계가 좋지 않았던 것도 추도 미사가 계속된 이유 중 하나였을 것이다.

1962년 10월 11일, 제2차 바티칸공의회가 소집되었다. 공의회는 전 세계 가톨릭 교구 지도자와 신학자들이 모여 교회의 신조와 원칙에 관한 문제들을 토론하고 정의하는 회의를 말한다. 제1차 바티칸공의회가 1869년에 열렸으니, 거의 100년 만에 다시 열린 것이다. 제2차 공의회는 1965년까지 3년간이나 계속되었는데, 회의의 주요 안건 중 하나는 전쟁에 대한 천주교인의 태도 문제였다. 전쟁은 본디 반(反)인도적이고 반(反)종교적인 인간 행위다. 이교도(異敎徒)에 대한 전쟁은 종교의 이름으로 정당화할 수 있었지만, 종교가 같은 사람들끼리 벌이는 전쟁에 대해서는 그럴 수 없었다. 천주교도에게 총을 쏜 천주교도를 어떻게 대해야 할까? 정규군이 아닌 레지스탕스의 일원으로서 또는 단독으로 나치당원을 죽인 천주교도는 또 어떻게 대해야 할까? 천주교도로서 유대인 대학살에 가담한 사람은 어떻게 처리하는 것이 옳은가? 제1, 제2차 세계대전의 참화를 겪은 천주교로서는 이런 질문들에 답을 찾아야만 했다. 전쟁은 세속적인 일이라고 외면할 수 있는 문제가 아니었다. 그것은 인간 실존에 관한 가장 종교적인 문제였다.

제2차 바티칸공의회는 아우구스투스의 '정의의 전쟁론'과 유사한 '사목헌장'을 채택했다. 사목헌장은 첫째, 적국이 분명하고 극단적으로 중대한 불의를 먼저 자행했으며, 둘째, 모든 평화적·비폭력적 해결 방안들이 소진되었고, 셋째, 무력 저항에서 발생하는 해악이 적국이 자행한 불의보다 크지 않다면, 정부는 최후의 수단으로서 전쟁을 선포하고 수행하는 것이 정의에 부합한다고 결론 내렸다.[132] 제2차 공의회가 종료된 지 2년 후인 1967년 3월 26일, 교황 바오로 6세는 「민족들의 발전 촉

---

132) 오경환, 앞의 글, 181쪽.

진에 관한 회칙」을 공표했다. 여기에서 그는 "인간의 기본권을 유린하고 국가의 공동선을 극도로 해치는, 폭군적 압제가 오래 지속될 경우"에는 혁명적 반란이나 무력 저항이 가능하다고 밝혔다.[133] 제국주의 시대 민족해방투쟁을 종교적으로 정당화하는 선언이었다. 이제 천주교계가 안중근의 의거를 종교적으로 정당화할 수 있는 원칙이 마련된 셈이다. 이로부터 다시 10년 뒤인 1979년 9월 2일, 명동성당에서 대주교 노기남의 집전으로 '안중근 탄생 100주년 기념 미사'가 열렸다.[134] 추념미사는 일상적 종교의례지만, 탄생 기념 미사는 특별한 행사였다. 이 무렵부터 천주교계는 안중근을 한국 천주교 역사 안에 적극적으로 끌어들이기 시작했다.

1984년에 간행된 『황해도천주교회사』는 안중근 의거를 "군인으로서 전쟁 중에 전개한 정당방위"라고 정의했다. 1990년 3월의 순국 80주기에는 천주교정의구현전국사제단이 새남터 성당에서 추도 미사를 거행하고 『안중근(도마) 의사 추모 자료집』을 발간했다.[135] 1993년 8월 21일에는 천주교계의 교회사 연구회 주최로 '제100회 교회사 연구발표회 겸 안중근의사 기념 학술 심포지엄'이 열렸다. 심포지엄에 이은 추도미사에서 추기경 김수환은 "안중근 의사에 대해 올바른 판단을 내리지 못한 과오에 대해 연대적인 책임을 느끼며, 일제의 무력 침략

---

133) 윤선자, 2005, 앞의 글, 64쪽.
134) 같은 글, 70쪽.
135) 같은 글, 61-62쪽.

앞에 풍전등화와 같았던 나라를 지키기 위해 이 땅의 백성들이 자구책으로 한 모든 행위는 정당방위로, 의거로 보아야 한다"고 말했다.[136] 한국 천주교가 안중근을 '살인자'에서 '의사'로 격상시킨다는 공식 선언이었다. 동시에 안중근의 '평신도' 자격이 회복되었다. 제2차 바티칸공의회 이후 30년 가까이 지난 시점이었으나, 이를 계기로 천주교계의 안중근 기념사업이 본격화했다.

공식적으로 안중근은 '평신도'일 뿐이었지만, 한국 천주교는 그에게 성인이나 복자에 버금가는 예우를 했다. 1998년 4월, 천주교 군종교구는 새 성당을 짓고 '안중근도마성당'으로 이름 붙였다. 1997년 1월에는 '안의사 성세(聖洗) 100돌 기념 미사'가 역삼동 성당에서 김수환 추기경 집전으로 열렸다. 그해 여름, 천주교계에서 안중근을 성인(聖人)이나 복자(福者)로 추대하자는 '시복시성(諡福諡聖) 운동'이 시작되었다.[137] 1999년 12월, 『한겨레』 신문은 종교별로 10명씩 '한국 종교 100년의 인물'을 선정, 소개하는 기획 기사를 실었다. 천주교계가 선정한 인물은 안중근, 장면, 정지용, 지학순 등이었는데, 안중근에게는 '한국의 모세'라는 칭호를 붙였다.

2000년 12월 3일, 예수 탄생 2000년의 대희년을 앞두고 한국 천주교 주교회의는 「쇄신과 화해」라는 문건을 발표했다. 주

---

136) 전달수, 「안중근 토마스의 신앙과 덕행」, 『신학전망』 132, 2001, 59 쪽.
137) 『동아일보』, 1997. 7. 31.

교회의는 이 문건에서 "우리 교회는 열강의 침략과 일제의 식민통치로 민족이 고통을 당하던 시기에 교회의 안녕을 보장받고자 정교분리를 이유로 민족 독립에 앞장서는 신자들을 이해하지 못하고 때로는 제재하기도 하였음을 안타깝게 생각"한다며 안중근 파문에 공식 사죄했다.[138] 이 문건 발표를 계기로 각 교구의 성당들에서는 참회 미사가 열렸다. 이듬해 1월, 천주교 청주교구는 '안중근의사추모관'을 개관했다.

천주교계의 안중근 기념은 정의구현전국사제단이 주도했다. 사제단은 매년 추모미사를 거행했으며 연극, 음악회 등 각종 기념행사를 기획·주최했다. 사제단을 이끌었던 함세웅은 2001년 여름 안중근의사숭모회를 비판하며 별도의 안중근의사기념사업회를 출범시켰다. 사제단의 일원인 신성국은 2002년 '안중근학교'와 '안중근평화운동'이라는 단체를 설립했는데, '안중근평화운동'은 '안중근평화상'을 제정·시상했다. 안중근학교는 2004년 문을 닫았으나 '안중근평화상' 시상은 사업회에 인계되었다.

의거 100주년인 2009년, 한국, 중국, 일본의 천주교인들이 '묵주기도 100만단 바치기' 운동을 시작했다. 순국 100주년 한 달 전인 2월 26일까지 모인 묵주는 153만 3,643단이었다. 의거 100주년 기념일에 추기경 정진석은 자기 5촌 고모가 안중근의 며느리 정옥녀라는 사실을 처음 공개했다. 순국 100주년에는 정부 주관 추념식과 별도로 명동성당에서 추모미사가 거행되

138) 윤선자, 2005, 앞의 글, 73쪽.

었다. 이 미사에서 정진석은 "오늘 이 추모미사는 안중근 토마스 의사의 가톨릭 신자 신분을 공식적으로 확인하는 의미를 지닌다"고 하면서도, "뮈텔 대주교가 교회와 사제, 신자인 안중근 토마스 모두를 돌보는 방법을 고심해 최선의 선택을 내린 것이라는 생각을 지울 수 없다"고 말했다. 뮈텔의 조치를 옹호한 이 발언은 천주교계에 상당한 논란을 불러일으켰다. 추기경 김수환이 안중근의 평신도 자격을 회복시킨 이래 한국 천주교가 견지해왔던 '반성의 기조'에 역행하는 말이라는 비판이 교계 내부에서 제기되었다.[139] 한편 대구에서도 대구 대교구 주교 조환길의 집전으로 순국 100주년 추모미사가 거행되었으며, 경기도 안성시 미리내의 천주교 성지에는 안중근 동상이 건립되었다.

안중근 시복시성을 위한 천주교인들의 움직임은 100주년 이후에 본격화했다. 2011년 9월, 천주교 서울대교구는 가톨릭회관에서 '시복시성을 위한 심포지엄'을 열었고, 10월에는 안중근을 포함한 551명을 시복 추진 대상자로 선정, 관련 자료 수집에 착수했다.[140] 하지만 한국 천주교계 내부에서조차 아직 결론을 내리지 못했다. 한국 천주교회에 안중근은 여전히 '자랑하기 어려운 자랑거리'다.

동아시아 사람들의 안중근 생각

139) 『한겨레』, 2010. 3. 26.
140) 황종열, 「安重根 토마스의 동양평화론과 가톨릭 신앙」, 『신학전망』 178, 2012, 160쪽.

북한의 안중근 기념

이승만 정권 시기의 남한에서 이승만의 활동을 중심으로 독립운동사 담론을 구성했던 현상은 북한에서도 마찬가지로 나타났다. 김일성 중심의 항일무장투쟁만이 독립운동의 유일 정통으로 취급되었고, 다른 독립운동가들은 대체로 홀대받았다. 남한과 북한에서 이승만과 김일성은 각각 '민족의 태양'으로 불렸다. 하늘에 태양이 있는 한, 다른 별들은 빛을 잃게 마련이다. 안중근은 김일성이 항일운동을 시작하기 훨씬 전에 순국했기 때문에 김일성과 활동 시기가 겹치는 다른 독립운동가들에게 향했던 '당파적 시선'으로부터는 자유로웠다. 하지만 북한 학자들은 김일성 이전의 모든 독립운동을 '혁명운동 초기 단계의 한계'라는 틀 안에 가두었다. 과학적 이론으로 무장한 당과 수령의 영도를 받지 못했기 때문에 광범위한 대중의 자발적, 주체적 참여를 이끌어내는 데에는 실패했다는 것이다. 이런 역사인식론으로 인해 북한에서 안중근은 '나라를 위해 목숨을 버린' '애국렬사' 중 한 명으로 자리 잡았고, 안중근 기념도 그의 '애국정신'을 기리는 데에 집중되었다. 이 점에서는 1960년대까지의 남한과 그리 다를 바 없었다.

북한에서 안중근에 관한 논문이 처음 나온 것은 1965년의 일이었는데, 안중근을 기념하는 일도 이 무렵 시작되었던 것으로 보인다. 남북 분단 과정에서 안공근의 두 아들 안우생과 안지생은 북한행을 택했고, 이들은 모두 사후 '애국열사릉'에 묻혔다. 그 후손들이 안중근 관련 유적과 기억들을 보존했다. 안우생의 아들 안기철은 1965년부터 매년 황해도 신천군 청계동의 안태훈 묘소를 찾아 제사를 지냈다.[141] 같은 해, 안중근 순국 55년을 계기로 진남포 옛 삼흥학교 터에 '애국렬사 안중근 선생 기념비'가 건립되었다. 이 기념비는 얼마 후 사람들이 많이 찾는 인근 남포공원으로 옮겨졌다.

1979년 의거 70주기에는 북한에서 「안중근, 이등박문을 쏘다」라는 영화가 제작·상영되었다. 그 무렵 북한 정권은 안우생을 대표로 하는 유해발굴단을 중국에 보내 안중근 유해 발굴도 시도했다. 북한의 안중근 기념사업 실태는 1991년 남북한 유엔 동시가입을 전후한 시기부터 우회적으로나마 한국인들에게 알려지기 시작했다. 1990년 8월, 북한은 뉴욕에서 열린 '남북 영화제'에 「안중근, 이등박문을 쏘다」를 출품했다. 이 영화는 1998년 9월 SBS를 통해 국내에도 방영되었다. 북한에서도 2004년에 안중근 기념우표가, 이듬해에는 안중근 기념주화가 발행되었다. 하지만 전반적으로 북한 사회의 안중근 기념은 남한에 비해 소극적이었다.

의거 100주년인 2009년에는 북한에서도 안중근 기념 열기가 고조되었다. 사업회 관계자 등 남한의 일부 인사들은 남북 공동 기념사업을 통해 교착된 남북 관계에 돌파구를 만들려고 했다. 2009년 11월 3일, 개성에서 의거 100주년을 기념하는 남북 공동 모임이 열렸다. 남측에서는 사업회 이사장 함세웅, 안

---

141) 홍범식, 「북녘의 안중근 의사 후손들 통일 독립 위한 극적인 운명의 길 개척」, 『민족21』, 2010. 5, 30쪽.

중근연구소장 조광 등이, 북측에서는 조선종교인협의회장 장제언, 민족화해협의회 부회장 정덕기 등이 참석했다. 조선중앙통신은 이 모임에 대해 보도하면서, '2009년 10월 26일부터 2010년 3월 26일까지를 안중근 열사 기념 반일 공동투쟁 기간으로 정해 대중적 운동을 과감히 벌려나가는 방안'에 관한 토론이 이루어졌다고 전했다.[142] 순국 100주년 하루 전인 2010년 3월 25일에도 북한의 조선역사학회는 '안중근 열사의 이토 히로부미 처단은 일제 식민지 통치를 반대한 정의의 애국적 거사'라는 제목의 성명을 발표했다. 남한에서는 안중근의 '평화사상'이 강조되던 시점이었지만, 북한 학자들과 관영매체는 여전히 '반일 애국주의'에 방점을 찍고 있었다.

2014년 중국 정부가 하얼빈에 안중근의사기념관을 설치한 데 반발하여 일본 정부 관계자들이 '안중근은 테러리스트, 범죄자'라고 주장했을 때에도 북한의 언론 매체는 이를 강력히 비판했다. 조선중앙TV는 안중근 순국일인 3월 26일 「시사좌담, 안중근 열사 특집: 역사의 진실을 왜곡하는 일본 반동들의 궤변」이라는 프로그램을 방송했다. 이 프로그램에서 북한 사회과학원 역사연구소 실장 위광남은 안중근 의거에 관해 "우리나라에 대한 침략정책을 감행하던 일제에 대한 징벌이었고 조선 사람은 남의 노예로 살기를 원치 않는 자주정신이 강한 인민이며 국권회복을 위해서는 죽음도 두려워하지 않는 불굴의 기상을 지닌 애국적 인민이라는 것을 세상에 널리 과시한 정의의

---

142) 『연합뉴스』, 2009. 11. 3.

장거였다"라고 말했다.[143]

남한의 사업회가 주도한 '남북 공동 기념행사'는 2011년 이후 중국 하얼빈에서 거의 매년 열렸다. 2018년 4월 판문점에서 남북 정상회담이 열린 뒤에는 안중근 기념이 남북 간 상생 협력 사업의 하나로 부각되었다. 그해 10월 26일의 의거 기념일에 하얼빈에서 열린 '의거 109주년 기념 남북 공동행사'에서 사업회의 안중석은 "해주에 있는 안의사 생가와 청계성당을 복원해 기념관과 기념 공원을 만들자"고 북측에 제안했다. 그는 이 제안을 프란치스코 교황의 북한 방문에 대한 기대와 연결했다. "뤼순에 동양평화회의를 조직하고 한·중·일 삼국 황제가 함께 로마 교황의 승인을 얻자"고 했던 안중근의 생각을 원용한 것이다. 이 행사에는 북측에서 조선종교인협의회 회장 강지영, 장충성당 회장 김철웅, 조선카톨릭협회 중앙위원회 서기장 허일용 등이 참석했다.[144] 조선카톨릭협회는 2019년 3월의 순국 109주년 추모식 때 사업회에 추모사를 보냈으며, 2020년 10월에도 북한 언론매체는 안중근의 일대기를 알리는 프로그램을 방송했다.

일본의 안중근 기념

일본 학자들이 이토 히로부미의 대한(對韓) 정책과 안중근 의거의 관계를 연구하기 시작한 것은 1970년대부터의 일이었

---

143) 『연합뉴스』, 2014. 3. 27.
144) 『한겨레』, 2018. 10. 26.

다. 일본 군국주의의 대외 침략사를 반성적으로 검토한 학자들은 안중근의 '평화사상'에 주목할 수밖에 없었다. 1983년에는 나카노 야스오, 카노 타쿠미 등 일본의 연구자와 시민들이 '안중근연구회'라는 연구 모임도 만들었다. 안중근 사상의 본령을 '반일 민족주의 테러리즘'에서 '평화주의'로 옮겨놓은 견해들은 더디긴 했지만 일본 시민 일부에게도 전달되었다. 1981년, 미야기현 구리하라군의 다이린사에 안중근 의사를 현창하는 2.5미터 높이의 비석이 건립되었다. 다이린사는 평생 안중근의 제사를 지낸 전 뤼순감옥 간수 치바 도시치의 위패가 안치된 사찰이었다. 『아사히신문』 기자 출신인 다이린사 주지 사이토 타이켄은 1985년 치바 일가와 안중근의 인연을 감동적으로 묘사한 『내 마음의 안중근』을 펴냈다.

1982년의 일본 역사 교과서 파동은 일본의 양심적 지식인과 시민들에게도 상당한 자극을 주었다. 일본의 역사 교과서가 주변국 사람들을 분노케 하는 이유를 성찰할 필요를 느낀 일본인들에게, 이토 히로부미와 안중근은 양 국민 사이의 간극(間隙)을 확인할 수 있게 해주는 '문제적 인물'들이었다. 한국인에게는 '광복 40주년'이고 일본인에게는 '패전 40주년'이던 1985년, 나카노 야스오는 『안중근 전기』를 발간했다. 이 무렵부터 수학여행 차 한국에 온 일본인 학생 일부가 남산의 안중근기념관을 찾는 일도 잦아졌다.

의거 80주년인 1989년 3월, 일본의 안중근연구회 대표들이 방한하여 숭모회 관계자들과 공동 기념사업에 대해 논의했다. 이듬해부터 숭모회 주최의 기념식과 추념식에 일본인들이 참석하기 시작했다. 1990년의 추념식에서는 카노 타쿠미 일본 안중근연구회 부회장이 추념사를 했다. 그 직후인 1990년 5월, 일본 외무성이 발간하는 『외교포럼』지는 안중근을 '한국의 독립운동가'로 소개했다. 일본 정부기관의 출판물이 안중근을 '독립운동가'로 호칭한 것은 이때가 처음이었다.[145] 1991년 2월에는 일본 NHK가 안중근 의거를 다룬 다큐멘터리를 방송했다. 여기에서도 안중근은 '한국의 의사'로 묘사되었다.

1989년 한국인의 해외여행 자유화 이후 다이린사 등 일본 내 안중근 관련 시설들은 한국인 관광객들에게는 일종의 성지(聖地)가 되었다. 이들 장소는 한·일 간의 역사 화해와 평화주의적 연대를 표상했다. 일본인들이 안중근을 '의사'로 인정하는 것은 역사 화해로 나아가는 첫걸음이었다. 1991년 11월, 다이린사에 안중근의 휘호 '위국헌신 군인본분'을 새긴 비석이 섰다.

비각 건립식에 참석한 안중근의 당질 안춘생은 그 자리에서 치바 도시치의 조카딸 미우라 구니코와 환담했다. 안중근의 아들 안준생이 이토 히로부미의 아들 이토 분키치와 억지로 '화해'했던 과거지사를 뒤집어놓은 듯한 장면이었다. 게다가 뤼순 감옥 간수의 조카딸은 '자발적'으로 안중근의 당질을 만났다. 일본 군국주의가 연출한 '안준생의 억지 사죄와 이토 분키치의 용서'가 '힘으로 강요하는 동양평화'를 상징했다면, 안춘생과 미우라의 만남은 상호존중과 자발적 연대로 이루는 '안중근의

---

145) 윤선자, 2009, 앞의 글, 139쪽.

동양평화'를 상징했다. 다이린사에서는 이후 매년 한·일 양 국 민이 참여하는 안중근 추모 법회가 열렸다.

1995년 7월에는 일본 『아사히TV』가 「슬픈 테러리스트의 진 실, 안중근」이라는 다큐드라마를 제작·방송했으며, 8월에는 일본 천지정교 신도 30여 명으로 구성된 '총참회 사절단'이 방 한하여 남산 안중근 동상 앞에서 '참회식'을 거행했다. 『아사 히TV』의 다큐드라마는 뤼순감옥 간수들이 안중근을 존경하 게 된 이유를 다룬 것으로서, 한국의 KBS는 이 작품을 수입하 여 광복 50주년 기념 특집 프로그램으로 내보냈다. 이듬해 3월 26일에는 일본인과 재일 한인 학자들이 '국제안중근연구회'를 결성했다. 회장은 도쿄대 명예교수 오이시 야스히코(大石泰彦) 가 맡았다. 1998년에는 안중근 의거를 소재로 한 가네시타 다 쓰오(鐘下辰男)의 희곡 「겨울꽃」이 연극으로 만들어졌다. 이 작품은 그해 '요미우리 연극상'을 받았다.

2008년 3월에는 일본 교토에서 '한일합방 100년 시민 네트 워크' 주최의 추도식과 안중근 유묵 전시회, 학술 심포지엄이 열렸고, 이듬해 10월에는 일본 구마모토에서 '안중근 심포지엄 실행위원회' 주최의 학술 심포지엄이 열렸다. 2010년 10월에 도 도쿄에서 '안중근 의사 순국 100주기 국제 심포지엄'이 열 렸다. 2009년 10월 26일은 안중근 의거 100주년인 동시에 이 토 히로부미 사망 100주년이었다. 이날 도쿄 시나가와구 니시 오이에 있는 이토 히로부미 묘소에서 150여 명이 참석한 가운 데 '몰후(歿後) 100년 묘전제(墓前祭)'가 개최되었다. 그러나

이 사실은 일본 주요 신문에 전혀 보도되지 않았다.[146] 일본에 서조차 안중근을 기억하는 행사가 더 많았다.

일본의 한국 강제병합 100년이자 안중근 순국 100주년이던 2010년에는 일본인 데라시타 다케시(寺下武)가 미야기현 다이린사에서 서울 안중근기념관까지 2,200킬로미터를 걷는 도보 순례에 나섰다. 그는 안중근의 '평화주의'를 널리 알리고 한·일 간 우호관계를 돈독히 하기 위해 도보 순례를 결심했다고 밝혔다.[147] 2010년 4월에는 NHK가 「한국 병합에의 길: 이토 히로부미와 안중근」을 방송했다. 일본의 유명한 시사 월간지 『세카이』(世界)도 2009년부터 2010년에 걸쳐 안중근의 『동양 평화론』 전문(全文)과 그에 대한 여러 학자의 논문을 실었다. 같은 해 6월에는 일본 천주교 주교회의 정의평화위원회가 안중근의 위패가 있는 미야기현 다이린사를 방문했다. 이들은 이어 조선인 징용 노동자의 발자취를 따라가는 순례에 나섰다.

일본의 한국 강점 100년을 맞은 시점에서, 일본인들에게 안중근은 군국주의 시대 일본의 대외 침략을 이해하기 위한 핵심 키워드였다. 안중근의 『동양평화론』은 '안중근이 이토를 죽였기 때문에 병합을 앞당길 수밖에 없었다'는 군국주의적이면서 전통적인 일본인들의 역사 인식에 파열구를 냈다. 『동양평화론』은 안중근 자신을 위한 변론서인 동시에 일본인들의 양심

---

146) 마키노 에이지, 「안중근과 일본인: 동양평화의 실현을 위해」, 『아시아문화연구』 20, 2010, 212쪽.
147) 『세계일보』, 2010. 2. 21.

을 일깨우는 호소문이었다. 안중근의 평화사상에 공감하는 일본인이 점차 늘어났다.

2011년 3월 25일, '안중근을 사랑하는 일본인 모임'은 사가현 무료우사(無量寺)에 '안중근 동양평화 기원비'를 세웠다. 일본 사회가 전반적으로 우경화하는 상황에서 이런 일을 하는 데에는 상당한 용기가 필요했다. 특히 중국 정부가 안중근기념관을 세운 2014년에는 일본 총리와 정부 관계자들이 거듭거듭 안중근을 '테러리스트, 범죄자'라고 규정했다. 이는 일본 정부의 생각이며 일본인 절대다수의 생각이기도 했다. 2014년 3월 26일, 도쿄의 한인 YMCA 강당에서 일본인들과 재일 한인들이 '비밀리'에 순국 104주년 추모식을 열었다. 도쿄에서 추모식이 열린 것은 이때가 처음이었다. 참석자들은 과거사 문제로 악화한 한·일 간 갈등의 해법을 안중근의 평화주의에서 찾아야 한다고 생각했으나, 당시 일본사회의 혐한(嫌韓) 분위기는 그런 생각조차 '비밀리'에 표현해야 할 정도로 험악했다.[148]

중국의 안중근 기념

신해혁명, 5·4운동, 항일전쟁, 국공내전 등 중국 근현대사의 고비고비마다 안중근은 중국인들에게도 '혁명가의 표상'으로 거듭 알려졌다. 중국 지식인 중에 안중근을 모르는 사람은 없었고, 이 점에서는 국민당과 공산당의 지도자들도 마찬가지였다. 1949년 중화인민공화국 수립 이후 총리가 된 저우언라이는

---

148) 『연합뉴스』, 2014. 3. 26.

젊은 시절 안중근 연극을 직접 만들기도 했다. 한·중 국교수립 이전 중국 내에서 안중근 관련 담론이 어떻게 생산·유포되었는지는 아직 알 수 없으나, 항일전쟁이 끝난 데다가 그가 사회주의 혁명가도 아니었기 때문에 아무래도 관심은 줄어들었을 테지만, 1971년부터 1986년까지 중국 정부는 단독으로 또는 북한과 함께 여러 차례 안중근 유해 발굴을 시도했다. 중국 거주 한인들의 독자적인 안중근 기념사업도 계속되었다. 중국 내 소수민족이 된 처지에서 안중근은 '한·중 연대'의 기억을 보존·전승할 수 있는 중요한 상징이었다.

1980년을 전후하여 『흑룡강일보』『길림신문』『연변일보』『요녕일보』 등 중국 동북 지역에서 발간된 신문들에는 안중근 관련 기사가 여러 차례 실렸다. 1980년 10월, 지린성 사회과학원은 창춘에서 '안중근의사 의거 80주년 기념 국제학술토론회'를 개최했다. 이 자리에는 북한 학자들이 참석했다. 1982년에는 하얼빈 거주 한인들이 하얼빈역에 안중근 의사 흉상을 세우자는 운동을 벌였으나 중국 정부는 이를 불허했다.[149]

중국의 안중근 기념 실태가 한국에 알려지기 시작한 것은 1980년대 중반부터였다. 1986년 중국 뤼순을 방문한 재미 한인이 옛 뤼순감옥 안에서 '조선 애국지사가 있던 곳'이라는 안내판이 붙은 '안중근 기념관'을 발견하고 이 사실을 국내 언론에 알렸다.[150] 1983년에는 하일빈에 거주하는 한인 4만여 명이

---

149) 윤선자, 2009, 앞의 글, 149-150쪽.
150) 『조선일보』, 1986. 3. 8.

'동북지방 최고의 조각가'로 명성을 떨치던 김재곤에게 의뢰해 안중근 흉상을 제작했다. 한인들은 이 흉상을 하얼빈역에 세우고자 했으나 중국 정부가 승인하지 않아 건물 안에 보관할 수밖에 없었다. 이 사실은 1990년에야 국내에 알려졌다.[151] 한·중 간 우편왕래가 개시되고 재중 한인들이 중국산 약재 등을 가지고 한국으로 들어오던 1989년 3월에는 중국 하얼빈에서 재중 한인 학자들을 중심으로 '안중근연구회'가 결성되었다. 이 연구회는 1992년에 헤이룽장성 정부의 허가를 얻었다.

1989년, 숭모회 관계자들이 하얼빈역을 처음 답사했다. 이후 중국 내 안중근 기념사업의 대부분이 한·중 합작으로 진행되었다. 1990년에는 헤이룽장성 혁명박물관에 '안중근 사적 전시관'이 마련되었으며, 하얼빈시 인민정부는 안중근을 '하얼빈의 역사인물'이자 '세계 40대 위인' 중 한 명으로 선정했다.[152] 1992년 8월 24일, 한국 외무부장관과 중국 외교부장이 베이징 영빈관에서 '대한민국과 중화인민공화국 간의 외교관계 수립에 관한 공동성명'에 서명했다. 이에 앞서 한중우호교류협회장 정병학 등 33명이 '안중근 순국 82주기 추모제전위원회'를 결성하고 3월 26일 중국 뤼순감옥 터에서 안중근 추모제전을 개최했다.[153] 1993년과 1994년의 추모제전은 다롄성당에서 열렸다. 1995년 3월, 중국 안중근연구회 회장 김성배는 안중근기

---

151) 『경향신문』, 1990. 10. 20.

152) 윤선자, 2009, 앞의 글, 137~138쪽.

153) 『중앙일보』, 1992. 3. 26.

념관 건립을 추진 중이라며 고국의 지원을 요청했다. 1998년 광복절에는 뤼순감옥에 한국인들이 안중근 추모비를 세웠다. 2006년 1월에는 재중 사업가 이진학이 안중근 동상을 만들어 하얼빈광장에 '기습적으로' 세웠다. 이 동상 제막식에는 한국의 숭모회 관계자들이 참석했다. 하지만 중국 정부는 외국인 동상을 공공장소에 세워서는 안 된다는 이유로 동상을 철거하라고 지시했다.[154] 11일 만에 철거된 동상은 3년 남짓 이진학의 사무실에 있다가 2009년 한국으로 옮겨져 부천공원에 자리잡았다.

2006년 7월, 하얼빈에서 '제2회 한국주간(韓國週間)' 행사가 열렸다. 한국의 상품과 문화를 소개하는 행사였지만, 안중근 기념행사라고 해도 지나치지 않을 정도였다. 이에 앞서 하얼빈 자오린(兆麟)공원에 '청초당'과 '연지'가 새겨진 안중근 유묵비가 건립되었고, 하얼빈 조선족예술관 1층에 '안중근전시실'이 개관했다. 한국인 투자자를 유치하기 위해서는 안중근기념관 설치가 필요하다고 판단한 시 정부가 "금세기 초 안중근이 하얼빈역에서 이토 히로부미를 쏘아 죽임으로써 일본 제국주의에 반대하는 양국 인민의 공동투쟁이 시작됐다"는 저우언라이의 어록을 들어 중앙정부를 설득하는 데 성공한 결과였다.[155] 행사는 전 국무총리 이수성 등 한국 대표단 100여 명의 자오린공원 방문으로 시작되었다. 하얼빈 역사에서는 '하얼빈역에서

---

154) 『동아일보』, 2006. 3. 23.
155) 『동아일보』, 2006. 7. 5.

의 안중근'이라는 주제로 특별 전시회가 열렸고, 안중근이 저격한 장소와 이토 히로부미가 쓰러진 장소에는 각각 붉은 대리석 띠가 둘러졌다. 이후 하얼빈과 뤼순에서는 매년 의거 기념식과 순국 추념식이 열렸고, 한국의 정관계, 재계 인사들과 숭모회, 사업회 관계자, 일반 관광객들이 참석했다.

의거 100주년인 2009년 10월, 중국 정부는 '민간 차원'의 기념식만을 허용했으나 하얼빈시 정부는 하얼빈 거주 동포들의 기념 행사를 여러 방식으로 지원했다. 한국과 중국 사이에 물적·인적 교류가 하루가 다르게 늘어나는 상황에서 안중근은 한국인 관광객의 발길을 하얼빈시로 유도할 수 있는 주요 관광상품이었다. 안중근 의거일 무렵이 '한국주간'(韓國週間)으로 지정되었고, 이 기간에 안중근 의거를 홍보하는 인쇄물이 배포되었으며, 안중근 기념 웅변대회와 글짓기대회, 학술회의 등도 열렸다. 10월 26일의 의거 100주년 기념일에는 한국의 독립기념관과 조선민족예술관 공동 주관으로 하얼빈에서 안중근 동상 제막식을 겸한 기념식이 거행되었다.[156] 같은 무렵, 뤼순감옥에도 600제곱미터 규모의 '국제항일열사기념관'이 새로 개관했다. 한국의 광복회 등이 비용을 대서 만든 이 기념관에는 안중근, 신채호 등 뤼순감옥에서 옥고를 치른 한인 독립운동가 11명에 관한 자료가 전시되었다. 안중근 관련 전시물이 상대적으로 많았기 때문에 '안중근기념관'이라는 별칭으로도 불렸다.[157] 안중근

---

156) 『경향신문』, 2009. 10. 23.
157) 『연합뉴스』, 2009. 10. 25.

이 갇혔던 감방 옆에는 사형장이 재현되었으며, 그 벽면에는 "1910년 3월 26일 오전 10시, 안중근 이곳에서 영웅적으로 서 거하다"라는 안내판이 붙었다.

순국 100주년인 2010년에도 중국 정부는 한국 대표단의 추모행사를 공식 승인했다. 국회 외교통상통일위원회 소속 국회의원과 동북아역사재단 연구자들로 구성된 대표단은 하얼빈과 뤼순에서 추념식을 거행했다. 안중근의사기념사업회는 북한 종교인들과 함께 뤼순의 다롄성당에서 별도의 추모행사를 열었다. 하얼빈과 뤼순은 '안중근의 도시'가 되었고, 이 두 도시에서는 거의 매년 남북한과 중국의 학자, 종교인들이 안중근 기념을 매개로 회합했다. 한국의 정치인과 관광단의 방문도 끊임없이 이어졌으며, 중국 내 안중근 기념사업 지원은 주중 한국 대사관의 주요 업무가 되었다.

2014년 1월 19일, 하얼빈역 귀빈용 대합실 자리에서 중국 하얼빈시와 하얼빈철도국이 건립한 '안중근의사기념관'이 전격 개관했다. 공사는 비밀리에 진행됐으며, 개관식에는 헤이룽장성 부성장 등 중국 측 인사들만 참석했다. 기념관에는 안중근의 흉상이 세워졌으며, 안중근이 이토를 저격한 장소에도 '안의사 이등박문 격살 사건 발생지. 1909년 10월 26일'이라는 문구가 새겨졌다. 2013년 6월의 한·중 정상회담에서 대통령 박근혜가 중국 국가주석 시진핑에게 요청한 결과물이 6개월여 만에 나온 것이다.[158] 이로써 중국 정부가 건립한 공식 안

---

158) 『연합뉴스』, 2014. 1. 19.

중근 기념관이 생겼다. 이 기념관 건립에 대해 일본 정부는 '테러리스트, 범죄자 기념관'이라며 강하게 반발했으나, 한·중 양국 정부는 '과거사를 반성하지 않는' 일본 정부를 규탄했다. 의거 100년이 넘은 시점에서도 안중근은 '한·중 항일연대'의 상징이었다. 한·중·일 삼국 간의 외교관계에서 안중근은 가벼운 변수가 아니었다.

중국 정부가 하얼빈에 안중근기념관을 건립한 뒤, 한국 정부 관계자와 정치인들의 중국 내 안중근 기념행사의 위상도 높아졌다. 2014년 5월, 한국 국가보훈처가 주최한 기념행사가 안중근기념관에서 열렸다. 한국 정부 기관이 중국 땅에서 기념행사를 직접 주최한 것은 이때가 처음이었다. 2015년 3월 26일에는 뤼순에서도 한국 정부 대표단이 주최하는 '공식 추모제'가 열렸다. 2017년 봄, 미군은 한국에 고고도미사일방어체계(THAAD)를 배치하기로 결정했다. 이로써 중국과 한국 관계는 급속히 냉각되었고, 중국 정부는 안중근을 냉대하는 것으로 한국 정부에 대한 불만을 표시했다. 중국 정부는 하얼빈역을 개축한다는 명목으로 안중근의사기념관을 폐관했다. 기념관에 있던 전시물들은 조선민족예술관으로 옮겨졌다. 2년간 국가보훈처에서 주최했던 중국 내 추념식도 중국 정부의 요구에 따라 다롄한국인회와 한중친선협회 공동 주최로 바뀌었다. 한국 정부 대표단의 중국 내 기념행사는 사드 배치 문제로 인한 한·중 간 갈등이 봉합되고 한국에서 정권이 바뀐 후에 재개되었다. 2018년 3월에는 한국 국가보훈처 보훈예우국장을 단장으로 하는 대표단이 뤼순에서 공식 추모식을 열었고, 7월에는 한국과 중국의 민간단체들이 하얼빈에서 '안중근의사 의거 110주년 기념 하얼빈 동양평화 문화축제'를 개최했다. 2019년 3월 30일 에는 개축된 하얼빈역에서 안중근의사기념관이 재개관했다.

러시아의 안중근 기념물

러시아 블라디보스토크 일대는 의거 직전 안중근의 주 활동 무대였다. 러시아 거주 한인들은 안중근에 관한 기억을 보존하 고 전승하는 데에도 가장 열심이었다. 하지만 1937년 스탈린 정권이 시베리아 북동부에 거주하던 한인들을 중앙아시아로 강제 이주시킨 뒤, 안중근에 관한 기억도 산산이 흩어졌다. 러 시아 땅에서 안중근에 관한 기억이 소생한 것은 한·러 수교 이 후 한국인들에 의해서였다.

2001년 10월, 국가보훈처는 러시아 지방 정부와 협의하여 안중근과 동지들이 '동의단지회'를 결성했던 크라스키노와 이 상설의 유해가 뿌려진 우수리스크 수이푼강에 각각 표지석을 세웠다. 러시아 땅에 건립된 최초의 한국 독립운동 관련 표지 석들이었다.[159] 2002년에는 서울보건신학연구원이 블라디보 스토크 주립의대 안에 안중근 기념비를 설치했다. 하지만 한인 동포도 살지 않고 한국인 관광객도 많이 찾지 않는 곳에 세워 진 것들이어서 오랫동안 방치되었다. 2011년 8월, 러시아 크라 스키노에 진출한 한국 기업 유니베라 농장 앞에 '단지동맹 기 념비'가 다시 건립되었다. 제막식에는 한국 정치인과 광복회

---

159) 『동아일보』, 2001. 10. 18.

관계자, 러시아 연해주 주정부인사들이 참석했다.[160] 2015년 7월에는 블라디보스토크주립대학에서 철거되어 창고에 보관되었던 안중근기념비가 '한인 이주 104주년 기념관' 마당으로 이전 건립되었다.

160) 『연합뉴스』, 2011. 8. 4.

안중근 관련 연보

1879 9월 2일, 황해도 해주부 광석동에서 안태훈과 조마리아의 장남으로 출생.

1884 황해도 신천군 두라면 청계동으로 이주.

1894 동학농민혁명 발발. 김아려와 결혼. 갑오의려에 가담하여 동학군과 전투.

1895 백범 김구, 청계동의 안중근 집으로 피신.

1897 천주교 입교. 세례명 토마스. 도마. 황해도 본당 주임신부 빌렘의 복사로 활동.

1899 대주교 뮈텔에게 천주교대학 설립 건의했으나 거절당함.

1900 만인계(萬人契) 사장.

1902 맏딸 현생 출생.

1904 러일전쟁 발발. 한일의정서 체결.
　　　일제의 황무지 개간권 요구에 반대하던 보안회에 찾아가 의열투쟁 제안.

1905 을사늑약. 맏아들 분도 출생.
　　　독립운동 방략을 모색하기 위해 상하이행.

부친 안태훈 사망.

1906 진남포 이주. 천주교단이 설립한 돈의학교 운영. 삼흥학교 설립.

1907 둘째 아들 준생 출생.

석탄 채굴업체 삼합의 창립. 미곡상 운영.

서우학회 가입.

서울 삼선평에서 열린 서우학회 친목회에 참가하여 안창호, 이갑, 유동열, 노백린, 이동휘, 이종호 등과 교유.

국채보상기성회 관서지부장.

서울에서 군대해산을 목도한 후 원산을 거쳐 러시아 연해주로 망명.

엄인섭, 김기룡과 의형제를 맺음.

1908 3월, 『해조신문』에 동포들의 단결을 촉구하는 글 기고.

7월, 동의회 의병부대에 투신, 우영장(右營將)이 됨. 국내 진공작전을 벌이다 함경북도 경흥군에서 패퇴. 연해주 일대 방랑.

1909 3월 15일, 동의단지회 결성.

3월, 대동공보 탐방원.

10월 23일, 우덕순, 유동하와 함께 사진 촬영.

10월 26일, 하얼빈역에서 이토 히로부미 척살. 러시아 헌병에게 체포되어 일본 헌병에게 인계.

뤼순감옥에 투옥.

10월 27일, 순종, 통감부에 가서 조문(弔問)한 뒤 이토 히로부미에게 문충공(文忠公) 시호(諡號) 내림. 대한제국 내각 대책회의.

11월 4일, 일본 도쿄 히비야 공원에서 이토 히로부미 국장(國葬). 고종, 통감부에 찾아가 조문.

한성부민회, 장충단에서 '대한국민 추도회' 개최.

11월 5일, 국내 친일파들이 '동아찬영회'(東亞讚英會) 조직. 이토 동상 건립 운동.

11월 25일, 일진회원들이 서울 대사동에서 '국민사죄단' 발기인회의 개최.

12일 5일, 일진회, 한일병합을 촉구하는 '성명서' 발표.

12월 12일, 재일 한인 유학생들이 발행하던 『문사시보』에 안중근을 기리는 이광수의 영웅시 「옥중호걸」 게재.

1910 2월 3일, 『안응칠역사』와 『동양평화론』 집필.

2월 7일, 일본 관동도독부 지방법원에서 첫 공판.

2월 14일, 일본 관동도독부 지방법원, 안중근에게 사형 선고.

2월 17일, 일본 관동도독부 고등법원장 우지히토와 면담. 안중근의 동양평화 구상을 담은 「청취서」 작성.

3월 8일, 빌렘 신부, 두 동생 정근, 공근과 면회.

3월 9일, 빌렘 신부 집전으로 종부성사.

3월 10일, 빌렘 신부 집전으로 단독 미사.

3월 24일, 어머니와 아내에게 보내는 유서 작성.

3월 25일, 두 동생과 마지막 면회.

3월 26일, 오전 10시 뤼순감옥 사형장에서 교수형 집행.

3월 27일, 뮈텔 주교, 빌렘에게 성무집행정지령.

4월 2일, 블라디보스토크 한민학교에서 안중근 추도회 개최.

4월 15일, 최초의 안중근 전기 『근세역사』 간행.

4월 17일, 하와이 거주 한인들, 안중근 추도회 개최.

5월, 안중근 일가 러시아령 옌추로 이주. 서울에서 안중근이 이토를 처단하는 장면을 담은 영화 상영.

7월, 연해주에서 안중근사건후원회 결성.

8월, 샌프란시스코 거주 한인들, 안중근 추도회 개최.

12월, 안중근의 사촌 안명근, 조선총독 암살을 위한 군자금 모집 혐의로 일제 경찰에 체포.

1911 4월, 안중근 일가 중국 지린성 무링현 동청철도 조차지에 정착.

안중근 장남 분도 사망.

8월, 안악사건 공판. 안명근에 종신형 선고. 홍종표 저 『대동위인 안중근전』 미국에서 간행.

1912 8월, 블라디보스토크에서 안중근의 이토 처단 장면을 담은 영화 상영.

1914 3월 26일, 우수리스크 거주 한인들, 안중근 추도회 거행.

3월, 안중근 일가 러시아령 니콜리스크로 이주. 벼농사 시도. 중국 학자 장빙린의 「한안중근전」, 『아언』(雅言)에 게재.

4월, 빌렘, 안봉근을 데리고 독일로 귀국.

5월, 파르티잔스크 거주 한인들, 민영환, 이준, 안중근 합동 추모식 거행.

7월, 계봉우, 『권업신문』에 「만고의사 안중근전」 연재.

9월, 안정근, 일본 밀정 김정국 처단. 박은식 저, 『안중근전』 출간. 중국 학자 예톈니(葉天倪), 상하이에서 『안중근전』 발간.

1916 4월, 안봉근 귀국.

1917 12월, 안봉근 중국으로 출국.

안중근의 사촌 안세근 일가 만주로 망명.

1918 안중근의 사촌 안경군, 블라디보스토크로 망명.

1919 3월, 3 · 1운동.

5월, 중국의 저우언라이와 덩잉차오, 남개대학교에서 안중근 연극 공연.

6월, 안정근, 일가와 함께 상하이로 가 임시정부에 참여.

7월 1일, 안정근, 상하이 대한적십자사 사검이 됨.

1920 7월, 안공근, 대한민국임시정부 러시아 대사 겸 외무차장이 됨.

10월, 안정근, 대한민국임시정부 북간도 특파원으로 청산리 전투에 참여. 중국 학자 정위안(鄭沅), 창사에서 『안중근』 발간.

1924 2월, 안정근 일가, 베이징으로 이주. 안봉근의 아들 안호생 상하

이행.

1925   안정근 일가, 중국 산둥성 웨이하이로 이주. 안중근의 숙부 안태
        건 사망.

        11월, 대한민국임시정부 제2대 대통령 박은식 사망. 안공근이 유
        서 대필.

1926   6월, 안공근, 상하이 한인교민단장이 됨.

1927   7월 15일, 안중근의 모친 조마리아 사망.

        안중근의 사촌 안명근 사망.

        안봉근의 아들 안호생과 안민생 일본 경찰에 체포, 안호생은 신의
        주감옥에 수감.

        안봉근의 차남 안창순 생활난을 비관해 자살.

1928   상하이 백합영법공사, 안중근의 의거를 소재로 한 영화 『애국혼』
        제작, 개봉.

1930   1월, 안공근, 김구 등과 함께 한국독립당 창당.

1931   한인애국단 창설. 본부는 안공근의 집. 안공근의 둘째 아들 안낙
        생이 의거 직전 이봉창과 윤봉길의 사진 촬영.

        안호생, 일본군에 체포되어 신의주감옥에 수감.

        일본 작가 다니 조지의 희곡 「안중근: 14장면」을 이태호가 번역
        한 『하르빈 역두의 총성』, 삼중당에서 발간.

1933   안민생, 만주군의 포로가 됨.

        안중근의 손자 안웅호 출생.

1936   안호생, 동북항일연군 제1군 참모장이 됨.

        안봉근, 베를린 올림픽에 참가한 조선인 선수단 환영 만찬 주최.

1937   8월 9일, 제2차 상하이사변. 안중근 직계 가족, 피신하지 못하고
        상하이에 잔류.

1938   2월, 안호생 일본군 포로가 된 뒤 변절.

        안중근의 차남 안준생, 상하이에서 정옥녀와 결혼.

1939	10월 7일, 안준생, 상하이 실업가 시찰단의 일원으로 서울 도착.

1939 10월 7일, 안준생, 상하이 실업가 시찰단의 일원으로 서울 도착.

10월 15일, 안준생, 남산의 박문사 참배.

10월 16일, 안준생, 이토 히로부미의 아들 이토 분기치를 만나 사죄.

1941 3월 26일, 안중근의 맏딸 안현생, 박문사 참배.

1945 8월 15일, 해방.

11월, 『벽혈(碧血)을 뿌린 열사의 군상(群像)-안중근편』 출간.

11월 29일, 라미라 가극단, 수도극장에서 가극 「의사 안중근」 공연.

12월 12일, 장충단 재건 및 안중근의사동상건립기성회 결성.

12월 23일, 순국선열추념대회 개최.

안봉근 사망.

1946 1월, 연극 「안중근의 사기(史記)」 수도극장에서 공연.

1월, 「안중근공판속기록」 일반에 공개.

2월 27일, 안중근의 부인 김아려 사망.

5월 11일, 안중근 선생 기념사업협회 결성.

5월 12일, 계몽구락부 문화부 제작 영화 「안중근」 개봉.

5월 15일, 기린각(麒麟閣) 건립기성회 결성.

11월, 안현생 귀국.

1949 3월 17일, 안정근 사망. 상하이 만국묘지에 안장.

6월 17일, 안준생 일가 귀국.

1951 안현생, 효성여자대학 학생과장 겸 프랑스어 교수.

1952 11월 18일, 안준생 폐결핵으로 덴마크 병원선에서 사망. 정옥녀 미국으로 이주.

1953 1월, 안공근의 맏딸 안연생, 대한민국 공보처장 서리가 됨.

1955 9월 21일, 안현생, 민주당 중앙위원이 됨.

10월 27일, 전남 장흥 만수사(萬壽祠)에 안중근 사우(祠宇) 해동사 건립.

1957 3월 26일, 안중근의사동상건립위원회 결성.

1959 4월 4일, 안현생 사망.

4월 6일, 영화 「고종황제와 의사 안중근」 개봉.

5월 23일, 남산에 안중근의사 동상 건립.

5월, 안중근의사동상건립위원회, 안중근의사기념관건립회로 개편.

1960 안경근, 안민생, 민주구국동지회 결성.

1961 2월, 안민생, 교원노조 지원 투쟁위원회 참가.

5월 16일, 군사정변.

안경근, 안민생, 북한 찬양 혐의로 투옥. 안경근 7년 형, 안민생 10년 형 선고 받음.

1963 2월 22일, 대한민국 정부, 안춘생에게 건국공로훈장 독립장 수여.

1954 안중근의 여동생 누시아, 부산에서 사망.

1961 5월, 안중근의 사촌 안경근과 당질 안민생, 대구에서 민주화와 통일운동을 벌이다 군사정권에 체포, 투옥. 안경근 7년형.

6월, 안중근의사기념관건립회, 안중근의사선양회로 개편.

전라남도 광주공원에 안중근의사숭모비 건립.

1962 3월 1일, 국가재건최고회의, 안중근에게 건국공로훈장 중장(重章) 수여.

3월 26일, 정부 수립 후 처음으로 국가 수반이 안중근 추념사 발표.

3월 27일, 문화재관리국, 안중근의사의 유묵 25점을 국가 보물로 지정.

1963 12월, 안경근, 일반사면으로 석방. 안중근의사선양회, 사단법인 안중근의사숭모회로 개편.

1965 10월 3일, 안중근 동상 이안(移安) 기공식.

1966 4월 24일, 안중근 동상 옛 조선신궁 터로 이안(移安).

1968	안민생, 특별사면으로 석방.
1970	2월, 일본 도쿄 암송당(巖松堂) 서점에서 『안응칠역사』 필사본 발견.
	3월 26일, 안중근기념관 상량식.
	10월 26일, 안중근기념관 준공.
1972	2월, 영화 「의사 안중근」, 국도극장에서 개봉.
1973	5월, 안중근 동상 개작(改作).
1975	9월, 안중근 의거를 다룬 창극(唱劇) 「대업(大業)」, 국립극장에서 공연.
1977	11월 29일, 대한민국 정부, 안경근에게 독립유공자 포상.
1978	8월 15일, KBS 특별기획 드라마 「안중근」 방영.
	12월 9일, 안경근 사망.
1979	1월, 도쿄 한국연구원, 러시아인 코프체프가 촬영한 의거 당시의 필름 입수.
	9월 2일, 국립극장에서 안중근 탄신 100주년 기념식 거행. 대통령 박정희, 안중근의사기념관에 '민족정기의 전당' 휘호 전달.
	9월 18일, 재일동포 사학자 김정명, 일본 국회도서관 헌정자료실에서 발견한 『동양평화론』 공개.
	안우생, 북한에서 '조국통일상' 수상.
	북한에서 영화 「안중근, 이등박문을 쏘다」 제작, 개봉.
1980	3월 26일, 안중근의사기념관 앞, '민족정기의 전당' 석비 제막식.
	'안중근 의사 기념 장학회' 발족.
	안지생, 북한에서 '조국통일상' 수상.
1981	일본 미야기현 구리하라군 다이린사에 안중근 기념비 건립.
1982	10월 5일, 독립기념관 건립추진위원회 발족. 추진위원장 안춘생.
	10월 8일, 대한민국 정부, 안중근 우표 발행.
1983	일본에서 '안중근연구회' 결성.

1987	8월 15일, 독립기념관 개관.
	9월 18일, 대한민국 정부, 안정근에게 건국공로훈장 독립장 수여.
	안중근의 며느리 정옥녀 귀국.
1989	3월, 중국 하얼빈에서 '안중근연구회' 결성.
1990	중국 헤이룽장성 혁명박물관에 '안중근 사적 전시관' 설치.
1991	8월 13일, 정옥녀 사망.
	안우생 북한에서 사망. 애국열사릉에 매장.
1992	3월 25일, 중국 하얼빈에서 창작 오페라 「안중근」 공연.
1993	11월, 재단법인 여순순국선열기념재단 설립.
1995	대한민국 정부, 안낙생에게 건국공로훈장 애족장 수여.
	안민생 사망.
1997	1월, '안의사 성세(聖洗) 100돌 기념 미사'.
1998	4월, 천주교 군종교구, 안중근도마성당 건립.
	8월 15일, 중국 뤼순감옥에 '안중근 추모비' 건립.
	10월, 서울시립극단 창작 뮤지컬 「대한국인 안중근」, 세종문화회관에서 공연.
2001	1월, 한국 천주교 청주교구, '안중근의사추모관' 개관.
	10월, 대한민국 국가보훈처, 러시아 크라스키노에 '동의단지회' 결성지 표지석 설치.
	함세웅 등, 안중근의사기념사업회 설립.
2004	8월 15일, 영화 「도마 안중근」 시사회.
2005	12월 26일, 사단법인 안중근의사기념관 건립위원회 발족.
2006	1월, 안중근의사기념사업회, '안중근 의사 하얼빈 의거 100주년 기념사업 100인 추진위원회' 조직.
	9월, 의거 97주년 기념 국악 뮤지컬 「그날이 오면 춤추며 노래하리라」, 국립극장에서 공연.
2008	6월, 해군 잠수함 '안중근함' 진수식.

2009 3월, '안중근의사 의거·순국 100주년 기념사업 추진위원회' 결성.

3월 26일, 새 안중근의사기념관 기공식.

6월 3일,「대한국인 안중근 손도장 프로젝트」시작. 창작 오페라 「대한국인 안중근」초연.

9월 27일,「대한국인 안중근 손도장 프로젝트」종료.

10월, 창작 뮤지컬 「영웅」, LG아트센터에서 초연. 중국 뤼순감옥 내 「국제항일열사기념관」개관.

10월 22일, 미국 뉴욕 센트럴 필하모니 오케스트라 초청 '의거 100주년 기념 시민음악회' 개최.

11월 3일, 북한에서 의거 100주년 기념 남북 공동 모임.

2010 3월, 대한민국 정부, 안중근 유해 발굴을 위해 중굴 뤼순에 '합동 유해발굴단' 파견.

3월 26일, 중국 뤼순에서 남북 공동 안중근의사 추모식.

5월 19일, 대한민국 정부, '안중근의사 유해 발굴 추진단' 조직.

10월 26일, 대한민국 정부 주관, 의거 100주년 기념식. 안중근의 사기념관 개관. 안중근의사 새 동상 제막.

2011 1월 26일, 안춘생 사망.

2월, 안중근의 손녀 안연호 미국 시애틀에서 사망.

3월 25일, 일본 사가현 무료우사(無量寺)에 '안중근 동양평화 기 원비' 건립.

8월, 러시아 크라스키노에 '단지동맹 기념비' 재건.

12월, 안중근의사기념사업회 등 6개 단체, '항일 독립운동가 기념 사업 단체 연합회'를 창립.

2012 7월 11일, 새누리당 김태호, 안중근의사기념관에서 대통령 출마 선언.

10월 26일, 민주통합당 대통령 후보 문재인, 효창원의 안중근 가묘 참배.

2013 1월 31일, 안웅호 사망.

2014 1월 19일, 중국 하얼빈역 귀빈용 대합실 자리에 안중근의사기념
관 개관.

2017 5월, 중국, 주한미군의 THAAD 배치에 대한 항의 표시로 하얼빈
역 안중근의사기념관 폐관.

2019 3월 30일, 중국 하얼빈의 안중근의사기념관 재개관.

찾아보기

■ **인명**

■ 주요 항목과 사건 ─────────────────

ㄷ

지은이 **전우용**全遇容

1962년 충북 옥천에서 출생. 서울대학교 국사학과에서 학사, 석사, 박사과정을 마치고 『19세기 말~20세기 초 한인 회사(會社) 연구』로 박사학위를 받았다. 서울시립대 서울학연구소 상임연구위원, 서울대병원 병원역사문화센터 교수, 한양대학교 동아시아문화연구소 연구교수, 한국학중앙연구원 객원교수 등을 지냈다.

한국 근현대의 사회경제사, 도시사, 보건의료사, 일상사, 개념사 등에 관해 두루 연구하면서 『서울은 깊다』『한국 회사의 탄생』『현대인의 탄생』『우리 역사는 깊다』『내 안의 역사』 등의 저서를 냈다.

민족의 영웅 안중근

지은이 전우용
펴낸이 김언호

펴낸곳 (주)도서출판 한길사
등록 1976년 12월 24일 제74호
주소 10881 경기도 파주시 광인사길 37
홈페이지 www.hangilsa.co.kr
전자우편 hangilsa@hangilsa.co.kr
전화 031-955-2000~3 **팩스** 031-955-2005

부사장 박관순 **총괄이사** 김서영 **관리이사** 곽명호
영업이사 이경호 **경영이사** 김관영 **편집주간** 백은숙
편집 박희진 노유연 이한민 박홍민 배소현 임진영
관리 이주환 문주상 이희문 원선아 이진아 **마케팅** 정아린
디자인 창포 031-955-2097
인쇄 예림 **제본** 경일제책사

제1판 제1쇄 2022년 1월 1일
제1판 제4쇄 2024년 4월 30일

값 27,000원
ISBN 978-89-356-6887-8 03910